W0285561

Über dieses Buch

Mit diesem Buch wird zum ersten Mal seit 1922 der vollständige Text der ›Studien über Hysterie‹ vorgelegt. Diese 1895 veröffentlichten Texte gelten als das erste Werk der psychoanalytischen Literatur und sind weit mehr als ein wissenschaftlich-historisches Dokument.

Josef Breuer behandelte 1880/81 ein an schwerer Hysterie erkranktes Mädchen. Es gelang ihm, sie in der Hypnose von ihrem Leiden und dessen auslösenden Erlebnis sprechen zu lassen, worauf die hysterischen Symptome zum Verschwinden gebracht werden konnten. Sigmund Freud lernte 1885 bei Charcot in Paris die Hypnose als Mittel kennen, das hysterische Symptome sowohl hervorrufen als auch therapeutisch beeinflussen kann. Beide Wissenschaftler kannten sich seit 1881. Als sie sich 1886 in Wien wieder begegneten, berichteten sie über ihre Heilerfolge und beschlossen, über ihre Erfahrungen zu schreiben. Aber schon bei dieser ersten Veröffentlichung zeigten beide Autoren zum Teil gegensätzliche Auffassungen.

Die Autoren

Josef Breuer wurde am 15. 1. 1842 in Wien geboren. Nach dem Studium der Medizin praktizierte er in Wien als Internist und Nervenarzt. Er arbeitete über die Physiologie der Atmung in ihren Beziehungen zum Nervensystem und über den Gleichgewichtssinn. In den Anfängen der Psychologie arbeitete er mit Sigmund Freud zusammen, die beide mit dem hier vorgelegten Buch begannen. Breuer starb am 20. 6. 1925 in Wien.

Sigmund Freud wurde am 6. Mai 1856 in Freiberg (Mähren) geboren; er widmete sich nach dem Medizinstudium der Erforschung seelisch bedingter Erkrankungen, zuerst besonders der Hysterien. Im Verlaufe seiner Studien entwickelte er das Verfahren der Psychoanalyse. Über das praktische Ziel der Therapie von Neurosen hinaus führten die Erkenntnisse der analytischen Methode zu einer entscheidend vertieften Psychologie. Zur Diskussion der kulturellen und gesellschaftlichen Fragen unserer Zeit hat Freud in seinen Arbeiten überraschende Gesichtspunkte beigetragen. Freud, seit 1902 Titular-Professor in Wien, wurde nie auf einen Lehrstuhl an eine Universität berufen; er erhielt 1930 den Goethepreis. Im Jahre 1938 emigrierte er nach London, wo er 1939 starb. (Weitere Veröffentlichungen von Sigmund Freud im Fischer Taschenbuch Verlag siehe letzte Seite dieses Buches.)

I.
Über den psychischen Mechanismus hysterischer Phänomene (Freud und Breuer)

Vorläufige Mitteilung

1

Angeregt durch eine zufällige Beobachtung forschen wir seit einer Reihe von Jahren bei den verschiedensten Formen und Symptomen der Hysterie nach der Veranlassung, dem Vorgange, welcher das betreffende Phänomen zum ersten Male, oft vor vielen Jahren, hervorgerufen hat. In der großen Mehrzahl der Fälle gelingt es nicht, durch das einfache, wenn auch noch so eingehende Krankenexamen, diesen Ausgangspunkt klarzustellen, teilweise, weil es sich oft um Erlebnisse handelt, deren Besprechung dem Kranken unangenehm ist, hauptsächlich aber, weil sie sich wirklich nicht daran erinnern, oft den ursächlichen Zusammenhang des veranlassenden Vorganges und des pathologischen Phänomens nicht ahnen. Meistens ist es nötig, die Kranken zu hypnotisieren und in der Hypnose die Erinnerungen jener Zeit, wo das Symptom zum ersten Male auftrat, wachzurufen; dann gelingt es, jenen Zusammenhang aufs deutlichste und überzeugendste darzulegen.
Diese Methode der Untersuchung hat uns in einer großen Zahl von Fällen Resultate ergeben, die in theoretischer wie in praktischer Hinsicht wertvoll erscheinen.
In *theoretischer* Hinsicht, weil sie uns bewiesen haben, daß das akzidentelle Moment weit über das bekannte und anerkannte Maß hinaus bestimmend ist für die Pathologie der Hysterie. Daß es bei »*traumatischer*« Hysterie der Unfall ist, welcher das Syndrom hervorgerufen hat, ist ja selbstverständlich, und wenn bei hysterischen Anfällen aus den Äußerungen der Kranken zu entnehmen ist, daß sie in jedem Anfall immer wieder denselben Vorgang halluzinieren, der die erste Attacke hervorgerufen hat, so liegt auch hier der ursächliche Zusammenhang klar zutage. Dunkler ist der Sachverhalt bei den anderen Phänomenen.
Unsere Erfahrungen haben uns aber gezeigt, *daß die verschiedensten Symptome, welche für spontane, sozusagen idiopathische Leistungen der Hysterie gelten, in ebenso stringentem Zusammenhange mit dem veranlassenden* Trauma stehen, wie die oben genannten, in dieser *Beziehung durchsichtigen Phänomene.* Wir haben Neuralgien wie Anästhesien der verschiedensten Art und von oft jahrelanger Dauer, Kontrakturen und Lähmungen, hysterische Anfälle und epileptoide

Konvulsionen, die alle Beobachter für echte Epilepsie gehalten hatten, *petit mal* und ticartige Affektionen, dauerndes Erbrechen und Anorexie bis zur Nahrungsverweigerung, die verschiedensten Sehstörungen, immer wiederkehrende Gesichtshalluzinationen u. dgl. m. auf solche veranlassende Momente zurückführen können. Das Mißverhältnis zwischen dem jahrelang dauernden hysterischen Symptom und der einmaligen Veranlassung ist dasselbe, wie wir es bei der traumatischen Neurose regelmäßig zu sehen gewohnt sind; ganz häufig sind es Ereignisse aus der Kinderzeit, die für alle folgenden Jahre ein mehr oder minder schweres Krankheitsphänomen hergestellt haben.

Oft ist der Zusammenhang so klar, daß es vollständig ersichtlich ist, wieso der veranlassende Vorfall eben dieses und kein anderes Phänomen erzeugt hat. Dieses ist dann durch die Veranlassung in völlig klarer Weise determiniert. So, um das banalste Beispiel zu nehmen, wenn ein schmerzlicher Affekt, der während des Essens entsteht, aber unterdrückt wird, dann Übelkeit und Erbrechen erzeugt und dieses als hysterisches Erbrechen monatelang andauert. Ein Mädchen, das in qualvoller Angst an einem Krankenbette wacht, verfällt in einen Dämmerzustand und hat eine schreckhafte Halluzination, während ihr der rechte Arm, über der Sessellehne hängend, einschläft: es entwickelt sich daraus eine Parese dieses Armes mit Kontraktur und Anästhesie. Sie will beten und findet keine Worte; endlich gelingt es ihr, ein englisches Kindergebet zu sprechen. Als sich später eine schwere höchst komplizierte Hysterie entwickelt, spricht, schreibt und versteht sie nur Englisch, während ihr die Muttersprache durch $1^1/_2$ Jahre unverständlich ist. – Ein schwerkrankes Kind ist endlich eingeschlafen, die Mutter spannt alle Willenskraft an, um sich ruhig zu verhalten und es nicht zu wecken; gerade infolge dieses Vorsatzes macht sie (»hysterischer Gegenwille«!) ein schnalzendes Geräusch mit der Zunge. Dieses wiederholt sich später bei einer anderen Gelegenheit, wobei sie sich gleichfalls absolut ruhig verhalten will, und es entwickelt sich daraus ein Tic, der als Zungenschnalzen durch viele Jahre jede Aufregung begleitet. – Ein hochintelligenter Mann assistiert, während seinem Bruder das ankylosierte Hüftgelenk in der Narkose gestreckt wird. Im Augenblicke, wo das Gelenk krachend nachgibt, empfindet er heftigen Schmerz im eigenen Hüftgelenke, der fast ein Jahr andauert u. dgl. m.

In anderen Fällen ist der Zusammenhang nicht so einfach; es besteht nur eine sozusagen symbolische Beziehung zwischen der Veranlassung und dem pathologischen Phänomen, wie der Gesunde sie wohl auch im Traume bildet, wenn etwa zu seelischem Schmerze sich eine Neuralgie gesellt oder Erbrechen zu dem Affekte moralischen Ekels. Wir haben Kranke studiert, welche von einer solchen Symbolisierung den ausgiebigsten Gebrauch zu machen pflegten. — In noch anderen Fällen ist eine derartige Determination zunächst nicht dem Verständnis offen; hieher gehören gerade die typischen hysterischen Symptome, wie Hemianästhesie und Gesichtsfeldeinengung, epileptiforme Konvulsionen u. dgl. m. Die Darlegung unserer Anschauungen über diese Gruppe müssen wir der ausführlicheren Besprechung des Gegenstandes vorbehalten.

Solche Beobachtungen scheinen uns *die pathogene Analogie der gewöhnlichen Hysterie mit der traumatischen Neurose* nachzuweisen und eine *Ausdehnung des Begriffes der »traumatischen Hysterie«* zu rechtfertigen. Bei der traumatischen Neurose ist ja nicht die geringfügige körperliche Verletzung die wirksame Krankheitsursache, sondern der Schreckaffekt, das *psychische Trauma*. In analoger Weise ergeben sich aus unseren Nachforschungen für viele, wenn nicht für die meisten hysterischen Symptome Anlässe, die man als psychische Traumen bezeichnen muß. Als solches kann jedes Erlebnis wirken, welches die peinlichen Affekte des Schreckens, der Angst, der Scham, des psychischen Schmerzes hervorruft, und es hängt begreiflicherweise von der Empfindlichkeit des betroffenen Menschen (sowie von einer später zu erwähnenden Bedingung) ab, ob das Erlebnis als Trauma zur Geltung kommt. Nicht selten finden sich anstatt des einen großen Traumas bei der gewöhnlichen Hysterie mehrere Partialtraumen, gruppierte Anlässe, die erst in ihrer Summierung traumatische Wirkung äußern konnten und die insofern zusammengehören, als sie zum Teil Stücke einer Leidensgeschichte bilden. In noch anderen Fällen sind es an sich scheinbar gleichgültige Umstände, die durch ihr Zusammentreffen mit dem eigentlich wirksamen Ereignis oder mit einem Zeitpunkt besonderer Reizbarkeit eine Dignität als Traumen gewonnen haben, die ihnen sonst nicht zuzumuten wäre, die sie aber von da an behalten.

Aber der kausale Zusammenhang des veranlassenden psychischen Traumas mit dem hysterischen Phänomen ist nicht etwa von der Art, daß das Trauma als *agent provocateur* das Symptom auslösen würde, welches dann, selbständig geworden, weiter bestände. Wir müssen vielmehr behaupten, daß das psychische Trauma, respektive die Erinnerung an dasselbe, nach Art eines Fremdkörpers wirkt, welcher noch lange Zeit nach seinem Eindringen als gegenwärtig wirkendes Agens gelten muß, und wir sehen den Beweis hiefür in einem höchst merkwürdigen Phänomen, welches zugleich unseren Befunden ein bedeutendes *praktisches* Interesse verschafft.

Wir fanden nämlich, anfangs zu unserer größten Überraschung, *daß die einzelnen hysterischen Symptome sogleich und ohne Wiederkehr ver-*

schwanden, wenn es gelungen war, die Erinnerung an den veranlassenden Vorgang zu voller Helligkeit zu erwecken, damit auch den begleitenden Affekt wachzurufen, und wenn dann der Kranke den Vorgang in möglichst ausführlicher Weise schilderte und dem Affekt Worte gab. Affektloses Erinnern ist fast immer völlig wirkungslos; der psychische Prozeß, der ursprünglich abgelaufen war, muß so lebhaft als möglich wiederholt, in *statum nascendi* gebracht und dann »ausgesprochen« werden. Dabei treten, wenn es sich um Reizerscheinungen handelt, diese: Krämpfe, Neuralgien, Halluzinationen — noch einmal in voller Intensität auf und schwinden dann für immer. Funktionsausfälle, Lähmungen und Anästhesien schwinden ebenso, natürlich ohne daß ihre momentane Steigerung deutlich wäre.[1]

Der Verdacht liegt nahe, es handle sich dabei um eine unbeabsichtigte Suggestion; der Kranke erwarte, durch die Prozedur von seinem Leiden befreit zu werden, und diese Erwartung, nicht das Aussprechen selbst, sei der wirkende Faktor. Allein dem ist nicht so: die erste Beobachtung dieser Art, bei welcher ein höchst verwickelter Fall von Hysterie auf solche Weise analysiert und die gesondert verursachten Symptome auch gesondert behoben wurden, stammt aus dem Jahre 1881, also aus »vorsuggestiver« Zeit, wurde durch spontane Autohypnosen der Kranken ermöglicht und bereitete dem Beobachter die größte Überraschung.

In Umkehrung des Satzes: *cessante causa cessat effectus* dürfen wir wohl aus diesen Beobachtungen schließen, der veranlassende Vorgang wirke in irgend einer Weise noch nach Jahren fort, nicht indirekt durch Vermittlung einer Kette von kausalen Zwischengliedern, sondern unmittelbar als auslösende Ursache, wie etwa ein im wachen Bewußtsein erinnerter psychischer Schmerz noch in später Zeit die Tränensekretion hervorruft: der Hysterische leide größtenteils an Reminiszenzen.[2]

1 Die Möglichkeit einer solchen Therapie haben Delboeuf und Binet klar erkannt, wie die beifolgenden Zitate zeigen: Delboeuf, Le magnétisme animal. Paris 1889: »*On s'expliquerait dès-lors comment le magnétiseur aide à la guérison. Il remet le sujet dans l'état où le mal s'est manifesté et combat par la parole le même mal, mais renaissant.*« — Binet, Les altérations de la personnalité, 1892, p. 243: »*. . . peut-être verra-t-on qu'en reportant le malade par un artifice mental, au moment même où le symptôme a apparu pour la première fois, on rend ce malade plus docile à une suggestion curative.*« — In dem interessanten Buche von P. Janet: L'automatisme psychologique, Paris 1889, findet sich die Beschreibung einer Heilung, welche bei einem hysterischen Mädchen durch Anwendung eines dem unsrigen analogen Verfahrens erzielt wurde.

2 Wir können im Texte dieser vorläufigen Mitteilung nicht sondern, was am Inhalte derselben neu ist und was sich bei anderen Autoren wie Möbius und Strümpell findet, die ähnliche Anschauungen für die Hysterie vertreten haben. Die größte Annäherung an unsere theoretischen und therapeutischen Ausführungen fanden wir in einigen gelegentlich publizierten Bemerkungen Benedikts, mit denen wir uns an anderer Stelle beschäftigen werden.

2

Es erscheint zunächst wunderlich, daß längst vergangene Erlebnisse so intensiv wirken sollen; daß die Erinnerungen an sie nicht der Usur unterliegen sollen, der wir doch alle unsere Erinnerungen verfallen sehen. Vielleicht gewinnen wir durch folgende Erwägungen einiges Verständnis für diese Tatsachen.
Das Verblassen oder Affektloswerden einer Erinnerung hängt von mehreren Faktoren ab. Vor allem ist dafür von Wichtigkeit, *ob auf das affizierende Ereignis energisch reagiert wurde oder nicht.* Wir verstehen hier unter Reaktion die ganze Reihe willkürlicher und unwillkürlicher Reflexe, in denen sich erfahrungsgemäß die Affekte entladen: vom Weinen bis zum Racheakt. Erfolgt diese Reaktion in genügendem Ausmaße, so schwindet dadurch ein großer Teil des Affektes; unsere Sprache bezeugt diese Tatsache der täglichen Beobachtung durch die Ausdrücke »sich austoben, ausweinen« u. dgl. Wird die Reaktion unterdrückt, so bleibt der Affekt mit der Erinnerung verbunden. Eine Beleidigung, die vergolten ist, wenn auch nur durch Worte, wird anders erinnert, als eine, die hingenommen werden mußte. Die Sprache anerkennt auch diesen Unterschied in den psychischen und körperlichen Folgen und bezeichnet höchst charakteristischerweise eben das schweigend erduldete Leiden als »Kränkung«. — Die Reaktion des Geschädigten auf das Trauma hat eigentlich nur dann eine völlig »*kathartische*« Wirkung, wenn sie eine adäquate Reaktion ist, wie die Rache. Aber in der Sprache findet der Mensch ein Surrogat für die Tat, mit dessen Hilfe der Affekt nahezu ebenso »*abreagiert*« werden kann. In anderen Fällen ist das Reden eben selbst der adäquate Reflex, als Klage und als Aussprache für die Pein eines Geheimnisses (Beichte!). Wenn solche Reaktion durch Tat, Worte, in leichtesten Fällen durch Weinen nicht erfolgt, so behält die Erinnerung an den Vorfall zunächst die affektive Betonung.
Das »Abreagieren« ist indes nicht die einzige Art der Erledigung, welche dem normalen psychischen Mechanismus des Gesunden zur Verfügung steht, wenn er ein psychisches Trauma erfahren hat. Die Erinnerung daran tritt, auch wenn sie nicht abreagiert wurde, in den großen Komplex der Assoziation ein, sie rangiert dann neben anderen, vielleicht ihr widersprechenden Erlebnissen, erleidet eine Korrektur durch andere Vorstellungen. Nach einem Unfalle z. B. gesellt sich zu der Erinnerung an die Gefahr und zu der (abgeschwächten) Wiederholung des Schreckens die Erinnerung des weiteren Verlaufes, der Rettung, das Bewußtsein der jetzigen Sicherheit. Die Erinnerung an eine Kränkung wird korrigiert durch Richtigstellung der Tatsachen, durch Erwägungen der eigenen Würde u. dgl., und so gelingt es

dem normalen Menschen, durch Leistungen der Assoziation den begleitenden Affekt zum Verschwinden zu bringen.

Dazu tritt dann jenes allgemeine Verwischen der Eindrücke, jenes Abblassen der Erinnerungen, welches wir »vergessen« nennen, und das vor allem die affektiv nicht mehr wirksamen Vorstellungen usuriert.

Aus unseren Beobachtungen geht nun hervor, daß jene Erinnerungen, welche zu Veranlassungen hysterischer Phänomene geworden sind, sich in wunderbarer Frische und mit ihrer vollen Affektbetonung durch lange Zeit erhalten haben. Wir müssen aber als eine weitere auffällige und späterhin verwertbare Tatsache erwähnen, daß die Kranken nicht etwa über diese Erinnerungen wie über andere ihres Lebens verfügen. Im Gegenteil, diese Erlebnisse fehlen dem Gedächtnisse der Kranken in ihrem gewöhnlichen psychischen Zustande völlig oder sind nur höchst summarisch darin vorhanden. Erst wenn man die Kranken in der Hypnose befragt, stellen sich diese Erinnerungen mit der unverminderten Lebhaftigkeit frischer Geschehnisse ein.

So reproduzierte eine unserer Kranken in der Hypnose ein halbes Jahr hindurch mit halluzinatorischer Lebhaftigkeit alles, was sie an denselben Tagen des vorhergegangenen Jahres (während einer akuten Hysterie) erregt hatte; ein ihr unbekanntes Tagebuch der Mutter bezeugte die tadellose Richtigkeit der Reproduktion. Eine andere Kranke durchlebte teils in der Hypnose, teils in spontanen Anfällen mit halluzinatorischer Deutlichkeit alle Ereignisse einer vor zehn Jahren durchgemachten hysterischen Psychose, für welche sie bis zum Momente des Wiederauftauchens größtenteils amnestisch gewesen war. Auch einzelne ätiologisch wichtige Erinnerungen von fünfzehn- bis fünfundzwanzigjährigem Bestand erwiesen sich bei ihr von erstaunlicher Intaktheit und sinnlicher Stärke und wirkten bei ihrer Wiederkehr mit der vollen Affektkraft neuer Erlebnisse.

Den Grund hiefür können wir nur darin suchen, daß diese Erinnerungen in allen oben erörterten Beziehungen zur Usur eine Ausnahmsstellung einnehmen. Es zeigt sich nämlich, daß diese Erinnerungen Traumen entsprechen, welche nicht genügend »abreagiert« worden sind, und bei näherem Eingehen auf die Gründe, welche dieses verhindert haben, können wir mindestens zwei Reihen von Bedingungen auffinden, unter denen die Reaktion auf das Trauma unterblieben ist.

Zur ersten Gruppe rechnen wir jene Fälle, in denen die Kranken auf psychische Traumen nicht reagiert haben, weil die Natur des Traumas eine Reaktion ausschloß, wie beim unersetzlich erscheinenden Verlust einer geliebten Person, oder weil die sozialen

Verhältnisse eine Reaktion unmöglich machten, oder weil es sich um Dinge handelte, die der Kranke vergessen wollte, die er darum absichtlich aus seinem bewußten Denken verdrängte, hemmte und unterdrückte. Gerade solche peinliche Dinge findet man dann in der Hypnose als Grundlage hysterischer Phänomene (hysterische Delirien der Heiligen und Nonnen, der enthaltsamen Frauen, der wohlerzogenen Kinder).

Die zweite Reihe von Bedingungen wird nicht durch den Inhalt der Erinnerungen, sondern durch die psychischen Zustände bestimmt, mit welchen die entsprechenden Erlebnisse beim Kranken zusammengetroffen haben. Als Veranlassung hysterischer Symptome findet man nämlich in der Hypnose auch Vorstellungen, welche, an sich nicht bedeutungsvoll, ihre Erhaltung dem Umstande danken, daß sie in schweren lähmenden Affekten, wie z. B. Schreck, entstanden sind, oder direkt in abnormen psychischen Zuständen, wie im halbhypnotischen Dämmerzustande des Wachträumens, in Autohypnosen u. dgl. Hier ist es die Natur dieser Zustände, welche eine Reaktion auf das Geschehnis unmöglich machte.

Beiderlei Bedingungen können natürlich auch zusammentreffen und treffen in der Tat oftmals zusammen. Dies ist der Fall, wenn ein an sich wirksames Trauma in einen Zustand von schwerem, lähmendem Affekt oder von verändertem Bewußtsein fällt, es scheint aber auch so zuzugehen, daß durch das psychische Trauma bei vielen Personen einer jener abnormen Zustände hervorgerufen wird, welcher dann seinerseits die Reaktion unmöglich macht.

Beiden Gruppen von Bedingungen ist aber gemeinsam, daß die nicht durch Reaktion erledigten psychischen Traumen auch der Erledigung durch assoziative Verarbeitung entbehren müssen. In der ersten Gruppe ist es der Vorsatz des Kranken, welcher die peinlichen Erlebnisse vergessen will und dieselben somit möglichst von der Assoziation ausschließt, in der zweiten Gruppe gelingt diese assoziative Verarbeitung darum nicht, weil zwischen dem normalen Bewußtseinszustand und den pathologischen, in denen diese Vorstellungen entstanden sind, eine ausgiebige assoziative Verknüpfung nicht besteht. Wir werden sofort Anlaß haben, auf diese Verhältnisse weiter einzugehen.

Man darf also sagen, daß *die pathogen gewordenen Vorstellungen sich darum so frisch und affektkräftig erhalten, weil ihnen die normale Usur durch Abreagieren und durch Reproduktion in Zuständen ungehemmter Assoziation versagt ist.*

3

Als wir die Bedingungen mitteilten, welche nach unseren Erfahrungen dafür maßgebend sind, daß sich aus psychischen Traumen hysterische Phänomene entwickeln, mußten wir bereits von abnormen Zuständen des Bewußtseins sprechen, in denen solche pathogene Vorstellungen entstehen, und mußten die Tatsache hervorheben, daß die Erinnerung an das wirksame psychische Trauma nicht im normalen Gedächtnisse des Kranken, sondern im Gedächtnisse des Hypnotisierten zu finden ist. Je mehr wir uns nun mit diesen Phänomenen beschäftigten, desto sicherer wurde unsere Überzeugung, jene Spaltung des Bewußtseins, die bei den bekannten klassischen Fällen als *double conscience* so auffällig ist, bestche in rudimentärer Weise bei jeder Hysterie, die Neigung zu dieser Dissoziation und damit zum Auftreten abnormer Bewußtseinszustände, die wir als »hypnoide« zusammenfassen wollen, sei das Grundphänomen dieser Neurose. Wir treffen in dieser Anschauung mit Binet und den beiden Janet zusammen, über deren höchst merkwürdige Befunde bei Anästhetischen uns übrigens die Erfahrung mangelt.

Wir möchten also dem oft ausgesprochenen Satze: »Die Hypnose ist artefizielle Hysterie« einen andern an die Seite stellen: Grundlage und Bedingung der Hysterie ist die Existenz von hypnoiden Zuständen. Diese hypnoiden Zustände stimmen, bei aller Verschiedenheit, untereinander und mit der Hypnose in dem einen Punkte überein, daß die in ihnen auftauchenden Vorstellungen sehr intensiv, aber von dem Assoziativverkehr mit dem übrigen Bewußtseinsinhalt abgesperrt sind. Untereinander sind diese hypnoiden Zustände assoziierbar, und deren Vorstellungsinhalt mag auf diesem Wege verschieden hohe Grade von psychischer Organisation erreichen. Im übrigen dürfte ja die Natur dieser Zustände und der Grad ihrer Abschließung von den übrigen Bewußtseinsvorgängen in ähnlicher Weise variieren, wie wir es bei der Hypnose sehen, die sich von leichter Somnolenz bis zum Somnambulismus, von der vollen Erinnerung bis zur absoluten Amnesie erstreckt.

Bestehen solche hypnoiden Zustände schon vor der manifesten Erkrankung, so geben sie den Boden ab, auf welchem der Affekt die pathogene Erinnerung mit ihren somatischen Folgeerscheinungen ansiedelt. Dies Verhalten entspricht der disponierten Hysterie. Es ergibt sich aber aus unseren Beobachtungen, daß ein schweres Trauma (wie das der traumatischen Neurose), eine mühevolle Unterdrückung (etwa des Sexualaffektes) auch bei dem sonst freien Menschen eine Abspaltung von Vorstellungs-

gruppen bewerkstelligen kann, und dies wäre der Mechanismus der psychisch akquirierten Hysterie. Zwischen den Extremen dieser beiden Formen muß man eine Reihe gelten lassen, innerhalb welcher die Leichtigkeit der Dissoziation bei dem betreffenden Individuum und die Affektgröße des Traumas in entgegengesetztem Sinne variieren.
Wir wissen nichts Neues darüber zu sagen, worin die disponierenden hypnoiden Zustände begründet sind. Sie entwickeln sich oft, sollten wir meinen, aus dem auch bei Gesunden so häufigen »Tagträumen«, zu dem z. B. die weiblichen Handarbeiten so viel Anlaß bieten. Die Frage, weshalb die »pathologischen Assoziationen«, die sich in solchen Zuständen bilden, so feste sind und die somatischen Vorgänge so viel stärker beeinflussen, als wir es sonst von Vorstellungen gewohnt sind, fällt zusammen mit dem Probleme der Wirksamkeit hypnotischer Suggestionen überhaupt. Unsere Erfahrungen bringen hierüber nichts Neues; sie beleuchten dagegen den Widerspruch zwischen dem Satze: »Hysterie ist eine Psychose«, und der Tatsache, daß man unter den Hysterischen die geistig klarsten, willensstärksten, charaktervollsten und kritischsten Menschen finden kann. In diesen Fällen ist solche Charakteristik richtig für das wache Denken des Menschen; in seinen hypnoiden Zuständen ist er alieniert, wie wir es alle im Traume sind. Aber während unsere Traumpsychosen unseren Wachzustand nicht beeinflussen, ragen die Produkte der hypnoiden Zustände als hysterische Phänomene ins wache Leben hinein.

4

Fast die nämlichen Behauptungen, die wir für die hysterischen Dauersymptome aufgestellt haben, können wir auch für die hysterischen Anfälle wiederholen. Wir besitzen, wie bekannt, eine von Charcot gegebene schematische Beschreibung des »großen« hysterischen Anfalles, welcher zufolge ein vollständiger Anfall vier Phasen erkennen läßt: 1) die epileptoide, 2) die der großen Bewegungen, 3) die der *attitudes passionnelles* (die halluzinatorische Phase), 4) die des abschließenden Deliriums. Aus der Verkürzung und Verlängerung, dem Ausfall und der Isolierung der einzelnen Phasen läßt Charcot alle jene Formen des hysterischen Anfalles hervorgehen, die man tatsächlich häufiger als die vollständige *grande attaque* beobachtet.
Unser Erklärungsversuch knüpft an die dritte Phase, die der *attitudes passionnelles* an. Wo dieselbe ausgeprägt ist, liegt in ihr die halluzinatorische Reproduktion einer Erinnerung bloß, welche für den Ausbruch der Hysterie bedeutsam war, die Erinnerung an das eine große Trauma der *κατ' ἐξοχήν* sogenannten

traumatischen Hysterie oder an eine Reihe von zusammengehörigen Partialtraumen, wie sie der gemeinen Hysterie zugrunde liegen. Oder endlich der Anfall bringt jene Geschehnisse wieder, welche durch ihr Zusammentreffen mit einem Momente besonderer Disposition zu Traumen erhoben worden sind.

Es gibt aber auch Anfälle, die anscheinend nur aus motorischen Phänomenen bestehen, denen eine *phase passionnelle* fehlt. Gelingt es bei einem solchen Anfalle von allgemeinen Zuckungen, kataleptischer Starre oder bei einer *attaque de sommeil,* sich während desselben in Rapport mit dem Kranken zu setzen, oder noch besser, gelingt es, den Anfall in der Hypnose hervorzurufen, so findet man, daß auch hier die Erinnerung an das psychische Trauma oder an eine Reihe von Traumen zugrunde liegt, die sich sonst in einer halluzinatorischen Phase auffällig macht. Ein kleines Mädchen leidet seit Jahren an Anfällen von allgemeinen Krämpfen, die man für epileptische halten könnte und auch gehalten hat. Sie wird zum Zwecke der Differentialdiagnose hypnotisiert und verfällt sofort in ihren Anfall. Befragt: Was siehst du denn jetzt? antwortet sie aber: Der Hund, der Hund kommt, und wirklich ergibt sich, daß der erste Anfall dieser Art nach einer Verfolgung durch einen wilden Hund aufgetreten war. Der Erfolg der Therapie vervollständigt dann die diagnostische Entscheidung.

Ein Angestellter, der infolge einer Mißhandlung von seiten seines Chefs hysterisch geworden ist, leidet an Anfällen, in denen er zusammenstürzt, tobt und wütet, ohne ein Wort zu sprechen oder eine Halluzination zu verraten. Der Anfall läßt sich in der Hypnose provozieren, und der Kranke gibt nun an, daß er die Szene wieder durchlebt, wie der Herr ihn auf der Straße beschimpft und mit einem Stocke schlägt. Wenige Tage später kommt er mit der Klage wieder, er habe denselben Anfall von neuem gehabt, und diesmal ergibt sich in der Hypnose, daß er die Szene durchlebt hat, an die sich eigentlich der Ausbruch der Krankheit knüpfte; die Szene im Gerichtssaale, als es ihm nicht gelang, Satisfaktion für die Mißhandlung zu erreichen usw.

Die Erinnerungen, welche in den hysterischen Anfällen hervortreten oder in ihnen geweckt werden können, entsprechen auch in allen anderen Stücken den Anlässen, welche sich uns als Gründe hysterischer Dauersymptome ergeben haben. Wie diese, betreffen sie psychische Traumen, die sich der Erledigung durch Abreagieren oder durch assoziative Denkarbeit entzogen haben; wie diese, fehlen sie gänzlich oder mit ihren wesentlichen Bestandteilen dem Erinnerungsvermögen des normalen Bewußtseins und zeigen sich als zugehörig zu dem Vorstellungsinhalte hypnoider Bewußtseinszustände mit eingeschränkter Assoziation. Endlich gestatten sie auch die therapeutische Probe. Unsere Beobachtungen haben uns oftmals gelehrt, daß eine solche Er-

innerung, die bis dahin Anfälle provoziert hatte, dazu unfähig wird, wenn man sie in der Hypnose zur Reaktion und assoziativen Korrektur bringt.
Die motorischen Phänomene des hysterischen Anfalles lassen sich zum Teil als allgemeine Reaktionsformen des die Erinnerung begleitenden Affektes (wie das Zappeln mit allen Gliedern, dessen sich bereits der Säugling bedient), zum Teil als direkte Ausdrucksbewegungen dieser Erinnerung deuten, zum andern Teil entziehen sie sich ebenso wie die hysterischen Stigmata bei den Dauersymptomen dieser Erklärung.
Eine besondere Würdigung des hysterischen Anfalles ergibt sich noch, wenn man auf die vorhin angedeutete Theorie Rücksicht nimmt, daß bei der Hysterie in hypnoiden Zuständen entstandene Vorstellungsgruppen vorhanden sind, die vom assoziativen Verkehre mit den übrigen ausgeschlossen, aber untereinander assoziierbar, ein mehr oder minder hoch organisiertes Rudiment eines zweiten Bewußtseins, einer *condition seconde* darstellen. Dann entspricht ein hysterisches Dauersymptom einem Hineinragen dieses zweiten Zustandes in die sonst vom normalen Bewußtsein beherrschte Körperinnervation, ein hysterischer Anfall zeugt aber von einer höheren Organisation dieses zweiten Zustandes und bedeutet, wenn er frisch entstanden ist, einen Moment, in dem sich dieses Hypnoidbewußtsein der gesamten Existenz bemächtigt hat, also einer akuten Hysterie; wenn es aber ein wiederkehrender Anfall ist, der eine Erinnerung enthält, einer Wiederkehr eines solchen. Charcot hat bereits den Gedanken ausgesprochen, daß der hysterische Anfall das Rudiment einer *condition seconde* sein dürfte. Während des Anfalles ist die Herrschaft über die gesamte Körperinnervation auf das hypnoide Bewußtsein übergegangen. Das normale Bewußtsein ist, wie bekannte Erfahrungen zeigen, dabei nicht immer völlig verdrängt; es kann selbst die motorischen Phänomene des Anfalles wahrnehmen, während die psychischen Vorgänge desselben seiner Kenntnisnahme entgehen.
Der typische Verlauf einer schweren Hysterie ist bekanntlich der, daß zunächst in hypnoiden Zuständen ein Vorstellungsinhalt gebildet wird, der dann, genügend angewachsen, sich während einer Zeit von »akuter Hysterie« der Körperinnervation und der Existenz des Kranken bemächtigt, Dauersymptome und Anfälle schafft und dann bis auf Reste abheilt. Kann die normale Person die Herrschaft wieder übernehmen, so kehrt das, was von jenem hypnoiden Vorstellungsinhalt überlebt hat, in hysterischen Anfällen wieder und bringt die Person zeitweise wieder in ähnliche Zustände, die selbst wieder beeinflußbar und für Traumen aufnahmsfähig sind. Es stellt sich dann häufig eine Art von Gleichgewicht zwischen den psychischen Gruppen her, die in derselben Person vereinigt sind; Anfall und normales

Leben gehen nebeneinander her, ohne einander zu beeinflussen. Der Anfall kommt dann spontan, wie auch bei uns die Erinnerungen zu kommen pflegen, er kann aber auch provoziert werden, wie jede Erinnerung nach den Gesetzen der Assoziation zu erwecken ist. Die Provokation des Anfalles erfolgt entweder durch die Reizung einer hysterogenen Zone oder durch ein neues Erlebnis, welches durch Ähnlichkeit an das pathogene Erlebnis anklingt. Wir hoffen, zeigen zu können, daß zwischen beiden anscheinend so verschiedenen Bedingungen ein wesentlicher Unterschied nicht besteht, daß in beiden Fällen an eine hyperästhetische Erinnerung gerührt wird. In anderen Fällen ist dieses Gleichgewicht ein sehr labiles, der Anfall erscheint als Äußerung des hypnoiden Bewußtseinsrestes, so oft die normale Person erschöpft und leistungsunfähig wird. Es ist nicht von der Hand zu weisen, daß in solchen Fällen auch der Anfall, seiner ursprünglichen Bedeutung entkleidet, als inhaltslose motorische Reaktion wiederkehren mag.

Es bleibt eine Aufgabe weiterer Untersuchung, welche Bedingungen dafür maßgebend sind, ob eine hysterische Individualität sich in Anfällen, in Dauersymptomen oder in einem Gemenge von beiden äußert.

5

Es ist nun verständlich, wieso die hier von uns dargelegte Methode der Psychotherapie heilend wirkt. *Sie hebt die Wirksamkeit der ursprünglich nicht abreagierten Vorstellung dadurch auf, daß sie dem eingeklemmten Affekte derselben den Ablauf durch die Rede gestattet, und bringt sie zur assoziativen Korrektur, indem sie dieselbe ins normale Bewußtsein zieht (in leichterer Hypnose) oder durch ärztliche Suggestion aufhebt, wie es im Somnambulismus mit Amnesie geschieht.* Wir halten den therapeutischen Gewinn bei Anwendung dieses Verfahrens für einen bedeutenden. Natürlich heilen wir nicht die Hysterie, soweit sie Disposition ist, wir leisten ja nichts gegen die Wiederkehr hypnoider Zustände. Auch während des produktiven Stadiums einer akuten Hysterie kann unser Verfahren nicht verhüten, daß die mühsam beseitigten Phänomene alsbald durch neue ersetzt werden. Ist aber dieses akute Stadium abgelaufen und erübrigen noch die Reste desselben als hysterische Dauersymptome und Anfälle, so beseitigt unsere Methode dieselben häufig und für immer, weil radikal, und scheint uns hierin die Wirksamkeit der direkten suggestiven Aufhebung, wie

sie jetzt von den Psychotherapeuten geübt wird, weit zu übertreffen.
Wenn wir in der Aufdeckung des psychischen Mechanismus hysterischer Phänomene einen Schritt weiter auf der Bahn gemacht haben, die zuerst Charcot so erfolgreich mit der Erklärung und experimentellen Nachahmung hysterotraumatischer Lähmungen betreten hat, so verhehlen wir uns doch nicht, daß damit eben nur der Mechanismus hysterischer Symptome und nicht die inneren Ursachen der Hysterie unserer Kenntnis näher gerückt worden sind. Wir haben die Ätiologie der Hysterie nur gestreift und eigentlich nur die Ursachen der akquirierten Formen, die Bedeutung des akzidentellen Momentes für die Neurose beleuchten können.
Wien, Dezember 1892.

II.
Krankengeschichten

1. *Frl. Anna O . . .* (Breuer)

Frl. Anna O . . ., zur Zeit der Erkrankung (1880) 21 Jahre alt, erscheint als neuropathisch mäßig stark belastet durch einige in der großen Familie vorgekommene Psychosen; die Eltern sind nervös gesund. Sie selbst früher stets gesund, ohne irgendein Nervosum während der Entwicklungsperiode; von bedeutender Intelligenz, erstaunlich scharfsinniger Kombination und scharfsichtiger Intuition; ein kräftiger Intellekt, der auch solide geistige Nahrung verdaut hätte und sie brauchte, nach Verlassen der Schule aber nicht erhielt. Reiche poetische und phantastische Begabung, kontrolliert durch sehr scharfen und kritischen Verstand. Dieser letztere machte sie auch völlig unsuggestibel; nur Argumente, nie Behauptungen hatten Einfluß auf sie. Ihr Wille war energisch, zäh und ausdauernd; manchmal zum Eigensinn gesteigert, der sein Ziel nur aus Güte, um anderer willen, aufgab.

Zu den wesentlichsten Zügen des Charakters gehörte mitleidige Güte; die Pflege und Besorgung einiger Armen und Kranken leistete ihr selbst in ihrer Krankheit ausgezeichnete Dienste, da sie dadurch einen starken Trieb befriedigen konnte. – Ihre Stimmungen hatten immer eine leichte Tendenz zum Übermaße, der Lustigkeit und der Trauer; daher auch einige Launenhaftigkeit. Das sexuale Element war erstaunlich unentwickelt; die Kranke, deren Leben mir durchsichtig wurde, wie selten das eines Menschen einem andern, hatte nie eine Liebe gehabt, und in all den massenhaften Halluzinationen ihrer Krankheit tauchte niemals dieses Element des Seelenlebens empor.

Dieses Mädchen von überfließender geistiger Vitalität führte in der puritanisch gesinnten Familie ein höchst monotones Leben, das sie sich in einer für ihre Krankheit wahrscheinlich maßgebenden Weise verschönerte. Sie pflegte systematisch das Wachträumen, das sie ihr »Privattheater« nannte. Während alle sie anwesend glaubten, lebte sie im Geiste Märchen durch, war aber, angerufen, immer präsent, so daß niemand davon wußte. Neben den Beschäftigungen der Häuslichkeit, die sie tadellos versorgte, ging diese geistige Tätigkeit fast fortlaufend einher. Ich werde dann zu berichten haben, wie unmittelbar diese gewohnheitsmäßige Träumerei der Gesunden in Krankheit überging.

Der Krankheitsverlauf zerfällt in mehrere gut getrennte Phasen; es sind:

A) Die latente Inkubation. Mitte Juli 1880 bis etwa 10. Dezember. In dieser Phase, die sich in den meisten Fällen unserer Kenntnis entzieht, gewährte die Eigenart dieses Falles so vollständigen Einblick, daß ich schon deshalb sein pathologisches Interesse nicht gering anschlage. Ich werde diesen Teil der Geschichte später darlegen.

B) Die manifeste Erkrankung; eine eigentümliche Psychose, Paraphasie, Strabismus convergens, schwere Sehstörungen, Kontrakturlähmungen, vollständig in der rechten oberen, beiden unteren Extremitäten, unvollständig in der linken oberen Extremität, Parese der Nackenmuskulatur. Allmähliche Reduktion der Kontraktur auf die rechtsseitigen Extremitäten. Einige Besserung, unterbrochen durch ein schweres psychisches Trauma (Tod des Vaters) im April, auf welches

C) eine Periode andauernden Somnambulismus folgt, der dann mit normaleren Zuständen alterniert; Fortbestand einer Reihe von Dauersymptomen bis Dezember 1881.

D) Allmähliche Abwicklung der Zustände und Phänomene bis Juni 1882.

Im Juli 1880 erkrankte der Vater der Patientin, den sie leidenschaftlich liebte, an einem peripleuritischen Abszesse, der nicht ausheilte und dem er im April 1881 erlag. Während der ersten Monate dieser Erkrankung widmete sich Anna der Krankenpflege mit der ganzen Energie ihres Wesens, und es nahm niemand sehr wunder, daß sie dabei allmählich stark herabkam. Niemand, vielleicht auch die Kranke selbst nicht, wußte, was in ihr vorging; allmählich aber wurde ihr Zustand von Schwäche, Anämie, Ekel vor Nahrung so schlimm, daß sie zu ihrem größten Schmerze von der Pflege des Kranken entfernt wurde. Den unmittelbaren Anlaß bot ein höchst intensiver Husten, wegen dessen ich sie zum ersten Male untersuchte. Es war eine typische Tussis nervosa. Bald wurde ein auffallendes Ruhebedürfnis in den Nachmittagsstunden deutlich, an welches sich abends ein schlafähnlicher Zustand und dann starke Aufregung anschloß.

Anfangs Dezember entstand Strabismus convergens. Ein Augenarzt erklärte diesen (irrigerweise) durch Parese des einen Abduzens. Am 11. Dezember wurde Patientin bettlägerig und blieb es bis 1. April.

In rascher Folge entwickelte sich, *anscheinend* ganz frisch, eine Reihe schwerer Störungen.

Linksseitiger Hinterkopfschmerz; Strabismus convergens (Diplopie) durch Aufregung bedeutend gesteigert; Klage über Herüberstürzen der Wand (Obliquusaffektion). Schwer analysierbare Sehstörungen; Parese der vorderen Halsmuskeln, so daß der Kopf schließlich nur dadurch bewegt wurde, daß Patientin ihn nach rückwärts zwischen die gehobenen Schultern preßte und sich mit dem ganzen Rücken bewegte. Kontraktur und Anästhesie der rechten oberen, nach einiger Zeit der rechten unteren Extremität; auch diese völlig gestreckt, adduziert und nach innen rotiert; später tritt dieselbe Affektion an der linken unteren Extremität und zuletzt am linken Arme auf, an welchem aber die Finger einigermaßen beweglich blieben. Auch die Schultergelenke beiderseits waren nicht völlig rigide. Das Maximum der Kontraktur betrifft die Muskeln des Oberarmes, wie auch später, als die Anästhesie genauer geprüft werden konnte, die Gegend des Ellbogens sich als am stärksten unempfindlich erwies. Im Beginne der Krankheit blieb die Anästhesieprüfung ungenügend, wegen des aus Angstgefühlen entspringenden Widerstandes der Patientin.

In diesem Zustande übernahm ich die Kranke in meine Behandlung und konnte mich alsbald von der schweren psychischen Alteration überzeugen, die da vorlag. Es bestanden zwei ganz getrennte Bewußtseinszustände, die sehr oft und unvermittelt abwechselten und sich im Laufe der Krankheit immer schärfer schieden. In dem einen kannte sie ihre Umgebung, war traurig und ängstlich, aber relativ normal; im andern halluzinierte sie, war »ungezogen«, d. h. schimpfte, warf die Kissen nach den Leuten, soweit und wenn die Kontraktur dergleichen erlaubte, riß mit den beweglichen Fingern die Knöpfe von Decken und Wäsche u. dgl. mehr. War während dieser Phase etwas im Zimmer verändert worden, jemand gekommen oder hinausgegangen, so klagte sie dann, ihr fehle Zeit, und bemerkte die Lücke im Ablaufe ihrer bewußten Vorstellungen. Da man ihr das, wenn möglich, ableugnete, auf ihre Klage, sie werde verrückt, sie zu beruhigen suchte, folgten auf jedes Polsterschleudern u. dgl. dann noch die Klagen, was man ihr antue, in welcher Unordnung man sie lasse usw.

Diese Absenzen waren schon beobachtet worden, als sie noch außer Bett war; sie blieb dann mitten im Sprechen stecken, wiederholte die letzten Worte, um nach kurzer Zeit weiter fortzufahren. Nach und nach nahm dies die geschilderten Dimensionen an, und während der Akme der Krankheit, als die Kontraktur auch die linke Seite ergriffen hatte, war sie am Tage nur für ganz kurze Zeiten halbwegs normal. Aber auch in die Momente relativ klaren Bewußtseins griffen die Störungen über; rapidester Stimmungswechsel in Extremen, ganz vorübergehende Heiterkeit, sonst schwere Angstgefühle, hartnäckige Opposition gegen alle therapeutischen Maßnahmen, ängstliche Halluzinationen von schwarzen Schlangen, als welche ihre Haare, Schnüre u. dgl. erscheinen. Dabei sprach sie sich immer zu, nicht so dumm zu sein, es seien ja ihre Haare usw. In ganz klaren Momenten beklagte sie die tiefe Finsternis ihres Kopfes, wie sie nicht denken könne, blind und taub werde, zwei Ichs habe, ihr wirkliches und ein schlechtes, das sie zu Schlimmem zwinge usw.

Nachmittags lag sie in einer Somnolenz, die bis etwa eine Stunde nach Sonnenuntergang dauerte, und dann erwacht, klagte sie, es quäle sie etwas, oder vielmehr sie wiederholte immer den Infinitiv: Quälen, quälen.

Denn zugleich mit der Ausbildung der Kontrakturen war eine tiefe, funktionelle Desorganisation der Sprache eingetreten. Zuerst beobachtete man, daß ihr Worte fehlten, allmählich nahm das zu. Dann verlor ihr Sprechen alle Grammatik, jede Syntax, die ganze Konjugation des Verbums, sie gebrauchte schließlich nur falsch, meist aus einem schwachen Particip-preateriti gebildete Infinitive, keinen Artikel. In weiterer Entwicklung fehlten ihr auch die Worte fast ganz, sie suchte dieselben mühsam aus 4 oder 5 Sprachen zusammen und war dabei kaum mehr verständlich. Bei Versuchen zu schreiben schrieb sie (anfangs, bis die Kontraktur das völlig verhinderte) denselben Jargon. Zwei Wochen lang bestand völliger Mutismus, bei fortwährenden angestrengten Versuchen zu sprechen wurde kein Laut vorgebracht. Hier wurde nun zuerst der psychische Mechanismus der Störung klar. Sie hatte sich, wie ich wußte, über etwas sehr gekränkt und beschlossen, nichts davon zu sagen. Als ich das erriet und sie zwang, davon zu reden, fiel die Hemmung weg, die vorher auch jede andere Äußerung unmöglich gemacht hatte.

Dies fiel zeitlich zusammen mit der wiederkehrenden Beweglichkeit der linksseitigen Extremitäten, März 1881; die Paraphasie wich, aber sie sprach jetzt nur E n g l i s c h, doch anscheinend, ohne es zu wissen; zankte mit der Wärterin, die sie natürlich nicht verstand; erst mehrere Monate später gelang mir, sie davon zu überzeugen, daß sie Englisch rede. Doch verstand sie selbst noch ihre Deutsch sprechende Umgebung. Nur in Momenten großer Angst versagte die Sprache vollständig oder sie mischte die verschiedensten Idiome durcheinander. In den allerbesten, freiesten Stunden sprach sie Französisch oder Italienisch. Zwischen diesen Zeiten und denen, in welchen sie Englisch sprach, bestand völlige Amnesie. Nun nahm auch der Strabismus ab und erschien schließlich nur mehr bei heftiger Aufregung, der Kopf wurde wieder getragen. Am 1. April verließ sie zum ersten Male das Bett.

Da starb am 5. April der von ihr vergötterte Vater, den sie während ihrer Krankheit nur sehr selten für kurze Zeit gesehen hatte. Es war das schwerste psychische Trauma, das sie treffen konnte. Gewaltiger Aufregung folgte ein tiefer Stupor etwa zwei Tage lang, aus dem sie sich in sehr verändertem Zustand erhob. Zunächst war sie viel ruhiger und das Angstgefühl wesentlich vermindert. Die Kontraktur des rechten Armes und Beines dauerte fort, ebenso die, nicht tiefe, Anästhesie dieser Glieder. Es bestand hochgradige Gesichtsfeldeinengung. Von einem Blumenstrauße, der sie sehr erfreute, sah sie immer nur eine Blume zugleich. Sie klagte, daß sie die Menschen nicht erkenne. Sonst habe sie die Gesichter erkannt, ohne willkürlich dabei arbeiten zu müssen; jetzt müsse sie bei solchem, sehr mühsamen »recognising work« sich sagen, die Nase sei so, die Haare so, folglich werde das der und der sein. Alle Menschen wurden ihr wie Wachsfiguren, ohne Beziehung auf sie. Sehr peinlich war ihr die Gegenwart einiger nahen Verwandten, und dieser »negative Instinkt« wuchs fortwährend. Trat jemand ins Zimmer, den sie sonst gern gesehen hatte, so erkannte sie ihn, war kurze Zeit präsent, dann versank sie wieder in ihr Brüten, und der Mensch war ihr entschwunden. Nur mich kannte sie immer, wenn ich eintrat, blieb auch immer präsent und munter, solange ich mit ihr sprach, bis auf die immer ganz plötzlich dazwischen fahrenden halluzinatorischen Absenzen.

Sie sprach nun nur Englisch und verstand nicht, was man ihr deutsch sagte. Ihre Umgebung mußte Englisch mit ihr sprechen; selbst die Wärterin lernte sich einigermaßen so verständigen. Sie las aber Französisch und Italienisch; sollte sie es vorlesen, so las sie mit staunenerregender Geläufigkeit, fließend, eine vortreffliche englische Übersetzung des Gelesenen vom Blatte.

Sie begann wieder zu schreiben, aber in eigentümlicher Weise; sie schrieb mit der gelenken, linken Hand, aber Antiqua-Druckbuchstaben, die sie sich aus ihrem Shakespeare zum Alphabet zusammengesucht hatte.

Hatte sie früher schon minimal Nahrung genommen, so verweigerte sie jetzt das Essen vollständig, ließ sich aber von mir füttern, so daß ihre Ernährung rasch zunahm. Nur Brot zu essen verweigerte sie immer. Nach der Fütterung aber unterließ sie nie den Mund zu waschen, und tat dies auch, wenn sie aus irgend einem Grunde nichts gegessen hatte; ein Zeichen, wie abwesend sie dabei war.

Die Somnolenz am Nachmittag und der tiefe Sopor um Sonnenuntergang dauerten an. Hatte sie sich dann ausgesprochen (ich werde später genauer hierauf eingehen müssen), so war sie klar, ruhig, heiter.

Dieser relativ erträgliche Zustand dauerte nicht lange. Etwa 10 Tage nach ihres Vaters Tode wurde ein Consiliarius beigezogen, den sie wie alle Fremden absolut ignorierte, als ich ihm alle ihre Sonderbarkeiten demonstrierte. »That's like an examination«, sagte sie lachend, als ich sie einen französischen Text auf englisch vorlesen ließ. Der fremde Arzt sprach drein, versuchte sich ihr bemerklich zu machen; vergebens. Es war die richtige »negative Halluzination«, die seitdem so oft experimentell hergestellt worden ist. Endlich gelang es ihm, diese zu durchbrechen, indem er ihr Rauch ins Gesicht blies. Plötzlich sah sie einen Fremden, stürzte zur Türe, den Schlüssel abzuziehen, fiel bewußtlos zu Boden; dann folgte ein kurzer Zorn- und dann ein arger Angstanfall, den ich mit großer Mühe beruhigte. Unglücklicherweise mußte ich denselben Abend abreisen, und als ich nach mehreren Tagen zurückkam, fand ich die Kranke sehr verschlimmert. Sie hatte die ganze Zeit vollständig abstiniert, war voll Angstgefühlen, ihre halluzinatorischen Absenzen erfüllt von Schreckgestalten, Totenköpfen und Gerippen. Da sie, diese Dinge durchlebend, sie teilweise sprechend tragierte, kannte die Umgebung meist den Inhalt dieser Halluzinationen. Nachmittags Somnolenz, um Sonnenuntergang die tiefe Hypnose, für die sie den technischen Namen »clouds« (Wolken) gefunden hatte. Konnte sie dann die Halluzinationen des Tages erzählen, so erwachte sie klar, ruhig, heiter, setzte sich zur Arbeit, zeichnete oder schrieb die Nacht durch, völlig vernünftig; ging gegen 4 Uhr zu Bett, und am Morgen begann dieselbe Szene wieder, wie tags zuvor. Der Gegensatz zwischen der unzurechnungsfähigen, von Halluzinationen gehetzten Kranken am Tage und dem geistig völlig klaren Mädchen bei Nacht war höchst merkwürdig.

Trotz dieser nächtlichen Euphorie verschlechterte sich der psychische Zustand doch immer mehr; es traten intensive Selbstmordimpulse auf, die den Aufenthalt in einem 3. Stockwerke untunlich erscheinen ließen. Die Kranke wurde darum gegen ihren Willen in ein Landhaus in der Nähe von Wien gebracht (7. Juni 1881). Diese Entfernung vom Hause, die sie perhorreszierte, hatte ich nie angedroht, sie selbst aber im stillen erwartet und gefürchtet. Es wurde nun auch bei diesem Anlasse wieder klar, wie dominierend der Angstaffekt die psychische Störung beherrschte. Wie nach des Vaters Tod ein Ruhezustand eingetreten war, so beruhigte sie sich auch jetzt, als das Gefürchtete geschehen war. Allerdings nicht, ohne daß die Transferierung unmittelbar von drei Tagen und Nächten gefolgt gewesen wäre, absolut ohne Schlaf und Nahrung, voll von (im Garten allerdings ungefährlichen) Selbstmordversuchen, Fensterzerschlagen u. dgl., Halluzinationen ohne Absenz, die sie von den anderen ganz wohl unterschied. Dann beruhigte sie sich, nahm Nahrung von der Wärterin und sogar abends Chloral.

Bevor ich den weiteren Verlauf schildere, muß ich noch einmal zurückgreifen und eine Eigentümlichkeit des Falles darstellen, die ich bisher nur flüchtig gestreift habe.

Es wurde schon bemerkt, daß im ganzen bisherigen Verlaufe täglich nachmittags eine Somnolenz die Kranke befiel, die um

Sonnenuntergang in tieferen Schlaf überging (clouds). (Es ist wohl plausibel, diese Periodizität einfach aus den Umständen der Krankenpflege abzuleiten, die ihr durch Monate obgelegen hatte. Nachts wachte sie beim Kranken oder lag lauschend und angsterfüllt bis morgens wach in ihrem Bette; nachmittags legte sie sich für einige Zeit zur Ruhe, wie es ja meistens von der Pflegerin geschieht, und dieser Typus der Nachtwache und des Nachmittagsschlafes wurde wohl dann in ihre eigene Krankheit hinüber verschleppt und bestand fort, als an Stelle des Schlafes schon lange ein hypnotischer Zustand getreten war.) Hatte der Sopor etwa eine Stunde gedauert, so wurde sie unruhig, wälzte sich hin und her und rief immer wieder: »Quälen, quälen«, immer mit geschlossenen Augen. Anderseits war bemerkt worden, daß sie in ihren Absenzen während des Tages offenbar immer irgendeine Situation oder Geschichte ausbilde, über deren Beschaffenheit einzelne gemurmelte Worte Aufschluß gaben. Nun geschah es, zuerst zufällig, dann absichtlich, daß jemand von der Umgebung ein solches Stichwort fallenließ, während die Patientin über das »Quälen« klagte; alsbald fiel sie ein und begann eine Situation auszumalen oder eine Geschichte zu erzählen, anfangs stockend in ihrem paraphasischen Jargon, je weiter, desto fließender, bis sie zuletzt ganz korrektes Deutsch sprach. (In der ersten Zeit, bevor sie völlig ins Englischsprechen geraten war.) Die Geschichten, immer traurig, waren teilweise sehr hübsch, in der Art von Andersens »Bilderbuch ohne Bilder« und wahrscheinlich auch nach diesem Muster gebildet; meist war Ausgangs- oder Mittelpunkt die Situation eines bei einem Kranken in Angst sitzenden Mädchens; doch kamen auch ganz andere Motive zur Verarbeitung. – Einige Momente nach Vollendung der Erzählung erwachte sie, war offenbar beruhigt oder, wie sie es nannte, »gehäglich« (behaglich). Nachts wurde sie dann wieder unruhiger, und am Morgen, nach zweistündigem Schlafe, war sie offenbar wieder in einem andern Vorstellungskreise. – Konnte sie mir in der Abendhypnose einmal die Geschichte nicht erzählen, so fehlte die abendliche Beruhigung, und am andern Tage mußten zwei erzählt werden, um diese zu bewirken.

Das Wesentliche der beschriebenen Erscheinung, die Häufung und Verdichtung ihrer Absenzen zur abendlichen Autohypnose, die Wirksamkeit der phantastischen Produkte als psychischer Reiz und die Erleichterung und Behebung des Reizzustandes durch die Aussprache in der Hypnose, blieben durch die ganzen anderthalb Jahre der Beobachtung konstant.

Nach dem Tode des Vaters wurden die Geschichten natürlich noch tragischer, aber erst mit der Verschlimmerung ihres psychischen Zustandes, welche der erzählten gewaltsamen Durchbrechung ihres Somnambulismus folgte, verloren die abendlichen Referate den Charakter mehr oder minder freier poetischer Schöpfung und wandelten sich in Reihen furchtbarer, schreckhafter Halluzinationen, die man tagsüber schon aus dem Benehmen der Kranken hatte erschließen können. Ich habe aber schon geschildert, wie vollständig die Befreiung ihrer Psyche war, nachdem sie, von Angst und Grauen geschüttelt, alle diese Schreckbilder reproduziert und ausgesprochen hatte.

Auf dem Lande, wo ich die Kranke nicht täglich besuchen konnte, entwickelte sich die Sache in folgender Weise: Ich kam abends, wenn ich sie in ihrer Hypnose wußte, und nahm ihr den ganzen Vorrat von Phantasmen ab, den sie seit meinem letzten Besuch angehäuft hatte. Das mußte ganz vollständig geschehen, wenn der gute Erfolg erreicht werden sollte. Dann war sie ganz beruhigt, den nächsten Tag liebenswürdig, fügsam, fleißig, selbst heiter; den zweiten immer mehr launisch, störrig, unangenehm, was am dritten noch weiter zunahm. In dieser Stimmung, auch in der Hypnose, war sie nicht immer leicht zum Aussprechen zu bewegen, für welche Prozedur sie den guten, ernsthaften Namen »talking cure« (Redekur) und den humoristischen »chimney-sweeping« (Kaminfegen) erfunden hatte. Sie wußte, daß sie nach der Aussprache all ihre Störrigkeit und »Energie« verloren haben werde, und wenn sie nun schon (nach längerer Pause) in böser Laune war, so weigerte sie das Reden, das ich ihr mit Drängen und Bitten und einigen Kunstgriffen, wie dem Vorsprechen einer stereotypen Eingangsformel ihrer Geschichten, abzwingen mußte. Immer aber sprach sie erst, nachdem sie sich durch sorgfältige Betastung meiner Hände von meiner Identität überzeugt hatte. In den Nächten, wo die Beruhigung durch Aussprache nicht erfolgte, mußte man sich mit Chloral helfen. Ich hatte es früher einigemal versucht, mußte aber 5 Gramm geben, und dem Schlafe ging ein stundenlanger Rausch vorher, der in meiner Gegenwart heiter war, in meiner Abwesenheit aber als höchst unangenehmer ängstlicher Aufregungszustand auftrat. (Beiläufig bemerkt, änderte dieser schwere Rausch nichts an der Kontraktur.) Ich hatte die Narcotica vermeiden können, weil die Aussprache mindestens Beruhigung, wenn auch nicht Schlaf brachte. Auf dem Lande waren die Nächte zwischen den hypnotischen Erleichterungen so unerträglich, daß man doch zum Chloral seine Zuflucht nehmen mußte; allmählich brauchte sie auch weniger davon.

Der dauernde Somnambulismus blieb verschwunden; dagegen bestand der Wechsel zweier Bewußtseinszustände fort. Mitten im Gespräch halluzinierte sie, lief weg, versuchte auf einen Baum zu steigen u. dgl. Hielt man sie fest, so sprach sie nach kürzester Zeit im unterbrochenen Satze wieder fort, ohne von dem Dazwischenliegenden zu wissen. Aber in der Hypnose erschienen dann all diese Halluzinationen im Referate.

Im ganzen besserte sich der Zustand; die Ernährung war gut möglich, sie ließ sich von der Wärterin das Essen in den Mund führen, nur Brot verlangte sie, refusierte es aber, sowie es die Lippen berührte; die Kontrakturparese des Beines nahm wesentlich ab; auch gewann sie richtige Beurteilung und große Anhänglichkeit für den Arzt, der sie besuchte, meinen Freund Dr. B. Große Hilfe gewährte ein Neufundländer, den sie bekommen hatte und leidenschaftlich liebte. Dabei war es prächtig anzusehen, wie einmal, als dieser Liebling eine Katze angriff, das schwächliche Mädchen die Peitsche in die linke Hand nahm und das riesige Tier damit behandelte, um sein Opfer zu retten. Später besorgte sie einige arme Kranke, was ihr sehr nützlich war.

Den deutlichsten Beweis für die pathogene, reizende Wirkung der in den Absenzen, ihrer »condition seconde« produzierten Vorstellungskomplexe und für ihre Erledigung durch die Aussprache in Hypnose erhielt ich bei meiner Rückkehr von einer mehrwöchentlichen Ferialreise. Während dieser war keine »talking cure« vorgenommen worden, da die Kranke nicht zu bewegen war, jemand anderen als mir zu erzählen, auch nicht Dr. B., dem sie sonst herzlich zugetan geworden war. Ich fand sie in einem traurigen moralischen Zustande, träge, unfügsam, launisch, selbst boshaft. Bei den abendlichen Erzählungen stellte sich heraus, daß ihre phantastisch-poetische Ader offenbar im Versiegen begriffen war; es wurden immer mehr und mehr Referate über ihre Halluzinationen und über das, was sie etwa in den verflossenen Tagen geärgert; phantastisch eingekleidet, aber mehr nur durch feststehende phantastische Formeln ausgedrückt, als zu Poemen ausgebaut. Ein erträglicher Zustand wurde aber erst erreicht, als ich Patientin für eine Woche in die Stadt hereinkommen ließ und ihr nun Abend für Abend 3–5 Geschichten abrang. Als ich damit fertig war, war alles aufgearbeitet, was sich in den Wochen meiner Abwesenheit aufgehäuft hatte. Nun erst stellte sich jener Rhythmus ihres psychischen Befindens wieder her, daß sie am Tage nach einer Aussprache liebenswürdig und heiter, am zweiten reizbarer und unangenehmer und am dritten recht »zuwider« war. Ihr moralischer Zustand war eine Funktion der seit der letzten Aussprache verflossenen Zeit, weil jedes spontane Produkt ihrer Phantasie und jede von dem kranken Teil ihrer Psyche aufgefaßte Begebenheit als psychischer Reiz so lange fortwirkte, bis es in der Hypnose erzählt, hiermit aber auch die Wirksamkeit völlig beseitigt war.

Als Patientin im Herbste wieder in die Stadt kam (in eine andere Wohnung als die, in der sie erkrankt war), war der Zustand erträglich, sowohl körperlich als geistig, indem recht wenig, eigentlich nur eingreifendere Erlebnisse, krankhaft zu psychischen Reizen verarbeitet wurden. Ich hoffte eine fortlaufend zunehmende Besserung, wenn durch regelmäßige Aussprache die dauernde Belastung ihrer Psyche mit neuen Reizen verhindert wurde. Zunächst wurde ich enttäuscht. Im Dezember verschlimmerte sich ihr psychischer Zustand wesentlich, sie war wieder aufgeregt, traurig verstimmt, reizbar und hatte kaum mehr »ganz gute Tage«, auch wenn nichts Nachweisbares in ihr »steckte«. Ende Dezember, in der Weihnachtszeit, war sie besonders unruhig und erzählte dann durch die ganze Woche abends nichts Neues, sondern die Phantasmen, die sie unter der Herrschaft starker Angstaffekte in der Festzeit 1880 Tag für Tag ausgearbeitet hatte. Nach Beendigung der Serie große Erleichterung.

Es hatte sich nun gejährt, daß sie vom Vater getrennt, bettlägerig geworden war, und von da an klärte und systemisierte sich der Zustand in sehr eigentümlicher Weise. Die beiden Bewußtseinszustände, die alternierend bestanden, immer so, daß vom Morgen an mit vorschreitendem Tage die Absenzen, d. h. das Auftreten der condition seconde immer häufiger ward und abends nur diese allein bestand — die beiden Zustände differierten nicht bloß wie früher darin, daß sie in dem einen (ersten) normal und im zweiten alieniert war, sondern sie lebte im ersten wie wir anderen im Winter 1881—82, im zweiten Zustand aber im Winter 1880—81, und alles später Vorgefallene war darin völlig vergessen. Nur das Bewußtsein davon, daß der Vater gestorben sei, schien meist doch zu bestehen. Die Rückversetzung in das vorhergegangene Jahr geschah so intensiv, daß sie in der neuen Wohnung ihr früheres Zimmer halluzinierte und, wenn sie zur Türe gehen wollte, an den Ofen anrannte, der zum Fenster so stand wie in der alten Wohnung die Zimmertür. Der Umschlag aus einem Zustand in den andern erfolgte spontan, konnte aber auch mit der größten Leichtigkeit hervorgerufen werden durch irgendeinen Sinneseindruck, der lebhaft an das frühere Jahr erinnerte. Es genügte, ihr eine Orange vorzuhalten (ihre Hauptnahrung während der ersten Zeit ihrer Erkrankung), um sie aus dem Jahre 1882 ins Jahr 1881 hinüberzuwerfen. Diese Rückversetzung in vergangene Zeit erfolgte aber nicht in allgemeiner, unbestimmter Weise, sondern sie durchlebte Tag für Tag den vorhergegangenen Winter. Ich hätte das nur vermuten können, wenn sie nicht täglich in der Abendhypnose sich das abgesprochen hätte, was 1881 an diesem Tage sie erregt hatte, und wenn nicht ein geheimes Tagebuch der Mutter aus dem Jahre 1881 die unverbrüchliche Richtigkeit der zugrunde liegenden Tatsachen bewiesen hätte. Dieses Wiederdurchleben des verflossenen Jahres dauerte fort bis zum definitiven Abschluß der Krankheit im Juni 1882.

Dabei war es sehr interessant zu sehen, wie auch diese wiederauflebenden psychischen Reize aus dem zweiten Zustande in den ersten, normaleren herüberwirkten. Es kam vor, daß die Kranke mir am Morgen lachend sagte, sie wisse nicht, was sie habe, sie sei böse auf mich; dank dem Tagebuche wußte ich, um was es sich handelte und was auch richtig in der Abendhypnose wieder durchgemacht wurde. Ich hatte Patientin im Jahre 1881 an diesem Abende sehr geärgert. Oder sie sagte, es sei was mit ihren Augen los, sie sehe die Farben falsch; sie wisse, daß ihr Kleid braun sei, und doch sehe sie es blau. Es zeigte sich alsbald, daß sie alle Farben der Prüfungspapiere richtig und scharf unterschied und daß die Störung nur an dem Stoff ihres Kleides hafte. Der Grund war, daß sie sich 1881 in diesen Tagen sehr mit einem Schlafrocke für den Vater beschäftigt hatte, an dem derselbe Stoff, aber blau, verwendet war. Auch war dabei oft ein Vorwirken dieser auftauchenden Erinnerungen deutlich, indem die Störung des normalen Zustandes schon früher eintrat, während die Erinnerung erst allmählich für die condition seconde erwachte.

War die Abendhypnose schon hiedurch reichlich belastet, da nicht bloß die Phantasmen frischer Produktion, sondern auch die Erlebnisse und die »vexations« von 1881 abgesprochen werden mußten, (die Phantasmen von 1881 hatte ich glücklicherweise schon damals abgenommen), so nahm die von Patientin und Arzt zu leistende Arbeitssumme noch enorm zu durch eine dritte Reihe von Einzelstörungen, die ebenfalls auf diese Weise erledigt werden mußten, die psychischen Ereignisse der Krankheitsinkubation von Juli bis Dezember 1880, welche die gesamten hysterischen Phänomene erzeugt hatten und mit deren Aussprache die Symptome verschwanden.

Als das erstemal durch ein zufälliges, unprovoziertes Aussprechen in der Abendhypnose eine Störung verschwand, die schon länger bestanden hatte, war ich sehr überrascht. Es war im Sommer eine Zeit intensiver Hitze gewesen und Patientin hatte sehr arg durch Durst gelitten; denn, ohne einen Grund angeben zu können, war es ihr plötzlich unmöglich geworden, zu trinken. Sie nahm das ersehnte Glas Wasser in die Hand, aber so wie es die Lippen berührte, stieß sie es weg wie ein Hydrophobischer. Dabei war sie offenbar für diese paar Sekunden in einer Absenz. Sie lebte nur von Obst, Melonen u. dgl., um den qualvollen Durst zu mildern. Als das etwa 6 Wochen gedauert hatte, räsonierte sie einmal in der Hypnose über ihre englische Gesellschafterin, die sie nicht liebte, und erzählte dann mit allen Zeichen des Abscheues, wie sie auf deren Zimmer gekommen sei, und da deren kleiner Hund, das ekelhafte Tier, aus einem Glase getrunken habe. Sie habe nichts gesagt, denn sie wolle höflich sein. Nachdem sie ihrem steckengebliebenen Ärger noch energisch Ausdruck gegeben, verlangte sie zu trinken, trank ohne

Hemmung eine große Menge Wasser und erwachte aus der Hypnose mit dem Glas an den Lippen. Die Störung war damit für immer verschwunden. Ebenso schwanden sonderbare hartnäckige Marotten, nachdem das Erlebnis erzählt war, welches dazu den Anlaß gegeben hatte. Ein großer Schritt war aber geschehen, als auf dieselbe Weise als erstes der Dauersymptome die Kontraktur des rechten Beines geschwunden war, die allerdings schon vorher sehr abgenommen hatte. Aus diesen Erfahrungen, daß die hysterischen Phänomene bei dieser Kranken verschwanden, sobald in der Hypnose das Ereignis reproduziert war, welches das Symptom veranlaßt hatte — daraus entwickelte sich eine therapeutisch-technische Prozedur, die an logischer Konsequenz und systematischer Durchführung nichts zu wünschen ließ. Jedes einzelne Symptom dieses verwickelten Krankheitsbildes wurde für sich vorgenommen; die sämtlichen Anlässe, bei denen es aufgetreten war, in umgekehrter Reihenfolge erzählt, beginnend mit den Tagen, bevor Patientin bettlägerig geworden, nach rückwärts bis zu der Veranlassung des erstmaligen Auftretens. War dieses erzählt, so war das Symptom damit für immer behoben.

So wurden die Kontrakturparesen und Anästhesien, die verschiedensten Seh- und Hörstörungen, Neuralgien, Husten, Zittern u. dgl. und schließlich auch die Sprachstörungen »wegerzählt«. Als Sehstörungen wurden z. B. einzeln erledigt: der Strabismus conv. mit Doppeltsehen; Ablenkung beider Augen nach rechts, so daß die zugreifende Hand immer links neben das Objekt greift; Gesichtsfeldeinschränkung; zentrale Amblyopie; Makropsie; Sehen eines Totenkopfes an Stelle des Vaters; Unfähigkeit zu lesen. Dieser Analyse entzogen blieben nur einzelne Phänomene, die sich während des Krankenlagers entwickelt hatten, wie die Ausbreitung der Kontrakturparese auf die linke Seite, und die wahrscheinlich auch wirklich keine direkte psychische Veranlassung hatten.

Es erwies sich als ganz untunlich, die Sache abzukürzen, indem man direkt die erste Veranlassung der Symptome in ihre Erinnerung zu evozieren suchte. Sie fand sie nicht, wurde verwirrt, und es ging noch langsamer, als wenn man sie ruhig und sicher den aufgenommenen Erinnerungsfaden nach rückwärts abhaspeln ließ. Da das aber in der Abendhypnose zu langsam ging, weil die Kranke von der »Aussprache« der zwei anderen Serien angestrengt und zerstreut war, auch wohl die Erinnerungen Zeit brauchten, um in voller Lebhaftigkeit sich zu entwickeln, so bildete sich die folgende Prozedur heraus. Ich suchte sie am Morgen auf, hypnotisierte sie (es waren sehr einfache Hypnoseprozeduren empirisch gefunden worden) und fragte sie nun unter Konzentration ihrer Gedanken auf das eben behandelte Symptom um die Gelegenheiten, bei denen es aufgetreten war. Patientin bezeichnete nun in rascher Folge mit kurzen Schlagworten diese äußeren Veranlassungen, die ich notierte. In der Abendhypnose erzählte sie dann, unterstützt durch diese notierte Reihenfolge, ziemlich ausführlich die Begebenheiten. Mit welcher in jedem Sinne erschöpfenden Gründlichkeit das geschah, mag ein Beispiel zeigen. Es war immer vorgekommen, daß Patientin nicht hörte, wenn man sie ansprach. Dieses vorübergehende Nichthören differenzierte sich in folgender Weise:

a) Nicht hören, daß jemand eintrat, in Zerstreutheit. 108 einzeln detaillierte Fälle davon; Angabe der Personen und Umstände, oft des Datums; als erster, daß sie ihren Vater nicht eintreten gehört;
b) nicht verstehen, wenn mehrere Personen sprechen, 27mal, das erstemal wieder der Vater und ein Bekannter;
c) nicht hören, wenn allein, direkt angesprochen, 50mal; Ursprung, daß der Vater vergebens sie um Wein angesprochen;
d) Taubwerden durch Schütteln (im Wagen o. dgl.) 15mal; Ursprung, daß ihr junger Bruder sie im Streite geschüttelt, als er sie nachts an der Türe des Krankenzimmers lauschend ertappte;
e) Taubwerden vor Schreck über ein Geräusch, 37mal; Ursprung ein Erstickungsanfall des Vaters durch Verschlukken;
f) Taubwerden in tiefer Absenz, 12mal;
g) Taubwerden durch langes Horchen und Lauschen, so daß sie dann angesprochen nicht hörte, 54mal.

Natürlich sind all diese Vorgänge großenteils identisch, indem sie sich auf die Zerstreutheit – Absenz oder auf Schreckaffekt zurückführen lassen. Sie waren aber in der Erinnerung der Kranken so deutlich getrennt, daß, wenn sie sich einmal in der Reihenfolge irrte, die richtige Ordnung korrigierend hergestellt werden mußte, sonst stockte das Referat. Die erzählten Begebenheiten ließen in ihrer Interesse- und Bedeutungslosigkeit und bei der Präzision der Erzählung den Verdacht nicht aufkommen, sie seien erfunden. Viele dieser Vorfälle, als rein innere Erlebnisse, entzogen sich der Kontrolle. An andere oder die begleitenden Umstände erinnerte sich die Umgebung der Kranken.

Es geschah auch hier, was regelmäßig zu beobachten war, während ein Symptom »abgesprochen« wurde: dieses trat mit erhöhter Intensität auf, während es erzählt wurde. So war Patientin während der Analyse des Nichthörens so taub, daß ich teilweise schriftlich mich mit ihr verständigen mußte. Regelmäßig war der erste Anlaß irgendein Schrecken, den sie bei der Pflege des Vaters erlebt, ein Übersehen ihrerseits oder dgl.

Nicht immer ging das Erinnern leicht vonstatten, und manchmal mußte die Kranke gewaltige Anstrengungen machen. So stockte einmal der ganze Fortgang eine Zeitlang, weil eine Erinnerung nicht auftauchen wollte; es handelte sich um eine der Kranken sehr schreckliche Halluzination, sie hatte ihren Vater, den sie pflegte, mit einem Totenkopf gesehen. Sie und ihre Umgebung erinnerten, daß sie einmal, noch in scheinbarer Gesundheit, einen Besuch bei einer Verwandten gemacht, die Türe geöffnet habe und sogleich bewußtlos niedergefallen sei. Um nun das Hindernis zu überwinden, ging sie jetzt wieder dorthin und stürzte wieder beim Eintritte ins Zimmer bewußtlos zu Boden. In der Abendhypnose war dann das Hindernis überwunden; sie hatte beim Eintritte in dem der Tür gegenüberstehenden Spiegel ihr bleiches Gesicht erblickt, aber nicht sich, sondern ihren Vater mit einem Totenkopfe gesehen. – Wir haben oft beobachtet, daß die Furcht vor einer Erinnerung, wie es hier geschehen, ihr Auftauchen hemmt und dieses durch Patientin oder Arzt erzwungen werden muß.

Wie stark die innere Logik der Zustände war, zeigte unter anderem folgendes: Patientin war, wie bemerkt, in dieser Zeit nachts immer in ihrer »condition seconde«, also im Jahre 1881. Einmal erwachte sie in der Nacht, behauptete, sie sei wieder vom Hause weggebracht worden, kam in einen schlimmen Aufregungszustand, der das ganze Haus alarmierte. Der Grund war einfach. Am vorhergehenden Abende war durch »talking cure« ihre Sehstörung geschwunden, und zwar auch für die condition seconde. Als sie nun nachts erwachte, fand sie sich in einem ihr unbekannten Zimmer, denn die Familie hatte ja seit Frühjahr 1881 die Wohnung gewechselt. Diese recht unangenehmen Zufälle wurden verhindert, da ich ihr (auf ihre Bitte) abends immer die Augen schloß mit der Suggestion, sie könne sie nicht öffnen, bis ich selbst es am Morgen tun würde. Nur einmal wiederholte sich der Lärm, als Patientin im Traume geweint und erwachend die Augen geöffnet hatte.

Da sich diese mühevolle Analyse der Symptome auf die Sommermonate 1880 bezog, während welcher sich die Erkrankung vorbereitete, gewann ich einen vollen Einblick in die Inkubation und Pathogenese dieser Hysterie, die ich nun kurz darlegen will.

Juli 1880 war der Vater der Kranken auf dem Lande an einem subpleuralen Abszesse schwer erkrankt; Anna teilte sich mit der Mutter in die Pflege. Einmal wachte sie nachts in großer Angst um den hochfiebernden Kranken und in Spannung, weil von Wien ein Chirurg zur Operation erwartet wurde. Die Mutter hatte sich für einige Zeit entfernt, und Anna saß am Krankenbette, den rechten Arm über die Stuhllehne gelegt. Sie geriet in einen Zustand von Wachträumen und sah, wie von der Wand her eine schwarze Schlange sich dem Kranken näherte, um ihn zu beißen. (Es ist sehr wahrscheinlich, daß auf der Wiese hinter

dem Hause wirklich einige Schlangen vorkamen, über die das Mädchen früher schon erschrocken war, und die nun das Material der Halluzination abgaben.) Sie wollte das Tier abwehren, war aber wie gelähmt; der rechte Arm, über die Stuhllehne hängend, war »eingeschlafen«, anästhetisch und paretisch geworden, und als sie ihn betrachtete, verwandelten sich die Finger in kleine Schlangen mit Totenköpfen (Nägel). Wahrscheinlich machte sie Versuche, die Schlange mit der gelähmten rechten Hand zu verjagen, und dadurch trat die Anästhesie und Lähmung derselben in Assoziation mit der Schlangenhalluzination. — Als diese geschwunden war, wollte sie in ihrer Angst beten, aber jede Sprache versagte, sie konnte in keiner sprechen, bis sie endlich einen englischen Kindervers fand und nun auch in dieser Sprache fortdenken und beten konnte.
Der Pfiff der Lokomotive, die den erwarteten Arzt brachte, unterbrach den Spuk. Als sie anderntags einen Reifen aus dem Gebüsche nehmen wollte, in das er beim Spiele geworfen worden war, rief ein gebogener Zweig die Schlangenhalluzination wieder hervor, und zugleich damit wurde der rechte Arm steif gestreckt. Dies wiederholte sich nun immer, so oft ein mehr oder weniger schlangenähnliches Objekt die Halluzination provozierte. Diese aber wie die Kontraktur traten nur in den kurzen Absenzen auf, die von jener Nacht an immer häufiger wurden. (Stabil wurde die Kontraktur erst im Dezember, als Patientin, vollständig niedergebrochen, das Bett nicht mehr verlassen konnte.) Bei einem Anlasse, den ich nicht notiert finde und dessen ich mich nicht erinnere, trat zur Kontraktur des Armes die des rechten Beines.
Nun war die Neigung zu autohypnotischen Absenzen geschaffen. An dem auf jene Nacht folgenden Tage versank sie im Warten auf den Chirurgen in solche Abwesenheit, daß er schließlich im Zimmer stand, ohne daß sie ihn kommen gehört hätte. Das konstante Angstgefühl hinderte sie am Essen und produzierte allmählich intensiven Ekel. Sonst aber entstanden alle einzelnen hysterischen Symptome im Affekt. Es ist nicht ganz klar, ob dabei immer eine vollkommene momentane Absenz eintrat, es ist aber wahrscheinlich, weil Patientin im Wachen von dem ganzen Zusammenhange nichts wußte.
Manche Symptome aber scheinen nicht in der Absenz, sondern nur im Affekte im wachen Zustande aufgetreten zu sein, wiederholten sich aber dann ebenso. So wurden die Sehstörungen sämtlich auf einzelne, mehr oder minder klar determinierende Anlässe zurückgeführt, z. B. in der Art, daß Patientin, mit Tränen im Auge, am Krankenbette sitzend, plötzlich vom Vater gefragt wurde, wieviel Uhr es sei, undeutlich sah, sich anstrengte, die Uhr nahe ans Auge brachte und nun das Zifferblatt sehr groß erschien (Makropsie und Strabismus conv.); oder Anstrengun-

gen machte, die Tränen zu unterdrücken, damit sie der Kranke nicht sehe.
Ein Streit, in dem sie ihre Antwort unterdrückte, verursachte einen Glottiskrampf, der sich bei jeder ähnlichen Veranlassung wiederholte.
Die Sprache versagte *a*) aus Angst, seit der ersten nächtlichen Halluzination; *b*) seit sie einmal wieder eine Äußerung unterdrückte (aktive Hemmung); *c*) seit sie einmal ungerecht gescholten worden war; *d*) bei allen analogen Gelegenheiten (Kränkung). Husten trat das erstemal ein, als während der Krankenwache aus einem benachbarten Hause Tanzmusik herübertönte und der aufsteigende Wunsch, dort zu sein, ihr Selbstvorwürfe erweckte. Seitdem reagierte sie ihre ganze Krankheitszeit hindurch auf jede stark rhythmierte Musik mit einer Tussis nervosa.
Ich bedauere nicht allzusehr, daß die Unvollständigkeit meiner Notizen es unmöglich macht, hier sämtliche Hysterica auf ihre Veranlassungen zurückzuführen. Patientin tat es bei allen, mit der oben erwähnten Ausnahme, und jedes Symptom war, wie geschildert, nach der Erzählung des ersten Anlasses verschwunden.
Auf diese Weise schloß auch die ganze Hysterie ab. Die Kranke hatte sich selbst den festen Vorsatz gebildet, am Jahrestag ihrer Transferierung auf das Land müsse sie mit allem fertig sein. Sie betrieb darum anfangs Juni die »talking cure« mit großer, aufregender Energie. Am letzten Tage reproduzierte sie mit der Nachhilfe, daß sie das Zimmer so arrangierte, wie das Krankenzimmer ihres Vaters gewesen war, die oben erzählte Angsthalluzination, welche die Wurzel der ganzen Erkrankung gewesen war und in der sie nur englisch hatte denken und beten können; sprach unmittelbar darauf Deutsch und war nun frei von all den unzähligen einzelnen Störungen, die sie früher dargeboten hatte. Dann verließ sie Wien für eine Reise, brauchte aber doch noch längere Zeit, bis sie ganz ihr psychisches Gleichgewicht gefunden hatte. Seitdem erfreut sie sich vollständiger Gesundheit.

Soviel nicht uninteressanter Einzelheiten ich auch unterdrückt habe, ist doch die Krankengeschichte der Anna O ... umfangreicher geworden, als eine an sich nicht ungewöhnliche hysterische Erkrankung zu verdienen scheint. Aber die Darstellung des Falles war unmöglich ohne Eingehen ins Detail, und die Eigentümlichkeiten desselben scheinen mir von einer Wichtigkeit, welche das ausführliche Referat entschuldigen dürfte. Auch die Echinodermeneier sind für die Embryologie nicht deshalb so wichtig, weil etwa der Seeigel ein besonders interessantes Tier wäre, sondern weil ihr Protoplasma durchsichtig ist und man

aus dem, was man an ihnen sehen kann, auf das schließt, was an den Eiern mit trübem Plasma auch vorgehen dürfte.
In der weitgehenden Durchsichtigkeit und Erklärbarkeit seiner Pathogenese scheint mir vor allem das Interesse dieses Falles zu liegen.
Als disponierend zur hysterischen Erkrankung finden wir bei dem noch völlig gesunden Mädchen zwei psychische Eigentümlichkeiten:
1. den in monotonem Familienleben und ohne entsprechende geistige Arbeit unverwendeten Überschuß von psychischer Regsamkeit und Energie, der sich in fortwährendem Arbeiten der Phantasie entladet und
2. das habituelle Wachträumen (»Privattheater«) erzeugt, womit der Grund gelegt wird zur Dissociation der geistigen Persönlichkeit. Immerhin bleibt auch diese noch in den Grenzen des Normalen; Träumerei, wie Meditation während einer mehr oder minder mechanischen Beschäftigung bedingt an sich noch keine pathologische Spaltung des Bewußtseins, weil jede Störung darin, jeder Anruf z. B., die normale Einheit desselben wiederherstellt und wohl auch keine Amnesie besteht. Doch wurde dadurch bei Anna O . . . der Boden geschaffen, auf dem in der geschilderten Weise der Angst- und Erwartungsaffekt sich festsetzte, nachdem er einmal die habituelle Träumerei in eine halluzinatorische Absenz umgeschaffen hatte. Es ist merkwürdig, wie vollkommen in dieser ersten Manifestation der beginnenden Erkrankung schon die Hauptzüge auftreten, welche dann durch fast 2 Jahre konstant bleiben: die Existenz eines zweiten Bewußtseinszustandes, der sich, zuerst als vorübergehende Absenz auftretend, später zur double conscience organisiert; die Sprachhemmung, bedingt durch den Angstaffekt, mit der zufälligen Entladung durch einen englischen Kindervers; später Paraphasie und Verlust der Muttersprache, die durch vortreffliches Englisch ersetzt wird; endlich die zufällige Drucklähmung des rechten Armes, welche sich später zur rechtsseitigen Kontrakturparese und Anästhesie entwickelt. Der Entstehungsmechanismus dieser letzteren Affektion entspricht vollständig der Charcotschen Theorie von der traumatischen Hysterie: hypnotischer Zustand, in welchem ein leichtes Trauma erfolgt.
Aber während bei den Kranken, an welchen Charcot die hysterische Lähmung experimentell erzeugte, diese alsbald stabilisiert bleibt und bei den durch ein schweres Schrecktrauma erschütterten Trägern traumatischer Neurosen sich bald einstellt, leistete das Nervensystem unseres jungen Mädchens noch durch 4 Monate erfolgreichen Widerstand. Die Kontraktur, wie die anderen, allmählich sich dazu gesellenden Störungen traten nur in den momentanen Absenzen in der »condition seconde« ein und ließen Patientin während des normalen Zustandes im Voll-

besitze ihres Körpers und ihrer Sinne, so daß weder sie selbst etwas davon wußte, noch die Umgebung etwas sah, deren Aufmerksamkeit allerdings auf den schwerkranken Vater konzentriert und dadurch abgelenkt war.

Indem aber seit jener ersten halluzinatorischen Autohypnose sich die Absenzen mit völliger Amnesie und begleitenden hysterischen Phänomenen häuften, vermehrten sich die Gelegenheiten zur Bildung neuer solcher Symptome und befestigten sich die schon gebildeten in häufiger Wiederholung. Dazu kam, daß allmählich jeder peinliche, plötzliche Affekt ebenso wirkte wie die Absenz (wenn er nicht doch vielleicht immer momentane Absenz erzeugte); zufällige Koinzidenzen bildeten pathologische Assoziationen, Sinnes- oder motorische Störungen, die von da an mit dem Affekt zugleich wieder auftraten. Aber noch immer nur momentan, vorübergehend; bevor Patientin bettlägerig wurde, hatte sie bereits die ganze große Sammlung hysterischer Phänomene entwickelt, ohne daß jemand davon wußte. Erst da die Kranke, aufs äußerste geschwächt durch die Inanition, die Schlaflosigkeit und den fortdauernden Angstaffekt, völlig niedergebrochen war, als sie mehr Zeit in der »condition seconde« sich befand, als in normalem Zustande, griffen die hysterischen Phänomene auch in diesen hinüber und verwandelten sich aus anfallweise auftretenden Erscheinungen in Dauersymptome.

Man muß nun die Frage aufwerfen, inwieweit die Angaben der Kranken zuverlässig sind und die Phänomene wirklich die von ihr bezeichnete Entstehungsart und Veranlassung gehabt haben. Was die wichtigeren und grundlegenden Vorgänge betrifft, so steht die Zuverlässigkeit des Berichtes für mich außer Frage. Auf das Verschwinden der Symptome, nachdem sie »aberzählt« waren, berufe ich mich hiefür nicht; das wäre ganz wohl durch Suggestion zu erklären. Aber ich habe die Kranke immer vollkommen wahrheitsgetreu und zuverlässig gefunden; die erzählten Dinge hingen innig mit dem zusammen, was ihr das heiligste war; alles, was einer Kontrollierung durch andere Personen zugänglich war, bestätigte sich vollkommen. Auch das begabteste Mädchen wäre wohl nicht imstande, ein System von Angaben auszubauen, dem eine so große innere Logik eigen wäre, wie es bei der hier dargelegten Entwicklungsgeschichte ihrer Krankheit der Fall ist. Das aber ist von vornherein nicht abzuweisen, daß sie eben in der Konsequenz dieser Logik manchem Symptom eine Veranlassung zugeschoben hätte (im besten Glauben), die in Wirklichkeit nicht bestand. Aber ich halte auch diese Vermutung nicht für richtig. Gerade die Bedeutungslosigkeit so vieler Anlässe, das Irrationale so vieler Zusammenhänge spricht für ihre Realität. Der Kranken war es unverständlich, wieso Tanzmusik sie husten mache. Für eine willkürliche Konstruktion ist das zu sinnlos. Ich allerdings konnte mir denken, daß jeder Gewissensskrupel ihr notorisch Glottiskrampf verursachte und die motorischen Impulse, die das sehr tanzlustige Mädchen empfand, diesen Glottiskrampf in eine Tussis nervosa verwandelten. Ich halte also die Angaben der Kranken für ganz zuverlässig und wahrheitsgetreu.

Wie weit ist nun die Vermutung berechtigt, daß auch bei anderen Kranken die Entwicklung der Hysterie analog sei, daß Ähnliches auch dort vorkomme, wo sich keine so deutlich geschiedene »condition seconde« organisiert? Ich möchte hiefür darauf hinweisen, daß diese ganze Geschichte der Krankheitsentwicklung auch bei unserer Patientin vollständig unbekannt geblieben wäre, ihr selbst wie dem Arzte, hätte sie nicht die Eigentümlichkeit gehabt, in der geschilderten Weise sich in der Hypnose zu erinnern und das Erinnerte zu erzählen. Im Wachen wußte sie von alldem nichts. Wie es sich bei anderen damit verhält, ist also aus dem Krankenexamen der wachen Person nie zu entnehmen, da sie mit bestem Willen keine Auskunft geben kann. Und wie wenig die Umgebung von all den Vorgängen beobachten konnte, habe ich schon oben bemerkt. — Wie es sich bei anderen Kranken verhalte, konnte also nur durch ein ähnliches Verfahren erkannt werden, wie es bei Anna O . . . die Autohypnosen an die Hand gegeben hatten. Zunächst war nur die Vermutung berechtigt, ähnliche Vorgänge dürften häufiger sein, als unsere Unkenntnis des pathogenen Mechanismus annehmen ließ.

Als die Kranke bettlägerig geworden war und ihr Bewußtsein fortwährend zwischen dem normalen und dem »zweiten« Zustande oszillierte, das Heer der einzeln entstandenen und bis dahin latenten hysterischen Symptome sich als Dauersymptome manifestierte, gesellte sich zu diesen noch eine Gruppe von Erscheinungen, die andern Ursprungs scheinen, die Kontrakturlähmung der linksseitigen Extremitäten und die Parese der Kopfheber. Ich trenne sie von den anderen Phänomenen ab, weil sie, nachdem sie einmal geschwunden waren, nie, auch nicht anfalls- oder andeutungsweise, wieder erschienen, auch nicht in der Abschluß- und Abheilungsphase, in der alle anderen Symptome nach längerem Schlummern wieder auflebten. Dem entsprechend kamen sie auch in den hypnotischen Analysen nie vor und wurden sie nicht auf affektive oder phantastische Anlässe zurückgeführt. Ich möchte darum glauben, daß sie nicht demselben psychischen Vorgang ihr Dasein dankten, wie die anderen Symptome, sondern der sekundären Ausbreitung jenes unbekannten Zustandes, der die somatische Grundlage der hysterischen Phänomene ist.

Während des ganzen Krankheitsverlaufes bestanden die zwei Bewußtseinszustände nebeneinander, der primäre, in welchem

Patientin psychisch ganz normal war, und der »zweite« Zustand, den wir wohl mit dem Traume vergleichen können, entsprechend seinem Reichtum an Phantasmen, Halluzinationen, den großen Lücken der Erinnerung, der Hemmungs- und Kontrollelosigkeit der Einfälle. In diesem zweiten Zustande war Patientin alieniert. Es scheint mir nun guten Einblick in das Wesen mindestens einer Art von hysterischen Psychosen zu gewähren, daß der psychische Zustand der Kranken durchaus abhängig war von dem Hereinragen dieses zweiten Zustandes in den normalen. Jede Abendhypnose lieferte den Beweis, daß die Kranke völlig klar, geordnet, und in ihrem Empfinden und Wollen normal war, wenn kein Produkt des zweiten Zustandes »im Unbewußten« als Reiz wirkte; die eklatante Psychose bei jeder größeren Pause in dieser Entlastungsprozedur bewies, in welchem Ausmaße eben diese Produkte die psychischen Vorgänge des »normalen« Zustandes beeinflußten. Es ist schwer, dem Ausdrucke aus dem Wege zu gehen, die Kranke sei in zwei Persönlichkeiten zerfallen, von denen die eine psychisch normal und die andere geisteskrank war. Ich meine, daß die scharfe Trennung der beiden Zustände bei unserer Kranken ein Verhalten nur deutlich machte, das auch bei vielen anderen Hysterischen Ursache so mancher Rätsel ist. Bei Anna O . . . war besonders auffallend, wie sehr die Produkte des »schlimmen Ichs«, wie die Kranke selbst es nannte, ihren moralischen Habitus beeinflußten. Wären sie nicht fortlaufend weggeschafft worden, so hätte man in ihr eine Hysterica von der bösartigen Sorte gehabt, widerspenstig, träge, unliebenswürdig, boshaft; während so, nach Entfernung dieser Reize, immer wieder sogleich ihr wahrer Charakter zum Vorscheine kam, der von alldem das Gegenteil war.

Aber so scharf die beiden Zustände getrennt waren, es ragte nicht bloß der »zweite Zustand« in den ersten hinein, sondern es saß, wie Patientin sich ausdrückte, mindestens häufig auch bei ganz schlimmen Zuständen in irgendeinem Winkel ihres Gehirnes ein scharfer und ruhiger Beobachter, der sich das tolle Zeug ansah. Diese Fortexistenz klaren Denkens während des Vorwaltens der Psychose gewann einen sehr merkwürdigen Ausdruck; als Patientin nach Abschluß der hysterischen Phänomene in einer vorübergehenden Depression war, brachte sie unter anderen kindischen Befürchtungen und Selbstanklagen auch die vor, sie sei gar nicht krank und alles sei nur simuliert gewesen. Ähnliches ist bekanntlich schon mehrfach vorgekommen.

Wenn nach Ablauf der Krankheit die beiden Bewußtseinszustände wieder in einen zusammengeflossen sind, sehen sich die Patienten beim Rückblicke als die eine ungeteilte Persönlichkeit, die von all dem Unsinne gewußt hat, und meinen, sie hätten ihn hindern können, wenn sie gewollt hätten, also hätten sie den Unfug absichtlich verübt. — Diese Persistenz normalen Denkens während des zweiten Zustandes dürfte übrigens quantitativ enorm geschwankt und großenteils auch nicht bestanden haben.

Die wunderbare Tatsache, daß vom Beginne bis zum Abschlusse der Erkrankung alle aus dem zweiten Zustande stammenden Reize und ihre Folgen durch das Aussprechen in der Hypnose dauernd beseitigt wurden, habe ich bereits geschildert und dem nichts hinzuzusetzen, als die Versicherung, daß es nicht etwa meine Erfindung war, die ich der Patientin suggeriert hätte; sondern ich war aufs höchste davon überrascht, und erst als eine Reihe spontaner Erledigungen erfolgt waren, entwickelte sich mir daraus eine therapeutische Technik.

Einige Worte verdient noch die schließliche Abheilung der Hysterie. Sie erfolgte in der geschilderten Weise unter namhafter Beunruhigung der Kranken und Verschlechterung ihres psychischen Zustandes. Man hatte durchaus den Eindruck, es sei die Menge von Produkten des zweiten Zustandes, die geschlummert haben, nun ins Bewußtsein drängen, erinnert werden, wenn auch wieder zunächst in der »condition seconde«, aber den normalen Zustand belasten und beunruhigen. Es wird in Betracht zu ziehen sein, ob nicht auch in anderen Fällen eine Psychose, mit welcher eine chronische Hysterie abschließt, denselben Ursprung hat.

2. *Frau Emmy v. N. . ., vierzig Jahre, aus Livland* (Freud)

Am 1. Mai 1889 wurde ich der Arzt einer etwa vierzigjährigen Dame, deren Leiden wie deren Persönlichkeit mir so viel Interesse einflößten, daß ich ihr einen großen Teil meiner Zeit widmete und mir ihre Herstellung zur Aufgabe machte. Sie war Hysterika, mit größter Leichtigkeit in Somnambulismus zu versetzen, und als ich dies merkte, entschloß ich mich, das Breuersche Verfahren der Ausforschung in der Hypnose bei ihr anzuwenden, das ich aus den Mitteilungen Breuers über die Heilungsgeschichte seiner ersten Patientin kannte. Es war mein erster Versuch in der Handhabung dieser therapeutischen Methode, ich war noch weit davon entfernt, dieselbe zu beherrschen, und habe in der Tat die Analyse der Krankheitssymptome weder weit genug getrieben noch sie genügend planmäßig verfolgt. Vielleicht wird es mir am besten gelingen, den Zustand der Kranken und mein ärztliches Vorgehen anschaulich zu machen, wenn ich die Aufzeichnungen wiedergebe, die ich mir in den ersten drei Wochen der Behandlung allabendlich gemacht habe. Wo mir nachherige Erfahrung ein besseres Verständnis ermöglicht hat, werde ich es in Noten und Zwischenbemerkungen zum Ausdrucke bringen:

1. Mai 1889. Ich finde eine noch jugendlich aussehende Frau mit feinen, charakteristisch geschnittenen Gesichtszügen auf dem Diwan liegend, eine Lederrolle unter dem Nacken. Ihr Gesicht hat einen gespannten, schmerzhaften Ausdruck, die Augen sind zusammengekniffen, der Blick gesenkt, die Stirne stark gerunzelt, die Nasolabialfalten vertieft. Sie spricht wie mühselig, mit leiser Stimme, gelegentlich durch spastische Sprachstockung bis zum Stottern unterbrochen. Dabei hält sie die Finger ineinander verschränkt, die eine unaufhörliche athetoseartige Unruhe zeigen. Häufige ticartige Zuckungen im Gesichte und an den Halsmuskeln, wobei einzelne, besonders der rechte Sternokleidomastoideus plastisch vorspringen. Ferner unterbricht sie sich häufig in der Rede, um ein eigentümliches Schnalzen hervorzubringen, das ich nicht nachahmen kann.[1]

Was sie spricht, ist durchaus zusammenhängend und bezeugt offenbar eine nicht gewöhnliche Bildung und Intelligenz. Um so befremdender ist es, daß sie alle paar Minuten plötzlich abbricht, das Gesicht zum Ausdrucke des Grausens und Ekels verzieht, die Hand mit gespreizten und gekrümmten Fingern gegen mich ausstreckt und dabei mit veränderter angsterfüllter Stimme die Worte ruft: »Seien Sie still — reden Sie nichts — rühren Sie mich nicht an!« Sie steht wahrscheinlich unter dem Eindrucke einer wiederkehrenden grauenvollen Halluzination und wehrt die Einmengung des Fremden mit dieser Formel ab.[2] Diese Einschaltung schließt dann ebenso plötzlich ab, und die Kranke setzt ihre Rede fort, ohne die eben vorhandene Erregung weiterzuspinnen, ohne ihr Benehmen zu erklären oder zu entschuldigen, also wahrscheinlich ohne die Unterbrechung selbst bemerkt zu haben.[3]

Von ihren Verhältnissen erfahre ich folgendes: Ihre Familie stammt aus Mitteldeutschland, ist seit zwei Generationen in den russischen Ostseeprovinzen ansässig und dort reich begütert. Sie waren vierzehn Kinder, sie selbst das dreizehnte davon, es sind nur noch vier am Leben. Sie wurde von einer übertatkräftigen, strengen Mutter sorgfältig, aber mit viel Zwang erzogen. Mit dreiundzwanzig Jahren heiratete sie einen hochbegabten und tüchtigen Mann, der sich als Großindustrieller eine hervorragende Stellung erworben hatte, aber viel älter war

1 Dieses Schnalzen bestand aus mehreren Tempi; jagdkundige Kollegen, die es hörten, verglichen dessen Endlaute mit dem Balzen des Auerhahnes.

2 Die Worte entsprachen in der Tat einer Schutzformel, die auch im weiteren ihre Erklärung findet. Ich habe solche Schutzformeln seither bei einer Melancholika beobachtet, die ihre peinigenden Gedanken (Wünsche, daß ihrem Manne, ihrer Mutter etwas Arges zustoßen möge, Gotteslästerungen u. dgl.) auf diese Art zu beherrschen versuchte.

3 Es handelte sich um ein hysterisches Delirium, welches mit dem normalen Bewußtseinszustande alterniert, ähnlich wie ein echter Tic sich in eine Willkürbewegung einschiebt, ohne dieselbe zu stören und ohne sich mit ihr zu vermengen.

als sie. Er starb nach kurzer Ehe plötzlich am Herzschlage. Dieses Ereignis sowie die Erziehung ihrer beiden jetzt sechzehn und vierzehn Jahre alten Mädchen, die vielfach kränklich waren und an nervösen Störungen litten, bezeichnet sie als die Ursachen ihrer Krankheit. Seit dem Tode ihres Mannes vor vierzehn Jahren ist sie in schwankender Intensität immer krank gewesen. Vor vier Jahren hat eine Massagekur in Verbindung mit elektrischen Bädern ihr vorübergehend Erleichterung gebracht, sonst blieben alle ihre Bemühungen, ihre Gesundheit wiederzugewinnen, erfolglos. Sie ist viel gereist und hat zahlreiche und lebhafte Interessen. Gegenwärtig bewohnt sie einen Herrensitz an der Ostsee in der Nähe einer großen Stadt. Seit Monaten wieder schwer leidend, verstimmt und schlaflos, von Schmerzen gequält, hat sie in Abbazia vergebens Besserung gesucht, ist seit sechs Wochen in Wien, bisher in Behandlung eines hervorragenden Arztes.

Meinen Vorschlag, sich von den beiden Mädchen, die ihre Gouvernante haben, zu trennen und in ein Sanatorium einzutreten, in dem ich sie täglich sehen kann, nimmt sie ohne ein Wort der Einwendung an.

Am 2. Mai abends besuche ich sie im Sanatorium. Es fällt mir auf, daß sie jedesmal so heftig zusammenschrickt, sobald die Türe unerwartet aufgeht. Ich veranlasse daher, daß die besuchenden Hausärzte und das Wartepersonal kräftig anklopfen und nicht eher eintreten, als bis sie »Herein« gerufen hat. Trotzdem grinst und zuckt sie noch jedesmal, wenn jemand eintritt.

Ihre Hauptklage bezieht sich heute auf Kälteempfindung und Schmerzen im rechten Beine, die vom Rücken oberhalb des Darmbeinkammes ausgehen. Ich ordne warme Bäder an und werde sie zweimal täglich am ganzen Körper massieren.

Sie ist ausgezeichnet zur Hypnose geeignet. Ich halte ihr einen Finger vor, rufe ihr zu: Schlafen Sie! und sie sinkt mit dem Ausdrucke von Betäubung und Verworrenheit zurück. Ich suggeriere Schlaf, Besserung aller Symptome u. dgl., was sie mit geschlossenen Augen, aber unverkennbar gespannter Aufmerksamkeit anhört, und wobei ihre Miene sich allmählich glättet und einen friedlichen Ausdruck annimmt. Nach dieser ersten Hypnose bleibt eine dunkle Erinnerung an meine Worte; schon nach der zweiten tritt vollkommener Somnambulismus (Amnesie) ein. Ich hatte ihr angekündigt, daß ich sie hypnotisieren würde, worauf sie ohne Widerstand einging. Sie ist noch nie hypnotisiert worden, ich darf aber annehmen, daß sie über Hypnose gelesen hat, wiewohl ich nicht weiß, welche Vorstellung über den hypnotischen Zustand sie mitbrachte.[4]

4 Beim Erwachen aus der Hypnose blickte sie jedesmal wie verworren einen Augenblick herum, ließ dann ihre Augen auf mir ruhen, schien sich besonnen zu haben, setzte die Brille auf, die sie vor dem Einschlafen abgelegt hatte, und war dann

Die Behandlung mit warmen Bädern, zweimaliger Massage und hypnotischer Suggestion wurde in den nächsten Tagen fortgesetzt. Sie schlief gut, erholte sich zusehends, brachte den größeren Teil des Tages in ruhiger Krankenlage zu. Es war ihr nicht untersagt, ihre Kinder zu sehen, zu lesen und ihre Korrespondenz zu besorgen.

Am 8. Mai morgens unterhält sie mich, anscheinend ganz normal, von greulichen Tiergeschichten. Sie hat in der Frankfurter Zeitung, die vor ihr auf dem Tische liegt, gelesen, daß ein Lehrling einen Knaben gebunden und ihm eine weiße Maus in den Mund gesteckt; der sei vor Schreck darüber gestorben. Dr. K . . . habe ihr erzählt, daß er eine ganze Kiste voll weißer Ratten nach Tiflis geschickt. Dabei treten alle Zeichen des Grausens höchst plastisch hervor. Sie krampft mehrmals nacheinander mit der Hand. — »Seien Sie still, reden Sie nichts, rühren Sie mich nicht an! — Wenn so ein Tier im Bette wäre! (Grausen.) Denken Sie sich, wenn das ausgepackt wird! Es ist eine tote Ratte darunter, eine an-ge-nagte!«

In der Hypnose bemühe ich mich, diese Tierhalluzinationen zu verscheuchen. Während sie schläft, nehme ich die Frankfurter Zeitung zur Hand; ich finde in der Tat die Geschichte der Mißhandlung eines Lehrbuben, aber ohne Beimengung von Mäusen oder Ratten. Das hat sie also während des Lesens hinzudeliriert.

Am Abend erzählte ich ihr von unserer Unterhaltung über die weißen Mäuse. Sie weiß nichts davon, ist sehr erstaunt und lacht herzlich.[5]

Am Nachmittage war ein sogenannter »Genickkrampf«[6] gewesen, aber »nur kurz, von zweistündiger Dauer«.

Am 8. Mai abends fordere ich sie in der Hypnose zum Reden auf, was ihr nach einiger Anstrengung gelingt. Sie spricht leise, besinnt sich jedesmal einen Moment, ehe sie Antwort gibt. Ihre Miene verändert sich entsprechend dem Inhalte ihrer Erzählung und wird ruhig, sobald meine Suggestion dem Eindrucke der Erzählung ein Ende gemacht hat. Ich stelle die Frage, warum sie so

heiter und ganz bei sich. Obwohl wir im Verlaufe der Behandlung, die in diesem Jahre sieben, im nächsten acht Wochen einnahm, über alles mögliche miteinander sprachen und sie fast täglich zweimal von mir eingeschläfert wurde, richtete sie doch nie eine Frage oder Bemerkung über die Hypnose an mich und schien in ihrem Wachzustande die Tatsache, daß sie hypnotisiert wurde, möglichst zu ignorieren.

5 Eine solche plötzliche Einschiebung eines Deliriums in den wachen Zustand war bei ihr nichts Seltenes und wiederholte sich noch oft unter meiner Beobachtung. Sie pflegte zu klagen, daß sie oft im Gespräche die verdrehtesten Antworten gebe, so daß ihre Leute sie nicht verstünden. Bei unserem ersten Besuche antwortete sie mir auf die Frage, wie alt sie sei, ganz ernsthaft: Ich bin eine Frau aus dem vorigen Jahrhundert. Wochen später klärte sie mich auf, sie hätte damals im Delirium an einen schönen alten Schrank gedacht, den sie auf der Reise als Liebhaberin antiker Möbel erworben. Auf diesen Schrank bezog sich die Zeitbestimmung, als meine Frage nach ihrem Alter zu einer Aussage über Zeiten Anlaß gab.

6 Eine Art von Migräne.

leicht erschrickt. Sie antwortet: Das sind Erinnerungen aus frühester Jugend. – Wann? Zuerst mit fünf Jahren, als meine Geschwister so oft tote Tiere nach mir warfen, da bekam ich den ersten Ohnmachtsanfall mit Zuckungen, aber meine Tante sagte, das sei abscheulich, solche Anfälle darf man nicht haben, und da haben sie aufgehört. Dann mit sieben Jahren, als ich unvermutet meine Schwester im Sarge gesehen, dann mit acht Jahren, als mich mein Bruder so häufig durch weiße Tücher als Gespenst erschreckte, dann mit neun Jahren, als ich die Tante im Sarge sah und ihr – plötzlich – der Unterkiefer herunterfiel.

Die Reihe von traumatischen Anlässen, die mir als Antwort auf meine Frage mitgeteilt wird, warum sie so schreckhaft sei, liegt offenbar in ihrem Gedächtnisse bereit; sie hätte in dem kurzen Momente von meiner Frage bis zu ihrer Beantwortung derselben die Anlässe aus zeitlich verschiedenen Perioden ihrer Jugend nicht so schnell zusammensuchen können. Am Schlusse einer jeden Teilerzählung bekommt sie allgemeine Zuckungen und zeigt ihre Miene Schreck und Grausen, nach der letzten reißt sie den Mund weit auf und schnappt nach Atem. Die Worte, welche den schreckhaften Inhalt des Erlebnisses mitteilen, werden mühselig, keuchend hervorgestoßen; nachher beruhigen sich ihre Züge.

Auf meine Frage bestätigt sie, daß sie während der Erzählung die betreffenden Szenen plastisch und in natürlichen Farben vor sich sehe. Sie denke an diese Erlebnisse überhaupt sehr häufig und habe auch in den letzten Tagen wieder daran gedacht. Sowie sie daran denke, sehe sie die Szene jedesmal vor sich mit aller Lebhaftigkeit der Realität.[7] Ich verstehe jetzt, warum sie mich so häufig von Tierszenen und Leichenbildern unterhält. Meine Therapie besteht darin, diese Bilder wegzuwischen, so daß sie dieselben nicht wieder vor Augen bekommen kann. Zur Unterstützung der Suggestion streiche ich ihr mehrmals über die Augen.

9. Mai abends. Sie hat ohne erneuerte Suggestion gut geschlafen, aber morgens Magenschmerzen gehabt. Sie bekam dieselben schon gestern im Garten, wo sie zu lange mit ihren Kindern verweilte. Sie gestattet, daß ich den Besuch der Kinder auf zweieinhalb Stunden einschränke; vor wenigen Tagen hatte sie sich Vorwürfe gemacht, daß sie die Kinder allein lasse. Ich finde sie heute etwas erregt, mit krauser Stirne, Schnalzen und Sprachstocken. Während der Massage erzählt sie uns, daß ihr die Gouvernante der Kinder einen kulturhistorischen Atlas gebracht und daß sie über Bilder darin, welche als Tiere verkleidete Indianer darstellen, so heftig erschrocken sei. »Denken Sie, wenn die lebendig würden!« (Grausen.)

7 Dies Erinnern in lebhaften visuellen Bildern gaben uns viele andere Hysterische an und betonten es ganz besonders für die pathogenen Erinnerungen.

In der Hypnose frage ich, warum sie sich vor diesen Bildern so geschreckt, da sie sich doch vor Tieren nicht mehr fürchte? Sie hätten sie an Visionen erinnert, die sie beim Tode ihres Bruders gehabt. (Mit neunzehn Jahren.) Ich spare diese Erinnerung für später auf. Ferner frage ich, ob sie immer mit diesem Stottern gesprochen und seit wann sie den Tic (das eigentümliche Schnalzen) habe.[8] Das Stottern sei eine Krankheitserscheinung, und den Tic habe sie seit fünf Jahren, seitdem sie einmal beim Bette der sehr kranken jüngeren Tochter saß und sich ganz r u h i g verhalten wollte. – Ich versuche die Bedeutung dieser Erinnerung abzuschwächen, der Tochter sei ja nichts geschehen usw. Sie: Es komme jedesmal wieder, wenn sie sich ängstige oder erschrecke. – Ich trage ihr auf, sich vor den Indianerbildern nicht zu fürchten, vielmehr herzlich darüber zu lachen und mich selbst darauf aufmerksam zu machen. So geschieht es auch nach dem Erwachen; sie sucht das Buch, fragt, ob ich es eigentlich schon gesehen habe, schlägt mir das Blatt auf und lacht aus vollem Halse über die grotesken Figuren, ohne jede Angst, mit ganz glatten Zügen. Dr. B r e u e r kommt plötzlich zu Besuch in Begleitung des Hausarztes. Sie erschrickt und schnalzt, so daß die beiden uns sehr bald verlassen. Sie erklärt ihre Erregung dadurch, daß sie das jedesmalige Miterscheinen des Hausarztes unangenehm berühre.
Ich hatte in der Hypnose ferner den Magenschmerz durch Streichen weggenommen und gesagt, sie werde nach dem Essen die Wiederkehr des Schmerzes zwar erwarten, er werde aber doch ausbleiben.
A b e n d s. Sie ist zum ersten Male heiter und gesprächig, entwickelt einen Humor, den ich bei dieser ernsten Frau nicht gesucht hätte, und macht sich unter anderem im Vollgefühl ihrer Besserung über die Behandlung meines ärztlichen Vorgängers lustig. Sie hätte schon lange die Absicht gehabt, sich dieser Behandlung zu entziehen, konnte aber die Form nicht finden, bis eine zufällige Bemerkung von Dr. B r e u e r, der sie einmal besuchte, sie auf einen Ausweg brachte. Da ich über diese Mitteilung erstaunt scheine, erschrickt sie, macht sich die heftigsten Vorwürfe, eine Indiskretion begangen zu haben, läßt sich aber von mir anscheinend beschwichtigen. – Keine Magenschmerzen, trotzdem sie dieselben erwartet hat.
In der Hypnose frage ich nach weiteren Erlebnissen, bei denen sie nachhaltig erschrocken sei. Sie bringt eine zweite solche Reihe aus ihrer späteren Jugend ebenso prompt wie die erstere und versichert wiederum, daß sie alle diese Szenen häufig, lebhaft und in Farben vor sich sehe. Wie sie ihre Cousine ins Irrenhaus führen sah (mit fünfzehn Jahren); sie wollte um Hilfe rufen,

8 Im Wachen hatte ich auf die Frage nach der Herkunft des Tic die Antwort erhalten: Ich weiß nicht; oh, schon sehr lange.

konnte aber nicht und verlor die Sprache bis zum Abend dieses Tages. Da sie in ihrer wachen Unterhaltung so häufig von Irrenhäusern spricht, unterbreche ich sie und frage nach den anderen Gelegenheiten, bei denen es sich um Irre gehandelt hat. Sie erzählt, ihre Mutter war selbst einige Zeit im Irrenhause. Sie hätten einmal eine Magd gehabt, deren Frau lange im Irrenhause war, und die ihr Schauergeschichten zu erzählen pflegte, wie dort die Kranken an Stühle angebunden seien, gezüchtigt werden u. dgl. Dabei krampfen sich ihre Hände vor Grausen, sie sieht dies alles vor Augen. Ich bemühe mich, ihre Vorstellungen von einem Irrenhause zu korrigieren, versichere ihr, sie werde von einer solchen Anstalt hören können, ohne eine Beziehung auf sich zu verspüren, und dabei glättet sich ihr Gesicht.
Sie fährt in der Aufzählung ihrer Schreckerinnerungen fort: Wie sie ihre Mutter, vom Schlage gerührt, auf dem Boden liegend fand (mit fünfzehn Jahren), die dann noch vier Jahre lebte, und wie sie mit neunzehn Jahren einmal nach Hause kam und die Mutter tot fand, mit verzerrtem Gesichte. Diese Erinnerungen abzuschwächen, bereitet mir natürlich größere Schwierigkeiten, ich versichere nach längerer Auseinandersetzung, daß sie auch dieses Bild nur verschwommen und kraftlos wiedersehen wird. — Ferner wie sie mit neunzehn Jahren unter einem Steine, den sie aufgehoben, eine Kröte gefunden und darüber die Sprache für Stunden verloren.[9]
Ich überzeuge mich in dieser Hypnose, daß sie alles weiß, was in der vorigen Hypnose vorgekommen, während sie im Wachen nichts davon weiß.
Am 10. Mai morgens: Sie hat heute zum ersten Male anstatt eines warmen Bades ein Kleienbad genommen. Ich finde sie mit verdrießlichem, krausem Gesichte, die Hände in einen Schal eingehüllt, über Kälte und Schmerzen klagend. Befragt, was ihr sei, erzählt sie, sie habe in der kurzen Wanne unbequem gesessen und davon Schmerzen bekommen. Während der Massage beginnt sie, daß sie sich doch wegen des gestrigen Verrates an Dr. Breuer kränke; ich beschwichtige sie durch die fromme Lüge, daß ich von Anfang an darum wußte, und damit ist ihre Aufregung (Schnalzen, Gesichtskontraktur) behoben. So macht sich jedesmal schon während der Massage mein Einfluß geltend, sie wird ruhiger und klarer und findet auch ohne hypnotisches Befragen die Gründe ihrer jedesmaligen Verstimmung. Auch das Gespräch, das sie während des Massierens mit mir führt, ist nicht so absichtslos, wie es den Anschein hat; es enthält vielmehr die ziemlich vollständige Reproduktion der Erinnerungen und neuen Eindrücke, die sie seit unserem letzten Gespräche beeinflußt haben, und läuft oft ganz unerwartet auf pathogene Remi-

9 An die Kröte muß sich wohl eine besondere Symbolik geknüpft haben, die ich zu ergründen leider nicht versucht habe.

niszenzen hinaus, die sie sich unaufgefordert abspricht. Es ist, als hätte sie sich mein Verfahren zu eigen gemacht und benützte die anscheinend ungezwungene und vom Zufalle geleitete Konversation zur Ergänzung der Hypnose. So kommt sie z. B. heute auf ihre Familie zu reden und gelangt auf allerlei Umwegen zur Geschichte eines Cousins, der ein beschränkter Sonderling war und dem seine Eltern sämtliche Zähne auf einem Sitze ziehen ließen. Diese Erzählung begleitet sie mit den Gebärden des Grausens und mit mehrfacher Wiederholung ihrer Schutzformel (Seien Sie still! – Reden Sie nichts! – Rühren Sie mich nicht an!). Darauf wird ihre Miene glatt, und sie ist heiter. So wird ihr Benehmen während des Wachens doch durch die Erfahrungen geleitet, die sie im Somnambulismus gemacht hat, von denen sie im Wachen nichts zu wissen glaubt.

In der Hypnose wiederhole ich die Frage, was sie verstimmt hat und erhalte dieselben Antworten, aber in umgekehrter Reihenfolge: 1) Ihre Schwatzhaftigkeit von gestern, 2) die Schmerzen vom unbequemen Sitzen im Bade. – Ich frage heute, was die Redensart: Seien Sie still usw. bedeutet. Sie erklärt, wenn sie ängstliche Gedanken habe, fürchte sie, in ihrem Gedankengange unterbrochen zu werden, weil sich dann alles verwirre und noch ärger sei. Das »Seien Sie still« beziehe sich darauf, daß die Tiergestalten, die ihr in schlechten Zuständen erscheinen, in Bewegung geraten und auf sie losgehen, wenn jemand vor ihr eine Bewegung mache; endlich die Mahnung: »Rühren Sie mich nicht an« komme von folgenden Erlebnissen: Wie ihr Bruder vom vielen Morphin so krank war und so gräßliche Anfälle hatte (mit neunzehn Jahren), habe er sie so oft plötzlich angepackt; dann sei einmal ein Bekannter in ihrem Hause plötzlich wahnsinnig geworden und habe sie am Arme gefaßt; (ein dritter ähnlicher Fall, an den sie sich nicht genauer besinnt) und endlich, wie ihre Kleine so krank gewesen (mit achtundzwanzig Jahren), habe sie sie im Delirium so heftig gepackt, daß sie fast erstickt wäre. Diese vier Fälle hat sie – trotz der großen Zeitdifferenzen – in einem Satze und so rasch hintereinander erzählt, als ob sie ein einzelnes Ereignis in vier Akten bilden würden. Alle ihre Mitteilungen solcher gruppierter Traumen beginnen übrigens mit »Wie«, und die einzelnen Partialtraumen sind durch »und« aneinandergereiht. Da ich merke, daß die Schutzformel dazu bestimmt ist, sie vor der Wiederkehr ähnlicher Erlebnisse zu bewahren, benehme ich ihr diese Furcht durch Suggestion und habe wirklich die Formel nicht wieder von ihr gehört.

A b e n d s finde ich sie sehr heiter. Sie erzählt lachend, daß sie im Garten über einen kleinen Hund, der sie angebellt, erschrokken ist. Doch ist das Gesicht ein wenig verzogen und eine innere Erregung vorhanden, die erst schwindet, nachdem sie mich befragt, ob ich eine Bemerkung von ihr übelgenommen, die sie während der Frühmassage gemacht hatte, und ich dies verneint. Die Periode ist heute nach kaum vierzehntägiger Pause eingetreten. Ich verspreche ihr Regelung durch hypnotische Suggestion und bestimme in der Hypnose ein Intervall von achtundzwanzig Tagen.[10]

In der Hypnose frage ich ferner, ob sie sich erinnere, was sie mir zuletzt erzählt hat, und habe dabei eine Aufgabe im Sinne, die uns von gestern abend übriggeblieben ist. Sie beginnt aber korrekterweise mit dem »Rühren Sie mich nicht an« der Vormittagshypnose. Ich führe sie also auf das gestrige Thema zurück. Ich hatte gefragt, woher das Stottern gekommen sei und die Antwort bekommen: Ich weiß es nicht.[11] Darum hatte ich ihr aufgetragen, sich bis zur heutigen Hypnose daran zu erinnern. Heute antwortet sie also ohne weiteres Nachdenken, aber in großer Erregung und mit spastisch erschwerter Sprache: Wie einmal die Pferde mit dem Wagen, in dem die Kinder saßen, durchgegangen sind und wie ein andermal ich mit den Kindern während eines Gewitters durch den Wald fuhr und der Blitz gerade in einen Baum vor den Pferden einschlug und die Pferde scheuten und ich mir dachte: Jetzt mußt du ganz stille bleiben, sonst erschreckst du die Pferde noch mehr durch dein Schreien und der Kutscher kann sie gar nicht zurückhalten: von da an ist es aufgetreten. Diese Erzählung hat sie ungemein erregt; ich erfahre noch von ihr, daß das Stottern gleich nach dem ersten der beiden Anlässe aufgetreten, aber nach kurzer Zeit verschwunden sei, um vom zweiten ähnlichen Anlaß an stetig zu bleiben. Ich lösche die plastische Erinnerung an diese Szenen aus, fordere sie aber auf, sich dieselben nochmals vorzustellen. Sie scheint es zu versuchen und bleibt dabei ruhig, auch spricht sie von da an in der Hypnose ohne jedes spastische Stocken.[12]

Da ich sie disponiert finde, mir Aufschlüsse zu geben, stelle ich die weitere Frage, welche Ereignisse ihres Lebens sie noch ferner derart erschreckt haben, daß sie die plastische Erinnerung an sie bewahrt hat. Sie antwortet mit einer Sammlung solcher Erlebnisse: Wie sie ein Jahr nach dem Tode ihrer Mutter bei einer ihr befreundeten Französin war und dort mit einem andern Mäd-

10 Welches auch zutraf.

11 Die Antwort: »Ich weiß es nicht«, mochte richtig sein, konnte aber ebensowohl die Unlust bedeuten, von den Gründen zu reden. Ich habe später bei anderen Kranken die Erfahrung gemacht, daß sie sich auch in der Hypnose um so schwerer an etwas besannen, je mehr Anstrengung sie dazu verwendet hatten, das betreffende Ereignis aus ihrem Bewußtsein zu drängen.

12 Wie man hier erfährt, sind das ticähnliche Schnalzen und das spastische Stottern der Patientin zwei Symptome, die auf ähnliche Veranlassungen und einen analogen Mechanismus zurückgehen. Ich habe diesem Mechanismus in einem kleinen Aufsatze: »Ein Fall von hypnotischer Heilung nebst Bemerkungen über den hysterischen Gegenwillen« (Zeitschrift für Hypnotismus, Bd. I; enthalten in Ges. Werke. Bd. 1) Aufmerksamkeit geschenkt, werde übrigens auch hier darauf zurückkommen.

chen ins nächste Zimmer geschickt wurde, um ein Lexikon zu holen und dann aus dem Bette eine Person sich erheben sah, die genau so aussah wie jene, die sie eben verlassen hatte. Sie blieb steif wie angewurzelt stehen. Später hörte sie, es sei eine hergerichtete Puppe gewesen. Ich erkläre diese Erscheinung für eine Halluzination, appelliere an ihre Aufklärung, und ihr Gesicht glättet sich.
Wie sie ihren kranken Bruder gepflegt und er infolge des Morphins so gräßliche Anfälle bekam, in denen er sie erschreckte und anpackte. Ich merke, daß sie von diesem Erlebnisse schon heute früh gesprochen und frage sie darum zur Probe, wann dieses »Anpacken« noch vorgekommen. Zu meiner freudigen Überraschung besinnt sie sich diesmal lange mit der Antwort und fragt endlich unsicher: Die Kleine? An die beiden anderen Anlässe (s. o.) kann sie sich gar nicht besinnen. Mein Verbot, das Auslöschen der Erinnerung, hat also gewirkt. Weiter: Wie sie ihren Bruder gepflegt und die Tante plötzlich den bleichen Kopf über den Paravent gestreckt, die gekommen war, um ihn zum katholischen Glauben zu bekehren. – Ich merke, daß ich hiemit an die Wurzel ihrer beständigen Furcht vor Überraschungen gekommen bin, und frage, wann sich solche noch zugetragen haben. – Wie sie zu Hause einen Freund hatten, der es liebte, sich ganz leise ins Zimmer zu schleichen, und dann plötzlich da stand; wie sie nach dem Tode der Mutter so krank wurde, in einen Badeort kam, und dort eine Geisteskranke durch Irrtum mehrmals bei Nacht in ihr Zimmer und bis an ihr Bett kam; und endlich wie auf ihrer Reise von Abbazia hieher ein fremder Mann viermal plötzlich ihre Coupétür aufmachte und sie jedesmal starr ansah. Sie erschrak darüber so sehr, daß sie den Schaffner rief.
Ich verwische alle diese Erinnerungen, wecke sie auf und versichere ihr, daß sie diese Nacht gut schlafen werde, nachdem ich es unterlassen, ihr die entsprechende Suggestion in der Hypnose zu geben. Für die Besserung ihres Allgemeinzustandes zeugt ihre Bemerkung, sie habe heute nichts gelesen, sie lebe so in einem glücklichen Traum, sie, die sonst vor innerer Unruhe beständig etwas tun mußte.
11. Mai früh. Auf heute ist das Zusammentreffen mit dem Gynäkologen Dr. N . . . angesagt, der ihre älteste Tochter wegen ihrer menstrualen Beschwerden untersuchen soll. Ich finde Frau Emmy in ziemlicher Unruhe, die sich aber jetzt durch geringfügigere körperliche Zeichen äußert als früher; auch ruft sie von Zeit zu Zeit: Ich habe Angst, solche Angst, ich glaube, ich muß sterben. Wovor sie denn Angst habe, ob vor Dr. N . . .? Sie wisse es nicht, sie habe nur Angst. In der Hypnose, die ich noch vor dem Eintreffen des Kollegen vornehme, gesteht sie, sie fürchte, mich durch eine Äußerung gestern während der Massage, die

ihr unhöflich erschien, beleidigt zu haben. Auch fürchte sie sich vor allem Neuen, also auch vor dem neuen Doktor. Sie läßt sich beschwichtigen, fährt vor Dr. N . . . zwar manchmal zusammen, benimmt sich aber sonst gut und zeigt weder Schnalzen noch Sprechhemmung. Nach seinem Fortgehen versetze ich sie neuerdings in Hypnose, um die etwaigen Reste der Erregung von seinem Besuche her wegzunehmen. Sie ist mit ihrem Benehmen selbst sehr zufrieden, setzt auf seine Behandlung große Hoffnungen, und ich suche ihr an diesem Beispiele zu zeigen, daß man sich vor dem Neuen nicht zu fürchten brauche, da es auch das Gute in sich schließe.[13]

Abends ist sie sehr heiter und entledigt sich vieler Bedenklichkeiten in dem Gespräche vor der Hypnose. In der Hypnose frage ich, welches Ereignis ihres Lebens die nachhaltigste Wirkung geübt habe und am öftesten als Erinnerung bei ihr auftauche. — Der Tod ihres Mannes. — Ich lasse mir dieses Erlebnis mit allen Einzelheiten von ihr erzählen, was sie mit den Zeichen tiefster Ergriffenheit tut, aber ohne alles Schnalzen und Stottern.

Wie sie in einem Orte an der Riviera, den sie beide sehr liebten, einst über eine Brücke gegangen und er von einem Herzkrampf ergriffen, plötzlich umsank, einige Minuten wie leblos dalag, dann aber wohlbehalten aufstand. Wie dann kurze Zeit darauf, als sie im Wochenbette mit der Kleinen lag, der Mann, der an einem kleinen Tische vor ihrem Bette frühstückte und die Zeitung las, plötzlich aufstand, sie so eigentümlich ansah, einige Schritte machte und dann tot zu Boden fiel. Sie sei aus dem Bette; die herbeigeholten Ärzte hätten Belebungsversuche gemacht, die sie aus dem andern Zimmer mit angehört; aber es sei vergebens gewesen. Sie fährt dann fort: Und wie das Kind, das damals einige Wochen alt war, so krank geworden und durch sechs Monate krank geblieben sei, während welcher Zeit sie selbst mit heftigem Fieber bettlägerig war; — und nun folgen chronologisch geordnet ihre Beschwerden gegen dieses Kind, die mit ärgerlichem Gesichtsausdrucke rasch hervorgestoßen werden, wie wenn man von jemandem spricht, dessen man überdrüssig geworden ist. Es sei lange Zeit sehr eigentümlich gewesen, hätte immer geschrien und nicht geschlafen, eine Lähmung des linken Beines bekommen, an deren Heilung man fast verzweifelte; mit vier Jahren habe es Visionen gehabt, sei erst spät gegangen und habe spät gesprochen, so daß man es lange für idiotisch hielt; es habe nach der Aussage der Ärzte Gehirn- und Rückenmarksentzündung gehabt, und was nicht alles sonst. Ich unterbreche sie hier, weise darauf hin, daß dieses selbe Kind heute normal und blühend sei, und nehme ihr die Möglichkeit, alle

13 Alle solchen lehrhaften Suggestionen schlugen bei Frau Emmy fehl, wie die Folge gezeigt hat.

diese traurigen Dinge wieder zu sehen, indem ich nicht nur die plastische Erinnerung verlösche, sondern die ganze Reminiszenz aus ihrem Gedächtnisse löse, als ob sie nie darin gewesen wäre. Ich verspreche ihr davon das Aufhören der Unglückserwartung, die sie beständig quält, und der Schmerzen im ganzen Körper, über die sie gerade während der Erzählung geklagt hatte, nachdem mehrere Tage von ihnen nicht die Rede gewesen war.[14]

Zu meiner Überraschung beginnt sie unmittelbar nach dieser meiner Suggestion von dem Fürsten L . . . zu reden, dessen Entweichung aus einem Irrenhause damals von sich reden machte, kramt neue Angstvorstellungen über Irrenhäuser aus, daß dort die Leute mit eiskalten Duschen auf den Kopf behandelt, in einen Apparat gesetzt und so lange gedreht würden, bis sie ruhig sind. Ich hatte sie vor drei Tagen, als sie über die Irrenhausfurcht zuerst klagte, nach der ersten Erzählung, daß die Kranken dort auf Sessel gebunden würden, unterbrochen. Ich merke, daß ich dadurch nichts erreiche, daß ich mir's doch nicht ersparen kann, sie in jedem Punkte bis zu Ende anzuhören. Nachdem dies nachgeholt ist, nehme ich ihr auch die neuen Schreckbilder weg, appellierte an ihre Aufklärung, und daß sie mir doch mehr glauben darf als dem dummen Mädchen, von dem sie die Schauergeschichten über die Einrichtung der Irrenhäuser hat. Da ich bei diesen Nachträgen doch gelegentlich etwas Stottern bemerke, frage ich sie von neuem, woher das Stottern rührt. — Keine Antwort. — Wissen Sie es nicht? — Nein. — Ja, warum nicht? — Warum? Weil ich nicht darf (was heftig und ärgerlich hervorgestoßen wird). Ich glaube in dieser Äußerung einen Erfolg meiner Suggestion zu sehen, sie äußert aber das Verlangen, aus der Hypnose geweckt zu werden, dem ich willfahre.[15]

12. Mai. Sie hat wider mein Erwarten kurz und schlecht geschlafen. Ich finde sie in großer Angst, übrigens ohne die gewohnten körperlichen Zeichen derselben. Sie will nicht sagen, was ihr ist; nur daß sie schlecht geträumt hat und noch immer

14 Ich bin diesmal in meiner Energie wohl zu weit gegangen. Noch eineinhalb Jahre später, als ich Frau Emmy in relativ hohem Wohlbefinden wiedersah, klagte sie mir, es sei merkwürdig, daß sie sich an gewisse, sehr wichtige Momente ihres Lebens nur höchst ungenau erinnern könne. Sie sah darin einen Beweis für die Abnahme ihres Gedächtnisses, während ich mich hüten mußte, ihr die Erklärung für diese spezielle Amnesie zu geben. Der durchschlagende Erfolg der Therapie in diesem Punkte rührte wohl auch daher, daß ich mir diese Erinnerung so ausführlich erzählen ließ (weit ausführlicher, als es die Notizen bewahrt haben), während ich mich sonst zu oft mit bloßen Erwähnungen begnügte.

15 Ich verstand diese kleine Szene erst am nächsten Tag. Ihre ungebärdige Natur, die sich im Wachen wie im künstlichen Schlaf gegen jeden Zwang aufbäumte, hatte sie darüber zornig werden lassen, daß ich ihre Erzählung für vollendet nahm und sie durch meine abschließende Suggestion unterbrach. Ich habe viele andere Beweise dafür, daß sie meine Arbeit in ihrem hypnotischen Bewußtsein kritisch überwachte. Wahrscheinlich wollte sie mir den Vorwurf machen, daß ich sie heute in der Erzählung störe, wie ich sie vorhin bei den Irrenhausgreueln gestört hatte, getraute sich dessen aber nicht, sondern brachte diese Nachträge anscheinend unvermittelt vor, ohne den verbindenden Gedankengang zu verraten. Am nächsten Tag klärte mich dann eine verweisende Bemerkung über meinen Fehlgriff auf.

dieselben Dinge sieht. »Wie gräßlich, wenn die lebendig werden sollten.« Während der Massage macht sie einiges durch Fragen ab, wird dann heiter, erzählt von ihrem Verkehre auf ihrem Witwensitze an der Ostsee, von den bedeutenden Männern, die sie aus der benachbarten Stadt als Gäste zu laden pflegt u. dgl.

Hypnose. Sie hat schrecklich geträumt, die Stuhlbeine und Sessellehnen waren alle Schlangen, ein Ungeheuer mit einem Geierschnabel hat auf sie losgehackt und sie am ganzen Körper angefressen, andere wilde Tiere sind auf sie losgesprungen u. dgl. Dann übergeht sie sofort auf andere Tierdelirien, die sie aber durch den Zusatz auszeichnet: Das war wirklich (kein Traum). Wie sie (früher einmal) nach einem Knäuel Wolle greifen wollte, und der war eine Maus und lief weg, wie auf einem Spaziergange eine große Kröte plötzlich auf sie losgesprungen usw. Ich merke, daß mein generelles Verbot nichts gefruchtet hat, und daß ich ihr solche Angsteindrücke einzeln abnehmen muß.[16] Auf irgendeinem Wege kam ich dann dazu, sie zu fragen, warum sie auch Magenschmerzen bekommen habe und woher diese stammen. Ich glaube, Magenschmerzen begleiteten bei ihr jeden Anfall von Zoopsie. Ihre ziemlich unwillige Antwort war, das wisse sie nicht. Ich gab ihr auf, sich bis morgen daran zu erinnern. Nun sagte sie recht mürrisch, ich solle nicht immer fragen, woher das und jenes komme, sondern sie erzählen lassen, was sie mir zu sagen habe. Ich gehe darauf ein, und sie setzt ohne Einleitung fort: Wie sie ihn herausgetragen haben, habe ich nicht glauben können, daß er tot ist. (Sie spricht also wieder von ihrem Manne, und ich erkenne jetzt als Grund ihrer Verstimmung, daß sie unter dem zurückgehaltenen Reste dieser Geschichte gelitten hat.) Und dann habe sie durch drei Jahre das Kind gehaßt, weil sie sich immer gesagt, sie hätte den Mann gesund pflegen können, wenn sie nicht des Kindes wegen zu Bette gelegen wäre. Und dann habe sie nach dem Tode ihres Mannes nur Kränkungen und Aufregungen gehabt. Seine Verwandten, die stets gegen die Heirat waren und sich dann darüber ärgerten, daß sie so glücklich lebten, hätten ausgesprengt, daß sie selbst ihn vergiftet, so daß sie eine Untersuchung verlangen wollte. Durch einen abscheulichen Winkelschreiber hätten die Verwandten ihr alle möglichen Prozesse angehängt. Der Schurke schickte Agenten herum, die gegen sie hetzten, ließ schmähende Artikel gegen sie in die Lokalzeitungen aufnehmen und schickte ihr dann die Ausschnitte zu. Von daher stamme ihre Leutescheu und ihr Haß gegen alle fremden Menschen. Nach den beschwichtigenden Worten, die ich an ihre Erzählung knüpfe, erklärt sie sich für erleichtert.

16 Ich habe leider in diesem Falle versäumt, nach der Bedeutung der Zoopsie zu forschen, etwa sondern zu wollen, was an der Tierfurcht primäres Grausen war, wie es vielen Neuropathen von Jugend auf eigen ist, und was Symbolik.

13. Mai. Sie hat wieder wenig geschlafen vor Magenschmerzen, gestern kein Nachtmahl genommen, klagt auch über Schmerzen im rechten Arme. Ihre Stimmung ist aber gut, sie ist heiter und behandelt mich seit gestern mit besonderer Auszeichnung. Sie fragt mich nach meinem Urteile über die verschiedensten Dinge, die ihr wichtig erscheinen, und gerät in eine ganz unverhältnismäßige Erregung, wenn ich z. B. nach den Tüchern, die bei der Massage benötigt werden, suchen muß u. dgl. Schnalzen und Gesichtstic treten häufig auf.
Hypnose: Gestern abend ist ihr plötzlich der Grund eingefallen, weshalb kleine Tiere, die sie sehe, so ins Riesige wachsen. Das sei ihr das erstemal in einer Theatervorstellung in D ... geschehen, wo eine riesig große Eidechse auf der Bühne war. Diese Erinnerung habe sie gestern auch so sehr gepeinigt.[17]
Daß das Schnalzen wiedergekehrt, rühre daher, daß sie gestern Unterleibsschmerzen gehabt und sich bemüht, dieselben nicht durch Seufzer zu verraten. Von dem eigentümlichen Anlasse des Schnalzens (vgl. S. 48) weiß sie nichts. Sie erinnert sich auch, daß ich ihr die Aufgabe gestellt, herauszufinden, woher die Magenschmerzen stammen. Sie wisse es aber nicht, bittet mich, ihr zu helfen. Ich meine, ob sie sich nicht einmal nach großen Aufregungen zum Essen genötigt. Das trifft zu. Nach dem Tode ihres Mannes entbehrte sie eine lange Zeit hindurch jeder Eßlust, aß nur aus Pflichtgefühl, und damals begannen wirklich die Magenschmerzen. – Ich nehme jetzt die Magenschmerzen durch einige Striche über das Epigastrium weg. Sie beginnt dann spontan von dem zu sprechen, was sie am meisten affiziert hat: »Ich habe gesagt, daß ich die Kleine nicht geliebt habe. Ich muß aber hinzufügen, daß man es an meinem Benehmen nicht merken konnte. Ich habe alles getan, was notwendig war. Ich mache mir jetzt noch Vorwürfe, daß ich die Ältere lieber habe.«
14. Mai. Sie ist wohl und heiter, hat bis halb acht Uhr früh geschlafen, klagt nur über etwas Schmerzen im Radialisgebiete der Hand, Kopf- und Gesichtsschmerzen. Das Aussprechen vor der Hypnose gewinnt immer mehr an Bedeutung. Sie hat heute fast nichts Gräßliches vorzubringen. Sie beklagt sich über Schmerz und Gefühllosigkeit im rechten Beine, erzählt, daß sie 1871 eine Unterleibsentzündung durchgemacht, dann, kaum erholt, ihren kranken Bruder gepflegt und dabei die Schmerzen bekommen, die selbst zeitweise eine Lähmung des rechten Fußes herbeiführten.

17 Das visuelle Erinnerungszeichen der großen Eidechse war zu dieser Bedeutung gewiß nur durch das zeitliche Zusammentreffen mit einem großen Affekt gelangt, dem sie während jener Theatervorstellung unterlegen sein muß. Ich habe mich aber in der Therapie dieser Kranken, wie schon eingestanden, häufig mit den oberflächlichsten Ermittlungen begnügt und auch in diesem Falle nicht weiter nachgeforscht. – Man wird übrigens an die hysterische Makropsie erinnert. Frau Emmy war hochgradig kurzsichtig und astigmatisch, und ihre Halluzinationen mochten oft durch die Undeutlichkeit ihrer Gesichtswahrnehmungen provoziert worden sein.

In der Hypnose frage ich, ob es ihr jetzt schon möglich sein werde, sich unter Menschen zu bewegen, oder ob die Furcht noch überwiege. Sie meint, es sei ihr noch unangenehm, wenn jemand hinter ihr oder knapp neben ihr steht, erzählt in diesem Zusammenhange noch Fälle von unangenehmen Überraschungen durch plötzlich auftauchende Personen. So seien einmal, als sie auf Rügen einen Spaziergang mit ihren Töchtern gemacht, zwei verdächtig aussehende Individuen hinter einem Gebüsche hervorgekommen und hätten sie insultiert. In Abbazia sei auf einem abendlichen Spaziergange plötzlich ein Bettler hinter einem Steine hervorgetreten, der dann vor ihr niedergekniet. Es soll ein harmloser Wahnsinniger gewesen sein; ferner erzählt sie von einem nächtlichen Einbruche in ihrem isoliert stehenden Schlosse, der sie sehr erschreckt hat.
Es ist aber leicht zu merken, daß diese Furcht vor Menschen wesentlich auf die Verfolgungen zurückgeht, denen sie nach dem Tode ihres Mannes ausgesetzt war.[18]
Abends. Anscheinend sehr heiter, empfängt sie mich doch mit dem Ausrufe: »Ich sterbe vor Angst, oh, ich kann es Ihnen fast nicht sagen, ich hasse mich.« Ich erfahre endlich, daß Dr. Breuer sie besucht hat, und daß sie bei seinem Erscheinen zusammengefahren ist. Als er es bemerkte, versicherte sie ihm: Nur dieses Mal, und es tat ihr in meinem Interesse so sehr leid, daß sie diesen Rest von früherer Schreckhaftigkeit noch verraten mußte! Ich hatte überhaupt in diesen Tagen Gelegenheit gehabt, zu bemerken, wie herbe sie gegen sich ist, wie leicht bereit, sich aus den kleinsten Nachlässigkeiten — wenn die Tücher für die Massage nicht am selben Platze liegen, wenn die Zeitung nicht in die Augen springend vorbereitet ist, die ich lesen soll, während sie schläft — einen schweren Vorwurf zu machen. Nachdem die erste, oberflächlichste Schicht von quälenden Reminiszenzen abgetragen ist, kommt ihre sittlich überempfindliche, mit der Neigung zur Selbstverkleinerung behaftete Persönlichkeit zum Vorschein, der ich im Wachen wie in der Hypnose vorsage, was eine Umschreibung des alten Satzes »*minima non curat praetor*« ist, daß es zwischen dem Guten und dem Schlechten eine ganze große Gruppe von indifferenten, kleinen Dingen gibt, aus denen sich niemand einen Vorwurf machen soll. Ich glaube, sie nimmt diese Lehren nicht viel besser auf als irgend ein asketischer Mönch des Mittelalters, der den Finger Gottes und die Versuchung des Teufels in jedem kleinsten Erlebnisse sieht, das ihn betrifft, und der nicht imstande ist, sich die Welt nur für eine kleine Weile und in irgendeiner kleinen Ecke ohne Beziehung auf seine Person vorzustellen.

18 Ich war damals geneigt, für alle Symptome bei einer Hysterie eine psychische Herkunft anzunehmen. Heute würde ich die Angstneigung bei dieser abstinent lebenden Frau neurotisch erklären. (Angstneurose.)

In der Hypnose bringt sie einzelne Nachträge an schreckhaften Bildern (so in Abbazia blutige Köpfe auf jeder Woge). Ich lasse mir von ihr die Lehren wiederholen, die ich ihr im Wachen erteilt habe.

15. Mai. Sie hat bis halb neun Uhr geschlafen, ist aber gegen Morgen unruhig geworden und empfängt mich mit leichtem Tic, Schnalzen und etwas Sprachhemmung. »Ich sterbe vor Angst.« Erzählt auf Befragen, daß die Pension, in der die Kinder hier untergebracht sind, sich im vierten Stocke befinde und mittels eines Lifts zu erreichen sei. Sie habe gestern verlangt, daß die Kinder diesen Lift auch zum Herunterkommen benutzen, und mache sich jetzt Vorwürfe darüber, da der Lift nicht ganz verläßlich sei. Der Pensionsbesitzer habe es selbst gesagt. Ob ich die Geschichte der Gräfin Sch . . . kenne, die in Rom bei einem derartigen Unfalle tot geblieben sei? Ich kenne nun die Pension und weiß, daß der Aufzug Privateigentum des Pensionsbesitzers ist; es scheint mir nicht leicht möglich, daß der Mann, der sich dieses Aufzuges in einer Annonce rühmt, selbst vor dessen Benutzung gewarnt haben sollte. Ich meine, da liegt eine von der Angst eingegebene Erinnerungstäuschung vor, teile ihr meine Ansicht mit und bringe sie ohne Mühe dazu, daß sie selbst über die Unwahrscheinlichkeit ihrer Befürchtung lacht. Eben darum kann ich nicht glauben, daß dies die Ursache ihrer Angst war, und nehme mir vor, die Frage an ihr hypnotisches Bewußtsein zu richten. Während der Massage, die ich nach mehrtägiger Unterbrechung heute wieder vornehme, erzählt sie einzelne, lose aneinander gereihte Geschichten, die aber wahr sein mögen, so von einer Kröte, die in einem Keller gefunden wurde, von einer exzentrischen Mutter, die ihr idiotisches Kind auf eigentümliche Weise pflegte, von einer Frau, die wegen Melancholie in ein Irrenhaus gesperrt wurde, und läßt so erkennen, was für Reminiszenzen durch ihren Kopf ziehen, wenn sich ihrer eine unbehagliche Stimmung bemächtigt hat. Nachdem sie sich dieser Erzählungen entledigt hat, wird sie sehr heiter, berichtet vom Leben auf ihrem Gute, von den Beziehungen, die sie zu hervorragenden Männern Deutschrußlands und Norddeutschlands unterhält, und es fällt mir wahrlich schwer, diese Fülle von Betätigung mit der Vorstellung einer so arg nervösen Frau zu vereinen.

In der Hypnose frage ich also: warum sie heute morgen so unruhig war, und erhalte anstatt des Bedenkens über den Lift die Auskunft, sie habe gefürchtet, die Periode werde wiederkehren und sie wiederum an der Massage stören.[19]

19 Der Hergang war also folgender gewesen: Als sie am Morgen aufwachte, fand sie sich in ängstlicher Stimmung und griff, um diese Stimmung aufzuklären, zur nächsten ängstlichen Vorstellung, die sich finden wollte. Ein Gespräch über den Lift im Hause der Kinder war am Nachmittage vorher vorgefallen. Die immer besorgte

Mutter hatte die Gouvernante gefragt, ob die ältere Tochter, die wegen rechtsseitiger Ovarie und Schmerzen im rechten Beine nicht viel gehen konnte, den Lift auch zum Herunterkommen benutze. Eine Erinnerungstäuschung gestattete ihr dann, die Angst, deren sie sich bewußt war, an die Vorstellung dieses Aufzuges zu knüpfen. Den wirklichen Grund ihrer Angst fand sie in ihrem Bewußtsein nicht; der ergab sich erst, aber ohne jedes Zögern, als ich sie in der Hypnose darum befragte. Es war derselbe Vorgang, den Bernheim und andere nach ihm bei den Personen studiert haben, die posthypnotisch einen in der Hypnose erteilten Auftrag ausführen. Zum Beispiel Bernheim (Die Suggestion, S. 51 der deutschen Übersetzung) hat einem Kranken suggeriert, daß er nach dem Erwachen beide Daumen in den Mund stecken werde. Er tut es auch und entschuldigt sich damit, daß er seit einem Biß, den er sich tags vorher im epileptiformen Anfall zugefügt, einen Schmerz in der Zunge empfinde. Ein Mädchen versucht, der Suggestion gehorsam, einen Mordanschlag auf einen ihr völlig fremden Gerichtsbeamten; erfaßt und nach den Gründen ihrer Tat befragt, erfindet sie eine Geschichte von einer ihr zugefügten Kränkung, die eine Rache erfordere. Es scheint ein Bedürfnis vorzuliegen, psychische Phänomene, deren man sich bewußt wird, in kausale Verknüpfung mit anderem Bewußten zu bringen. Wo sich die wirkliche Verursachung der Wahrnehmung des Bewußtseins entzieht, versucht man unbedenklich eine andere Verknüpfung, an die man selbst glaubt, obwohl sie falsch ist. Es ist klar, daß eine vorhandene Spaltung des Bewußtseinsinhaltes solchen »falschen Verknüpfungen« den größten Vorschub leisten muß.

Ich will bei dem oben erwähnten Beispiel einer falschen Verknüpfung etwas länger verweilen, weil es in mehr als einer Hinsicht als vorbildlich bezeichnet werden darf. Vorbildlich zunächst für das Verhalten dieser Patientin, die mir im Verlaufe der Behandlung noch wiederholt Gelegenheit gab, mittels der hypnotischen Aufklärung solche falsche Verknüpfungen zu lösen und die von ihnen ausgehenden Wirkungen aufzuheben. Einen Fall dieser Art will ich ausführlich erzählen, weil er die in Rede stehende psychologische Tatsache grell genug beleuchtet. Ich hatte Frau Emmy vorgeschlagen, anstatt der gewohnten lauen Bäder ein kühles Halbbad zu versuchen, von dem ich ihr mehr Erfrischung versprach. Sie leistete ärztlichen Anordnungen unbedingten Gehorsam, verfolgte dieselben aber jedesmal mit dem ärgsten Mißtrauen. Ich habe schon berichtet, daß ihr ärztliche Behandlung fast niemals eine Erleichterung gebracht hatte. Mein Vorschlag, kühle Bäder zu nehmen, geschah nicht so autoritativ, daß sie nicht den Mut gefunden hätte, mir ihre Bedenken auszusprechen: »Jedesmal, so oft ich kühle Bäder genommen habe, bin ich den ganzen Tag über melancholisch gewesen. Aber ich versuche es wieder, wenn Sie *wollen*; glauben Sie nicht, daß ich etwas nicht tue, was Sie sagen.« Ich verzichtete zum Schein auf meinen Vorschlag, gab ihr aber in der nächsten Hypnose ein, sie möge nur die kühlen Bäder jetzt selbst vorschlagen, sie habe es sich überlegt, wolle doch noch den Versuch wagen usw. So geschah es nun, sie nahm die Idee, kühle Halbbäder zu gebrauchen, selbst am nächsten Tage auf, suchte mich mit all den Argumenten dafür zu gewinnen, die ich ihr vorgetragen hatte, und ich gab ohne viel Eifer nach. Am Tage nach dem Halbbad fand ich sie aber wirklich in tiefer Verstimmung. »Warum sind Sie heute so? — Ich habe es ja vorher gewußt. Von dem kalten Bade, das ist immer so. — Sie haben es selbst verlangt. Jetzt wissen wir, daß Sie es nicht vertragen. Wir kehren zu den lauen Bädern zurück.« — In der Hypnose fragte ich dann: »War es wirklich das kühle Bad, das Sie so verstimmt hat?« — »Ach, das kühle Bad hat nichts damit zu tun«, war die Antwort, »sondern ich habe heute früh in der Zeitung gelesen, daß eine Revolution in S. Domingo ausgebrochen ist. Wenn es dort Unruhen gibt, geht es immer über die Weißen her, und ich habe einen Bruder in S. Domingo, der uns schon so viel Sorge gemacht hat, und ich bin jetzt besorgt, daß ihm nicht etwas geschieht.« Damit war die Angelegenheit zwischen uns erledigt, sie nahm am nächsten Morgen ihr kühles Halbbad, als ob es sich von selbst verstünde, und nahm es noch durch mehrere Wochen, ohne je eine Verstimmung auf dasselbe zurückzuführen.

Man wird mir gerne zugeben, daß dieses Beispiel auch typisch ist für das Verhalten so vieler anderer Neuropathen gegen die vom Arzt empfohlene Therapie. Ob es nun Unruhen in S. Domingo oder anderwärts sind, die an einem bestimmten Tage ein gewisses Symptom hervorrufen; der Kranke ist stets geneigt, dies Symptom von der letzten ärztlichen Beeinflussung herzuleiten. Von den beiden Bedingungen, welche fürs Zustandekommen einer solchen falschen Verknüpfung erfordert werden, scheint die eine, das Mißtrauen, jederzeit vorhanden zu sein; die andere, die Bewußtseinsspaltung, wird dadurch ersetzt, daß die meisten Neuropathen von den wirklichen Ursachen (oder wenigstens Gelegenheitsursachen) ihres Leidens teils keine Kenntnis haben, teils absichtlich keine Kenntnis nehmen wollen, weil sie ungerne an den Anteil erinnert sind, den eigenes Verschulden daran trägt.

Man könnte meinen, daß die bei den Neuropathen außerhalb der Hysterie hervorgehobenen psychischen Bedingungen der Unwissenheit oder absichtlichen Vernach-

lässigung günstiger für die Entstehung einer falschen Verknüpfung sein müssen, als das Vorhandensein einer Bewußtseinsspaltung, die doch dem Bewußtsein Material für kausale Beziehung entzieht. Allein diese Spaltung ist selten eine reinliche, meist ragen Stücke des unterbewußten Vorstellungskomplexes ins gewöhnliche Bewußtsein hinein, und gerade diese geben den Anlaß zu solchen Störungen. Gewöhnlich ist es die mit dem Komplex verbundene Allgemeinempfindung, die Stimmung der Angst, der Trauer, die, wie im obigen Beispiele, bewußt empfunden wird und für die durch eine Art von »Zwang zur Assoziation« eine Verknüpfung mit einem im Bewußtsein vorhandenen Vorstellungskomplex hergestellt werden muß. (Vgl. übrigens den Mechanismus der Zwangsvorstellung, den ich in einer Mitteilung im Neurolog. Zentralblatt, Nr. 10 und 11, 1894, angegeben habe. Auch: Obsessions et phobies, Revue neurologique, Nr. 2, 1895.) [Vgl. Ges. Werke. Bd. 1].
Von der Macht eines solchen Zwanges zur Assoziation habe ich mich unlängst durch Beobachtungen auf anderem Gebiete überzeugen können. Ich mußte durch mehrere Wochen mein gewohntes Bett mit einem härteren Lager vertauschen, auf dem ich wahrscheinlich mehr oder lebhafter träumte, vielleicht nur die normale Schlaftiefe nicht erreichen konnte. Ich wußte in der ersten Viertelstunde nach dem Erwachen alle Träume der Nacht und gab mir die Mühe, sie niederzuschreiben und mich an ihrer Lösung zu versuchen. Es gelang mir, diese Träume sämtlich auf zwei Momente zurückzuführen: 1. auf die Nötigung zur Ausarbeitung solcher Vorstellungen, bei denen ich tagsüber nur flüchtig verweilt hatte, die nur gestreift und nicht erledigt worden waren, und 2. auf den Zwang, die im selben Bewußtseinszustande vorhandenen Dinge miteinander zu verknüpfen. Auf das freie Walten des letzteren Momentes war das Sinnlose und Widerspruchsvolle der Träume zurückzuführen.

Daß die zu einem Erlebnisse gehörige Stimmung und der Inhalt desselben ganz regelmäßig in abweichende Beziehung zum primären Bewußtsein treten können, habe ich an einer anderen Patientin, Frau Cäcilie M . . ., gesehen, die ich weitaus gründlicher als jede andere hier erwähnte Kranke kennenlernte. Ich habe bei dieser Dame die zahlreichsten und überzeugendsten Beweise für einen solchen psychischen Mechanismus hysterischer Phänomene gesammelt, wie wir ihn in dieser Arbeit vertreten, bin aber leider durch persönliche Umstände verhindert, diese Krankengeschichte, auf die ich mich gelegentlich zu beziehen gedenke, ausführlich mitzuteilen. Frau Cäcilie M . . . war zuletzt in einem eigentümlichen hysterischen Zustande, der gewiß nicht vereinzelt dasteht, wenngleich ich nicht weiß, ob er je erkannt worden ist. Man könnte ihn als »hysterische Tilgungspsychose« bezeichnen. — Die Patientin hatte zahlreiche psychische Traumen erlebt und lange Jahre in einer chronischen Hysterie mit sehr mannigfaltigen Erscheinungen zugebracht. Die Gründe aller dieser Zustände waren ihr und anderen unbekannt, ihr glänzend ausgestattetes Gedächtnis wies die auffälligsten Lücken auf; ihr Leben sei ihr wie zerstückelt, klagte sie selbst. Eines Tages brach plötzlich eine alte Reminiszenz in plastischer Anschaulichkeit mit aller Frische der neuen Empfindung über sie herein, und von da an lebte sie durch fast drei Jahre alle Traumen ihres Lebens — längst vergessen geglaubte und manche eigentlich nie erinnerte — von neuem durch mit dem entsetzlichsten Aufwande von Leiden und der Wiederkehr aller Symptome, die sie je gehabt. Diese »Tilgung alter Schulden« umfaßte einen Zeitraum von dreiunddreißig Jahren und gestattete, von jedem ihrer Zustände die oft sehr komplizierte Determinierung zu erkennen. Man konnte ihr Erleichterung nur dadurch bringen, daß man ihr Gelegenheit gab, sich die Reminiszenz, die sie gerade quälte, mit allem dazugehörigen Aufwande an Stimmung und deren körperlichen Äußerungen in der Hypnose abzusprechen, und wenn ich verhindert war, dabei zu sein, so daß sie vor einer Person sprechen mußte, gegen welche sie sich geniert fühlte, so geschah es einige Male, daß sie dieser ganz ruhig die Geschichte erzählte und mir nachträglich in der Hypnose all das Weinen, all die Äußerungen der Verzweiflung brachte, mit welchen sie die Erzählung eigentlich hätte begleiten wollen. Nach einer solchen Reinigung in der Hypnose war sie einige Stunden ganz wohl und gegenwärtig. Nach kurzer Zeit brach die der Reihe nach nächste Reminiszenz herein. Diese schickte aber die dazu gehörige Stimmung um Stunden voraus. Sie wurde reizbar oder ängstlich oder verzweifelt, ohne je zu ahnen, daß diese Stimmung nicht der Gegenwart, sondern dem Zustande angehöre, der sie zunächst befallen werde. In dieser Zeit des Überganges machte sie dann regelmäßig eine falsche Verknüpfung, an der sie bis zur Hypnose hartnäckig festhielt. So z. B. empfing sie mich einmal mit der Frage: »Bin ich nicht eine verworfene Person, ist das nicht ein Zeichen der Verworfenheit, daß ich Ihnen gestern dies gesagt habe?« Was sie tags vorher gesagt hatte, war mir wirklich nicht geeignet, diese Verdammung irgendwie zu rechtfertigen; sie sah es nach kurzer Erörterung auch sehr wohl ein, aber die nächste Hypnose brachte eine Reminiszenz zum Vorschein, bei deren Anlaß sie sich vor zwölf Jahren einen schweren Vorwurf gemacht hatte, an dem sie in der Gegenwart übrigens gar nicht mehr festhielt.

Ich lasse mir ferner die Geschichte ihrer Beinschmerzen erzählen. Der Beginn ist derselbe wie gestern, dann folgt eine lange Reihe von Wechselfällen peinlicher und aufreibender Erlebnisse, zu deren Zeit sie diese Beinschmerzen hatte, und durch deren Einwirkung dieselben sich jedesmal verstärkten, selbst bis zu einer doppelseitigen Beinlähmung mit Gefühlsverlust. Ähnlich ist es mit den Armschmerzen, die gleichfalls während einer Krankenpflege gleichzeitig mit den Genickkrämpfen begannen. Über die »Genickkrämpfe« erfahre ich nur folgendes: Sie haben eigentümliche Zustände von Unruhe mit Verstimmung abgelöst, die früher da waren, und bestehen in einem »eisigen Packen« im Genicke, mit Steifwerden und schmerzhafter Kälte aller Extremitäten, Unfähigkeit zu sprechen und voller Prostration. Sie dauern sechs bis zwölf Stunden. Meine Versuche, diesen Symptomkomplex als Reminiszenz zu entlarven, schlagen fehl. Die dahin zielenden Fragen, ob sie der Bruder, den sie im Delirium pflegte, einmal am Genicke gepackt, werden verneint; sie weiß nicht, woher diese Anfälle rühren.[20]

A b e n d s. Sie ist sehr heiter, entwickelt überhaupt prächtigen Humor. Mit dem Lift sei es allerdings nicht so gewesen, wie sie mir gesagt hatte. Er sollte nur unter einem Vorwande nicht für die Fahrt abwärts benutzt werden. Eine Menge Fragen, an denen nichts Krankhaftes ist. Sie hat peinlich starke Schmerzen im Gesichte, in der Hand längs der Daumenseite und im Beine gehabt.

20 Bei nachheriger Überlegung muß ich mir sagen, daß diese »Genickkrämpfe« organisch bedingte, der Migräne analoge Zustände gewesen sein mögen. Man sieht *in praxi* mehr derartige Zustände, die nicht beschrieben sind und die eine so auffällige Übereinstimmung mit dem klassischen Anfalle von Hemikranie zeigen, daß man gerne die Begriffsbestimmung der letzteren erweitern und die Lokalisation des Schmerzes an die zweite Stelle drängen wollte. Wie bekannt, pflegen viele neuropathische Frauen mit dem Migräneanfalle hysterische Anfälle (Zuckungen und Delirien) zu verbinden. So oft ich den Genickkrampf bei Frau Emmy sah, war auch jedesmal ein Anfall von Delirium dabei.
Was die Arm- und Beinschmerzen angeht, so denke ich, daß hier ein Fall der nicht sehr interessanten, aber um so häufigeren Art der Determinierung durch zufällige Koinzidenz vorlag. Sie hatte solche Schmerzen während jener Zeit der Aufregung und Krankenpflege gehabt, infolge der Erschöpfung stärker als sonst empfunden, und diese, ursprünglich mit jenen Erlebnissen nur zufällig assoziierten Schmerzen wurden dann in ihrer Erinnerung als das körperliche Symbol des Assoziationskomplexes wiederholt. Ich werde von beweisenden Beispielen für diesen Vorgang in der Folge noch mehrere anführen können. Wahrscheinlich waren die Schmerzen ursprünglich rheumatische, d. h., um dem viel mißbrauchten Worte einen bestimmten Sinn zu geben, solche Schmerzen, die hauptsächlich in den Muskeln sitzen, bei denen bedeutende Druckempfindlichkeit und Konsistenzveränderung der Muskeln nachzuweisen ist, die sich am heftigsten nach längerer Ruhe oder Fixierung der Extremität äußern, also am Morgen, die auf Einübung der schmerzhaften Bewegung sich bessern und durch Massage zum Verschwinden zu bringen sind. Diese myogenen Schmerzen, bei allen Menschen sehr häufig, gelangen bei den Neuropathen zu großer Bedeutung; sie werden von ihnen mit Unterstützung der Ärzte, die nicht die Gewohnheit haben, die Muskeln mit dem Fingerdrucke zu prüfen, für nervöse gehalten und geben das Material für unbestimmt viele hysterische Neuralgien, sogenannte Ischias u. dgl. ab. Auf die Beziehungen dieses Leidens zur gichtischen Disposition will ich hier nur kurz hinweisen. Mutter und zwei Schwestern meiner Patientin hatten an Gicht (oder chronischem Rheumatismus) in hohem Grade gelitten. Ein Teil der Schmerzen, über welche sie damals klagte, mochte auch gegenwärtiger Natur sein. Ich weiß es nicht; ich hatte damals noch keine Übung in der Beurteilung dieses Zustandes der Muskeln.

Sie fühle Steifigkeit und Gesichtsschmerzen, wenn sie längere Zeit ruhig gesessen sei oder auf einen Punkt gestarrt habe. Das Heben eines schweren Gegenstandes verursache ihr Armschmerzen. Die Untersuchung des rechten Beines ergibt ziemlich gute Sensibilität am Oberschenkel, hochgradige Anästhesie am Unterschenkel und Fuße, mindere in der Becken- und Lendengegend.

In der Hypnose gibt sie an, sie habe noch gelegentliche Angstvorstellungen, wie, es könnte ihren Kindern etwas geschehen, sie könnten krank werden oder nicht am Leben bleiben, ihr Bruder, der jetzt auf der Hochzeitsreise sei, könnte einen Unfall erleiden, seine Frau sterben, weil alle Geschwister so kurz verheiratet waren. Andere Befürchtungen sind ihr nicht zu entlocken. Ich verweise ihr das Bedürfnis, sich zu ängstigen, wo kein Grund vorliegt. Sie verspricht es zu unterlassen, »weil Sie es verlangen«. Weitere Suggestionen für die Schmerzen, das Bein usw.

16. Mai. Sie hat gut geschlafen, klagt noch über Schmerzen im Gesichte, Arme, Beinen, ist sehr heiter. Die Hypnose fällt ganz unergiebig aus. Faradische Pinselung des anästhetischen Beines.

Abends. Sie erschrickt gleich bei meinem Eintreten. — »Gut, daß Sie kommen. Ich bin so erschrocken.« — Dabei alle Zeichen des Grausens, Stottern, Tic. Ich lasse mir zuerst im Wachen erzählen, was es gegeben hat, wobei sie das Entsetzen mit gekrümmten Fingern und vorgestreckten Händen vortrefflich darstellt. — Im Garten ist eine ungeheure Maus plötzlich über ihre Hand gehuscht und dann plötzlich verschwunden, es huschte überhaupt beständig hin und her. (Illusion spielender Schatten?) Auf den Bäumen saßen lauter Mäuse. — Hören Sie nicht die Pferde im Zirkus stampfen? — Daneben stöhnt ein Herr, ich glaube, er hat Schmerzen nach der Operation. — Bin ich denn auf Rügen, habe ich dort so einen Ofen gehabt? — Sie ist auch verworren unter der Fülle von Gedanken, die sich in ihr kreuzen, und in dem Bemühen, die Gegenwart herauszufinden. Auf Fragen nach gegenwärtigen Dingen, z. B. ob die Töchter da waren, weiß sie nicht zu antworten.

Ich versuche die Entwirrung dieses Zustandes in der Hypnose.

Hypnose. Wovor haben Sie sich denn geängstigt? — Sie wiederholt die Mäusegeschichte mit allen Zeichen des Entsetzens; auch sei, als sie über die Treppe ging, ein scheußliches Tier da gelegen und gleich verschwunden. Ich erkläre das für Halluzinationen, verweise ihr die Furcht vor Mäusen, die kommen nur bei Trinkern vor (die sie sehr verabscheut). Ich erzähle ihr die Geschichte vom Bischof Hatto, die sie auch kennt und mit ärgstem Grausen anhört. — »Wie kommen Sie auf den Zirkus?« — Sie hört deutlich aus der Nähe, wie die Pferde in den Ställen stampfen und sich dabei im Halfter verwickeln, wodurch sie sich beschädigen können. Der Johann pflege dann immer hinaus zu gehen und sie loszubinden. — Ich bestreite ihr die Nähe des Stalles und das Stöhnen des Nachbars. Ob sie wisse, wo sie ist? — Sie weiß es, aber sie glaubte früher, auf Rügen zu sein. — Wie sie zu dieser Erinnerung kommt? — Sie sprachen im Garten davon, daß es an einer Stelle so heiß sei, und da sei ihr die schattenlose Terrasse auf Rügen eingefallen. — Was für traurige Erinnerungen sie denn an den Aufenthalt in Rügen habe? — Sie bringt die Reihe derselben vor. Sie habe dort die furchtbarsten Arm- und Beinschmerzen bekommen, sei mehrmals bei Ausflügen in den Nebel geraten, so daß sie den Weg verfehlt, zweimal auf Spaziergängen von einem Stiere verfolgt worden usw. — Wieso sie heute zu diesem Anfalle gekommen? — Ja, wieso? Sie habe sehr viele Briefe geschrieben, drei Stunden lang und dabei einen eingenommenen Kopf bekommen. — Ich kann also annehmen, daß die Ermüdung diesen Anfall von Delirium herbeigeführt hat, dessen Inhalt durch solche Anklänge wie die schattenlose Stelle im Garten usw. bestimmt wurde. — Ich wiederhole alle die Lehren, die ich ihr zu geben pflege, und verlasse sie eingeschläfert.

17. Mai. Sie hat sehr gut geschlafen. Im Kleienbade, das sie heute nahm, hat sie mehrmals aufgeschrien, weil sie die Kleie für kleine Würmer hielt. Ich weiß dies von der Wärterin; sie mag es nicht gerne erzählen, ist fast ausgelassen heiter, unterbricht sich aber häufig mit Schreien »Huh«, Grimassen, die das Entsetzen ausdrücken, zeigt auch mehr Stottern als je in den letzten Tagen. Sie erzählt, daß sie in der Nacht geträumt, sie gehe auf lauter Blutegeln. In der Nacht vorher hatte sie gräßliche Träume, mußte so viele Tote schmücken und in den Sarg legen, wollte aber nie den Deckel darauf geben. (Offenbar eine Reminiszenz an ihren Mann, s. o.) Erzählt ferner, daß ihr im Leben eine Menge von Abenteuern mit Tieren passiert seien, das gräßlichste mit einer Fledermaus, die sich in ihrem Toiletteschrank eingefangen, wobei sie damals unangekleidet aus dem Zimmer lief. Ihr Bruder schenkte ihr darauf, um sie von dieser Angst zu kurieren, eine schöne Brosche in Gestalt einer Fledermaus; sie konnte dieselbe aber nie tragen.

In der Hypnose: Ihre Angst vor Würmern rühre daher, daß sie einmal ein schönes Nadelkissen geschenkt bekommen, aus welchem am nächsten Morgen, als sie es gebrauchen wollte, lauter kleine Würmer hervorkrochen, weil die zur Füllung verwendete Kleie nicht ganz trocken war. (Halluzination? Vielleicht tatsächlich.) Ich frage nach weiteren Tiergeschichten. Als sie einmal mit ihrem Manne in einem Petersburger Parke spazierenging, sei der ganze Weg bis zum Teiche mit Kröten besetzt gewesen, so daß sie umkehren mußten. Sie habe Zeiten gehabt, in denen sie niemand die Hand reichen konnte aus Furcht, diese verwandle sich in ein scheußliches Tier, wie es so oft der Fall gewesen war. Ich versuche sie von der Tierangst zu befreien, indem ich die Tiere einzeln durchgehe und frage, ob sie sich vor ihnen fürchte. Sie antwortet bei dem einen: »Nein«, bei den anderen: »Ich darf mich nicht fürchten.«[21] Ich frage, warum sie heute und gestern so gezuckt und gestottert. Das tue sie immer, wenn sie so schreckhaft sei.[22] — Warum sie aber gestern so schreckhaft gewesen? — Im Garten sei ihr allerlei eingefallen, was sie drückte. Vor allem, wie sie verhindern könne, daß sich wieder etwas bei ihr anhäufe, nachdem sie aus der Behandlung entlassen sei. — Ich wiederhole ihr die drei Trostgründe, die ich ihr schon im Wachen gegeben: 1. Sie sei überhaupt gesünder und widerstandsfähiger geworden. 2. Sie werde sich gewöhnen, sich gegen irgendeine ihr nahestehende Person auszusprechen. 3. Sie werde eine ganze Menge von Dingen, die sie bisher gedrückt, fortan zu den indifferenten zählen. — Es habe sie ferner gedrückt, daß sie mir nicht für mein spätes Kommen gedankt, daß sie gefürchtet, ich werde wegen ihres letzten Rückfalles die Geduld mit ihr verlieren. Es habe sie sehr ergriffen und geängstigt, daß der Hausarzt im Garten einen Herrn gefragt habe, ob er schon Mut zur Operation habe. Die Frau saß dabei, sie selbst mußte denken, wenn dies nun der letzte Abend des armen Mannes wäre. Mit dieser letzten Mitteilung scheint die Verstimmung gelöst zu sein.[23]

A b e n d s ist sie sehr heiter und zufrieden. Die Hypnose liefert gar kein Ergebnis. Ich beschäftige mich mit der Behandlung der Muskelschmerzen und mit der Herstellung der Sensibilität am rechten Beine, was in der Hypnose sehr leicht gelingt, die hergestellte Empfindlichkeit ist nach dem Erwachen aber zum Teil wieder verlorengegangen. Ehe ich sie verlasse, äußert sie ihre Verwunderung darüber, daß sie so lange keinen Genickkrampf gehabt, der sonst vor jedem Gewitter aufzutreten pflegte.

1 8. M a i. Sie hat heute Nacht geschlafen, wie es seit Jahren nicht mehr vorgekommen, klagt aber seit dem Bade über Kälte

21 Es war kaum eine gute Methode, die ich da verfolgte. Dies alles war nicht erschöpfend genug gemacht.

22 Mit der Zurückführung auf die beiden initialen Traumen sind Stottern und Schnalzen nicht völlig beseitigt worden, obwohl von da ab eine auffällige Verminderung der beiden Symptome eintrat. Die Erklärung für diese Unvollständigkeit des Erfolges gab die Kranke selbst (vgl. S. 43). Sie hatte sich angewöhnt, jedesmal zu schnalzen und zu stottern, so oft sie erschrak, und so hingen diese Symptome schließlich nicht an den initialen Traumen allein, sondern an einer langen Kette von ihnen assoziierten Erinnerungen, die wegzuwischen ich unterlassen hatte. Es ist dies ein Fall, der häufig genug vorkommt und jedesmal die Eleganz und Vollständigkeit der therapeutischen Leistung durch die kathartische Methode beeinträchtigt.

23 Ich erfuhr hier zum ersten Male, wovon ich mich später unzählige Male überzeugen konnte, daß bei der hypnotischen Lösung eines frischen hysterischen Deliriums die Mitteilung des Kranken die chronologische Reihenfolge umkehrt, zuerst die letzterfolgten und minderwichtigen Eindrücke und Gedankenverbindungen mitteilt und erst am Schlusse auf den primären, wahrscheinlich kausal wichtigsten Eindruck kommt.

im Genicke, Zusammenziehen und Schmerzen im Gesichte, in den Händen und Füßen, ihre Züge sind gespannt, ihre Hände in Krampfstellungen. Die Hypnose weist keinerlei psychischen Inhalt dieses Zustandes von »Genickkrampf« nach, den ich dann durch Massage im Wachen bessere.[24]

Ich hoffe, der vorstehende Auszug aus der Chronik der ersten drei Wochen wird hinreichen, ein anschauliches Bild von dem Zustande der Kranken, von der Art meiner therapeutischen Bemühung und von deren Erfolg zu geben. Ich gehe daran, die Krankengeschichte zu vervollständigen.

Das zuletzt beschriebene hysterische Delirium war auch die letzte erhebliche Störung im Befinden der Frau Emmy. Da ich nicht selbständig nach Krankheitssymptomen und deren Begründung forschte, sondern zuwartete, bis sich etwas zeigte oder sie mir einen beängstigenden Gedanken eingestand, wurden die Hypnosen bald unergiebig und wurden von mir meistens dazu verwendet, ihr Lehren zu erteilen, die in ihren Gedanken stets gegenwärtig bleiben und sie davor schützen sollten, zu Hause neuerdings in ähnliche Zustände zu verfallen. Ich stand damals völlig unter dem Banne des Bernheimschen Buches über die Suggestion und erwartete mehr von solcher lehrhafter Beeinflussung, als ich heute erwarten würde. Das Befinden meiner Patientin hob sich in kurzer Zeit so sehr, daß sie versicherte, sich seit dem Tode ihres Mannes nicht ähnlich wohl gefühlt zu haben. Ich entließ sie nach im ganzen siebenwöchentlicher Behandlung in ihre Heimat an der Ostsee.

Nicht ich, sondern Dr. Breuer erhielt nach etwa sieben Monaten Nachricht von ihr. Ihr Wohlbefinden hatte mehrere Monate angehalten und war dann einer neuerlichen psychischen Erschütterung erlegen. Ihre älteste Tochter, die bereits während des

24 Ihre Verwunderung am Abend vorher, daß sie so lange keinen Genickkrampf gehabt, war also eine Ahnung des nahenden Zustandes, der sich damals schon vorbereitete und im Unbewußten bemerkt wurde. Diese merkwürdige Form der Ahnung war bei der vorhin erwähnten Frau Cäcilie M. etwas ganz Gewöhnliches. Jedesmal, wenn sie mir im besten Wohlbefinden etwa sagte: »Jetzt habe ich mich schon lange nicht bei Nacht vor Hexen gefürchtet«, oder: »Wie froh bin ich, daß mein Augenschmerz so lange ausgeblieben ist«, konnte ich sicher sein, daß die nächste Nacht der Wärterin den Dienst durch die ärgste Hexenfurcht erschweren oder daß der nächste Zustand mit dem gefürchteten Schmerz im Auge beginnen werde. Es war jedesmal ein Durchschimmern dessen, was im Unbewußten bereits fertig vorgebildet lag, und das ahnungslose »offizielle« Bewußtsein (nach Charcots Bezeichnung) verarbeitete die als plötzlicher Einfall auftauchende Vorstellung zu einer Äußerung der Befriedigung, die immer rasch und sicher genug Lügen gestraft wurde. Frau Cäcilie, eine hochintelligente Dame, der ich auch viel Förderung im Verständnisse hysterischer Symptome verdanke, machte mich selbst darauf aufmerksam, daß solche Vorkommnisse Anlaß zum bekannten Aberglauben des Beschreiens und Berufens gegeben haben mögen. Man soll sich keines Glückes rühmen, anderseits auch den Teufel nicht an die Wand malen, sonst kommt er. Eigentlich rühmt man sich des Glückes erst dann, wenn das Unglück schon lauert, und man faßt die Ahnung in die Form des Rühmens, weil hier der Inhalt der Reminiszenz früher auftaucht als die dazu gehörige Empfindung, weil im Bewußtsein also ein erfreulicher Kontrast vorhanden ist.

ersten Aufenthaltes in Wien es der Mutter an Genickkrämpfen und leichten hysterischen Zuständen gleichgetan hatte, die vor allem an Schmerzen beim Gehen infolge einer Retroflexio uteri litt, war auf meinen Rat von Dr. N . . ., einem unserer angesehensten Gynäkologen, behandelt worden, der ihr den Uterus durch Massage aufrichtete, so daß sie mehrere Monate frei von Beschwerden blieb. Als sich diese zu Hause wieder einstellten, wandte sich die Mutter an den Gynäkologen der nächsten Universitätsstadt, welcher dem Mädchen eine kombinierte lokale und allgemeine Therapie angedeihen ließ, die aber zu einer schweren nervösen Erkrankung des Kindes führte. Wahrscheinlich zeigte sich hierin bereits die pathologische Veranlagung des damals siebzehnjährigen Mädchens, die ein Jahr später in einer Charakterveränderung manifest wurde. Die Mutter, die das Kind mit ihrem gewohnten Gemische von Ergebung und Mißtrauen den Ärzten überlassen hatte, machte sich nach dem unglücklichen Ausgange dieser Kur die allerheftigsten Vorwürfe, gelangte auf einem Gedankenwege, dem ich nicht nachgespürt habe, zum Schlusse, daß wir beide, Dr. N . . . und ich, Schuld an der Erkrankung des Kindes trügen, weil wir ihr das schwere Leiden der Kleinen als leicht dargestellt, hob gewissermaßen durch einen Willensakt die Wirkung meiner Behandlung auf und verfiel alsbald wieder in dieselben Zustände, von denen ich sie befreit hatte. Ein hervorragender Arzt in ihrer Nähe, an den sie sich wandte, und Dr. Breuer, der brieflich mit ihr verkehrte, vermochten es zwar, sie zur Einsicht von der Unschuld der beiden Angeklagten zu bringen, allein die zu dieser Zeit gefaßte Abneigung gegen mich blieb ihr als hysterischer Rest auch nach dieser Aufklärung übrig, und sie erklärte, es sei ihr unmöglich, sich wieder in meine Behandlung zu begeben. Nach dem Rate jener ärztlichen Autorität suchte sie Hilfe in einem Sanatorium Norddeutschlands, und ich teilte auf Breuers Wunsch dem leitenden Arzte der Anstalt mit, welche Modifikation der hypnotischen Therapie sich bei ihr als wirksam erwiesen hatte.

Dieser Versuch einer Übertragung mißlang ganz gründlich. Sie scheint sich von Anfang an mit dem Arzte nicht verstanden zu haben, erschöpfte sich im Widerstande gegen alles, was man mit ihr vornahm, kam herunter, verlor Schlaf und Eßlust und erholte sich erst, nachdem eine Freundin, die sie in der Anstalt besuchte, sie eigentlich heimlich entführt und in ihrem Hause gepflegt hatte. Kurze Zeit darauf, genau ein Jahr nach ihrem ersten Zusammentreffen mit mir, war sie wieder in Wien und gab sich wieder in meine Hände.

Ich fand sie weit besser, als ich sie mir nach den brieflichen Berichten vorgestellt hatte. Sie war beweglich, angstfrei, es hatte doch vieles gehalten, was ich im Vorjahre aufgerichtet hatte.

Ihre Hauptklage war die über häufige Verworrenheit, »Sturm im Kopfe«, wie sie es nannte, außerdem war sie schlaflos, mußte oft durch Stunden weinen und wurde zu einer bestimmten Zeit des Tages (5 Uhr) traurig. Es war dies die Zeit, um welche sie im Winter die im Sanatorium befindliche Tochter besuchen durfte. Sie stotterte und schnalzte sehr viel, rieb häufig wie wütend die Hände aneinander, und als ich sie fragte, ob sie viele Tiere sehe, antwortete sie nur: »O, seien Sie still!«
Beim ersten Versuche, sie in Hypnose zu versetzen, ballte sie die Fäuste, schrie: »Ich will keine Antipyrininjektion, ich will lieber meine Schmerzen behalten. Ich mag den Dr. R . . . nicht, er ist mir antipathisch.« Ich erkannte, daß sie in der Reminiszenz einer Hypnose in der Anstalt befangen sei, und sie beruhigte sich, als ich sie in die gegenwärtige Situation zurückbrachte.
Gleich zu Beginn der Behandlung machte ich eine lehrreiche Erfahrung. Ich hatte gefragt, seit wann das Stottern wiedergekommen sei, und sie hatte (in der Hypnose) zögernd geantwortet: seit dem Schreck, den sie im Winter in D . . . gehabt. Ein Kellner des Gasthofes, in dem sie wohnte, hatte sich in ihrem Zimmer versteckt; sie habe das Ding in der Dunkelheit für einen Paletot gehalten, hingegriffen, und da sei der Mann plötzlich »in die Höhe geschossen«. Ich nehme ihr dieses Erinnerungsbild ab, und wirklich stottert sie von da an in der Hypnose wie im Wachen kaum merklich. Ich weiß nicht mehr, was mich bewog, hier die Probe auf den Erfolg zu versuchen. Als ich am Abend wiederkam, fragte ich sie anscheinend ganz harmlos, wie ich es denn machen solle, um bei meinem Weggehen, wenn sie im Schlafe liege, die Türe so zu verschließen, daß sich niemand hereinschleichen könne. Zu meinem Erstaunen erschrak sie heftig, begann mit Zähneknirschen und Händereiben, deutete an, sie habe einen heftigen Schreck in dieser Art in D . . . gehabt, war aber nicht zu bewegen, die Geschichte zu erzählen. Ich merkte, daß sie dieselbe Geschichte meine, die sie vormittags in der Hypnose erzählt, und die ich doch verwischt zu haben meinte. In der nächsten Hypnose erzählte sie nun ausführlicher und wahrheitsgetreuer. Sie war in ihrer Erregung am Abend auf dem Gange hin und her gegangen, fand die Türe zum Zimmer ihrer Kammerfrau offen und wollte eintreten, um sich dort niederzusetzen. Die Kammerfrau vertrat ihr den Weg, sie ließ sich aber nicht abhalten, trat dennoch ein und bemerkte dann jenes dunkle Ding an der Wand, das sich als ein Mann erwies. Offenbar war es das erotische Moment dieses kleinen Abenteuers gewesen, was sie zu einer ungetreuen Darstellung veranlaßt hatte. Ich hatte aber erfahren, daß eine unvollständige Erzählung in der Hypnose keinen Heileffekt hat, gewöhnte mich, eine Erzählung für unvollständig zu halten, wenn sie keinen Nutzen brachte, und lernte es allmählich den Kranken an der Miene abzusehen,

ob sie mir nicht ein wesentliches Stück der Beichte verschwiegen hätten.
Die Arbeit, die ich diesmal mit ihr vorzunehmen hatte, bestand in der hypnotischen Erledigung der unangenehmen Eindrücke, die sie während der Kur ihrer Tochter und während des eigenen Aufenthaltes in jener Anstalt in sich aufgenommen hatte. Sie war voll unterdrückter Wut gegen den Arzt, der sie genötigt hatte, in der Hypnose *K . . r . . ö . . t . . e* zu buchstabieren, und nahm mir das Versprechen ab, ihr dieses Wort niemals zuzumuten. Ich erlaubte mir hier einen suggestiven Scherz, den einzigen, übrigens ziemlich harmlosen Mißbrauch der Hypnose, dessen ich mich bei dieser Patientin anzuklagen habe. Ich versicherte ihr, der Aufenthalt in ***tal würde ihr so sehr in die Ferne entrückt sein, daß sie sich nicht einmal auf den Namen besinnen und jedesmal, wenn sie ihn aussprechen wollte, sich zwischen . . . berg, . . . tal, . . . wald u. dgl. irren werde. Es traf so zu, und bald war die Unsicherheit bei diesem Namen die einzige Sprachhemmung, die an ihr zu beobachten war, bis ich sie auf eine Bemerkung von Dr. B r e u e r von diesem Zwange zur Paramnesie befreite.
Länger als mit den Resten dieser Erlebnisse hatte ich mit den Zuständen zu kämpfen, die sie »Sturm im Kopfe« benannte. Als ich sie zum ersten Male in solch einem Zustande sah, lag sie mit verzerrten Zügen auf dem Diwan in unaufhörlicher Unruhe des ganzen Körpers, die Hände immer wieder gegen die Stirne gepreßt, und rief dabei wie sehnsüchtig und ratlos den Namen »Emmy«, der ihr eigener wie der ihrer älteren Tochter war. In der Hypnose gab sie die Auskünfte, der Zustand sei die Wiederholung so vieler Anfälle von Verzweiflung, die sie während der Kur ihrer Tochter zu ergreifen pflegten, nachdem sie stundenlang darüber nachgedacht, wie man den schlechten Erfolg der Behandlung korrigieren könne, ohne einen Ausweg zu finden. Als sie dann fühlte, daß sich ihre Gedanken verwirrten, gewöhnte sie sich daran, den Namen der Tochter laut zu rufen, um sich an ihm wieder zur Klarheit herauszuarbeiten. Denn zu jener Zeit, als der Zustand der Tochter ihr neue Pflichten auferlegte und sie fühlte, daß die Nervosität wieder Macht über sie gewinne, habe sie bei sich festgesetzt, daß alles, was dieses Kind beträfe, der Verwirrung entzogen bleiben müsse, sollte auch alles andere in ihrem Kopfe drunter und drüber gehen.
Nach einigen Wochen waren auch diese Reminiszenzen überwunden, und Frau Emmy verblieb in vollkommenem Wohlbefinden noch einige Zeit in meiner Beobachtung. Gerade gegen Ende ihres Aufenthaltes fiel etwas vor, was ich ausführlich erzählen will, weil diese Episode das hellste Licht auf den Charakter der Kranken und auf die Entstehungsweise ihrer Zustände wirft.

Ich besuchte sie einmal zur Zeit ihres Mittagessens und überraschte sie dabei, wie sie etwas in Papier gehüllt in den Garten warf, wo es die Kinder des Hausdieners auffingen. Auf mein Befragen bekannte sie, es sei ihre (trockene) Mehlspeise, die alle Tage denselben Weg zu gehen pflege. Dies gab mir Anlaß, mich nach den Resten der anderen Gänge umzusehen, und ich fand auf den Tellern mehr übriggelassen, als sie verzehrt haben konnte. Zur Rede gestellt, warum sie so wenig esse, antwortete sie, sie sei nicht gewöhnt, mehr zu essen, auch würde es ihr schaden; sie habe dieselbe Natur wie ihr seliger Vater, der gleichfalls ein schwacher Esser gewesen sei. Als ich mich erkundigte, was sie trinke, kam die Antwort, sie vertrage überhaupt nur dicke Flüssigkeiten, Milch, Kaffee, Kakao u. dgl.; so oft sie Quellwasser oder Mineralwasser trinke, verderbe sie sich den Magen. Dies trug nun unverkennbar den Stempel einer nervösen Elektion. Ich nahm eine Harnprobe mit und fand den Harn sehr konzentriert und mit harnsauren Salzen überladen.

Ich erachtete es demnach für zweckmäßig, ihr reichlicheres Trinken anzuraten, und nahm mir vor, auch ihre Nahrungsaufnahme zu steigern. Sie war zwar keineswegs auffällig mager, aber etwas Überernährung schien mir immerhin anstrebenswert. Als ich ihr bei meinem nächsten Besuche ein alkalisches Wasser empfahl und die gewohnte Verwendung der Mehlspeise untersagte, geriet sie in nicht geringe Aufregung. »Ich werde es tun, weil Sie es verlangen, aber ich sage Ihnen vorher, es wird schlecht ausgehen, weil es meiner Natur widerstrebt, und mein Vater war ebenso.« Auf die in der Hypnose gestellte Frage, warum sie nicht mehr essen und kein Wasser trinken könne, kam ziemlich mürrisch die Antwort: »Ich weiß nicht.« Am nächsten Tage bestätigte mir die Wärterin, daß Frau Emmy ihre ganze Portion bewältigt und ein Glas des alkalischen Wassers getrunken habe. Sie selbst fand ich aber liegend, tief verstimmt und in sehr ungnädiger Laune. Sie klagte über sehr heftige Magenschmerzen: »Ich habe es Ihnen ja gesagt. Jetzt ist der ganze Erfolg wieder weg, um den wir uns so lange gequält haben. Ich habe mir den Magen verdorben wie immer, wenn ich mehr esse oder Wasser trinke, und muß mich wieder fünf bis acht Tage ganz aushungern, bis ich etwas vertrage.« Ich versicherte ihr, sie werde sich nicht aushungern müssen, es sei ganz unmöglich, daß man sich auf diese Weise den Magen verderbe, ihre Schmerzen rührten nur von der Angst her, mit der sie gegessen und getrunken. Offenbar hatte ich ihr mit dieser Aufklärung nicht den geringsten Eindruck gemacht, denn als ich sie bald darauf einschläfern wollte, mißlang die Hypnose zum ersten Male, und an dem wütenden Blicke, den sie mir zuschleuderte, erkannte ich, daß sie in voller Auflehnung begriffen und daß die Situation sehr ernst sei. Ich verzichtete auf die Hypnose, kündigte ihr an, daß ich ihr eine vierundzwanzigstündige Bedenkzeit lasse, um sich der Ansicht zu fügen, daß ihre Magenschmerzen nur von ihrer Furcht kämen; nach dieser Zeit werde ich sie fragen, ob sie noch meine, man könne sich den Magen auf acht Tage hinaus durch ein Glas Mineralwasser und eine bescheidene Mahlzeit verderben, und wenn sie bejahe, werde ich sie bitten abzureisen. Die kleine Szene stand in recht scharfem Kontrast zu unseren sonst sehr freundschaftlichen Beziehungen.

Ich traf sie vierundzwanzig Stunden später demütig und mürbe. Auf die Frage, wie sie über die Herkunft ihrer Magenschmerzen denke, antwortete sie, einer Verstellung unfähig: »Ich glaube, daß sie von meiner Angst kommen, aber nur, weil Sie es sagen.« Jetzt versetzte ich sie in Hypnose und fragte neuerdings: »Warum können Sie nicht mehr essen?«

Die Antwort erfolgte prompt und bestand wieder in der Angabe einer chronologisch geordneten Reihe von Motiven aus der Erinnerung: »Wie ich ein Kind war, kam es oft vor, daß ich aus Unart bei Tisch mein Fleisch nicht essen wollte. Die Mutter war dann immer sehr streng, und ich mußte bei schwerer Strafe zwei Stunden später das stehengelassene Fleisch auf demselben Teller nachessen. Das Fleisch war ganz kalt geworden und das Fett so starr (Ekel), ... und ich sehe die Gabel noch vor mir, ... die eine Zinke war etwas verbogen. Wenn ich mich jetzt zu Tische setze, sehe ich immer die Teller vor mir mit dem kalten Fleisch und dem Fette; und wie ich viele Jahre später mit meinem Bruder zusammenlebte, der Offizier war und der die garstige Krankheit hatte; — ich wußte, daß es ansteckend ist, und hatte so eine gräßliche Angst, mich in dem Bestecke zu irren und seine Gabel und sein Messer zu nehmen (Grausen), und ich habe doch mit ihm zusammen gespeist, damit niemand merkt, daß er krank ist; und wie ich bald darauf meinen andern Bruder gepflegt habe, der so lungenkrank war, da haben wir vor seinem Bette gesessen, und die Spuckschale stand immer auf dem Tische und war offen (Grausen) ... und er hatte die Gewohnheit, über die Teller weg in die Schale zu spucken, da habe ich mich immer so geekelt, und ich konnte es doch nicht zeigen, um ihn nicht zu beleidigen. Und diese Spuckschalen stehen immer noch auf dem Tische, wenn ich esse, und da ekelt es mich noch immer.« Ich räumte mit diesem Instrumentarium des Ekels natürlich gründlich auf und fragte dann, warum sie kein Wasser trinken könne. Als sie siebzehn Jahre alt war, verbrachte die Familie einige Monate in München, und fast alle Mitglieder zogen sich durch den Genuß des schlechten Trinkwassers Magenkatarrhe zu. Bei den anderen wurde das Leiden durch ärztliche Anordnungen bald behoben, bei ihr hielt es an; auch das Mineralwasser, das ihr als Getränk empfohlen wurde, besserte nichts. Sie dachte sich gleich, wie der Arzt ihr diese Verordnung gab: das wird gewiß

auch nichts nützen. Seither hatte sich diese Intoleranz gegen Quell- und Mineralwässer ungezählte Male wiederholt.
Die therapeutische Wirkung dieser hypnotischen Erforschung war eine sofortige und nachhaltige. Sie hungerte sich nicht acht Tage lang aus, sondern aß und trank schon am nächsten Tage ohne alle Beschwerden. Zwei Monate später schrieb sie in einem Briefe: »Ich esse sehr gut und habe um vieles zugenommen. Von dem Wasser habe ich schon vierzig Flaschen getrunken. Glauben Sie, soll ich damit fortfahren?«
Ich sah Frau v. N . . . im Frühjahre des nächsten Jahres auf ihrem Gute bei D . . . wieder. Ihre ältere Tochter, deren Namen sie während der »Stürme im Kopfe« zu rufen pflegte, trat um diese Zeit in eine Phase abnormer Entwicklung ein, zeigte einen ungemessenen Ehrgeiz, der im Mißverhältnisse zu ihrer kärglichen Begabung stand, wurde unbotmäßig und selbst gewalttätig gegen die Mutter. Ich besaß noch das Vertrauen der letzteren und wurde hinbeschieden, um mein Urteil über den Zustand des jungen Mädchens abzugeben. Ich gewann einen ungünstigen Eindruck von der psychischen Veränderung, die mit dem Kinde vorgegangen war, und hatte bei der Stellung der Prognose noch die Tatsache in Anschlag zu bringen, daß sämtliche Halbgeschwister der Kranken (Kinder des Herrn v. N . . . aus erster Ehe) an Paranoia zugrunde gegangen waren. In der Familie der Mutter fehlte es ja auch nicht an einem ausgiebigen Maße von neuropathischer Belastung, wenngleich von ihrem nächsten Verwandtenkreise kein Mitglied in endgültige Psychose verfallen war. Frau v. N . . ., der ich die Auskunft, die sie verlangt hatte, ohne Rückhalt erteilte, benahm sich dabei ruhig und verständnisvoll. Sie war stark geworden, sah blühend aus, die dreiviertel Jahre seit Beendigung der letzten Behandlung waren in relativ hohem Wohlbefinden verflossen, das nur durch Genickkrämpfe und andere kleine Leiden gestört worden war. Den ganzen Umfang ihrer Pflichten, Leistungen und geistigen Interessen lernte ich erst während dieses mehrtägigen Aufenthaltes in ihrem Hause kennen. Ich traf auch einen Hausarzt an, der nicht allzuviel über die Dame zu klagen hatte; sie war also mit der *profession* einigermaßen ausgesöhnt.
Die Frau war um so vieles gesünder und leistungsfähiger geworden, aber an den Grundzügen ihres Charakters hatte sich trotz aller lehrhaften Suggestionen wenig verändert. Die Kategorie der »indifferenten Dinge« schien sie mir nicht anerkannt zu haben, ihre Neigung zur Selbstquälerei war kaum geringer als zur Zeit der Behandlung. Die hysterische Disposition hatte auch während dieser guten Zeit nicht geruht, sie klagte z. B. über eine Unfähigkeit, längere Eisenbahnreisen zu machen, die sie sich in den letzten Monaten zugezogen hatte, und ein notgedrungen eiliger Versuch, ihr dieses Hindernis aufzulösen, er-

gab nur verschiedene kleine unangenehme Eindrücke, die sie sich auf den letzten Fahrten nach D . . . und in die Umgebung geholt hatte. Sie schien sich in der Hypnose aber nicht gerne mitzuteilen, und ich kam schon damals auf die Vermutung, daß sie im Begriffe sei, sich meinem Einflusse wiederum zu entziehen, und daß die geheime Absicht der Eisenbahnhemmung darin liege, eine neuerliche Reise nach Wien zu verhindern.
Während dieser Tage äußerte sie auch jene Klage über Lücken in ihrer Erinnerung »gerade in den wichtigsten Begebenheiten«, aus der ich schloß, daß meine Arbeit vor zwei Jahren eingreifend genug und dauernd gewirkt hatte. – Als sie mich eines Tages durch eine Allee führte, die vom Hause bis zu einer Bucht der See reichte, wagte ich die Frage, ob diese Allee oft mit Kröten besetzt sei. Zur Antwort traf mich ein strafender Blick, doch nicht begleitet von den Zeichen des Grausens, und dann erfolgte ergänzend die Äußerung: »Aber wirkliche gibt es hier.« – Während der Hypnose, die ich zur Erledigung der Eisenbahnhemmung unternahm, schien sie selbst von den Antworten, die sie gab, unbefriedigt, und sie drückte die Furcht aus, sie würde jetzt wohl der Hypnose nicht mehr so gehorchen wie früher. Ich beschloß, sie vom Gegenteil zu überzeugen. Ich schrieb einige Worte auf einen Zettel nieder, den ich ihr übergab, und sagte: »Sie werden mir heute Mittag wieder ein Glas Rotwein einschenken wie gestern. Sowie ich das Glas zum Munde führe, werden Sie sagen: Ach bitte, schenken Sie mir auch ein Glas voll, und wenn ich dann nach der Flasche greife, werden Sie rufen: Nein, ich danke, ich will doch lieber nicht. Darauf werden Sie in Ihre Tasche greifen und den Zettel hervorziehen, auf dem dieselben Worte stehen.« Das war vormittags; wenige Stunden später vollzog sich die kleine Szene genauso, wie ich sie angeordnet hatte, und in so natürlichem Hergange, daß sie keinem der zahlreichen Anwesenden auffiel. Sie schien sichtlich mit sich zu kämpfen, als sie von mir den Wein verlangte – sie trank nämlich niemals Wein –, und nachdem sie mit offenbarer Erleichterung das Getränk abbestellt hatte, griff sie in die Tasche, zog den Zettel hervor, auf dem ihre letztgesprochenen Worte zu lesen waren, schüttelte den Kopf und sah mich erstaunt an.
Seit diesem Besuche im Mai 1890 wurden meine Nachrichten über Frau v. N . . . allmählich spärlicher. Ich erfuhr auf Umwegen, daß der unerquickliche Zustand ihrer Tochter, der die mannigfaltigsten peinlichen Erregungen für sie mit sich brachte, ihr Wohlbefinden endlich doch untergraben habe. Zuletzt erhielt ich von ihr (Sommer 1893) ein kurzes Schreiben, in dem sie mich bat zu gestatten, daß sie ein anderer Arzt hypnotisiere, da sie wieder leidend sei und nicht nach Wien kommen könne. Ich verstand anfangs nicht, weshalb es dazu meiner Erlaubnis bedürfe, bis mir die Erinnerung auftauchte, daß ich sie im Jahre 1890

auf ihren eigenen Wunsch vor fremder Hypnose geschützt hatte, damit sie nicht wieder in Gefahr komme, wie damals in ***berg (. . . tal, . . . wald) unter dem peinlichen Zwange eines ihr unsympathischen Arztes zu leiden. Ich verzichtete jetzt also schriftlich auf mein ausschließliches Vorrecht.

Epikrise

Es ist ja ohne vorherige eingehende Verständigung über den Wert und die Bedeutung der Namen nicht leicht zu entscheiden, ob ein Krankheitsfall zur Hysterie oder zu den anderen (nicht rein neurasthenischen) Neurosen gezählt werden soll, und auf dem Gebiete der gemeinhin vorkommenden gemischten Neurosen wartet man noch auf die ordnende Hand, welche die Grenzsteine setzen und die für die Charakteristik wesentlichen Merkmale hervorheben soll. Wenn man bis jetzt also Hysterie im engeren Sinne nach der Ähnlichkeit mit den bekannten typischen Fällen zu diagnostizieren gewohnt ist, so wird man dem Falle der Frau Emmy v. N . . . die Bezeichnung einer Hysterie kaum streitig machen können. Die Leichtigkeit der Delirien und Halluzinationen bei im übrigen intakter geistiger Tätigkeit, die Veränderung der Persönlichkeit und des Gedächtnisses im künstlichen Somnambulismus, die Anästhesie an der schmerzhaften Extremität, gewisse Daten der Anamnese, die Ovarie u. dgl. lassen keinen Zweifel über die hysterische Natur der Erkrankung oder wenigstens der Kranken zu. Daß die Frage überhaupt aufgeworfen werden kann, rührt von einem bestimmten Charakter dieses Falles her, welcher auch Anlaß zu einer allgemein gültigen Bemerkung bieten darf. Wie aus unserer eingangs abgedruckten »Vorläufigen Mitteilung« ersichtlich, betrachten wir die hysterischen Symptome als Affekte und Reste von Erregungen, welche das Nervensystem als Traumen beeinflußt haben. Solche Reste bleiben nicht übrig, wenn die ursprüngliche Erregung durch Abreagieren oder Denkarbeit abgeführt worden ist. Man kann es hier nicht länger abweisen, Quantitäten (wenn auch nicht meßbare) in Betracht zu ziehen, den Vorgang so aufzufassen, als ob eine an das Nervensystem herantretende Summe von Erregung in Dauersymptome umgesetzt würde, insoweit sie nicht ihrem Betrage entsprechend zur Aktion nach außen verwendet worden ist. Wir sind nun gewohnt, bei der Hysterie zu finden, daß ein erheblicher Teil der »Erregungssumme« des Traumas sich in rein körperliche Symptome umwandelt. Es ist dies jener Zug der Hysterie, der durch so lange Zeit ihrer Auffassung als psychischer Affektion im Wege gestanden ist.
Wenn wir der Kürze halber die Bezeichnung »K o n v e r s i o n« für die Umsetzung psychischer Erregung in körperliche Dauersymptome wählen, welche die Hysterie auszeichnet, so können

wir sagen, der Fall der Frau Emmy v. N . . . zeigt einen geringen Betrag von Konversion, die ursprünglich psychische Erregung verbleibt auch zumeist auf psychischem Gebiete, und es ist leicht einzusehen, daß er dadurch jenen anderen nicht hysterischen Neurosen ähnlich wird. Es gibt Fälle von Hysterie, in denen die Konversion den gesamten Reizzuwachs betrifft, so daß die körperlichen Symptome der Hysterie in ein scheinbar völlig normales Bewußtsein hineinragen, gewöhnlicher aber ist eine unvollständige Umsetzung, so daß wenigstens ein Teil des das Trauma begleitenden Affekts als Komponente der Stimmung im Bewußtsein verbleibt.

Die psychischen Symptome unseres Falles von wenig konvertierter Hysterie lassen sich gruppieren als Stimmungsveränderung (Angst, melancholische Depression), Phobien und Abulien (Willenshemmungen). Die beiden letzteren Arten von psychischer Störung, die von der Schule französischer Psychiater als Stigmata der nervösen Degeneration aufgefaßt werden, erweisen sich aber in unserem Falle als ausreichend determiniert durch traumatische Erlebnisse, es sind zumeist traumatische Phobien und Abulien, wie ich im einzelnen ausführen werde.

Von den Phobien entsprechen einzelne allerdings den primären Phobien des Menschen, insbesondere des Neuropathen, so vor allem die Tierfurcht (Schlangen, Kröten und außerdem all das Ungeziefer, als dessen Herr sich Mephistopheles rühmt), die Gewitterfurcht u. a. Doch sind auch diese Phobien durch traumatische Erlebnisse befestigt worden, so die Furcht vor Kröten durch den Eindruck in früher Jugend, als ihr ein Bruder eine tote Kröte nachwarf, worauf sie den ersten Anfall hysterischer Zuckungen bekam, die Gewitterfurcht durch jenen Schreck, der zur Entstehung des Schnalzens Anlaß gab, die Furcht vor Nebel durch jenen Spaziergang auf Rügen; immerhin spielt in dieser Gruppe die primäre, sozusagen instinktive Furcht, als psychisches Stigma genommen, die Hauptrolle.

Die anderen und spezielleren Phobien sind auch durch besondere Erlebnisse gerechtfertigt. Die Furcht vor einem unerwarteten, plötzlichen Schrecknisse ist das Ergebnis jenes schrecklichen Eindruckes in ihrem Leben, als sie ihren Mann mitten aus bester Gesundheit an einem Herzschlage verscheiden sah. Die Furcht vor fremden Menschen, die Menschenfurcht überhaupt, erweist sich als Rest aus jener Zeit, in der sie den Verfolgungen ihrer Familie ausgesetzt und geneigt war, in jedem Fremden einen Agenten der Verwandtschaft zu sehen, oder in der ihr der Gedanke nahe lag, die Fremden wüßten um die Dinge, die mündlich und schriftlich über sie verbreitet wurden. Die Angst vor dem Irrenhause und dessen Einwohnern geht auf eine ganze Reihe von traurigen Erlebnissen in ihrer Familie und auf Schilderungen zurück, die dem horchenden Kinde eine dumme Dienst-

magd machte, außerdem stützt sich diese Phobie einerseits auf das primäre, instinktive Grauen des Gesunden vor dem Wahnsinne, anderseits auf die wie bei jedem Nervösen so auch bei ihr vorhandene Sorge, selbst dem Wahnsinn zu verfallen. Eine so spezialisierte Angst wie die, daß jemand hinter ihr stünde, wird durch mehrere schreckhafte Eindrücke aus ihrer Jugend und aus späterer Zeit motiviert. Seit einem ihr besonders peinlichen Erlebnisse im Hotel, peinlich, weil es mit Erotik verknüpft ist, wird die Angst vor dem Einschleichen einer fremden Person besonders hervorgehoben, endlich eine den Neuropathen so häufig eigene Phobie, die vor dem Lebendigbegrabenwerden, findet ihre volle Aufklärung in dem Glauben, daß ihr Mann nicht tot war, als man seine Leiche forttrug, einem Glauben, in dem sich die Unfähigkeit so rührend äußert, sich in das plötzliche Aufhören der Gemeinschaft mit dem geliebten Wesen zu finden. Ich meine übrigens, daß alle diese p s y c h i s c h e n Momente nur die Auswahl, aber nicht die Fortdauer der Phobien erklären können. Für letztere muß ich ein n e u r o t i s c h e s Moment heranziehen, den Umstand nämlich, daß die Patientin sich seit Jahren in sexueller Abstinenz befand, womit einer der häufigsten Anlässe zur A n g s t n e i g u n g gegeben ist.
Die bei unserer Kranken vorhandenen Abulien (Willenshemmungen, Unfähigkeiten) gestatten noch weniger als die Phobien die Auffassung von psychischen Stigmen infolge allgemein eingeengter Leistungsfähigkeit. Vielmehr macht die hypnotische Analyse des Falles ersichtlich, daß die Abulien hier durch einen zweifachen psychischen Mechanismus bedingt werden, der im Grunde wieder nur einer ist. Die Abulie ist entweder einfach die Folge einer Phobie, nämlich in allen den Fällen, in denen die Phobie sich an eine eigene Handlung knüpft anstatt an eine Erwartung (Ausgehen, Menschen aufsuchen — der andere Fall, daß sich jemand einschleicht usw.) — und Ursache der Willenshemmung ist die mit dem Erfolge der Handlung verknüpfte Angst. Man täte unrecht daran, diese Art von Abulien neben den ihnen entsprechenden Phobien als besondere Symptome aufzuführen, nur muß man zugestehen, daß eine derartige Phobie bestehen kann, wenn sie nicht allzu hochgradig ist, ohne zur Abulie zu führen. Die andere Art der Abulien beruht auf der Existenz affektvoll betonter, ungelöster Assoziationen, die sich der Anknüpfung neuer Assoziationen, und insbesondere solcher unverträglicher Art widersetzen. Das glänzendste Beispiel einer solchen Abulie bietet die Anorexie unserer Kranken. Sie ißt nur so wenig, weil es ihr nicht schmeckt, und sie kann dem Essen keinen Geschmack abgewinnen, weil der Akt des Essens bei ihr von alters her mit Ekelerinnerungen verknüpft ist, deren Affektbetrag noch keine Verminderung erfahren hat. Es ist aber unmöglich, gleichzeitig mit Ekel und mit Lust zu essen. Die Ver-

minderung des an den Mahlzeiten von früher her haftenden Ekels hat darum nicht stattgehabt, weil sie allemal den Ekel unterdrücken mußte, anstatt sich von ihm durch Reaktion zu befreien; als Kind war sie aus Furcht vor Strafe gezwungen, mit Ekel die kalte Mahlzeit zu essen, und in reiferen Jahren verhinderte sie die Rücksicht auf die Brüder, die Affekte zu äußern, denen sie bei den gemeinsam genommenen Mahlzeiten unterlag.

Ich darf hier vielleicht an eine kleine Arbeit erinnern, in der ich versucht habe, eine psychologische Erklärung der hysterischen Lähmungen zu geben. Ich gelangte dort zur Annahme, die Ursache dieser Lähmungen liege in der Unzugänglichkeit des Vorstellungskreises etwa einer Extremität für neue Assoziationen; diese assoziative Unzugänglichkeit selbst rühre aber davon her, daß die Vorstellung des gelähmten Gliedes in die mit unerledigtem Affekt behaftete Erinnerung des Traumas einbezogen sei. Ich führte aus den Beispielen des gewöhnlichen Lebens an, daß eine solche Besetzung einer Vorstellung mit unerledigtem Affekte jedesmal ein gewisses Maß von assoziativer Unzugänglichkeit, von Unverträglichkeit mit neuen Besetzungen mit sich bringt.[25]

Es ist mir nun bis heute nicht gelungen, meine damaligen Voraussetzungen für einen Fall von motorischer Lähmung durch hypnotische Analyse zu erweisen, aber ich kann mich auf die Anorexie der Frau v. N . . . als Beweis dafür berufen, daß dieser Mechanismus für gewisse Abulien der zutreffende ist, und Abulien sind ja nichts anderes als sehr spezialisierte – »systematisierte« nach französischem Ausdrucke – psychische Lähmungen.

Man kann den psychischen Sachverhalt bei Frau v. N . . . im wesentlichen charakterisieren, wenn man zweierlei hervorhebt: 1. Es sind bei ihr die peinlichen Affekte von traumatischen Erlebnissen unerledigt verblieben, so die Verstimmung, der Schmerz (über den Tod des Mannes), der Groll (von den Verfolgungen der Verwandten), der Ekel (von den gezwungenen Mahlzeiten), die Angst (von so vielen schreckhaften Erlebnissen) usw., und 2. es besteht bei ihr eine lebhafte Erinnerungstätigkeit, welche bald spontan, bald auf erweckende Reize der Gegenwart hin (z. B. bei der Nachricht von der Revolution in S. Domingo) Stück für Stück der Traumen mitsamt den sie begleitenden Affekten ins aktuelle Bewußtsein ruft. Meine Therapie schloß sich dem Gange dieser Erinnerungstätigkeit an und suchte Tag für Tag aufzulösen und zu erledigen, was der Tag an die Oberfläche gebracht hatte, bis der erreichbare Vorrat an krankhaften Erinnerungen erschöpft schien.

25 Quelques considérations pour une étude comparative des paralysies motrices, organiques et hystériques. Archives de Neurologie, Nr. 77, 1893 [Ges. Werke. Bd. 1].

An diese beiden psychischen Charaktere, die ich für allgemeine Befunde bei hysterischen Paroxysmen halte, ließen sich einige wichtige Betrachtungen anschließen, die ich verschieben will, bis dem Mechanismus der körperlichen Symptome einige Aufmerksamkeit geschenkt wurde.

Man kann nicht die gleiche Ableitung für alle körperlichen Symptome der Kranken geben, vielmehr erfährt man selbst aus diesem hieran nicht reichen Falle, daß die körperlichen Symptome einer Hysterie auf verschiedene Weisen zustande kommen. Ich gestatte mir zunächst, die Schmerzen zu den körperlichen Symptomen zu stellen. Soviel ich sehen kann, war ein Teil der Schmerzen gewiß organisch bedingt, durch jene leichten (rheumatischen) Veränderungen in Muskeln, Sehnen und Faszien, die dem Nervösen soviel mehr Schmerz bereiten als dem Gesunden; ein anderer Teil der Schmerzen war höchstwahrscheinlich Schmerzerinnerung, Erinnerungssymbol der Zeiten von Aufregung und Krankenpflege, die im Leben der Kranken so viel Platz eingenommen hatten. Auch diese Schmerzen mochten ursprünglich einmal organisch berechtigt gewesen sein, waren aber seither für die Zwecke der Neurose verarbeitet worden. Ich stütze diese Aussagen über die Schmerzen bei Frau v. N... auf anderswo gemachte Erfahrungen, welche ich an einer späteren Stelle dieser Arbeit mitteilen werde; an der Kranken selbst war gerade über diesen Punkt wenig Aufklärung zu gewinnen.

Ein Teil der auffälligen Bewegungserscheinungen, welche Frau v. N... zeigte, war einfach Ausdruck von Gemütsbewegung und leicht in dieser Bedeutung zu erkennen, so das Vorstrecken der Hände mit gespreizten und gekrümmten Fingern als Ausdruck des Grausens, das Mienenspiel u. dgl. Allerdings ein lebhafterer und ungehemmterer Ausdruck der Gemütsbewegung, als der sonstigen Mimik dieser Frau, ihrer Erziehung und ihrer Rasse entsprach; sie war, wenn nicht im hysterischen Zustande, gemessen, fast steif in ihren Ausdrucksbewegungen. Ein anderer Teil ihrer Bewegungssymptome stand nach ihrer Angabe in direktem Zusammenhange mit ihren Schmerzen, sie spielte ruhelos mit den Fingern (1888) oder rieb die Hände aneinander (1889), um nicht schreien zu müssen, und diese Motivierung erinnert lebhaft an eines der Darwinschen Prinzipien zur Erklärung der Ausdrucksbewegung, an das Prinzip der »Ableitung der Erregung«, durch welches er z. B. das Schweifwedeln der Hunde erklärt. Den Ersatz des Schreiens bei schmerzhaften Reizen durch andersartige motorische Innervation üben wir übrigens alle. Wer sich beim Zahnarzte vorgenommen hat, Kopf und Mund ruhig zu halten und nicht mit den Händen dazwischenzufahren, der trommelt wenigstens mit den Füßen.

Eine kompliziertere Weise der Konversion lassen die ticähnlichen Bewegungen bei Frau v. N... erkennen, das Zungenschnalzen und Stottern, das Rufen ihres Namens »Emmy« im Anfalle von Verworrenheit, die zusammengesetzte Schutzformel – »Seien Sie still – Reden Sie nichts – Rühren Sie mich nicht an!« (1888). Von diesen motorischen Äußerungen lassen Stottern und Schnalzen eine Erklärung nach einem Mechanismus zu, den ich in einer kleinen Mitteilung in der Zeitschrift für Hypnotismus, Band I (1893)[26] als »Objektivierung der Kontrastvorstellung« bezeichnet habe. Der Vorgang hiebei wäre, an unserem Beispiele selbst erläutert, folgender: Die durch Sorgen und Wachen erschöpfte Hysterika sitzt beim Bette ihres kranken Kindes, das endlich! eingeschlafen ist. Sie sagt sich: Jetzt mußt du aber ganz stille sein, damit du die Kleine nicht aufweckst. Dieser Vorsatz erweckt wahrscheinlich eine Kontrastvorstellung, die Befürchtung, sie werde doch ein Geräusch machen, das die Kleine aus dem lang ersehnten Schlafe weckt. Solche Kontrastvorstellungen gegen den Vorsatz entstehen auch in uns merklicherweise dann, wenn wir uns in der Durchführung eines wichtigen Vorsatzes nicht sicher fühlen.

Der Neurotische, in dessen Selbstbewußtsein ein Zug von Depression, von ängstlicher Erwartung selten vermißt wird, bildet solcher Kontrastvorstellungen eine größere Anzahl, oder er nimmt sie leichter wahr, sie erscheinen ihm auch bedeutsamer. Im Zustand der Erschöpfung, in dem sich unsere Kranke befindet, erweist sich nun die Kontrastvorstellung, die sonst abgewiesen wurde, als die stärkere; sie ist es, die sich objektiviert, und die nun zum Entsetzen der Kranken das gefürchtete Geräusch wirklich erzeugt. Zur Erklärung des ganzen Vorganges nehme ich noch an, daß die Erschöpfung eine partielle ist, sie betrifft, wie man in den Terminis Janets und seiner Nachfolger sagen würde, nur das primäre Ich der Kranken, sie hat nicht zur Folge, daß auch die Kontrastvorstellung geschwächt wird.

Ich nehme ferner an, daß es das Entsetzen über das wider Willen produzierte Geräusch ist, welches den Moment zu einem traumatisch wirksamen macht und dies Geräusch selbst als leibliches Erinnerungssymptom der ganzen Szene fixiert. Ja, ich glaube in dem Charakter dieses Tics selbst, der aus mehreren spastisch hervorgestoßenen, durch Pausen voneinander getrennten Lauten besteht, die am meisten mit Schnalzen Ähnlichkeit haben, die Spur des Vorganges zu erkennen, dem er seine Entstehung verdankte. Es scheint, daß sich ein Kampf zwischen dem Vorsatze und der Kontrastvorstellung, dem »Gegenwillen«, abgespielt hat, der dem Tic den abgesetzten Charakter gab, und der die Kontrastvorstellung auf ungewöhnliche Innervationswege der Sprachmuskulatur einschränkte.

Von einem im Wesen ähnlichen Anlasse blieb die spastische Sprachhemmung, das eigentümliche Stottern übrig, nur daß dies-

26 Ges. Werke. Bd. 1.

mal nicht der Erfolg der schließlichen Innervation, der Schrei, sondern der Innervationsvorgang selbst, der Versuch einer krampfhaften Hemmung der Sprachwerkzeuge zum Symbol des Ereignisses für die Erinnerung erhoben wurde.

Beide durch ihre Entstehungsgeschichte nahe verwandten Symptome, Schnalzen und Stottern, blieben auch fernerhin assoziiert und wurden durch eine Wiederholung bei einem ähnlichen Anlasse zu Dauersymptomen. Dann aber wurden sie einer weiteren Verwendung zugeführt. Unter heftigem Erschrecken entstanden, gesellten sie sich von nun an (nach dem Mechanismus der monosymptomatischen Hysterie, den ich bei Fall D aufzeigen werde) zu jedem Schreck hinzu, wenn derselbe auch nicht zum Objektivieren einer Kontrastvorstellung Anlaß geben konnte.

Sie waren endlich mit so vielen Traumen verknüpft, hatten soviel Recht, sich in der Erinnerung zu reproduzieren, daß sie ohne weiteren Anlaß nach Art eines sinnlosen Tic beständig die Rede unterbrachen. Die hypnotische Analyse konnte dann aber zeigen, wieviel Bedeutung sich hinter diesem scheinbaren Tic verberge, und wenn es der Breuerschen Methode hier nicht gelang, beide Symptome mit einem Schlage vollständig zum Verschwinden zu bringen, so kam dies daher, daß die Katharsis nur auf die drei Haupttraumen und nicht auf die sekundär assoziierten ausgedehnt wurde.[27]

27 Ich könnte hier den Eindruck erwecken, als legte ich den Details der Symptome zu viel Gewicht bei und verlöre mich in überflüssige Zeichendeuterei. Allein ich habe gelernt, daß die Determinierung der hysterischen Symptome wirklich bis in deren feinste Ausführung hinabreicht, und daß man ihnen nicht leicht zu viel Sinn unterlegen kann. Ich will ein Beispiel beibringen, das mich rechtfertigen wird. Vor Monaten behandelte ich ein 18jähriges Mädchen aus belasteter Familie, an dessen komplizierter Neurose die Hysterie ihren gebührenden Anteil hatte. Das erste, was ich von ihr erfuhr, war die Klage über Anfälle von Verzweiflung mit zweierlei Inhalt. Bei den einen verspürte sie ein Ziehen und Prickeln in der unteren Gesichtspartie von den Wangen herab gegen den Mund; bei den anderen streckten sich die Zehen an beiden Füßen krampfhaft und spielten ruhelos hin und her. Ich war anfangs auch nicht geneigt, diesen Details viel Bedeutung beizumessen, und früheren Bearbeitern der Hysterie wäre es sicherlich nahegelegen, in diesen Erscheinungen Beweise für die Reizung kortikaler Zentren beim hysterischen Anfalle zu erblicken. Wo die Zentren für solche Parästhesien liegen, wissen wir zwar nicht, es ist aber bekannt, daß solche Parästhesien die partielle Epilepsie einleiten und die sensorische Epilepsie Charcots ausmachen. Für die Zehenbewegung wären symmetrische Rindenstellen in nächster Nähe der Medianspalte verantwortlich zu machen. Allein es klärte sich anders. Als ich mit dem Mädchen besser bekannt geworden war, fragte ich sie einmal direkt, was für Gedanken ihr bei solchen Anfällen kämen; sie solle sich nicht genieren, sie müßte wohl eine Erklärung für die beiden Erscheinungen geben können. Die Kranke wurde rot vor Scham und ließ sich endlich ohne Hypnose zu folgenden Aufklärungen bewegen, deren Beziehung auf die Wirklichkeit von ihrer anwesenden Gesellschafterin vollinhaltlich bestätigt wurde. Sie hatte vom Eintritt der Menses an durch Jahre an der Cephalaea adolescentium gelitten, die ihr jede anhaltende Beschäftigung unmöglich machte und sie in ihrer Ausbildung unterbrach. Endlich von diesem Hindernisse befreit, beschloß das ehrgeizige und etwas einfältige Kind, mächtig an sich zu arbeiten, um seine Schwestern und Altersgenossinnen wieder einzuholen. Dabei strengte sie sich über jedes Maß an, und eine solche Bemühung endete gewöhnlich mit einem Ausbruche von Verzweiflung darüber, daß sie ihre Kräfte überschätzt habe. Natürlich pflegte sie sich auch körperlich mit anderen Mädchen zu vergleichen und unglücklich zu sein, wenn sie an sich einen körperlichen Nachteil entdeckt hatte. Ihr (ganz deutlicher) Prognathismus begann sie zu kränken, und sie kam auf die Idee, ihn zu korrigieren, indem

Das Rufen des Namens »Emmy« in Anfällen von Verwirrung, welche nach den Regeln hysterischer Anfälle die häufigen Zustände von Ratlosigkeit während der Kur der Tochter reproduzierten, war durch einen komplizierten Gedankengang mit dem Inhalte des Anfalles verknüpft und entsprach etwa einer Schutzformel der Kranken gegen diesen Anfall. Dieser Ruf hätte wahrscheinlich auch die Eignung gehabt, in mehr lockerer Ausnützung seiner Bedeutung zum Tic herabzusinken, die komplizierte Schutzformel »Rühren Sie mich nicht an usw.« war zu dieser Anwendung bereits gelangt, aber die hypnotische Therapie hielt in beiden Fällen die weitere Entwicklung dieser Symptome auf. Den ganz frisch entstandenen Ruf »Emmy« fand ich noch auf seinen Mutterboden, den Anfall von Verwirrung, beschränkt.

Ob nun diese motorischen Symptome wie das Schnalzen durch Objektivierung einer Kontrastvorstellung, wie das Stottern durch bloße Konversion der psychischen Erregung ins Motorische, wie der Ruf »Emmy« und die längere Formel als Schutzvorrichtungen durch gewollte Aktion der Kranken im hysterischen Paroxysmus entstanden sein mögen, ihnen allen ist das eine gemeinsam, daß sie ursprünglich oder fortdauernd in einer aufzeigbaren Verbindung mit Traumen stehen, für welche sie in der Erinnerungstätigkeit als Symbole eintreten.

Andere körperliche Symptome der Kranken sind überhaupt nicht hysterischer Natur, so die Genickkrämpfe, die ich als mo-

sie sich viertelstundenlang darin übte, die Oberlippe über die vorstehenden Zähne herabzuziehen. Die Erfolglosigkeit dieser kindischen Bemühung führte einmal zu einem Ausbruche von Verzweiflung, und von da an war Ziehen und Prickeln von der Wange nach abwärts als Inhalt der einen Art von Anfällen gegeben. Nicht minder durchsichtig war die Determinierung der anderen Anfälle mit dem motorischen Symptom der Zehenstreckung und Zehenunruhe. Es war mir angegeben worden, daß der erste solche Anfall nach einer Partie auf dem Schafberg bei Ischl aufgetreten sei, und die Angehörigen waren natürlich geneigt, ihn von Überanstrengung abzuleiten. Das Mädchen berichtete aber folgendes: Es sei ein unter den Geschwistern beliebtes Thema gegenseitiger Neckerei, einander auf ihre (unleugbar) großen Füße aufmerksam zu machen. Unsere Patientin, seit langer Zeit über diesen Schönheitsfehler unglücklich, versuchte ihren Fuß in die engsten Stiefel zu zwängen, allein der aufmerksame Papa litt dies nicht und sorgte dafür, daß sie nur bequeme Fußbekleidung trug. Sie war recht unzufrieden mit dieser Verfügung, dachte immer daran und gewöhnte sich mit den Zehen im Schuh zu spielen, wie man es tut, wenn man abmessen will, ob der Schuh um vieles zu groß ist, einen wieviel kleineren Schuh man vertragen könnte u. dgl. Während der Bergpartie auf den Schafberg, die sie gar nicht anstrengend fand, war natürlich wieder Gelegenheit, sich bei den verkürzten Röcken mit dem Schuhwerke zu beschäftigen. Eine ihrer Schwestern sagte ihr unterwegs: »Du hast aber heute besonders große Schuhe angezogen.« Sie probierte mit den Zehen zu spielen; es kam ihr auch so vor. Die Aufregung über die unglücklich großen Füße verließ sie nicht mehr, und als sie nach Hause kamen, brach der erste Anfall los, in dem als Erinnerungssymbol für den ganzen verstimmenden Gedankengang die Zehen krampften und sich unwillkürlich bewegten.

Ich bemerke, daß es sich hier um Anfalls- und nicht um Dauersymptome handelt; ferner füge ich hinzu, daß nach dieser Beichte die Anfälle der ersten Art aufhörten, die der zweiten mit Zehenunruhe sich fortsetzten. Es mußte also wohl noch ein Stück dabei sein, das nicht gebeichtet wurde.

Nachschrift: Ich habe später auch dies erfahren. Das törichte Mädchen arbeitete darum so übereifrig an seiner Verschönerung, weil es – einem jungen Vetter gefallen wollte. (Eine Reihe von Jahren später wandelte sich ihre Neurose in eine Dementia praecox.)

difizierte Migränen auffasse, und die als solche eigentlich gar nicht zu den Neurosen, sondern zu den organischen Affektionen zu stellen sind. An sie knüpfen sich aber regelmäßig hysterische Symptome an; bei Frau v. N... werden die Genickkrämpfe zu hysterischen Anfällen verwendet, während sie über die typischen Erscheinungsformen des hysterischen Anfalles nicht verfügte.

Ich will die Charakteristik des psychischen Zustandes der Frau v. N... vervollständigen, indem ich mich den bei ihr nachweisbaren krankhaften Veränderungen des Bewußtseins zuwende. Wie durch die Genickkrämpfe, so wird sie auch durch peinliche Eindrücke der Gegenwart (vgl. das letzte Delirium im Garten) oder durch mächtige Anklänge an eines ihrer Traumen in einen Zustand von Delirien versetzt, in welchem – nach den wenigen Beobachtungen, die ich darüber anstellte, kann ich nichts anderes aussagen – eine ähnliche Einschränkung des Bewußtseins, ein ähnlicher Assoziationszwang wie im Traume obwaltet, Halluzinationen und Illusionen äußerst erleichtert sind und schwachsinnige oder geradezu widersinnige Schlüsse gezogen werden. Dieser Zustand, mit einer geistigen Alienation vergleichbar, vertritt wahrscheinlich ihren Anfall, etwa eine akute Psychose als Anfallsäquivalent, die man als »halluzinatorische Verworrenheit« klassifizieren würde. Eine weitere Ähnlichkeit mit dem typischen hysterischen Anfalle liegt noch darin, daß zumeist ein Stück der alten traumatischen Erinnerungen als Grundlage des Deliriums nachweisbar ist. Der Übergang aus dem Normalzustande in dieses Delirium vollzieht sich häufig ganz unmerklich; eben hat sie noch ganz korrekt von wenig affektiven Dingen gesprochen, und bei der Fortsetzung des Gespräches, das sie auf peinliche Vorstellungen führt, merke ich an ihren gesteigerten Gesten, an dem Auftreten ihrer Spruchformeln u. dgl., daß sie deliriert. Zu Beginn der Behandlung zog sich das Delirium durch den ganzen Tag hindurch, so daß es schwerfiel, von den einzelnen Symptomen mit Sicherheit auszusagen, ob sie – wie die Gesten – nur dem psychischen Zustande als Anfallssymptome angehörten oder wie Schnalzen und Stottern zu wirklichen Dauersymptomen geworden waren. Oft gelang es erst nachträglich zu unterscheiden, was im Delirium, was im Normalzustande vorgefallen war. Die beiden Zustände waren nämlich durch das Gedächtnis getrennt, und sie war dann aufs äußerste erstaunt zu hören, welche Dinge das Delirium an eine im Normalen geführte Konversation angestückelt hatte. Meine erste Unterhaltung mit ihr war das merkwürdigste Beispiel dafür, wie die beiden Zustände durcheinander durchgingen, ohne voneinander Notiz zu nehmen. Nur einmal ereignete sich während dieses psychischen Wippens eine Beeinflussung des die Gegenwart verfolgenden Normalbewußtseins, als sie mir die aus dem Delirium stammende Antwort gab, sie sei eine Frau aus dem vorigen Jahrhundert.

Die Analyse dieses Deliriums bei Frau v. N... ist wenig erschöpfend geworden, hauptsächlich darum, weil ihr Zustand sich alsbald so besserte, daß die Delirien sich scharf vom Normalleben sonderten und sich auf die Zeiten der Genickkrämpfe einschränkten. Um so mehr Erfahrung habe ich über das Verhalten der Patientin in einem dritten psychischen Zustand, in dem des künstlichen Somnambulismus, gesammelt. Während sie in ihrem eigenen Normalzustande nicht wußte, was sie in ihren Delirien und was sie im Somnambulismus psychisch erlebt hatte, verfügte sie im Somnambulismus über die Erinnerungen aller drei Zustände, sie war hier eigentlich am normalsten. Wenn ich abziehe, daß sie als Somnambule weit weniger reserviert gegen mich war als in ihren besten Stunden des gewöhnlichen Lebens, d. h. mir als Somnambule Mitteilungen über ihre Familie u. dgl. machte, während sie mich sonst behandelte als wäre ich ein Fremder, wenn ich ferner davon absehe, daß sie die volle Suggerierbarkeit der Somnambulen zeigte, muß ich eigentlich sagen, sie war als Somnambule in einem vollkommen normalen Zustande. Es war interessant zu beobachten, daß dieser Somnambulismus anderseits keinen Zug des Übernormalen zeigte, daß er mit allen psychischen Mängeln behaftet war, die wir dem normalen Bewußtseinszustande zutrauen. Das Verhalten des somnambulen Gedächtnisses mögen folgende Proben erläutern. Einmal drückte sie mir im Gespräche ihr Entzücken über eine schöne Topfpflanze aus, welche die Vorhalle des Sanatoriums zierte. »Aber wie heißt sie nur, Herr Doktor? Wissen Sie nicht? Ich habe den deutschen und den lateinischen Namen gewußt und beide vergessen.« Sie war eine treffliche Kennerin der Pflanzen, während ich bei dieser Gelegenheit meine botanische Unbildung eingestand. Wenige Minuten später frage ich sie in der Hypnose: »Wissen Sie jetzt den Namen der Pflanze im Stiegenhause?« Die Antwort lautete ohne jedes Besinnen: Mit dem deutschen Namen heißt sie Türkenlilie, den lateinischen habe ich wirklich vergessen. Ein andermal erzählt sie mir in gutem Wohlbefinden von einem Besuche in den Katakomben von Rom und kann sich auf zwei Termini der Beschreibung nicht besinnen, zu denen auch ich ihr nicht verhelfen kann. Unmittelbar darauf erkundige ich mich in der Hypnose, welche Worte sie meinte. Sie weiß es auch in der Hypnose nicht. Ich sage darauf: Denken Sie nicht weiter nach, morgen zwischen fünf und sechs Uhr nachmittags im Garten, näher an sechs Uhr, werden sie Ihnen plötzlich einfallen.
Am nächsten Abend platzt sie während einer den Katakomben ganz entfremdeten Unterhaltung plötzlich heraus: Krypte, Herr Doktor, und Kolumbarium. – Ah, das sind ja die Worte, auf die Sie gestern nicht kommen konnten. Wann sind sie Ihnen denn eingefallen? – Heute nachmittag im Garten, kurz ehe ich hinaufgegangen bin. – Ich merkte, daß sie mir auf diese Weise

zeigen wollte, sie habe genau die angegebene Zeit eingehalten, denn sie war gewohnt, den Garten gegen sechs Uhr zu verlassen. So verfügte sie also auch im Somnambulismus nicht über den ganzen Umfang ihres Wissens, es gab auch für ihn noch ein aktuelles und ein potentielles Bewußtsein. Oft genug kam es auch vor, daß sie im Somnambulismus auf meine Frage: Woher rührt diese oder jene Erscheinung? die Stirne in Falten zog und nach einer Pause kleinlaut die Antwort gab: Das weiß ich nicht. Dann hatte ich die Gewohnheit angenommen zu sagen: Besinnen Sie sich, Sie werden es gleich erfahren, und sie konnte mir nach ein wenig Nachdenken die verlangte Auskunft geben. Es traf sich aber auch, daß ihr nichts einfiel und daß ich ihr die Aufgabe hinterlassen mußte, sich bis morgen daran zu erinnern, was auch jedesmal zutraf. Die Frau, die im gewöhnlichen Leben peinlichst jeder Unwahrheit aus dem Wege ging, log auch in der Hypnose niemals, es kam aber vor, daß sie unvollständige Angaben machte, mit einem Stück des Berichtes zurückhielt, bis ich ein zweites Mal die Vervollständigung erzwang. Wie in dem auf S. 64/65 gegebenen Beispiele, war es meist die Abneigung, die ihr das Thema einflößte, welche ihr auch im Somnambulismus den Mund verschloß. Trotz dieser Züge von Einschränkung war aber doch der Eindruck, den ihr psychisches Verhalten im Somnambulismus machte, im ganzen der einer ungehemmten Entfaltung ihrer geistigen Kraft und der vollen Verfügung über ihren Erinnerungsschatz.

Ihre unleugbar große Suggerierbarkeit im Somnambulismus war indes von einer krankhaften Widerstandslosigkeit weit entfernt. Im ganzen muß ich sagen, machte ich doch nicht mehr Eindruck auf sie, als ich bei solchem Eingehen auf den psychischen Mechanismus bei jeder Person hätte erwarten dürfen, die mir mit großem Vertrauen und in voller Geistesklarheit gelauscht hätte, nur daß Frau v. N ... mir in ihrem sogenannten Normalzustande eine solche günstige psychische Verfassung nicht entgegenbringen konnte. Wo es mir, wie bei der Tierfurcht, nicht gelang, ihr Gründe der Überzeugung beizubringen, oder wo ich nicht auf die psychische Entstehungsgeschichte des Symptoms einging, sondern mittels autoritativer Suggestion wirken wollte, da merkte ich jedesmal den gespannten, unzufriedenen Ausdruck in der Miene der Somnambulen, und wenn ich dann zum Schlusse fragte: Also, werden Sie sich noch vor diesem Tiere fürchten? war die Antwort: Nein — weil S i e es verlangen. Ein solches Versprechen, das sich nur auf ihre Gefügigkeit gegen mich stützen konnte, hatte aber eigentlich niemals Erfolg, so wenig Erfolg wie die vielen allgemeinen Lehren, die ich ihr gab, anstatt deren ich ebensogut die eine Suggestion: Seien Sie gesund, hätte wiederholen können.

Dieselbe Person, die ihre Krankheitssymptome gegen die Suggestion so hartnäckig festhielt und sie nur gegen psychische Analyse oder Überzeugung fallenließ, war anderseits gefügig wie das beste Spitalsmedium, wo es sich um belanglose Suggestionen handelte, Dinge, die nicht in Beziehung zu ihrer Krankheit standen. Ich habe Beispiele von solchem posthypnotischen Gehorsam in der Krankengeschichte mitgeteilt. Ich finde keinen Widerspruch in diesem Verhalten. Das Recht der stärkeren Vorstellung mußte sich auch hier geltend machen. Wenn man auf den Mechanismus der pathologischen »fixen Idee« eingeht, findet man dieselbe begründet und gestützt durch so viele und intensiv wirkende Erlebnisse, daß man sich nicht wundern kann, wenn sie imstande ist, der suggerierten, wiederum nur mit einer gewissen Kraft ausgestatteten Gegenvorstellung erfolgreich Widerstand zu leisten. Es wäre nur ein wahrhaft pathologisches Gehirn, in dem es möglich wäre, so berechtigte Ergebnisse intensiver psychischer Vorgänge durch die Suggestion wegzublasen.[28]

28 Von diesem interessanten Gegensatze zwischen dem weitestgehenden somnambulen Gehorsam in allen anderen Stücken und der hartnäckigen Beständigkeit der Krankheitssymptome, weil letztere tief begründet und der Analyse unzugänglich sind, habe ich mir in einem anderen Falle einen tiefen Eindruck geholt. Ich behandelte ein junges, lebhaftes und begabtes Mädchen, das seit eineinhalb Jahren mit schwerer Gangstörung behaftet war, durch länger als fünf Monate, ohne ihr helfen zu können. Das Mädchen hatte Analgesie und schmerzhafte Stellen an beiden Beinen, rapiden Tremor an den Händen, ging vorgebeugt mit schweren Beinen, kleinen Schritten und schwankte wie cerebellar, fiel auch öfters hin. Ihre Stimmung war eine auffällig heitere. Eine unserer damaligen Wiener Autoritäten hatte sich durch diesen Symptomkomplex zur Diagnose einer multiplen Sklerose verleiten lassen, ein anderer Fachmann erkannte die Hysterie, für die auch die komplizierte Gestaltung des Krankheitsbildes zu Beginn der Erkrankung sprach (Schmerzen, Ohnmachten, Amaurose), und wies mir die Behandlung der Kranken zu. Ich versuchte ihren Gang durch hypnotische Suggestion, Behandlung der Beine in der Hypnose usw. zu bessern, aber ohne jeden Erfolg, obwohl sie eine ausgezeichnete Somnambule war. Eines Tages, als sie wieder ins Zimmer geschwankt kam, den einen Arm auf den ihres Vaters, den andern auf einen Regenschirm gestützt, dessen Spitze bereits stark abgerieben war, wurde ich ungeduldig und schrie sie in der Hypnose an: »Das ist jetzt die längste Zeit so gewesen. Morgen vormittag schon wird der Schirm da in der Hand zerbrechen und Sie werden ohne Schirm nach Hause gehen müssen, von da an werden Sie keinen Schirm mehr brauchen.« Ich weiß nicht, wie ich zu der Dummheit kam, eine Suggestion an einen Regenschirm zu richten; ich schämte mich nachträglich und ahnte nicht, daß meine kluge Patientin meine Rettung vor dem Vater, der Arzt war und den Hypnosen beiwohnte, übernehmen würde. Am nächsten Tage erzählte mir der Vater: »Wissen Sie, was sie gestern getan hat? Wir gehen auf der Ringstraße spazieren; plötzlich wird sie ausgelassen lustig und fängt an – mitten auf der Straße – zu singen: Ein freies Leben führen wir, schlägt dazu den Takt mit dem Schirm gegen das Pflaster und zerbricht den Schirm.« Sie hatte natürlich keine Ahnung davon, daß sie selbst mit soviel Witz eine unsinnige Suggestion in eine glänzend gelungene verwandelt hatte. Als ihr Zustand auf Versicherung, Gebot und Behandlung in der Hypnose sich nicht besserte, wandte ich mich an die psychische Analyse und verlangte zu wissen, welche Gemütsbewegung dem Ausbruche des Leidens vorhergegangen war. Sie erzählte jetzt (in der Hypnose, aber ohne alle Erregung), daß kurz vorher ein junger Verwandter gestorben sei, als dessen Verlobte sie sich seit langen Jahren betrachtet habe. Diese Mitteilung änderte aber gar nichts an ihrem Zustand; in der nächsten Hypnose sagte ich ihr demnach, ich sei ganz überzeugt, der Tod des Vetters habe mit ihrem Zustande nichts zu tun, es sei etwas anderes vorgefallen, was sie nicht erwähnt habe. Nun ließ sie sich zu einer einzigen Andeutung hinreißen, aber kaum daß sie ein Wort gesagt hatte, verstummte sie, und der alte Vater, der hinter ihr saß, begann bitterlich zu schluchzen. Ich drang natürlich nicht weiter in die Kranke, bekam sie aber auch nicht wieder zu Gesichte.

Als ich den somnambulen Zustand der Frau v. N... studierte, stiegen mir zum ersten Male gewichtige Zweifel an der Richtigkeit des Satzes Bernheims, *tout est dans la suggestion*, und an dem Gedankengange seines scharfsinnigen Freundes Delboeuf, *comme quoi il n'y a pas d'hypnotisme*, auf. Ich kann es auch heute nicht verstehen, daß mein vorgehaltener Finger und das einmalige »Schlafen Sie« den besonderen psychischen Zustand der Kranken geschaffen haben soll, in dem ihr Gedächtnis alle ihre psychischen Erlebnisse umfaßte. Ich konnte den Zustand hervorgerufen haben, geschaffen habe ich ihn nicht durch meine Suggestion, da seine Charaktere, die übrigens allgemein gültige sind, mich so sehr überraschten.
Auf welche Weise hier im Somnambulismus Therapie geübt wurde, ist aus der Krankengeschichte zur Genüge ersichtlich. Ich bekämpfte, wie es in der hypnotischen Psychotherapie gebräuchlich, die vorhandenen krankhaften Vorstellungen durch Versicherung, Verbot, Einführung von Gegenvorstellungen jeder Art, begnügte mich aber nicht damit, sondern ging der Entstehungsgeschichte der einzelnen Symptome nach, um die Voraussetzungen bekämpfen zu können, auf denen die krankhaften Ideen aufgebaut waren. Während dieser Analysen ereignete es sich dann regelmäßig, daß die Kranke sich unter den Zeichen heftigster Erregung über Dinge aussprach, deren Affekt bisher nur Abfluß als Ausdruck von Gemütsbewegung gefunden hatte. Wieviel von dem jedesmaligen therapeutischen Erfolge auf dies Wegsuggerieren *in statu nascendi*, wieviel auf die Lösung des Affektes durch Abreagieren kam, kann ich nicht angeben, denn ich habe beide therapeutischen Momente zusammenwirken lassen. Dieser Fall wäre demnach für den strengen Nachweis, daß der kathartischen Methode eine therapeutische Wirksamkeit innewohnt, nicht zu verwerten, allein ich muß doch sagen, daß nur jene Krankheitssymptome wirklich auf die Dauer beseitigt worden sind, bei denen ich die psychische Analyse durchgeführt hatte.
Der therapeutische Erfolg war im ganzen ein recht beträchtlicher, aber kein dauernder; die Eignung der Kranken, unter neuerlichen Traumen, die sie trafen, in ähnlicher Weise zu erkranken, wurde nicht beseitigt. Wer die endgültige Heilung einer solchen Hysterie unternehmen wollte, müßte sich eingehendere Rechenschaft über den Zusammenhang der Phänomene geben, als ich damals versuchte. Frau v. N... war sicherlich eine neuropathisch hereditär belastete Person. Ohne solche Disposition bringt man wahrscheinlich überhaupt keine Hysterie zustande. Aber die Disposition allein macht auch noch keine Hysterie, es gehören Gründe dazu, und zwar, wie ich behaupte, adäquate Gründe, eine Ätiologie bestimmter Natur. Ich habe vorhin erwähnt, daß bei Frau v. N... die Affekte so vieler traumatischer

Erlebnisse erhalten schienen und daß eine lebhafte Erinnerungstätigkeit bald dies, bald jenes Trauma an die psychische Oberfläche brachte. Ich möchte mich nun getrauen, den Grund für diese Erhaltung der Affekte bei Frau v. N . . . anzugeben. Er hängt allerdings mit ihrer hereditären Anlage zusammen. Ihre Empfindungen waren nämlich einerseits sehr intensiv, sie war eine heftige Natur, der größten Entbindung von Leidenschaftlichkeit fähig, anderseits lebte sie seit dem Tode ihres Mannes in völliger seelischer Vereinsamung, durch die Verfolgungen der Verwandtschaft gegen Freunde mißtrauisch gemacht, eifersüchtig darüber wachend, daß niemand zu viel Einfluß auf ihr Handeln gewinne. Der Kreis ihrer Pflichten war ein großer, und die ganze psychische Arbeit, die ihr aufgenötigt war, besorgte sie allein ohne Freund oder Vertraute, fast isoliert von ihrer Familie und unter der Erschwerung, die ihre Gewissenhaftigkeit, ihre Neigung zur Selbstquälerei, oft auch ihre natürliche Ratlosigkeit als Frau ihr auferlegten. Kurz, der Mechanismus der Retention großer Erregungssummen an und für sich ist hier nicht zu verkennen. Er stützt sich teils auf die Umstände ihres Lebens, teils auf ihre natürliche Anlage; ihre Scheu z. B. etwas über sich mitzuteilen, war so groß, daß keiner von den täglichen Besuchern ihres Hauses, wie ich 1891 mit Erstaunen merkte, sie als krank oder mich als ihren Arzt kannte.

Ob ich damit die Ätiologie dieses Falles von Hysterie erschöpft habe? Ich glaube es nicht, denn ich stellte mir zur Zeit der beiden Behandlungen noch nicht jene Fragen, deren Beantwortung es für eine erschöpfende Aufklärung bedarf. Ich denke jetzt, es muß noch etwas hinzugekommen sein, um bei den durch lange Jahre unveränderten ätiologisch wirksamen Verhältnissen einen Ausbruch des Leidens gerade in den letzten Jahren zu provozieren. Es ist mir auch aufgefallen, daß in all den intimen Mitteilungen, die mir die Patientin machte, das sexuelle Element, das doch wie kein anderes Anlaß zu Traumen gibt, völlig fehlte. So ohne jeglichen Rest können die Erregungen in dieser Sphäre wohl nicht geblieben sein, es war wahrscheinlich eine *editio in usum delphini* ihrer Lebensgeschichte, die ich zu hören bekam. Die Patientin war in ihrem Benehmen von der größten, ungekünstelt erscheinenden Dezenz, ohne Prüderie. Wenn ich aber an die Zurückhaltung denke, mit der sie mir in der Hypnose das kleine Abenteuer ihrer Kammerfrau im Hotel erzählte, komme ich auf den Verdacht, diese heftige, so starker Empfindungen fähige Frau habe den Sieg über ihre sexuellen Bedürfnisse nicht ohne schwere Kämpfe gewonnen und sich zuzeiten bei dem Versuche einer Unterdrückung dieses mächtigsten aller Triebe psychisch schwer erschöpft. Sie gestand mir einmal, daß sie nicht wieder geheiratet habe, weil sie bei ihrem großen Vermögen der Uneigennützigkeit der Bewerber nicht vertrauen konnte und weil sie sich

Vorwürfe gemacht hätte, den Interessen ihrer beiden Kinder durch eine neue Verheiratung zu schaden.

Noch eine Bemerkung muß ich anfügen, ehe ich die Krankengeschichte der Frau v. N . . . beschließe. Wir kannten sie beide ziemlich genau, Dr. B r e u e r und ich, und durch ziemlich lange Zeit, und wir pflegten zu lächeln, wenn wir ihr Charakterbild mit der Schilderung der hysterischen Psyche verglichen, die sich seit alten Zeiten durch die Bücher und die Meinung der Ärzte zieht. Wenn wir aus der Beobachtung der Frau Cäcilie M . . . ersehen hatten, daß Hysterie schwerster Form mit der reichhaltigsten und originellsten Begabung vereinbar ist — eine Tatsache, die übrigens aus den Biographien der für Geschichte und Literatur bedeutsamen Frauen bis zur Evidenz hervorleuchtet —, so hatten wir an Frau Emmy v. N . . . ein Beispiel dafür, daß die Hysterie auch tadellose Charakterentwicklung und zielbewußte Lebensführung nicht ausschließt. Es war eine ausgezeichnete Frau, die wir kennengelernt hatten, deren sittlicher Ernst in der Auffassung ihrer Pflichten, deren geradezu männliche Intelligenz und Energie, deren hohe Bildung und Wahrheitsliebe uns beiden imponierte, während ihre gütige Fürsorge für alle ihr unterstehenden Personen, ihre innere Bescheidenheit und die Feinheit ihrer Umgangsformen sie auch als Dame achtenswert erscheinen ließ. Eine solche Frau eine »Degenerierte« zu nennen, heißt die Bedeutung dieses Wortes bis zur Unkenntlichkeit entstellen. Man tut gut daran, die »disponierten« Menschen von den »degenerierten« begrifflich zu sondern, sonst wird man sich zum Zugeständnisse gezwungen sehen, daß die Menschheit einen guten Teil ihrer großen Errungenschaften den Anstrengungen »degenerierter« Individuen zu verdanken hat.

Ich gestehe auch, ich kann in der Geschichte der Frau v. N . . . nichts von der »psychischen Minderleistung« finden, auf welche P. J a n e t die Entstehung der Hysterie zurückführt. Die hysterische Disposition bestünde nach ihm in einer abnormen Enge des Bewußtseinsfeldes (infolge hereditärer Degeneration), welche zur Vernachlässigung ganzer Reihen von Wahrnehmungen, in weiterer Folge zum Zerfall des Ich und zur Organisierung sekundärer Persönlichkeiten Anlaß gibt. Demnach müßte auch der Rest des Ich, nach Abzug der hysterisch organisierten psychischen Gruppen, minder leistungsfähig sein als das normale Ich, und in der Tat ist nach J a n e t dieses Ich bei den Hysterischen mit psychischen Stigmaten belastet, zum Monoideismus verurteilt und der gewöhnlichen Willensleistungen des Lebens unfähig. Ich meine, J a n e t hat hier Folgezustände der hysterischen Bewußtseinsveränderung mit Unrecht zu dem Range von primären Bedingungen der Hysterie erhoben. Das Thema ist einer eingehenderen Behandlung an anderer Stelle wert; bei Frau v. N . . . aber war von solcher Minderleistung nichts zu bemerken. Während der Periode ihrer schwersten Zustände war und blieb sie fähig, ihren Anteil an der Leitung eines großen industriellen Unternehmens zu besorgen, die Erziehung ihrer Kinder niemals aus den Augen zu verlieren, ihren Briefverkehr mit geistig hervorragenden Personen fortzusetzen, kurz allen ihren Pflichten soweit nachzukommen, daß ihr Kranksein verborgen bleiben konnte. Ich sollte doch meinen, das ergäbe ein ansehnliches Maß von psychischer Überleistung, das vielleicht auf die Dauer nicht haltbar war, das zu einer Erschöpfung, zur sekundären *misère psychologique* führen mußte. Wahrscheinlich begannen zur Zeit, da ich sie zuerst sah, bereits solche Störungen ihrer Leistungsfähigkeit sich fühlbar zu machen, aber jedenfalls hatte schwere Hysterie lange Jahre vor diesen Symptomen der Erschöpfung bestanden.[29]

3. *Miß Lucy R., dreißig Jahre* (Freud)

Ende 1892 wies ein befreundeter Kollege eine junge Dame an mich, die wegen chronisch wiederkehrender eitriger Rhinitiden in seiner Behandlung stand. Wie sich später herausstellte, war eine Karies des Siebbeines die Ursache der Hartnäckigkeit ihrer Beschwerden. Zuletzt hatte sich die Patientin an ihn wegen neuer Symptome gewendet, die der kundige Arzt nicht mehr auf lokale

29 [*Zusatz 1924:*] Ich weiß, daß kein Analytiker heute diese Krankengeschichte ohne ein mitleidiges Lächeln lesen kann. Aber man möge bedenken, daß es der erste Fall war, in dem ich das kathartische Verfahren in ausgiebigem Maße anwendete. Ich will darum auch dem Bericht seine ursprüngliche Form lassen, keine der Kritiken vorbringen, die sich heute so leicht ergeben, keinen Versuch zur nachträglichen Ausfüllung der zahlreichen Lücken unternehmen. Nur zweierlei will ich hinzufügen: meine später gewonnene Einsicht in die aktuelle Ätiologie der Erkrankung und Nachrichten über den weiteren Verlauf derselben.
Als ich, wie erwähnt, einige Tage als Gast in ihrem Landhaus zubrachte, war bei einer Mahlzeit ein Fremder anwesend, der sich offenbar bemühte, angenehm zu sein. Nach seinem Weggehen fragte sie mich, wie er mir gefallen habe, und setzte so beiläufig hinzu: Denken Sie sich, der Mann will mich heiraten. Im Zusammenhang mit anderen Äußerungen, die ich einzuschätzen versäumt hatte, mußte ich die Aufklärung gewinnen, daß sie sich damals nach einer neuen Ehe sehnte, aber in der Existenz der beiden Töchter, der Erbinnen des väterlichen Vermögens, das Hindernis gegen die Verwirklichung ihrer Absicht fand.
Einige Jahre später traf ich auf einer Naturforscherversammlung einen hervorragenden Arzt aus der Heimat der Frau Emmy, den ich befragte, ob er die Dame kenne und etwas von ihrem Befinden wisse. Ja, er kannte sie und hatte sie selbst hypnotisch behandelt, sie hatte mit ihm – und noch vielen anderen Ärzten – dasselbe Stück aufgeführt wie mit mir. Sie war in elenden Zuständen gekommen, hatte die hypnotische Behandlung mit außerordentlichem Erfolg gelohnt, um sich dann plötzlich mit dem Arzt zu verfeinden, ihn zu verlassen und das ganze Ausmaß ihres Krankseins wieder zu aktivieren. Es war der richtige »Wiederholungszwang«.
Erst nach einem Vierteljahrhundert erhielt ich wieder Kunde von Frau Emmy. Ihre ältere Tochter, dieselbe, der ich ehemals eine so ungünstige Prognose gestellt hatte, wandte sich an mich mit dem Ersuchen um ein Gutachten über den Geisteszustand ihrer Mutter aufgrund meiner seinerzeitigen Behandlung. Sie beabsichtigte gerichtliche Schritte gegen die Mutter zu unternehmen, die sie als grausame und rücksichtslose Tyrannin schilderte. Sie hatte beide Kinder verstoßen und weigerte sich, ihnen in ihrer materiellen Not beizustehen. Die Schreiberin selbst hatte einen Doktortitel erworben und war verheiratet.

Affektion schieben konnte. Sie hatte die Geruchswahrnehmung völlig eingebüßt und wurde von ein oder zwei subjektiven Geruchsempfindungen fast unausgesetzt verfolgt. Sie empfand dieselben sehr peinlich, war außerdem in ihrer Stimmung gedrückt, müde, klagte über schweren Kopf, verminderte Eßlust und Leistungsfähigkeit.

Die junge Dame, die als Gouvernante im Hause eines Fabrikdirektors im erweiterten Wien lebte, besuchte mich von Zeit zu Zeit in meiner Ordinationsstunde. Sie war Engländerin, von zarter Konstitution, pigmentarm, bis auf die Affektion der Nase gesund. Ihre ersten Mitteilungen bestätigten die Angaben des Arztes. Sie litt an Verstimmung und Müdigkeit, wurde von subjektiven Geruchsempfindungen gequält, zeigte von hysterischen Symptomen eine ziemlich deutliche allgemeine Analgesie bei intakter Tastempfindlichkeit, die Gesichtsfelder ergaben bei grober Prüfung (mit der Hand) keine Einschränkung. Das Innere der Nase war vollkommen analgisch und reflexlos. Berührungen wurden verspürt, die Wahrnehmung dieses Sinnesorganes war sowohl für spezifische wie für andere Reize (Ammoniak, Essigsäure) aufgehoben. Der eitrige Nasenkatarrh befand sich eben in einer Periode der Besserung.

Bei dem ersten Bemühen, den Krankheitsfall verständlich zu machen, mußten sich die subjektiven Geruchsempfindungen als wiederkehrende Halluzinationen der Deutung von hysterischen Dauersymptomen fügen. Die Verstimmung war vielleicht der zu dem Trauma gehörige Affekt, und es mußte sich ein Erlebnis finden lassen, bei dem diese jetzt subjektiv gewordenen Gerüche objektiv gewesen waren, dieses Erlebnis mußte das Trauma sein, als dessen Symbole in der Erinnerung die Geruchsempfindungen wiederkehrten. Vielleicht war es richtiger, die wiederkehrenden Geruchshalluzinationen, samt der sie begleitenden Verstimmung, als Äquivalente des hysterischen Anfalles zu betrachten; die Natur wiederkehrender Halluzinationen macht sie ja zur Rolle von Dauersymptomen ungeeignet. Darauf kam es in diesem rudimentär ausgebildeten Falle wirklich nicht an; durchaus erforderlich war aber, daß die subjektiven Geruchsempfindungen eine solche Spezialisierung zeigten, wie sie ihrer Herkunft von einem ganz bestimmten realen Objekt entsprechen konnte.

Diese Erwartung erfüllte sich alsbald. Auf meine Frage, was für ein Geruch sie zumeist verfolge, erhielt ich die Antwort: wie von verbrannter Mehlspeise. Ich brauchte also nur anzunehmen, es sei wirklich der Geruch verbrannter Mehlspeise, der in dem traumatisch wirksamen Erlebnisse vorgekommen sei. Daß Geruchsempfindungen zu Erinnerungssymbolen von Traumen gewählt werden, ist zwar recht ungewöhnlich, allein es lag nahe, einen Grund für diese Auswahl anzugeben. Die Kranke war mit eitriger Rhinitis behaftet, darum die Nase und deren Wahrnehmungen im Vordergrunde ihrer Aufmerksamkeit. Von den Lebensverhältnissen der Kranken wußte ich nur, daß in dem Hause, dessen zwei Kinder sie behütete, die Mutter fehlte, die vor einigen Jahren an akuter schwerer Erkrankung gestorben war.

Ich beschloß also, den Geruch nach »verbrannter Mehlspeise« zum Ausgangspunkte der Analyse zu machen. Die Geschichte dieser Analyse will ich so erzählen, wie sie unter günstigen Verhältnissen hätte vorfallen können; tatsächlich dehnte sich, was eine einzige Sitzung hätte werden sollen, auf mehrere aus, da die Kranke mich nur in der Sprechstunde besuchen konnte, wo ich ihr wenig Zeit zu widmen hatte, und zog sich ein einziges solches Gespräch über mehr als eine Woche, da ihre Pflichten ihr auch nicht gestatteten, den weiten Weg von der Fabrik zu mir so oft zu machen. Wir brachen also mitten in der Unterredung ab, um nächstesmal den Faden an der nämlichen Stelle wiederaufzunehmen.

Miß Lucy R. wurde nicht somnambul, als ich sie in Hypnose zu versetzen versuchte. Ich verzichtete also auf den Somnambulismus und machte die ganze Analyse mit ihr in einem Zustande durch, der sich vom normalen vielleicht überhaupt wenig unterschied.

Ich muß mich über diesen Punkt in der Technik meines Verfahrens eingehender äußern. Als ich im Jahre 1889 die Kliniken von Nancy besuchte, hörte ich den Altmeister der Hypnose, den Dr. Liébeault, sagen: »Ja, wenn wir die Mittel besäßen, jedermann somnambul zu machen, wäre die hypnotische Heilmethode die mächtigste von allen.« Auf der Klinik Bernheims schien es fast, als gäbe es wirklich eine solche Kunst und als könnte man sie von Bernheim lernen. Sobald ich aber diese Kunst an meinen eigenen Kranken zu üben versuchte, merkte ich, daß wenigstens meinen Kräften in dieser Hinsicht enge Schranken gezogen seien und daß, wo ein Patient nicht nach ein bis drei Versuchen somnambul wurde, ich auch kein Mittel besaß, ihn dazu zu machen. Der Prozentsatz der Somnambulen blieb aber in meiner Erfahrung weit hinter dem von Bernheim angegebenen zurück.

So stand ich vor der Wahl, entweder die kathartische Methode in den meisten Fällen, die sich dazu eignen mochten, zu unterlassen oder den Versuch zu wagen, sie außerhalb des Somnambulismus in leichten und selbst in zweifelhaften Fällen von hypnotischer Beeinflussung auszuüben. Welchem Grade von Hypnose — nach einer der hiefür aufgestellten Skalen — der nicht somnambule Zustand entsprach, schien mir gleichgültig, da ja jede Richtung der Suggerierbarkeit von der anderen ohnedies unabhängig ist, und die Hervorrufung von Katalepsie, automatischen Bewegungen u. dgl. für eine Erleichterung in der Er-

weckung von vergessenen Erinnerungen, wie ich sie brauchte, nichts präjudiziert. Ich gewöhnte mir auch bald die Vornahme jener Versuche ab, welche den Grad der Hypnose bestimmen sollen, da diese in einer ganzen Reihe von Fällen den Widerstand der Kranken rege machten und mir das Zutrauen trübten, das ich für die wichtigere psychische Arbeit brauchte. Überdies war ich bald müde geworden, auf die Versicherung und den Befehl: »Sie werden schlafen, schlafen Sie!« immer wieder bei leichteren Graden von Hypnose den Einspruch zu hören: »Aber, Herr Doktor, ich schlafe ja nicht«, um dann die allzu heikle Unterscheidung vorbringen zu müssen: »Ich meine ja nicht den gewöhnlichen Schlaf, ich meine die Hypnose. Sehen Sie, Sie sind hypnotisiert, Sie können ja die Augen nicht öffnen u. dgl. Übrigens brauche ich den Schlaf gar nicht« u. dgl. Ich bin selbst überzeugt, daß viele meiner Kollegen in der Psychotherapie sich aus diesen Schwierigkeiten geschickter zu ziehen wissen als ich; die mögen dann auch anders verfahren. Ich finde aber, wenn man in solcher Häufigkeit darauf rechnen darf, sich durch den Gebrauch eines Wortes Verlegenheit zu bereiten, tut man besser daran, dem Worte und der Verlegenheit aus dem Wege zu gehen. Wo also der erste Versuch nicht Somnambulismus oder einen Grad von Hypnose mit ausgesprochenen körperlichen Veränderungen ergab, da ließ ich die Hypnose scheinbar fallen, verlangte nur »Konzentration« und ordnete die Rückenlage und willkürlichen Verschluß der Augen als Mittel zur Erreichung dieser »Konzentration« an. Ich mag dabei mit leichter Mühe zu so tiefen Graden der Hypnose gelangt sein, als es überhaupt erreichbar war.
Indem ich aber auf den Somnambulismus verzichtete, beraubte ich mich vielleicht einer Vorbedingung, ohne welche die kathartische Methode unanwendbar schien. Sie beruhte ja darauf, daß die Kranken in dem veränderten Bewußtseinszustande solche Erinnerungen zur Verfügung hatten und solche Zusammenhänge erkannten, die in ihrem normalen Bewußtseinszustande angeblich nicht vorhanden waren. Wo die somnambule Erweiterung des Gedächtnisses wegfiel, mußte auch die Möglichkeit ausbleiben, eine Kausalbestimmung herzustellen, die der Kranke dem Arzte nicht als eine ihm bekannte entgegenbrachte, und gerade die pathogenen Erinnerungen sind es ja, »die dem Gedächtnisse der Kranken in ihrem gewöhnlichen psychischen Zustande fehlen oder nur höchst summarisch darin vorhanden sind«. (Vorl. Mitteilung.)
Aus dieser neuen Verlegenheit half mir die Erinnerung, daß ich Bernheim selbst den Beweis hatte erbringen sehen, die Erinnerungen des Somnambulismus seien im Wachzustande nur scheinbar vergessen und ließen sich durch leichtes Mahnen, verknüpft mit einem Handgriffe, der einen anderen Bewußtseinszustand markieren sollte, wieder hervorrufen. Er hatte z. B. einer

Somnambulen die negative Halluzination erteilt, er sei nicht mehr anwesend, hatte sich dann auf die mannigfaltigsten Weisen und durch schonungslose Angriffe ihr bemerkbar zu machen versucht. Es war nicht gelungen. Nachdem die Kranke erweckt war, verlangte er zu wissen, was er mit ihr vorgenommen, während sie geglaubt habe, er sei nicht da. Sie gab erstaunt zur Antwort, sie wisse von nichts, aber er gab nicht nach, behauptete, sie würde sich an alles erinnern, legte ihr die Hand auf die Stirne, damit sie sich besänne, und siehe da, sie erzählte endlich alles, was sie im somnambulen Zustande angeblich nicht wahrgenommen und wovon sie im Wachzustande angeblich nichts gewußt hatte.

Dieser erstaunliche und lehrreiche Versuch war mein Vorbild. Ich beschloß, von der Voraussetzung auszugehen, daß meine Patienten alles, was irgend von pathogener Bedeutung war, auch wußten, und daß es sich nur darum handle, sie zum Mitteilen zu nötigen. Wenn ich also zu einem Punkte gekommen war, wo ich auf die Frage: »Seit wann haben Sie dies Symptom?« oder »Woher rührt es?« die Antwort bekam: »Das weiß ich wirklich nicht«, so verfuhr ich folgendermaßen: Ich legte der Kranken die Hand auf die Stirne oder nahm ihren Kopf zwischen meine beiden Hände und sagte: »Es wird Ihnen jetzt einfallen unter dem Drucke meiner Hand. Im Augenblicke, da ich mit dem Drucke aufhöre, werden Sie etwas vor sich sehen oder wird Ihnen etwas als Einfall durch den Kopf gehen und das greifen Sie auf. Es ist das, was wir suchen. – Nun, was haben Sie gesehen oder was ist Ihnen eingefallen?«

Als ich dieses Verfahren die ersten Male anwendete (es war nicht bei Miß Lucy R.), war ich selbst erstaunt, daß es mir gerade das lieferte, was ich brauchte, und ich darf sagen, es hat mich seither kaum jemals im Stiche gelassen, hat mir immer den Weg gezeigt, den meine Ausforschung zu gehen hatte, und hat mir ermöglicht, jede derartige Analyse ohne Somnambulismus zu Ende zu führen. Ich wurde allmählich so kühn, daß ich den Patienten, die zur Antwort gaben: »Ich sehe nichts« oder: »Mir ist nichts eingefallen«, erklärte: das sei nicht möglich. Sie hätten gewiß das Richtige erfahren, nur glaubten sie nicht daran, daß es das sei, und hätten es verworfen. Ich würde die Prozedur wiederholen, so oft sie wollten, sie würden jedesmal dasselbe sehen. Ich behielt in der Tat jedesmal recht, die Kranken hatten noch nicht gelernt, ihre Kritik ruhen zu lassen, hatten die auftauchende Erinnerung oder den Einfall verworfen, weil sie ihn für unbrauchbar, für eine dazwischenkommende Störung hielten, und nachdem sie ihn mitgeteilt hatten, ergab es sich jedesmal, daß es der richtige war. Gelegentlich bekam ich auch die Antwort, wenn ich die Mitteilung nach dem dritten oder vierten Druck erzwungen hatte: »Ja, das habe ich schon beim ersten

Male gewußt, aber gerade das habe ich nicht sagen wollen«, oder »Ich habe gehofft, das wird es nicht sein.«
Mühevoller war diese Art, das angeblich verengte Bewußtsein zu erweitern, immerhin weit mehr als das Ausforschen im Somnambulismus, aber sie machte mich doch vom Somnambulismus unabhängig und gestattete mir eine Einsicht in die Motive, die häufig für das »Vergessen« von Erinnerungen ausschlaggebend sind. Ich kann behaupten, dieses Vergessen ist oft ein beabsichtigtes, gewünschtes. Es ist immer ein nur s c h e i n b a r gelungenes.
Vielleicht noch merkwürdiger ist mir erschienen, daß man angeblich längst vergessene Zahlen und Daten durch ein ähnliches Verfahren wiederbringen und so eine unvermutete Treue des Gedächtnisses erweisen kann.
Die geringe Auswahl, die man bei der Suche nach Zahlen und Daten hat, gestattet nämlich, den aus der Lehre von der Aphasie bekannten Satz zur Hilfe zu nehmen, daß Erkennen eine geringere Leistung des Gedächtnisses ist als sich spontan besinnen.
Man sagt also dem Patienten, der sich nicht erinnern kann, in welchem Jahre, Monate und an welchem Tage ein gewisses Ereignis vorfiel, die Jahreszahlen, um die es sich handeln kann, die zwölf Monatsnamen, die einunddreißig Zahlen der Monatstage vor und versichert ihm, daß bei der richtigen Zahl oder beim richtigen Namen sich seine Augen von selbst öffnen würden, oder daß er dabei fühlen werde, welche Zahl die richtige sei. In den allermeisten Fällen entscheiden sich dann die Kranken wirklich für ein bestimmtes Datum, und häufig genug (so bei Frau Cäcilie M.) ließ sich durch vorhandene Aufzeichnungen aus jener Zeit nachweisen, daß das Datum richtig erkannt war. Andere Male und bei anderen Kranken ergab sich aus dem Zusammenhange der erinnerten Tatsachen, daß das so gefundene Datum unanfechtbar war. Die Kranke bemerkte zum Beispiel, nachdem man ihr das durch »Auszählen« gewonnene Datum vorgehalten hatte: »Das ist ja der Geburtstag des Vaters« und setzte dann fort: »Ja gewiß, weil es der Geburtstag des Vaters war, habe ich ja das Ereignis, von dem wir sprachen, erwartet.«
Ich kann dieses Thema hier nur streifen. Der Schluß, den ich aus all diesen Erfahrungen zog, war der, daß die als pathogen wichtigen Erlebnisse mit all ihren Nebenumständen treulich vom Gedächtnisse festgehalten werden, auch wo sie vergessen scheinen, wo dem Kranken die Fähigkeit fehlt, sich auf sie zu besinnen.[1]

1 Ich will als Beispiel für die oben geschilderte Technik des Ausforschens im nicht somnambulen Zustande, also bei nicht erweitertem Bewußtsein, einen Fall erzählen, den ich gerade in den letzten Tagen analysiert habe. Ich behandle eine Frau von achtunddreißig Jahren, die an Angstneurose (Agoraphobie, Todesangstanfällen u. dgl.) leidet. Sie hat, wie so viele dieser Kranken, eine Abneigung zuzugestehen,

daß sie dieses Leiden in ihrem ehelichen Leben akquiriert hat, und möchte es gerne in ihre frühe Jugend zurückschieben. So berichtet sie mir, daß sie als siebzehnjähriges Mädchen den ersten Anfall von Schwindel mit Angst und Ohnmachtsgefühl auf der Straße ihrer kleinen Heimatstadt bekommen hat und daß diese Anfälle sich zeitweise wiederholt haben, bis sie vor wenigen Jahren dem jetzigen Leiden den Platz räumten. Ich vermute, daß diese ersten Schwindelanfälle, bei denen sich die Angst immer mehr verwischte, hysterische waren, und beschließe, in die Analyse derselben einzugehen. Sie weiß zunächst nur, daß dieser erste Anfall sie überfiel, während sie ausgegangen war, in den Läden der Hauptstraße Einkäufe zu machen. – Was wollten Sie denn einkaufen? Verschiedenes, ich glaube, für einen Ball, zu dem ich eingeladen war. – Wann sollte dieser Ball stattfinden? – Es kommt mir vor, zwei Tage später. – Da muß doch einige Tage vorher etwas vorgefallen sein, was Sie aufregte, was Ihnen einen Eindruck machte. – Ich weiß aber nichts, es sind einundzwanzig Jahre her. – Das macht nichts, Sie werden sich doch erinnern. Ich drücke auf Ihren Kopf, und wenn ich mit dem Druck nachlasse, werden Sie an etwas denken oder werden etwas sehen; das sagen Sie dann . . . Ich nehme die Prozedur vor; sie schweigt aber. – Nun, ist Ihnen nichts eingefallen? – Ich habe an etwas gedacht, aber das kann doch keinen Zusammenhang damit haben. – Sagen Sie's nur. – Ich habe an eine Freundin gedacht, ein junges Mädchen, die gestorben ist; aber die ist gestorben, wie ich achtzehn Jahre alt war, also ein Jahr später. – Wir werden sehen, bleiben wir jetzt dabei. Was war mit dieser Freundin? – Ihr Tod hat mich sehr erschüttert, weil ich viel mit ihr verkehrte. Einige Wochen vorher war ein anderes junges Mädchen gestorben, das hat viel Aufsehen in der Stadt gemacht; also dann war es doch, wie ich siebzehn Jahre alt war. – Sehen Sie, ich habe Ihnen gesagt, man kann sich auf die Dinge verlassen, die einem unter dem Drucke der Hand einfallen. Nun erinnern Sie sich, was für ein Gedanke war dabei, als Sie den Schwindelanfall auf der Straße bekamen? – Es war gar kein Gedanke dabei, nur ein Schwindel. – Das ist nicht möglich, solche Zustände gibt es nicht ohne eine begleitende Idee. Ich werde wieder drücken, und der Gedanke von damals wird Ihnen wiederkommen. – Also was ist Ihnen eingefallen? – Mir ist eingefallen: Jetzt bin ich die dritte. – Was heißt das? – Ich muß bei dem Schwindelanfall gedacht haben: Jetzt sterbe ich auch wie die beiden andern jungen Mädchen. – Das war also die Idee; Sie haben bei dem Anfall an die Freundin gedacht. Da muß Ihnen also ihr Tod einen großen Eindruck gemacht haben. – Ja gewiß, ich erinnere mich jetzt, wie ich von dem Todesfalle gehört habe, war es mir schrecklich, daß ich auf einen Ball gehen soll, während sie tot ist. Aber ich habe mich so auf den Ball gefreut und war so beschäftigt mit der Einladung; ich habe gar nicht an das traurige Ereignis denken wollen. (Man bemerke hier die absichtliche Verdrängung aus dem Bewußtsein, welche die Erinnerung an die Freundin pathogen macht.)

Der Anfall ist jetzt einigermaßen aufgeklärt, ich bedarf aber noch eines okkasionellen Momentes, welches die Erinnerung gerade damals provoziert, und bilde mir darüber eine zufällig glückliche Vermutung. – Sie erinnern sich genau, durch welche Straße Sie damals gegangen sind? – Freilich, die Hauptstraße mit ihren alten Häusern, ich sehe sie vor mir. – Nun, und wo hatte die Freundin gewohnt? – In derselben Straße, ich war eben vorbeigegangen, zwei Häuser weiter ist mir der Anfall gekommen. – Dann hat Sie also das Haus, während Sie vorbeigingen, an die tote Freundin erinnert und der Kontrast, von dem Sie damals nichts wissen wollten, Sie neuerdings gepackt.

Ich gebe mich noch immer nicht zufrieden. Vielleicht war doch noch etwas anderes im Spiele, was bei dem bis dahin normalen Mädchen die hysterische Disposition wachgerufen oder verstärkt hat. Meine Vermutungen lenken sich auf das periodische Unwohlsein als ein dazu geeignetes Moment, und ich frage: Wissen Sie, wann in dem Monate die Periode kam? – Sie wird unwillig: Das soll ich auch noch wissen? Ich weiß nur, sie war um diese Zeit sehr selten und sehr unregelmäßig. Wie ich siebzehn Jahre alt war, hatte ich sie nur einmal. – Also, wir werden auszählen, wann dieses eine Mal war. – Sie entscheidet sich beim Auszählen mit Sicherheit für einen Monat und schwankt zwischen zwei Tagen unmittelbar vor einem Datum, das einem fixen Festtag angehört. – Stimmt das irgendwie mit der Zeit des Balles? Sie antwortet kleinlaut: Der Ball war – an dem Feiertag. Und jetzt erinnere ich mich auch, es hat mir einen Eindruck gemacht, daß die einzige Periode, die ich in diesem Jahre hatte, gerade vor dem Balle kommen mußte. Es war der erste, zu dem ich geladen war.

Man kann sich jetzt den Zusammenhang der Begebenheiten unschwer rekonstruieren und sieht in den Mechanismus dieses hysterischen Anfalles hinein. Dieses Ergebnis war freilich mühselig genug gewonnen und bedurfte des vollen Zutrauens in die Technik von meiner Seite und einzelner leitender Einfälle, um solche Einzelheiten eines vergessenen Erlebnisses nach einundzwanzig Jahren bei einer ungläubigen, eigentlich wachen Patientin wiederzuerwecken. Dann aber stimmte alles zusammen.

Ich kehre nach dieser langen, aber unabweisbaren Abschweifung zur Geschichte von Miß Lucy R. zurück. Sie wurde also beim Versuche der Hypnose nicht somnambul, sondern lag bloß ruhig da in irgendeinem Grade leichterer Beeinflussung, die Augen stetig geschlossen, die Miene etwas starr, ohne mit einem Gliede zu rühren. Ich fragte sie, ob sie sich erinnere, bei welchem Anlasse die Geruchsempfindung der verbrannten Mehlspeise entstanden sei. — O ja, das weiß ich ganz genau. Es war vor ungefähr zwei Monaten, zwei Tage vor meinem Geburtstage. Ich war mit den Kindern im Schulzimmer und spielte mit ihnen (zwei Mädchen) Kochen, da wurde ein Brief hereingebracht, den der Briefträger eben abgegeben hatte. Ich erkannte an Poststempel und Handschrift, daß der Brief von meiner Mutter in G l a s g o w sei, wollte ihn öffnen und lesen. Da kamen die Kinder auf mich losgestürzt, rissen mir den Brief aus der Hand und riefen: Nein, du darfst ihn jetzt nicht lesen, er ist gewiß für deinen Geburtstag, wir werden ihn dir aufheben. Während die Kinder so um mich spielten, verbreitete sich plötzlich ein intensiver Geruch. Die Kinder hatten die Mehlspeise, die sie kochten, im Stiche gelassen, und die war angebrannt. Seit damals verfolgt mich dieser Geruch, er ist eigentlich immer da und wird stärker bei Aufregung.

Sie sehen diese Szene deutlich vor sich? — Greifbar, wie ich sie erlebt habe. — Was konnte Sie denn daran so aufregen? — Es rührte mich, daß die Kinder so zärtlich gegen mich waren. — Waren sie das nicht immer? — Ja, aber gerade als ich den Brief der Mutter bekam. — Ich verstehe nicht, inwiefern die Zärtlichkeit der Kleinen und der Brief der Mutter einen Kontrast ergeben haben sollen, den Sie doch anzudeuten scheinen. — Ich hatte nämlich die Absicht, zu meiner Mutter zu reisen, und da fiel es mir so schwer aufs Herz, diese lieben Kinder zu verlassen. — Was ist's mit Ihrer Mutter? Lebt sie wohl so einsam und hat Sie zu sich beschieden? Oder war sie krank um diese Zeit und Sie erwarteten Nachricht von ihr? — Nein, sie ist kränklich, aber nicht gerade krank und hat eine Gesellschafterin bei sich. — Warum mußten Sie also die Kinder verlassen? — Es war im Hause nicht mehr auszuhalten. Die Haushälterin, die Köchin und die Französin scheinen geglaubt zu haben, daß ich mich in meiner Stellung überhebe, haben sich zu einer kleinen Intrige gegen mich vereinigt, dem Großpapa (der Kinder) alles mögliche über mich hinterbracht, und ich fand an den beiden Herren nicht die Stütze, die ich erwartet hatte, als ich bei ihnen Klage führte. Darauf habe ich dem Herrn Direktor (dem Vater der Kinder) meine Demission angeboten, er antwortete sehr freundlich, ich sollte es mir doch zwei Wochen überlegen, ehe ich ihm meinen definitiven Entschluß mitteilte. In dieser Zeit der Schwebe war ich damals; ich glaubte, ich würde das Haus verlassen. Ich bin seither geblieben. — Und fesselte Sie etwas Besonderes an die Kinder außer deren Zärtlichkeit gegen Sie? — Ja, ich hatte der Mutter, die eine entfernte Verwandte meiner Mutter war, auf ihrem Totenbette versprochen, daß ich mich der Kleinen mit allen Kräften annehmen, daß ich sie nicht verlassen und ihnen die Mutter ersetzen werde. Dieses Versprechen hatte ich gebrochen, als ich gekündigt hatte.

So schien denn die Analyse der subjektiven Geruchsempfindung vollendet; dieselbe war in der Tat dereinst eine objektive gewesen, und zwar innig assoziiert mit einem Erlebnisse, einer kleinen Szene, in welcher widerstreitende Affekte einander entgegengetreten waren, das Bedauern, diese Kinder zu verlassen, und die Kränkungen, welche sie doch zu diesem Entschlusse drängten. Der Brief der Mutter hatte sie begreiflicherweise an die Motive zu diesem Entschlusse erinnert, da sie von hier zu ihrer Mutter zu gehen gedachte. Der Konflikt der Affekte hatte den Moment zum Trauma erhoben, und als Symbol des Traumas war ihr die damit verbundene Geruchsempfindung geblieben. Es bedurfte noch der Erklärung dafür, daß sie von all den sinnlichen Wahrnehmungen jener Szene gerade den einen Geruch zum Symbole ausgewählt hatte. Ich war aber schon darauf vorbereitet, die chronische Erkrankung ihrer Nase für diese Erklärung zu verwerten. Auf mein direktes Fragen gab sie auch an, sie hätte gerade zu dieser Zeit wieder an einem so heftigen Schnupfen gelitten, daß sie kaum etwas roch. Den Geruch der verbrannten Mehlspeise nahm sie aber in ihrer Erregung doch wahr, er durchbrach die organisch begründete Anosmie.

Ich gab mich mit der so erreichten Aufklärung nicht zufrieden. Es klang ja alles recht plausibel, aber es fehlte mir etwas, ein annehmbarer Grund, weshalb diese Reihe von Erregungen und dieser Widerstreit der Affekte gerade zur Hysterie geführt haben mußte. Warum blieb das Ganze nicht auf dem Boden des normalen psychischen Lebens? Mit anderen Worten, woher die Berechtigung zu der hier vorliegenden Konversion? Warum erinnerte sie sich nicht beständig an die Szene selbst, anstatt an die mit ihr verknüpfte Sensation, die sie als Symbol für die Erinnerung bevorzugte? Solche Fragen mochten vorwitzig und überflüssig sein, wo es sich um eine alte Hysterika handelte, welcher jener Mechanismus der Konversion habituell war. Dieses Mädchen hatte aber erst bei diesem Trauma oder wenigstens bei dieser kleinen Leidensgeschichte Hysterie akquiriert.

Nun wußte ich bereits aus der Analyse ähnlicher Fälle, daß, wo Hysterie neu akquiriert werden soll, eine psychische Bedingung hiefür unerläßlich ist, nämlich daß eine Vorstellung *absichtlich aus dem Bewußtsein verdrängt*, von der assoziativen Verarbeitung ausgeschlossen werde.

In dieser absichtlichen Verdrängung erblicke ich auch den Grund für die Konversion der Erregungssumme, sei sie eine totale oder partielle. Die Erregungssumme, die nicht in psychische Assoziation treten soll, findet um so eher den falschen Weg zu einer körperlichen Innervation. Grund der Verdrängung selbst konnte nur eine Unlustempfindung sein, die Unverträglichkeit der einen zu verdrängenden Idee mit der herrschenden Vorstellungsmasse des Ich. Die verdrängte Vorstellung rächt sich aber dadurch, daß sie pathogen wird.

Ich zog also daraus, daß Miß Lucy R. in jenem Momente der hysterischen Konversion verfallen war, den Schluß, daß unter den Voraussetzungen jenes Traumas eine sein müsse, die sie absichtlich im unklaren lassen wolle, die sie sich bemühe zu vergessen. Nahm ich die Zärtlichkeit für die Kinder und die Empfindlichkeit gegen die anderen Personen des Haushaltes zusammen, so ließ dies alles nur eine Deutung zu. Ich hatte den Mut, der Patientin diese Deutung mitzuteilen. Ich sagte ihr: »Ich glaube nicht, daß dies alle Gründe für Ihre Empfindung gegen die beiden Kinder sind; ich vermute vielmehr, daß Sie in Ihren Herrn, den Direktor, verliebt sind, vielleicht, ohne es selbst zu wissen, daß Sie die Hoffnung in sich nähren, tatsächlich die Stelle der Mutter einzunehmen, und dazu kommt noch, daß Sie so empfindlich gegen die Dienstleute geworden sind, mit denen Sie jahrelang friedlich zusammengelebt haben. Sie fürchten, daß diese etwas von Ihrer Hoffnung merken und Sie darüber verspotten werden.«

Ihre Antwort war in ihrer wortkargen Weise: Ja, ich glaube, es ist so. — Wenn Sie aber wußten, daß Sie den Direktor lieben, warum haben Sie es mir nicht gesagt? — Ich wußte es ja nicht oder besser, ich wollte es nicht wissen, wollte es mir aus dem Kopfe schlagen, nie mehr daran denken, ich glaube, es ist mir auch in der letzten Zeit gelungen.[2]

Warum wollten Sie sich diese Neigung nicht eingestehen? Schämten Sie sich dessen, daß Sie einen Mann lieben sollten? — O nein, ich bin nicht unverständig prüde, für Empfindungen ist man ja überhaupt nicht verantwortlich. Es war mir nur darum peinlich, weil es der Herr ist, in dessen Dienst ich stehe, in dessen Haus ich lebe, gegen den ich nicht wie gegen einen andern

2 Eine andere und bessere Schilderung des eigentümlichen Zustandes, in dem man etwas weiß und gleichzeitig nicht weiß, konnte ich nie erzielen. Man kann das offenbar nur verstehen, wenn man sich selbst in solch einem Zustande befunden hat. Ich verfüge über eine sehr auffällige Erinnerung dieser Art, die mir lebhaft vor Augen steht. Wenn ich mich bemühe, mich zu erinnern, was damals in mir vorging, so ist meine Ausbeute recht armselig. Ich sah damals etwas, das mir gar nicht in die Erwartung paßte, und ließ mich durch das Gesehene nicht im mindesten in meiner bestimmten Absicht beirren, während doch diese Wahrnehmung meine Absicht hätte aufheben sollen. Ich wurde mir des Widerspruches nicht bewußt, und ebensowenig merkte ich etwas von dem Affekt der Abstoßung, der doch unzweifelhaft schuld daran war, daß jene Wahrnehmung zu gar keiner psychischen Geltung gelangte. Ich war mit jener Blindheit bei sehenden Augen geschlagen, die man an Müttern gegen ihre Töchter, an Männern gegen ihre Ehefrauen, an Herrschern gegen ihre Günstlinge so sehr bewundert.

die volle Unabhängigkeit in mir fühle. Und weil ich ein armes Mädchen bin und er ein reicher Mann aus vornehmer Familie ist; man würde mich ja auslachen, wenn man etwas davon ahnte.
Ich finde nun keinen Widerstand, die Entstehung dieser Neigung zu beleuchten. Sie erzählt, sie habe die ersten Jahre arglos in dem Hause gelebt und ihre Pflichten erfüllt, ohne auf unerfüllbare Wünsche zu kommen. Einmal aber begann der ernste, überbeschäftigte, sonst immer gegen sie reservierte Herr ein Gespräch mit ihr über die Erfordernisse der Kindererziehung. Er wurde weicher und herzlicher als gewöhnlich, sagte ihr, wie sehr er bei der Pflege seiner verwaisten Kinder auf sie rechne, und blickte sie dabei besonders an ... In diesem Momente begann sie ihn zu lieben und beschäftigte sich selbst sehr gerne mit der erfreulichen Hoffnung, die sie aus jenem Gespräche geschöpft hatte. Erst, als dann nichts mehr nachfolgte, als trotz ihres Wartens und Harrens keine zweite Stunde von vertraulichem Gedankenaustausche kam, beschloß sie, sich die Sache aus dem Sinne zu schlagen. Sie gibt mir ganz recht, daß jener Blick im Zusammenhange des Gespräches wohl dem Andenken seiner verstorbenen Frau gegolten hat, ist sich auch völlig klar darüber, daß ihre Neigung völlig aussichtslos ist.
Ich erwarte von diesem Gespräche eine gründliche Änderung ihres Zustandes, diese blieb aber einstweilen aus. Sie war weiterhin gedrückt und verstimmt; eine hydropathische Kur, die ich sie gleichzeitig nehmen ließ, frischte sie des Morgens ein wenig auf, der Geruch der verbrannten Mehlspeise war nicht völlig geschwunden, wohl aber seltener und schwächer geworden; er kam, wie sie sagte, nur, wenn sie sehr aufgeregt war.
Das Fortbestehen dieses Erinnerungssymbols ließ mich vermuten, daß dasselbe außer der Hauptszene die Vertretung der vielen kleinen Nebentraumen auf sich genommen, und so forschten wir denn nach allem, was sonst mit der Szene der verbrannten Mehlspeise in Zusammenhang stehen mochte, gingen das Thema der häuslichen Reibungen, des Benehmens des Großvaters u. a. durch. Dabei schwand die Empfindung des brenzlichen Geruches immer mehr. Auch eine längere Unterbrechung fiel in diese Zeit, verursacht durch neuerliche Erkrankung der Nase, die jetzt zur Entdeckung der Karies des Siebbeines führte.
Als sie wiederkam, berichtete sie auch, daß Weihnachten ihr so zahlreiche Geschenke von seiten der beiden Herren und selbst von den Dienstleuten des Hauses gebracht habe, als ob alle bestrebt seien, sie zu versöhnen und die Erinnerung an die Konflikte der letzten Monate bei ihr zu verwischen. Dies offenkundige Entgegenkommen habe ihr aber keinen Eindruck gemacht.
Als ich wieder ein anderes Mal nach dem Geruche der verbrannten Mehlspeise fragte, bekam ich die Auskunft, der sei zwar ganz geschwunden, allein an seiner Stelle quäle sie ein anderer

und ähnlicher Geruch, wie von Zigarrenrauch. Derselbe sei wohl auch früher dagewesen, aber wie gedeckt durch den Geruch der Mehlspeise. Jetzt sei er rein hervorgetreten.

Ich war nicht sehr befriedigt von dem Erfolge meiner Therapie. Da war also eingetroffen, was man einer bloß symptomatischen Therapie immer zur Last legt, man hatte ein Symptom weggenommen, bloß damit ein neues an die freie Stelle rücken könne. Indes machte ich mich bereitwillig an die analytische Beseitigung dieses neuen Erinnerungssymbols.

Diesmal wußte sie aber nicht, woher die subjektive Geruchsempfindung stamme, bei welcher wichtigen Gelegenheit sie eine objektive gewesen sei. »Es wird täglich geraucht bei uns«, meinte sie, »ich weiß wirklich nicht, ob der Geruch, den ich verspüre, eine besondere Gelegenheit bedeutet.« Ich beharrte nun darauf, daß sie versuche, sich unter dem Drucke meiner Hand zu erinnern. Ich habe schon erwähnt, daß ihre Erinnerungen plastische Lebhaftigkeit hatten, daß sie eine »Visuelle« war. In der Tat tauchte unter meinem Drängen ein Bild in ihr auf, anfangs zögernd und nur stückweise. Es war das Speisezimmer ihres Hauses, in dem sie mit den Kindern wartet, bis die Herren aus der Fabrik zum Mittagsmahl kommen. – Jetzt sitzen wir alle um den Tisch herum: die Herren, die Französin, die Haushälterin, die Kinder und ich. Das ist aber wie alle Tage. – Sehen Sie nur weiter auf das Bild hin, es wird sich entwickeln und spezialisieren. – Ja, es ist ein Gast da, der Oberbuchhalter, ein alter Herr, der die Kinder liebt wie eigene Enkel, aber der kommt so oft zu Mittag, das ist auch nichts Besonderes. – Haben Sie nur Geduld, blicken Sie nur auf das Bild, es wird gewiß etwas vorgehen. – Es geht nichts vor. Wir stehen vom Tische auf, die Kinder sollen sich verabschieden und gehen dann mit uns wie alle Tage in den zweiten Stock. – Nun? – Es ist doch eine besondere Gelegenheit, ich erkenne die Szene jetzt. Wie die Kinder sich verabschieden, will der Oberbuchhalter sie küssen. Der Herr fährt auf und schreit ihn geradezu an: »Nicht die Kinder küssen.« Dabei gibt es mir einen Stich ins Herz, und da die Herren schon rauchen, bleibt mir der Zigarrenrauch im Gedächtnis.

Dies war also die zweite, tieferliegende Szene, die als Trauma gewirkt und ein Erinnerungssymbol hinterlassen hatte. Woher rührte aber die Wirksamkeit dieser Szene? – Ich fragte: Was ist der Zeit nach früher, diese Szene oder die mit der verbrannten Mehlspeise? – Die letzte Szene ist die frühere, und zwar um fast zwei Monate. – Warum hat es Ihnen denn einen Stich bei dieser Abwehr des Vaters gegeben? Der Verweis richtete sich doch nicht gegen Sie? – Es war doch nicht recht, einen alten Herrn so anzufahren, der ein lieber Freund und noch dazu Gast ist. Man kann das ja auch ruhig sagen. – Also hat Sie nur die heftige Form Ihres Herrn verletzt? Haben Sie sich vielleicht für ihn geniert oder haben Sie gedacht, wenn er wegen einer solchen Kleinigkeit so heftig sein kann mit einem alten Freunde und Gaste, wie wäre er es erst mit mir, wenn ich seine Frau wäre? — Nein, das ist es nicht. — Es war aber doch wegen der Heftigkeit? — Ja, wegen des Küssens der Kinder, das hat er nie gemocht. — Und nun taucht wieder unter dem Drucke meiner Hand die Erinnerung an eine noch ältere Szene auf, die das eigentlich wirksame Trauma war und die auch der Szene mit dem Oberbuchhalter die traumatische Wirksamkeit verliehen hatte.

Es hatte sich wieder einige Monate vorher zugetragen, daß eine befreundete Dame auf Besuch kam, die beim Abschiede beide Kinder auf den Mund küßte. Der Vater, der dabeistand, überwand sich wohl, der Dame nichts zu sagen, aber nach ihrem Fortgehen brach sein Zorn über die unglückliche Erzieherin los. Er erklärte ihr, er mache sie dafür verantwortlich, wenn jemand die Kinder auf den Mund küsse, es sei ihre Pflicht, es nicht zu dulden, und sie sei pflichtvergessen, wenn sie es zulasse. Wenn es noch einmal geschähe, würde er die Erziehung der Kinder anderen Händen anvertrauen. Es war die Zeit, als sie sich noch geliebt glaubte und auf eine Wiederholung jenes ersten freundlichen Gespräches wartete. Diese Szene knickte ihre Hoffnungen. Sie sagte sich: wenn er wegen einer so geringen Sache, und wo ich überdies ganz unschuldig bin, so auf mich losfahren kann, mir solche Drohungen sagen kann, so habe ich mich geirrt, so hat er nie eine wärmere Empfindung für mich gehabt. Die würde ihn Rücksicht gelehrt haben. — Offenbar war es die Erinnerung an diese peinliche Szene, die ihr kam, als der Oberbuchhalter die Kinder küssen wollte und dafür vom Vater zurechtgewiesen wurde.

Als Miß Lucy mich zwei Tage nach dieser letzten Analyse wieder besuchte, mußte ich sie fragen, was mit ihr Erfreuliches vorgegangen sei.

Sie war wie verwandelt, lächelte und trug den Kopf hoch. Einen Augenblick dachte ich daran, ich hätte doch die Verhältnisse irrig beurteilt und aus der Gouvernante der Kinder sei jetzt die Braut des Direktors geworden. Aber sie wehrte meine Vermutungen ab: »Es ist gar nichts vorgegangen. Sie kennen mich eben nicht, Sie haben mich nur krank und verstimmt gesehen. Ich bin sonst immer so heiter. Wie ich gestern früh erwacht bin, war der Druck von mir genommen und seither bin ich wohl.« — Und wie denken Sie über Ihre Aussichten im Hause? — Ich bin ganz klar, ich weiß, daß ich keine habe, und werde nicht unglücklich darüber sein. — Und werden Sie sich jetzt mit den Hausleuten vertragen? — Ich glaube, da hat meine Empfindlichkeit das meiste dazu getan. — Und lieben Sie den Direktor noch? — Gewiß, ich liebe ihn, aber das macht mir weiter nichts. Man kann ja bei sich denken und empfinden, was man will.

Ich untersuchte jetzt ihre Nase und fand die Schmerz- und Reflexempfindlichkeit fast völlig wiedergekehrt, sie unterschied auch Gerüche, aber unsicher und nur, wenn sie intensiver waren. Ich muß aber dahingestellt lassen, inwieweit an dieser Anosmie die Erkrankung der Nase beteiligt war.
Die ganze Behandlung hatte sich über neun Wochen erstreckt. Vier Monate später traf ich die Patientin zufällig in einer unserer Sommerfrischen. Sie war heiter und bestätigte die Fortdauer ihres Wohlbefindens.

Epikrise

Ich möchte den hier erzählten Krankheitsfall nicht gering schätzen, wenngleich er einer kleinen und leichten Hysterie entspricht und nur über wenige Symptome verfügt. Vielmehr erscheint es mir lehrreich, daß auch eine solche, als Neurose armselige Erkrankung so vieler psychischer Voraussetzungen bedarf, und bei eingehenderer Würdigung dieser Krankengeschichte bin ich versucht, sie als vorbildlich für einen Typus der Hysterie hinzustellen, nämlich für die Form von Hysterie, die auch eine nicht hereditär belastete Person durch dazu g e e i g n e t e Erlebnisse erwerben kann. Wohlgemerkt, ich spreche nicht von einer Hysterie, die unabhängig von jeder Disposition wäre; eine solche gibt es wahrscheinlich nicht, aber von solcher Art von Disposition sprechen wir erst, wenn die Person hysterisch geworden ist, sie ist vorher durch nichts bezeugt gewesen. Neuropathische Disposition, wie man sie gewöhnlich versteht, ist etwas anderes; sie ist bereits vor der Erkrankung durch das Maß hereditärer Belastung oder die Summe individueller psychischer Abnormitäten bestimmt. Von diesen beiden Momenten war bei Miß Lucy R., soweit ich unterrichtet bin, nichts nachzuweisen. Ihre Hysterie darf also eine akquirierte genannt werden und setzt nichts weiter voraus als die wahrscheinlich sehr verbreitete Eignung — Hysterie zu akquirieren, deren Charakteristik wir noch kaum auf der Spur sind. In solchen Fällen fällt aber das Hauptgewicht auf die Natur des Traumas, natürlich im Zusammenhalte mit der Reaktion der Person gegen das Trauma. Es zeigt sich als unerläßliche Bedingung für die Erwerbung der Hysterie, daß zwischen dem Ich und einer an dasselbe herantretenden Vorstellung das Verhältnis der Unverträglichkeit entsteht. Ich hoffe, an anderer Stelle zeigen zu können, wie verschiedene neurotische Störungen aus den verschiedenen Verfahren hervorgehen, welche das »Ich« einschlägt, um sich von jener Unverträglichkeit zu befreien. Die hysterische Art der Abwehr — zu welcher eben eine besondere Eignung erfordert wird — besteht nun in der K o n v e r s i o n der Erregung in eine körperliche Innervation, und der Gewinn dabei ist der, daß die unverträgliche Vorstellung aus dem Ichbewußtsein gedrängt ist. Dafür enthält das Ichbewußtsein die durch Konversion entstandene körperliche Reminiszenz — in unserem Falle die subjektiven Geruchsempfindungen — und leidet unter dem Affekt, der sich mehr oder minder deutlich gerade an diese Reminiszenzen knüpft. Die Situation, die so geschaffen wird, ist nun nicht weiter veränderlich, da durch Verdrängung und Konversion der Widerspruch aufgehoben ist, der zur Erledigung des Affekts aufgefordert hätte. So entspricht der Mechanismus, der die Hysterie erzeugt, einerseits einem Akte moralischer Zaghaftigkeit, anderseits stellt er sich als eine Schutzeinrichtung dar, die dem Ich zu Gebote steht. Es gibt Fälle genug, in denen man zugestehen muß, die Abwehr des Erregungszuwachses durch Produktion von Hysterie sei auch dermalen das zweckmäßigste gewesen; häufiger wird man natürlich zum Schlusse gelangen, daß ein größeres Maß von moralischem Mute ein Vorteil für das Individuum gewesen wäre.

Der eigentlich traumatische Moment ist demnach jener, in dem der Widerspruch sich dem Ich aufdrängt und dieses die Verweisung der widersprechenden Vorstellung beschließt. Durch solche Verweisung wird letztere nicht zunichte gemacht, sondern bloß ins Unbewußte gedrängt; findet dieser Vorgang zum ersten Male statt, so ist hiemit ein Kern- und Kristallisationsmittelpunkt für die Bildung einer vom Ich getrennten psychischen Gruppe gegeben, um den sich in weiterer Folge alles sammelt, was die Annahme der widerstreitenden Vorstellung zur Voraussetzung hätte. Die Spaltung des Bewußtseins in diesen Fällen akquirierter Hysterie ist somit eine gewollte, absichtliche, oft wenigstens durch einen Willkürakt eingeleitete. Eigentlich geschieht etwas anderes, als das Individuum beabsichtigt; es möchte eine Vorstellung aufheben, als ob sie gar nie angelangt wäre, es gelingt ihm aber nur, sie psychisch zu isolieren.

In der Geschichte unserer Patientin entspricht der traumatische Moment jener Szene, die ihr der Direktor wegen des Küssens der Kinder machte. Diese Szene bleibt aber einstweilen ohne sichtliche Wirkung, vielleicht daß Verstimmung und Empfindlichkeit damit begannen, ich weiß nichts darüber — die hysterischen Symptome entstanden erst später in Momenten, welche man als »auxiliäre« bezeichnen kann, und die man dadurch charakterisieren möchte, daß in ihnen zeitweilig die beiden getrennten psychischen Gruppen zusammenfließen wie im erweiterten somnambulen Bewußtsein. Der erste dieser Momente, in denen die Konversion stattfand, war bei Miß Lucy R. die Szene bei Tische, als der Oberbuchhalter die Kinder küssen wollte. Hier spielte die traumatische Erinnerung mit, und sie benahm sich so, als hätte sie nicht alles, was sich auf ihre Neigung zu ihrem Herrn bezog, von sich getan. In anderen Krankengeschichten

fallen diese verschiedenen Momente zusammen, die Konversion geschieht unmittelbar unter der Einwirkung des Traumas.
Der zweite auxiliäre Moment wiederholt ziemlich genau den Mechanismus des ersten. Ein starker Eindruck stellt vorübergehend die Einheit des Bewußtseins wieder her, und die Konversion geht den nämlichen Weg, der sich ihr das erstemal eröffnet hat. Interessant ist es, daß das zu zweit entstandene Symptom das erste deckt, so daß letzteres nicht eher klar empfunden wird, als bis das erstere weggeschafft ist. Bemerkenswert erscheint mir auch die Umkehrung der Reihenfolge, der sich auch die Analyse fügen muß. In einer ganzen Reihe von Fällen ist es mir ähnlich ergangen, die später entstandenen Symptome deckten die ersten, und erst das letzte, zu dem die Analyse vordrang, enthielt den Schlüssel zum Ganzen.
Die Therapie bestand hier in dem Zwange, der die Vereinigung der abgespaltenen psychischen Gruppe mit dem Ichbewußtsein durchsetzte. Der Erfolg ging merkwürdigerweise nicht dem Maße der geleisteten Arbeit parallel; erst als das letzte Stück erledigt war, trat plötzliche Heilung ein.

4. *Katharina . . .* (Freud)

In den Ferien des Jahres 189* machte ich einen Ausflug in die Hohen Tauern, um für eine Weile die Medizin und besonders die Neurosen zu vergessen. Es war mir fast gelungen, als ich eines Tages von der Hauptstraße abwich, um einen abseits gelegenen Berg zu besteigen, der als Aussichtspunkt und wegen seines gut gehaltenen Schutzhauses gerühmt wurde. Nach anstrengender Wanderung oben angelangt, gestärkt und ausgeruht, saß ich dann, in die Betrachtung einer entzückenden Fernsicht versunken, so selbstvergessen da, daß ich es erst nicht auf mich beziehen wollte, als ich die Frage hörte: »Ist der Herr ein Doktor?« Die Frage galt aber mir und kam von dem etwa achtzehnjährigen Mädchen, das mich mit ziemlich mürrischer Miene zur Mahlzeit bedient hatte und von der Wirtin »Katharina« gerufen worden war. Nach ihrer Kleidung und ihrem Betragen konnte sie keine Magd, sondern mußte wohl eine Tochter oder Verwandte der Wirtin sein.
Ich antwortete, zur Selbstbesinnung gelangt: »Ja, ich bin ein Doktor. Woher wissen Sie das?«
»Der Herr hat sich ins Fremdenbuch eingeschrieben, und da hab ich mir gedacht, wenn der Herr Doktor jetzt ein bißchen Zeit hätte – ich bin nämlich nervenkrank und war schon einmal bei einem Doktor in L . . ., der hat mir auch etwas gegeben, aber gut ist mir noch nicht geworden.«
Da war ich also wieder in den Neurosen, denn um etwas anderes

konnte es sich bei dem großen und kräftigen Mädchen mit der vergrämten Miene kaum handeln. Es interessierte mich, daß Neurosen in der Höhe von über 2000 Metern so wohl gedeihen sollten, ich fragte also weiter.
Die Unterredung, die jetzt zwischen uns vorfiel, gebe ich so wieder, wie sie sich meinem Gedächtnisse eingeprägt hat, und lasse der Patientin ihren Dialekt.
»An was leiden Sie denn?«
»Ich hab' so Atemnot, nicht immer, aber manchmal packt's mich so, daß ich glaube, ich erstick'.«
Das klang nun zunächst nicht nervös, aber es wurde mir gleich wahrscheinlich, daß es nur eine ersetzende Bezeichnung für einen Angstanfall sein sollte. Aus dem Empfindungskomplex der Angst hob sie das eine Moment der Atembeengung ungebührlich hervor.
»Setzen Sie sich her. Beschreiben Sie mir's, wie ist denn so ein Zustand von ›Atemnot‹?«
»Es kommt plötzlich über mich. Dann legt's sich zuerst wie ein Druck auf meine Augen, der Kopf wird so schwer und sausen tut's, nicht auszuhalten, und schwindlig bin ich, daß ich glaub', ich fall' um, und dann preßt's mir die Brust zusammen, daß ich keinen Atem krieg'.«
»Und im Halse spüren Sie nichts?«
»Den Hals schnürt's mir zusammen, als ob ich ersticken sollt!«
»Und tut es sonst noch was im Kopfe?«
»Ja, hämmern tut es zum Zerspringen.«
»Ja, und fürchten Sie sich gar nicht dabei?«
»Ich glaub' immer, jetzt muß ich sterben, und ich bin sonst couragiert, ich geh' überall allein hin, in den Keller und hinunter über den ganzen Berg, aber wenn so ein Tag ist, an dem ich das hab', dann trau' ich mich nirgends hin, ich glaub' immer, es steht jemand hinter mir und packt mich plötzlich an.«
Es war wirklich ein Angstanfall, und zwar eingeleitet von den Zeichen der hysterischen Aura oder, besser gesagt, ein hysterischer Anfall, dessen Inhalt Angst war. Sollte kein anderer Inhalt dabei sein?
»Denken Sie was, immer dasselbe, oder sehen Sie was vor sich, wenn Sie den Anfall haben?«
»Ja, so ein grausliches Gesicht seh ich immer dabei, das mich so schrecklich anschaut, vor dem fürcht' ich mich dann.«
Da bot sich vielleicht ein Weg, rasch zum Kerne der Sache vorzudringen.
»Erkennen Sie das Gesicht, ich mein', ist das ein Gesicht, was Sie einmal wirklich gesehen haben?« — »Nein.«
»Wissen Sie, woher Sie die Anfälle haben?« — »Nein.« — »Wann haben Sie die denn zuerst bekommen?« — »Zuerst vor zwei Jahren, wie ich noch mit der Tant' auf dem andern Berg

war, sie hat dort früher das Schutzhaus gehabt, jetzt sind wir seit eineinhalb Jahren hier, aber es kommt immer wieder.«

Sollte ich hier einen Versuch der Analyse machen? Die Hypnose zwar wagte ich nicht in diese Höhen zu verpflanzen, aber vielleicht gelingt es im einfachen Gespräche. Ich mußte glücklich raten. Angst bei jungen Mädchen hatte ich so oft als Folge des Grausens erkannt, das ein virginales Gemüt befällt, wenn sich zuerst die Welt der Sexualität vor ihm auftut.[1]

Ich sagte also: »Wenn Sie's nicht wissen, will ich Ihnen sagen, wovon ich denke, daß Sie Ihre Anfälle bekommen haben. Sie haben einmal, damals vor zwei Jahren, etwas gesehen oder gehört, was Sie sehr geniert hat, was Sie lieber nicht möchten gesehen haben.«

Sie darauf: »Jesses ja, ich hab' ja den Onkel bei dem Mädel erwischt, bei der Franziska, meiner Cousine!«

»Was ist das für eine Geschichte mit dem Mädel? Wollen Sie mir die nicht erzählen?«

»Einem Doktor darf man ja alles sagen. Also wissen Sie, der Onkel, er war der Mann von meiner Tant', die Sie da gesehen haben, hat damals mit der Tant' das Wirtshaus auf dem **kogel gehabt, jetzt sind sie geschieden, und ich bin schuld daran, daß sie geschieden sind, weil's durch mich aufgekommen ist, daß er's mit der Franziska hält.«

»Ja, wie sind Sie zu der Entdeckung gekommen?«

»Das war so. Vor zwei Jahren sind einmal ein paar Herren heraufgekommen und haben zu essen verlangt. Die Tant' war nicht zu Haus' und die Franziska war nirgends zu finden, die immer gekocht hat. Der Onkel war auch nicht zu finden. Wir suchen sie überall, da sagt der Bub, der Alois, mein Cousin: ›Am End' ist die Franziska beim Vatern.‹ Da haben wir beide gelacht, aber gedacht haben wir uns nichts Schlechtes dabei. Wir gehen zum Zimmer, wo der Onkel gewohnt hat, das ist zugesperrt. Das war mir aber auffällig. Sagt der Alois: ›Am Gang ist ein Fenster, da kann man hineinschauen ins Zimmer.‹ Wir gehen auf den Gang. Aber der Alois mag nicht zum Fenster, er sagt, er fürcht' sich. Da sag ich: ›Du dummer Bub, ich geh hin, ich fürcht' mich gar nicht.‹ Ich habe auch gar nichts Arges im Sinne gehabt. Ich schau hinein, das Zimmer war ziemlich dun-

1 Ich will den Fall hier anführen, in welchem ich dies kausale Verhältnis zuerst erkannte. Ich behandelte eine junge Frau an einer komplizierten Neurose, die wieder einmal nicht zugeben wollte, daß sie sich ihr Leiden in ihrem ehelichen Leben geholt hatte. Sie wandte ein, daß sie schon als Mädchen an Anfällen von Angst gelitten habe, die in Ohnmacht ausgingen. Ich blieb standhaft. Als wir besser bekannt geworden waren, sagte sie mir plötzlich eines Tages: »Jetzt will ich Ihnen auch berichten, woher meine Angstzustände als junges Mädchen gekommen sind. Ich habe damals in einem Zimmer neben dem meiner Eltern geschlafen, die Tür war offen und ein Nachtlicht brannte auf dem Tische. Da habe ich denn einige Male gesehen, wie der Vater zur Mutter ins Bett gegangen ist, und habe etwas gehört, was mich sehr aufgeregt hat. Darauf bekam ich dann meine Anfälle.«

kel, aber da seh ich den Onkel und die Franziska, und er liegt auf ihr.«

»Nun?«

»Ich bin gleich weg vom Fenster, hab' mich an die Mauer angelehnt, hab' die Atemnot bekommen, die ich seitdem hab', die Sinne sind mir vergangen, die Augen hat es mir zugedrückt und im Kopfe hat es gehämmert und gebraust.«

»Haben Sie's gleich am selben Tage der Tante gesagt?«

»O nein, ich hab nichts gesagt.«

»Warum sind Sie denn so erschrocken, wie Sie die beiden beisammen gefunden haben? Haben Sie denn etwas verstanden? Haben Sie sich etwas gedacht, was da geschieht?«

»O nein, ich hab' damals gar nichts verstanden, ich war erst sechzehn Jahre alt. Ich weiß nicht, worüber ich so erschrocken bin.«

»Fräulein Katharin', wenn Sie sich jetzt erinnern könnten, was damals in Ihnen vorgegangen ist, wie Sie den ersten Anfall bekommen haben, was Sie sich dabei gedacht haben, dann wäre Ihnen geholfen.«

»Ja, wenn ich könnt', ich bin aber so erschrocken gewesen, daß ich alles vergessen hab'.«

(In die Sprache unserer »vorläufigen Mitteilung« übersetzt, heißt das: Der Affekt schafft selbst den hypnoiden Zustand, dessen Produkte dann außer assoziativem Verkehre mit dem Ich-Bewußtsein stehen.)

»Sagen Sie, Fräulein, ist der Kopf, den Sie immer bei der Atemnot sehen, vielleicht der Kopf von der Franziska, wie Sie ihn damals gesehen haben?«

»O nein, der war doch nicht so grauslich, und dann ist es ja ein Männerkopf.«

»Oder vielleicht vom Onkel?«

»Ich hab' sein Gesicht gar nicht so deutlich gesehen, es war zu finster im Zimmer und warum sollt' er denn damals ein so schreckliches Gesicht gemacht haben?«

»Sie haben recht.« (Da schien nun plötzlich der Weg verlegt. Vielleicht findet sich in der weiteren Erzählung etwas.)

»Und was ist dann weiter geschehen?«

»Nun, die zwei müssen Geräusch gehört haben. Sie sind bald herausgekommen. Mir war die ganze Zeit recht schlecht, ich hab immer nachdenken müssen, dann ist zwei Tage später ein Sonntag gewesen, da hat's viel zu tun gegeben, ich hab den ganzen Tag gearbeitet und am Montag früh, da hab ich wieder den Schwindel gehabt und hab erbrochen und bin zu Bett geblieben und hab' drei Tage fort und fort gebrochen.«

Wir hatten oft die hysterische Symptomatologie mit einer Bilderschrift verglichen, die wir nach Entdeckung einiger bilinguer Fälle zu lesen verstünden. In diesem Alphabet bedeutet Erbre-

chen Ekel. Ich sagte ihr also: »Wenn Sie drei Tage später erbrochen haben, so glaub ich, Sie haben sich damals, wie Sie ins Zimmer hineingeschaut haben, geekelt.«
»Ja, geekelt werd' ich mich schon haben«, sagt sie nachdenklich.
»Aber wovor denn?«
»Sie haben vielleicht etwas Nacktes gesehen? Wie waren denn die beiden Personen im Zimmer?«
»Es war zu finster, um was zu sehen und die waren ja beide angezogen (in Kleidern). Ja, wenn ich nur wüßte, wovor ich mich damals geekelt hab'.«
Das wußte ich nun auch nicht. Aber ich forderte sie auf, weiter zu erzählen, was ihr einfiele, in der sicheren Erwartung, es werde ihr gerade das einfallen, was ich zur Aufklärung des Falles brauchte.
Sie berichtet nun, daß sie endlich der Tante, die sie verändert fand und dahinter ein Geheimnis vermutete, ihre Entdeckung mitteilte, daß es darauf sehr verdrießliche Szenen zwischen Onkel und Tante gab, die Kinder Dinge zu hören bekamen, die ihnen über manches die Augen öffneten, und die sie besser hätten nicht hören sollen, bis die Tante sich entschloß, mit ihren Kindern und der Nichte die andere Wirtschaft hier zu übernehmen und den Onkel mit der unterdes gravid gewordenen Franziska allein zu lassen. Dann aber läßt sie zu meinem Erstaunen diesen Faden fallen und beginnt zwei Reihen von älteren Geschichten zu erzählen, die um zwei bis drei Jahre hinter dem traumatischen Momente zurückreichen. Die erste Reihe enthält Anlässe, bei denen derselbe Onkel ihr selbst sexuell nachgestellt, als sie erst vierzehn Jahre alt war. Wie sie einmal mit ihm im Winter eine Partie ins Tal gemacht und dort im Wirtshause übernachtet. Er blieb trinkend und kartenspielend in der Stube sitzen, sie wurde schläfrig und begab sich frühzeitig in das für beide bestimmte Zimmer im Stocke. Sie schlief nicht fest, als er hinaufkam, dann schlief sie wieder ein, und plötzlich erwachte sie und »spürte seinen Körper« im Bette. Sie sprang auf, machte ihm Vorwürfe. »Was treibens denn, Onkel? Warum bleibens nicht in Ihrem Bette?« Er versuchte sie zu beschwatzen: »Geh', dumme Gredel, sei still, du weißt ja nicht, wie gut das is.« — »Ich mag Ihr Gutes nicht, nit einmal schlafen lassen's einen.« Sie bleibt bei der Türe stehen, bereit, auf den Gang hinaus zu flüchten, bis er abläßt und selbst einschläft. Dann legt sie sich in ihr Bett und schläft bis zum Morgen. Aus der Art der Abwehr, die sie berichtet, scheint sich zu ergeben, daß sie den Angriff nicht klar als einen sexuellen erkannte; danach gefragt, ob sie denn gewußt, was er mit ihr vorgehabt, antwortete sie: Damals nicht, es sei ihr viel später klargeworden. Sie hätte sich gesträubt, weil es ihr unangenehm war, im Schlafe gestört zu werden und »weil sich das nicht gehört hat«.

Ich mußte diese Begebenheit ausführlich berichten, weil sie für das Verständnis alles Späteren eine große Bedeutung besitzt. — Sie erzählt dann noch andere Erlebnisse aus etwas späterer Zeit, wie sie sich seiner abermals in einem Wirtshause zu erwehren hatte, als er vollbetrunken war u. dgl. m. Auf meine Frage, ob sie bei diesen Anlässen etwas Ähnliches verspürt wie die spätere Atemnot, antwortet sie mit Bestimmtheit, daß sie dabei jedesmal den Druck auf die Augen und auf die Brust bekam, aber lange nicht so stark wie bei der Szene der Entdeckung.

Unmittelbar nach Abschluß dieser Reihe von Erinnerungen beginnt sie eine zweite zu erzählen, in welcher es sich um Gelegenheiten handelt, wo sie auf etwas zwischen dem Onkel und der Franziska aufmerksam wurde. Wie sie einmal, die ganze Familie, die Nacht auf einem Heuboden in Kleidern verbracht und sie infolge eines Geräusches plötzlich aufwachte; sie glaubte zu bemerken, daß der Onkel, der zwischen ihr und der Franziska gelegen war, wegrückte und die Franziska sich gerade legte. Wie sie ein anderes Mal in einem Wirtshause des Dorfes N ... übernachteten, sie und der Onkel in dem einen Zimmer, die Franziska in einem andern nebenan. In der Nacht erwachte sie plötzlich und sah eine lange weiße Gestalt bei der Türe, im Begriffe, die Klinke niederzudrücken: »Jesses, Onkel, sein Sie's? Was wollen's bei der Türe?« — »Sei still, ich hab' nur was gesucht.« — »Da geht man ja bei der andern Tür heraus.« — »Ich hab' mich halt verirrt« usw.

Ich frage sie, ob sie damals einen Argwohn gehabt. »Nein, gedacht hab' ich mir gar nichts dabei, es ist mir nur immer aufgefallen, aber ich hab' nichts weiter daraus gemacht.« — Ob sie bei diesen Gelegenheiten auch die Angst bekommen? — Sie glaubt, ja, aber diesmal ist sie dessen nicht so sicher.

Nachdem sie diese beiden Reihen von Erzählungen beendigt, hält sie inne. Sie ist wie verwandelt, das mürrische, leidende Gesicht hat sich belebt, die Augen sehen frisch drein, sie ist erleichtert und gehoben. Mir aber ist unterdes das Verständnis ihres Falles aufgegangen; was sie mir zuletzt anscheinend planlos erzählt hat, erklärt vortrefflich ihr Benehmen bei der Szene der Entdeckung. Sie trug damals zwei Reihen von Erlebnissen mit sich, die sie erinnerte, aber nicht verstand, zu keinem Schlusse verwertete; beim Anblicke des koitierenden Paares stellte sie sofort die Verbindung des neuen Eindruckes mit diesen beiden Reihen von Reminiszenzen her, begann zu verstehen und gleichzeitig abzuwehren. Dann folgte eine kurze Periode der Ausarbeitung, »der Inkubation«, und darauf stellten sich die Symptome der Konversion, das Erbrechen als Ersatz für den moralischen und physischen Ekel ein. Das Rätsel war damit gelöst, sie hatte sich nicht vor dem Anblick der beiden geekelt, sondern vor einer Erinnerung, die ihr jener Anblick geweckt hatte, und alles erwogen, konnte dies nur die Erinnerung an den nächtlichen Überfall sein, als sie »den Körper des Onkels spürte«.

Ich sagte ihr also, nachdem sie ihre Beichte beendigt hatte: »Jetzt weiß ich schon, was Sie sich damals gedacht haben, wie Sie ins Zimmer hineingeschaut haben. Sie haben sich gedacht: jetzt tut er mit ihr, was er damals bei Nacht und die anderen Male mit mir hat tun wollen. Davor haben Sie sich geekelt, weil Sie sich an die Empfindung erinnert haben, wie Sie in der Nacht aufgewacht sind und seinen Körper gespürt haben.«

Sie antwortet: »Das kann schon sein, daß ich mich davor geekelt und daß ich damals das gedacht hab'.«

»Sagen Sie mir einmal genau, Sie sind ja jetzt ein erwachsenes Mädchen und wissen allerlei –«

»Ja, jetzt freilich.«

»Sagen Sie mir genau, was haben Sie denn in der Nacht eigentlich von seinem Körper verspürt?«

Sie gibt aber keine bestimmtere Antwort, sie lächelt verlegen und wie überführt, wie einer, der zugeben muß, daß man jetzt auf den Grund der Dinge gekommen ist, über den sich nicht mehr viel sagen läßt. Ich kann mir denken, welches die Tastempfindung war, die sie später deuten gelernt hat; ihre Miene scheint mir auch zu sagen, daß sie von mir voraussetzt, ich denke mir das Richtige, aber ich kann nicht weiter in sie dringen; ich bin ihr ohnehin Dank dafür schuldig, daß sie soviel leichter mit sich reden läßt als die prüden Damen in meiner Stadtpraxis, für die alle *naturalia turpia* sind.

Somit wäre der Fall geklärt; aber halt, die im Anfalle wiederkehrende Halluzination des Kopfes, der ihr Schrecken einjagt, woher kommt die? Ich frage sie jetzt danach. Als hätte auch sie in diesem Gespräche ihr Verständnis erweitert, antwortet sie prompt: »Ja, das weiß ich jetzt schon, der Kopf ist der Kopf vom Onkel, ich erkenn's jetzt, aber nicht aus d e r Zeit. Später, wie dann alle die Streitigkeiten losgegangen sind, da hat der Onkel eine unsinnige Wut auf mich bekommen; er hat immer gesagt, ich bin schuld an allem; hätt' ich nicht geplauscht, so wär's nie zur Scheidung gekommen; er hat mir immer gedroht, er tut mir was an; wenn er mich von weitem gesehen hat, hat sich sein Gesicht vor Wut verzogen und er ist mit der gehobenen Hand auf mich losgegangen. Ich bin immer vor ihm davongelaufen und hab' immer die größte Angst gehabt, er packt mich irgendwo unversehens. Das Gesicht, was ich jetzt immer sehe, ist sein Gesicht, wie er in der Wut war.«

Diese Auskunft erinnert mich daran, daß ja das erste Symptom der Hysterie, das Erbrechen, vergangen ist, der Angstanfall ist geblieben und hat sich mit neuem Inhalte gefüllt. Demnach handelt es sich um eine zum guten Teil abreagierte Hysterie.

Sie hat ja auch wirklich ihre Entdeckung bald hernach der Tante mitgeteilt.

»Haben Sie der Tante auch die anderen Geschichten erzählt, wie er Ihnen nachgestellt hat?«

»Ja, nicht gleich, aber später, wie schon von der Scheidung die Rede war. Da hat die Tant' gesagt: Das heben wir uns auf, wenn er Schwierigkeiten vor Gericht macht, dann sagen wir auch das.«

Ich kann verstehen, daß gerade aus der letzten Zeit, als die aufregenden Szenen im Hause sich häuften, als ihr Zustand aufhörte das Interesse der Tante zu erwecken, die von dem Zwiste vollauf in Anspruch genommen war, daß aus dieser Zeit der Häufung und Retention das Erinnerungssymbol verblieben ist.

Ich hoffe, die Aussprache mit mir hat dem in seinem sexuellen Empfinden so frühzeitig verletzten Mädchen in etwas wohlgetan; ich habe sie nicht wiedergesehen.

Epikrise

Ich kann nichts dagegen einwenden, wenn jemand in dieser Krankengeschichte weniger einen analysierten als einen durch Erraten aufgelösten Fall von Hysterie erblicken will. Die Kranke gab zwar alles, was ich in ihren Bericht interpolierte als wahrscheinlich zu; sie war aber doch nicht imstande, es als Erlebtes wiederzuerkennen. Ich meine, dazu hätte es der Hypnose bedurft. Wenn ich annehme, ich hätte richtig geraten, und nun versuche, diesen Fall auf das Schema einer akquirierten Hysterie zu reduzieren, wie es sich uns aus Fall 3 ergeben hat, so liegt es nahe, die zwei Reihen von erotischen Erlebnissen mit traumatischen Momenten, die Szene bei der Entdeckung des Paares mit einem auxiliären Momente zu vergleichen. Die Ähnlichkeit liegt darin, daß in den ersteren ein Bewußtseinsinhalt geschaffen wurde, welcher, von der Denktätigkeit des Ich ausgeschlossen, aufbewahrt blieb, während in der letzteren Szene ein neuer Eindruck die assoziative Vereinigung dieser abseits befindlichen Gruppe mit dem Ich erzwang. Anderseits finden sich auch Abweichungen, die nicht vernachlässigt werden können. Die Ursache der Isolierung ist nicht wie bei Fall 3 der Wille des Ich, sondern die Ignoranz des Ich, das mit sexuellen Erfahrungen noch nichts anzufangen weiß. In dieser Hinsicht ist der Fall Katharina ein typischer; man findet bei der Analyse jeder auf sexuelle Traumen begründeten Hysterie, daß Eindrücke aus der vorsexuellen Zeit, die auf das Kind wirkungslos geblieben sind, später als Erinnerung traumatische Gewalt erhalten, wenn sich der Jungfrau oder Frau das Verständnis des sexuellen Lebens erschlossen hat. Die Abspaltung psychischer Gruppen ist sozusagen ein normaler Vorgang in der Entwicklung der Adoleszenten, und es wird begreiflich, daß deren spätere Aufnahme in das Ich einen häufig genug ausgenützten Anlaß zu psychischen Störungen gibt. Ferner möchte ich an dieser Stelle noch dem Zweifel Ausdruck geben, ob die Bewußtseinsspaltung durch Ignoranz wirklich von der durch bewußte Ablehnung verschieden ist, ob nicht auch die Adoleszenten viel häufiger sexuelle Kenntnis besitzen, als man von ihnen vermeint und als sie sich selbst zutrauen.

Eine weitere Abweichung im psychischen Mechanismus dieses Falles liegt darin, daß die Szene der Entdeckung, welche wir als »auxiliäre« bezeichnet haben, gleichzeitig auch den Namen einer »traumatischen« verdient. Sie wirkt durch ihren eigenen Inhalt, nicht bloß durch die Erweckung der vorhergehenden traumatischen Erlebnisse, sie vereinigt die Charaktere eines »auxiliären« und eines traumatischen Moments. Ich sehe in diesem Zusammenfallen aber keinen Grund, eine begriffliche Scheidung aufzugeben, welcher bei anderen Fällen auch eine zeitliche Scheidung entspricht. Eine andere Eigentümlichkeit des Falles Katharina, die übrigens seit langem bekannt ist, zeigt sich darin, daß die Konversion, die Erzeugung der hysterischen Phänomene nicht unmittelbar nach dem Trauma, sondern nach einem Intervalle von Inkubation vor sich geht. Charcot nannte dieses Intervall mit Vorliebe die »Zeit der psychischen Ausarbeitung«.

Die Angst, an der Katharina in ihren Anfällen leidet, ist eine hysterische, d. h. eine Reproduktion jener Angst, die bei jedem der sexuellen Traumen auftrat. Ich unterlasse es hier, den Vorgang auch zu erläutern, den ich in einer ungemein großen Anzahl von Fällen als regelmäßig zutreffend erkannt habe, daß die Ahnung sexueller Beziehungen bei virginalen Personen einen Angstaffekt hervorruft.[2]

5. *Fräulein Elisabeth v. R . . .* (Freud)

Im Herbst 1892 forderte ein befreundeter Kollege mich auf, eine junge Dame zu untersuchen, die seit länger als zwei Jahren an Schmerzen in den Beinen leide und schlecht gehe. Er fügte der Einladung bei, daß er den Fall für eine Hysterie halte, wenngleich von den gewöhnlichen Zeichen der Neurose nichts zu

2 [*Zusatz 1924:*] Nach so vielen Jahren getraue ich mich die damals beobachtete Diskretion aufzuheben und anzugeben, daß Katharina nicht die Nichte, sondern die Tochter der Wirtin war, das Mädchen war also unter den sexuellen Versuchungen erkrankt, die vom eigenen Vater ausgingen. Eine Entstellung wie die an diesem Falle von mir vorgenommene sollte in einer Krankengeschichte durchaus vermieden werden. Sie ist natürlich nicht so belanglos für das Verständnis wie etwa die Verlegung des Schauplatzes von einem Berge auf einen anderen.

finden sei. Er kenne die Familie ein wenig und wisse, daß die letzten Jahre derselben viel Unglück und wenig Erfreuliches gebracht hätten. Zuerst sei der Vater der Patientin gestorben, dann habe die Mutter sich einer ernsten Operation an den Augen unterziehen müssen, und bald darauf sei eine verheiratete Schwester der Kranken nach einer Entbindung einem alten Herzleiden erlegen. An allem Kummer und aller Krankenpflege habe unsere Patientin den größten Anteil gehabt.

Ich gelangte nicht viel weiter im Verständnisse des Falles, nachdem ich das vierundzwanzigjährige Fräulein zum ersten Male gesehen hatte. Sie schien intelligent und psychisch normal und trug das Leiden, welches ihr Verkehr und Genuß verkümmerte, mit heiterer Miene, mit der *»belle indifference«* der Hysterischen, mußte ich denken. Sie ging mit vorgebeugtem Oberkörper, doch ohne Stütze, ihr Gang entsprach keiner als pathologisch bekannten Gangart, war übrigens keineswegs auffällig schlecht. Es lag eben nur vor, daß sie über große Schmerzen beim Gehen, über rasch auftretende Ermüdung dabei und im Stehen klagte und nach kurzer Zeit die Ruhe aufsuchte, in der die Schmerzen geringer waren, aber keineswegs fehlten. Der Schmerz war unbestimmter Natur, man konnte etwa entnehmen: eine schmerzhafte Müdigkeit. Eine ziemlich große, schlecht abgegrenzte Stelle an der Vorderfläche des rechten Oberschenkels wurde als der Herd der Schmerzen angegeben, von dem dieselben am häufigsten ausgingen und wo sie ihre größte Intensität erreichten. Dort waren auch Haut und Muskulatur ganz besonders empfindlich gegen Drücken und Kneipen, Nadelstiche wurden eher etwas gleichgültig hingenommen. Nicht bloß an dieser Stelle, sondern so ziemlich im ganzen Umfange beider Beine war dieselbe Hyperalgesie der Haut und der Muskeln nachweisbar. Die Muskeln waren vielleicht noch schmerzhafter als die Haut, unverkennbar waren beide Arten von Schmerzhaftigkeit an den Oberschenkeln am stärksten ausgebildet. Die motorische Kraft der Beine war nicht gering zu nennen, die Reflexe von mittlerer Intensität, alle anderen Symptome fehlten, so daß sich kein Anhaltspunkt für die Annahme ernsterer organischer Affektion ergab. Das Leiden war seit zwei Jahren allmählich entwickelt, wechselte sehr in seiner Intensität.

Ich hatte es nicht leicht, zu einer Diagnose zu gelangen, entschloß mich aber aus zwei Gründen, der meines Kollegen beizupflichten. Fürs erste war es auffällig, wie unbestimmt alle Angaben der doch hochintelligenten Kranken über die Charaktere ihrer Schmerzen lauteten. Ein Kranker, der an organischen Schmerzen leidet, wird, wenn er nicht etwa nebenbei nervös ist, diese bestimmt und ruhig beschreiben, sie seien etwa lanzinierend, kämen in gewissen Intervallen, erstreckten sich von dieser bis zu dieser Stelle und würden nach seiner Meinung durch diese und jene Einflüsse hervorgerufen. Der Neurastheniker[1], der seine Schmerzen beschreibt, macht dabei den Eindruck, als sei er mit einer schwierigen geistigen Arbeit beschäftigt, die weit über seine Kräfte geht. Seine Gesichtszüge sind gespannt und wie unter der Herrschaft eines peinlichen Affektes verzerrt, seine Stimme wird schriller, er ringt nach Ausdruck, weist jede Bezeichnung, die ihm der Arzt für seine Schmerzen vorschlägt, zurück, auch wenn sie sich später als unzweifelhaft passend herausstellt; er ist offenbar der Meinung, die Sprache sei zu arm, um seinen Empfindungen Worte zu verleihen, diese Empfindungen selbst seien etwas Einziges, noch nicht Dagewesenes, das man gar nicht erschöpfend beschreiben könne, und darum wird er auch nicht müde, immer neue Details hinzuzufügen, und wenn er abbrechen muß, beherrscht ihn sicherlich der Eindruck, es sei ihm nicht gelungen, sich dem Arzte verständlich zu machen. Das kommt daher, daß seine Schmerzen seine ganze Aufmerksamkeit auf sich gezogen haben. Bei Frl. v. R. war das entgegengesetzte Verhalten, und man mußte daraus schließen, da sie doch den Schmerzen Bedeutung genug beilegte, daß ihre Aufmerksamkeit bei etwas anderem verweilte, wovon die Schmerzen nur ein Begleitphänomen seien, wahrscheinlich also bei Gedanken und Empfindungen, die mit den Schmerzen zusammenhingen.

Noch mehr bestimmend für die Auffassung der Schmerzen mußte aber ein zweites Moment sein. Wenn man eine schmerzhafte Stelle bei einem organisch Kranken oder einem Neurastheniker reizt, so zeigt dessen Physiognomie den unvermischten Ausdruck des Unbehagens oder des physischen Schmerzes; der Kranke zuckt ferner zusammen, entzieht sich der Untersuchung, wehrt ab. Wenn man aber bei Frl. v. R. die hyperalgische Haut und Muskulatur der Beine kneipte oder drückte, so nahm ihr Gesicht einen eigentümlichen Ausdruck an, eher den der Lust als des Schmerzes, sie schrie auf – ich mußte denken, etwa wie bei einem wollüstigen Kitzel –, ihr Gesicht rötete sich, sie warf den Kopf zurück, schloß die Augen, der Rumpf bog sich nach rückwärts, das alles war nicht sehr grob, aber doch deutlich ausgeprägt und ließ sich nur mit der Auffassung vereinigen, das Leiden sei eine Hysterie, und die Reizung habe eine hysterische Zone betroffen.

Die Miene paßte nicht zum Schmerze, den das Kneipen der Muskeln und Haut angeblich erregte, wahrscheinlich stimmte sie besser zum Inhalte der Gedanken, die hinter diesem Schmerze steckten und die man in der Kranken durch Reizung der ihnen assoziierten Körperstellen weckte. Ich hatte ähnlich bedeutungsvolle Mienen bei Reizung hyperalgischer Zonen wiederholt in

1 Hypochonder, mit Angstneurose Behaftete.

sicheren Fällen von Hysterie beobachtet; die anderen Gebärden entsprachen offenbar der leichtesten Andeutung eines hysterischen Anfalles.

Für die ungewöhnliche Lokalisation der hysterogenen Zonen ergab sich zunächst keine Aufklärung. Daß die Hyperalgesie hauptsächlich die Muskulatur betraf, gab auch zu denken. Das häufigste Leiden, welches die diffuse und lokale Druckempfindlichkeit der Muskeln verschuldet, ist die rheumatische Infiltration derselben, der gemeine chronische Muskelrheumatismus, von dessen Eignung, nervöse Affektionen vorzutäuschen, ich bereits gesprochen habe. Die Konsistenz der schmerzhaften Muskeln bei Frl. v. R. widersprach dieser Annahme nicht, es fanden sich vielfältig harte Stränge in den Muskelmassen, die auch besonders empfindlich schienen. Wahrscheinlich lag also eine im angegebenen Sinne organische Veränderung der Muskeln vor, an welche sich die Neurose anlehnte, und deren Bedeutung die Neurose übertrieben groß erscheinen ließ.

Die Therapie ging auch von einer derartigen Voraussetzung eines gemischten Leidens aus. Wir empfahlen Fortsetzung einer systematischen Knetung und Faradisierung der empfindlichen Muskeln ohne Rücksicht auf den dadurch entstehenden Schmerz, und ich behielt mir die Behandlung der Beine mit starken Franklinschen Funkenentladungen vor, um mit der Kranken in Verkehr bleiben zu können. Ihre Frage, ob sie sich zum Gehen zwingen solle, beantworteten wir mit entschiedenem Ja.

Wir erzielten so eine leichte Besserung. Ganz besonders schien sie sich für die schmerzhaften Schläge der Influenzmaschine zu erwärmen, und je stärker diese waren, desto mehr schienen sie die eigenen Schmerzen der Kranken zurückzudrängen. Mein Kollege bereitete unterdes den Boden für eine psychische Behandlung vor, und als ich nach vierwöchentlicher Scheinbehandlung eine solche vorschlug und der Kranken einige Aufschlüsse über das Verfahren und seine Wirkungsweise gab, fand ich rasches Verständnis und nur geringen Widerstand.

Die Arbeit, die ich aber von da an begann, stellte sich als eine der schwersten heraus, die mir je zugefallen waren, und die Schwierigkeit, von dieser Arbeit einen Bericht zu geben, reiht sich den damals überwundenen Schwierigkeiten würdig an. Ich verstand auch lange Zeit nicht, den Zusammenhang zwischen der Leidensgeschichte und dem Leiden zu finden, welches doch durch diese Reihe von Erlebnissen verursacht und determiniert sein sollte.

Wenn man eine derartige kathartische Behandlung unternimmt, wird man sich zuerst die Frage vorlegen: Ist der Kranken Herkunft und Anlaß ihres Leidens bekannt? Dann bedarf es wohl keiner besonderen Technik, sie zur Reproduktion ihrer Leidensgeschichte zu veranlassen; das Interesse, das man ihr bezeugt, das Verständnis, das man sie ahnen läßt, die Hoffnung auf Genesung, die man ihr macht, werden die Kranke bestimmen, ihr Geheimnis aufzugeben. Bei Fräulein Elisabeth war mir von Anfang an wahrscheinlich, daß sie sich der Gründe ihres Leidens bewußt sei, daß sie also nur ein Geheimnis, keinen Fremdkörper im Bewußtsein habe. Man mußte, wenn man sie ansah, an die Worte des Dichters denken: »Das Mäskchen da weissagt verborgenen Sinn.«[2]

Ich konnte also zunächst auf die Hypnose verzichten, mit dem Vorbehalte allerdings, mich später der Hypnose zu bedienen, wenn sich im Verlaufe der Beichte Zusammenhänge ergeben sollten, zu deren Klärung ihre Erinnerung etwa nicht ausreichte. So gelangte ich bei dieser ersten vollständigen Analyse einer Hysterie, die ich unternahm, zu einem Verfahren, das ich später zu einer Methode erhob und zielbewußt einleitete, zu einem Verfahren der schichtweisen Ausräumung des pathogenen psychischen Materials, welches wir gerne mit der Technik der Ausgrabung einer verschütteten Stadt zu vergleichen pflegten. Ich ließ mir zunächst erzählen, was der Kranken bekannt war, achtete sorgfältig darauf, wo ein Zusammenhang rätselhaft blieb, wo ein Glied in der Kette der Verursachungen zu fehlen schien, und drang dann später in tiefere Schichten der Erinnerung ein, indem ich an jenen Stellen die hypnotische Erforschung oder eine ihr ähnliche Technik wirken ließ. Die Voraussetzung der ganzen Arbeit war natürlich die Erwartung, daß eine vollkommen zureichende Determinierung zu erweisen sei; von den Mitteln zur Tieferforschung wird bald die Rede sein.

Die Leidensgeschichte, welche Fräulein Elisabeth erzählte, war eine langwierige, aus mannigfachen schmerzlichen Erlebnissen gewebte. Sie befand sich während der Erzählung nicht in Hypnose, ich ließ sie aber liegen und hielt ihre Augen geschlossen, ohne daß ich mich dagegen gewehrt hätte, wenn sie zeitweilig die Augen öffnete, ihre Lage veränderte, sich aufsetzte u. dgl. Wenn sie ein Stück der Erzählung tiefer ergriff, so schien sie mir dabei spontan in einen der Hypnose ähnlicheren Zustand zu geraten. Sie blieb dann regungslos liegen und hielt ihre Augen fest geschlossen.

Ich gehe daran, wiederzugeben, was sich als oberflächlichste Schicht ihrer Erinnerungen ergab. Als jüngste von drei Töchtern hatte sie, zärtlich an den Eltern hängend, ihre Jugend auf einem Gute in Ungarn verbracht. Die Gesundheit der Mutter war vielfach getrübt durch ein Augenleiden und auch durch nervöse Zustände. So kam es, daß sie sich besonders innig an den heiteren und lebenskundigen Vater anschloß, der zu sagen

2 Es wird sich ergeben, daß ich mich hierin doch geirrt hatte.

pflegte, diese Tochter ersetze ihm einen Sohn und einen Freund, mit dem er seine Gedanken austauschen könne. Soviel das Mädchen an intellektueller Anregung bei diesem Verkehre gewann, so entging es doch dem Vater nicht, daß sich dabei ihre geistige Konstitution von dem Ideal entfernte, welches man gerne in einem Mädchen verwirklicht sieht. Er nannte sie scherzweise »keck und rechthaberisch«, warnte sie vor allzu großer Bestimmtheit in ihren Urteilen, vor ihrer Neigung, den Menschen schonungslos die Wahrheit zu sagen, und meinte oft, sie werde es schwer haben, einen Mann zu finden. Tatsächlich war sie mit ihrem Mädchentum recht unzufrieden, sie war von ehrgeizigen Plänen erfüllt, wollte studieren oder sich in Musik ausbilden, empörte sich bei dem Gedanken, in einer Ehe ihre Neigungen und die Freiheit ihres Urteiles opfern zu müssen. Unterdes lebte sie im Stolze auf ihren Vater, auf das Ansehen und die soziale Stellung ihrer Familie und hütete eifersüchtig alles, was mit diesen Gütern zusammenhing. Die Selbstlosigkeit, mit welcher sie sich vorkommendenfalls gegen ihre Mutter und ihre älteren Schwestern zurücksetzte, söhnte die Eltern aber voll mit den schrofferen Seiten ihres Charakters aus.

Das Alter der Mädchen bewog die Familie zur Übersiedelung in die Hauptstadt, wo sich Elisabeth eine Weile an dem reicheren und heiteren Leben in der Familie erfreuen durfte. Dann aber kam der Schlag, der das Glück dieses Hauses zerstörte.

Der Vater hatte ein chronisches Herzleiden verborgen oder selbst übersehen; eines Tages brachte man ihn bewußtlos nach einem ersten Anfalle von Lungenödem nach Hause. Es folgte eine Krankenpflege von eineinhalb Jahren, in welcher sich Elisabeth den ersten Platz am Bette sicherte. Sie schlief im Zimmer des Vaters, erwachte nachts auf seinen Ruf, betreute ihn tagsüber und zwang sich, selbst heiter zu scheinen, während er den hoffnungslosen Zustand mit liebenswürdiger Ergebenheit ertrug. Mit dieser Zeit der Krankenpflege mußte der Beginn ihres Leidens zusammenhängen, denn sie konnte sich erinnern, daß sie im letzten Halbjahre der Pflege eineinhalb Tage wegen solcher Schmerzen im rechten Beine zu Bette geblieben sei. Sie behauptete aber, diese Schmerzen seien bald vorübergegangen und hätten weder ihre Sorge noch ihre Aufmerksamkeit erregt. Tatsächlich war es erst zwei Jahre nach dem Tode des Vaters, daß sie sich krank fühlte und ihrer Schmerzen wegen nicht gehen konnte.

Die Lücke, die der Tod des Vaters in dem Leben dieser aus vier Frauen bestehenden Familie hinterließ, die gesellschaftliche Vereinsamung, das Aufhören so vieler Beziehungen, die Anregung und Genuß versprochen hatten, die jetzt gesteigerte Kränklichkeit der Mutter, dies alles trübte die Stimmung unserer Patientin, machte aber gleichzeitig in ihr den heißen Wunsch rege, daß die

Ihrigen bald einen Ersatz für das verlorene Glück finden möchten, und hieß sie ihre ganze Neigung und Sorgfalt auf die überlebende Mutter konzentrieren.

Nach Ablauf des Trauerjahres heiratete die älteste Schwester einen begabten und strebsamen Mann in ansehnlicher Stellung, der durch sein geistiges Vermögen zu einer großen Zukunft bestimmt schien, der aber im nächsten Umgange eine krankhafte Empfindlichkeit, ein egoistisches Beharren auf seinen Launen entwickelte, und der zuerst im Kreise dieser Familie die Rücksicht auf die alte Frau zu vernachlässigen wagte. Das war mehr, als Elisabeth vertragen konnte; sie fühlte sich berufen, den Kampf gegen den Schwager aufzunehmen, so oft er Anlaß dazu bot, während die anderen Frauen die Ausbrüche seines erregbaren Temperaments leicht hinnahmen. Für sie war es eine schmerzliche Enttäuschung, daß der Wiederaufbau des alten Familienglücks diese Störung erfuhr, und sie konnte es ihrer verheirateten Schwester nicht vergeben, daß diese in frauenhafter Fügsamkeit bestrebt blieb, jede Parteinahme zu vermeiden. Eine ganze Reihe von Szenen war Elisabeth so im Gedächtnis geblieben, an denen zum Teil nicht ausgesprochene Beschwerden gegen ihren ersten Schwager hafteten. Der größte Vorwurf aber blieb, daß er einem in Aussicht gestellten Avancement zuliebe mit seiner kleinen Familie in eine entfernte Stadt Österreichs übersiedelte und so die Vereinsamung der Mutter vergrößern half. Bei dieser Gelegenheit fühlte Elisabeth so deutlich ihre Hilflosigkeit, ihr Unvermögen, der Mutter einen Ersatz für das verlorene Glück zu bieten, die Unmöglichkeit, ihren beim Tode des Vaters gefaßten Vorsatz auszuführen.

Die Heirat der zweiten Schwester schien Erfreulicheres für die Zukunft der Familie zu versprechen, denn dieser zweite Schwager war, obwohl geistig minder hochstehend, ein Mann nach dem Herzen der feinsinnigen, in der Pflege aller Rücksichten erzogenen Frauen, und sein Benehmen söhnte Elisabeth mit der Institution der Ehe und mit dem Gedanken an die mit ihr verknüpften Opfer aus. Auch blieb das zweite junge Paar in der Nähe der Mutter, und das Kind dieses Schwagers und der zweiten Schwester wurde der Liebling Elisabeths. Leider war das Jahr, in dem dies Kind geboren wurde, durch ein anderes Ereignis getrübt. Das Augenleiden der Mutter erforderte eine mehrwöchentliche Dunkelkur, welche Elisabeth mitmachte. Dann wurde eine Operation für notwendig erklärt; die Aufregung vor derselben fiel mit den Vorbereitungen zur Übersiedlung des ersten Schwagers zusammen. Endlich war die von Meisterhand ausgeführte Operation überstanden, die drei Familien trafen in einem Sommeraufenthalte zusammen, und die durch die Sorgen der letzten Monate erschöpfte Elisabeth hätte nun in der ersten, von Leiden und Befürchtungen freien Zeit, die dieser

Familie seit dem Tode des Vaters gegönnt war, sich voll erholen sollen.

Gerade in die Zeit dieses Sommeraufenthaltes fällt aber der Ausbruch von Elisabeths Schmerzen und Gehschwäche. Nachdem sich die Schmerzen eine Weile vorher etwas bemerklich gemacht hatten, traten sie zuerst heftig nach einem warmen Bade auf, das sie im Badhause des kleinen Kurortes nahm. Ein langer Spaziergang, eigentlich ein Marsch von einem halben Tage, einige Tage vorher, wurde dann in Beziehung zum Auftreten dieser Schmerzen gebracht, so daß sich leicht die Auffassung ergab, Elisabeth habe sich zuerst »übermüdet« und dann »erkühlt«.

Von jetzt ab war Elisabeth die Kranke der Familie. Ärztlicher Rat veranlaßte sie, noch den Rest dieses Sommers zu einer Badekur in Gastein zu verwenden, wohin sie mit ihrer Mutter reiste, aber nicht, ohne daß eine neue Sorge aufgetaucht wäre. Die zweite Schwester war neuerdings gravid, und Nachrichten schilderten ihr Befinden recht ungünstig, so daß sich Elisabeth kaum zur Reise nach Gastein entschließen wollte. Nach kaum zwei Wochen des Gasteiner Aufenthalts wurden Mutter und Schwester zurückgerufen, es ginge der jetzt bettlägerigen Kranken nicht gut.

Eine qualvolle Reise, auf welcher sich bei Elisabeth Schmerzen und schreckhafte Erwartungen vermengten, dann gewisse Anzeichen auf dem Bahnhofe, welche das Schlimmste ahnen ließen, und dann, als sie ins Zimmer der Kranken traten, die Gewißheit, daß sie zu spät gekommen waren, um von einer Lebenden Abschied zu nehmen.

Elisabeth litt nicht nur unter dem Verluste dieser Schwester, die sie zärtlich geliebt hatte, sondern fast ebensosehr unter den Gedanken, die dieser Todesfall anregte, und unter den Veränderungen, die er mit sich brachte. Die Schwester war einem Herzleiden erlegen, das durch die Gravidität zur Verschlimmerung gebracht worden war.

Nun tauchte der Gedanke auf, Herzkrankheit sei das väterliche Erbteil der Familie. Dann erinnerte man sich, daß die Verstorbene in den ersten Mädchenjahren eine Chorea mit leichter Herzaffektion durchgemacht hatte. Man machte sich und den Ärzten den Vorwurf, daß sie die Heirat zugelassen hätten, man konnte dem unglücklichen Witwer den Vorwurf nicht ersparen, die Gesundheit seiner Frau durch zwei aufeinanderfolgende Graviditäten ohne Pause gefährdet zu haben. Der traurige Eindruck, daß, wenn einmal die so seltenen Bedingungen für eine glückliche Ehe sich getroffen hätten, dieses Glück dann solch ein Ende nähme, beschäftigte die Gedanken Elisabeths von da an ohne Widerspruch. Ferner aber sah sie wiederum alles in sich zerfallen, was sie für die Mutter ersehnt hatte. Der verwitwete Schwager war untröstlich und zog sich von der Familie seiner Frau zurück. Es scheint, daß seine eigene Familie, der er sich während der kurzen und glücklichen Ehe entfremdet hatte, den Moment günstig fand, um ihn wieder in ihre eigenen Bahnen zu ziehen. Es fand sich kein Weg, die frühere Gemeinschaft aufrecht zu halten; ein Zusammenwohnen mit der Mutter war aus Rücksicht auf die unverheiratete Schwägerin untunlich, und indem er sich weigerte, den beiden Frauen das Kind, das einzige Erbteil der Toten, zu überlassen, gab er ihnen zum ersten Male Gelegenheit, ihn der Härte zu beschuldigen. Endlich – und dies war nicht das am mindesten Peinliche – hatte Elisabeth dunkle Kunde von einem Zwiste bekommen, der zwischen beiden Schwägern ausgebrochen war, und dessen Anlaß sie nur ahnen konnte. Es schien aber, als ob der Witwer in Vermögensangelegenheiten Forderungen erhoben hätte, die der andere Schwager für ungerechtfertigt hinstellte, ja die er mit Rücksicht auf den frischen Schmerz der Mutter als eine arge Erpressung bezeichnen konnte. Dies also war die Leidensgeschichte des ehrgeizigen und liebebedürftigen Mädchens. Mit ihrem Schicksale grollend, erbittert über das Fehlschlagen all ihrer kleinen Pläne, den Glanz des Hauses wiederherzustellen – ihre Lieben teils gestorben, teils entfernt, teils entfremdet –; ohne Neigung, eine Zuflucht in der Liebe eines fremden Mannes zu suchen, lebte sie seit eineinhalb Jahren, fast von jedem Verkehre abgeschieden, der Pflege der Mutter und ihrer Schmerzen.

Wenn man an größeres Leid vergessen und sich in das Seelenleben eines Mädchens versetzen wollte, konnte man Fräulein Elisabeth eine herzliche menschliche Teilnahme nicht versagen. Wie stand es aber mit dem ärztlichen Interesse für diese Leidensgeschichte, mit den Beziehungen derselben zu ihrer schmerzhaften Gehschwäche, mit den Aussichten auf Klärung und Heilung dieses Falles, die sich etwa aus der Kenntnis dieser psychischen Traumen ergaben?

Für den Arzt bedeutete die Beichte der Patientin zunächst eine große Enttäuschung. Es war ja eine aus banalen seelischen Erschütterungen bestehende Krankengeschichte, aus der sich weder erklärte, warum die Betroffene an Hysterie erkranken mußte, noch wieso die Hysterie gerade die Form der schmerzhaften Abasie angenommen hatte. Es erhellte weder die Verursachung noch die Determinierung der hier vorliegenden Hysterie. Man konnte etwa annehmen, daß die Kranke eine Assoziation hergestellt hatte zwischen ihren seelischen schmerzlichen Eindrücken und körperlichen Schmerzen, die sie zufällig zur gleichen Zeit verspürt hatte, und daß sie nun in ihrem Erinnerungsleben die körperliche Empfindung als Symbol der seelischen verwendete. Welches Motiv sie etwa für diese Substituierung hatte, in welchem Momente diese vollzogen wurde, dies blieb unaufgeklärt.

Es waren dies allerdings Fragen, deren Aufstellung bisher den Ärzten nicht geläufig gewesen war. Man pflegte sich mit der Auskunft zufriedenzugeben, die Kranke sei eben von Konstitution eine Hysterika, die unter dem Drucke intensiver, *ihrer Art nach beliebiger* Erregung hysterische Symptome entwickeln könne.
Noch weniger als für die Aufklärung schien durch diese Beichte für die Heilung des Falles geleistet zu sein. Es war nicht einzusehen, welchen wohltätigen Einfluß es für Fräulein Elisabeth haben könnte, die all ihren Familienmitgliedern wohlbekannte Leidensgeschichte der letzten Jahre auch einmal einem Fremden zu erzählen, der ihr dafür eine mäßige Teilnahme bezeigte. Es war auch kein solcher Heilerfolg der Beichte zu bemerken. Die Kranke versäumte während dieser ersten Periode der Behandlung niemals, dem Arzte zu wiederholen: Es geht mir aber noch immer schlecht, ich habe dieselben Schmerzen wie früher, und wenn sie mich dabei listig-schadenfroh anblickte, konnte ich etwa des Urteiles gedenken, das der alte Herr v. R. über seine Lieblingstochter gefällt: Sie sei häufig »keck« und »schlimm«; ich mußte aber doch zugestehen, daß sie im Rechte war.
Hätte ich in diesem Stadium die psychische Behandlung der Kranken aufgegeben, so wäre der Fall des Fräuleins Elisabeth v. R. wohl recht belanglos für die Theorie der Hysterie geworden. Ich setzte meine Analyse aber fort, weil ich der sicheren Erwartung war, es werde sich aus tieferen Schichten des Bewußtseins das Verständnis sowohl für die Verursachung als auch für die Determinierung des hysterischen Symptoms gewinnen lassen.
Ich beschloß also, an das erweiterte Bewußtsein der Kranken die direkte Frage zu richten, an welchen psychischen Eindruck die erste Entstehung der Schmerzen in den Beinen geknüpft sei.
Zu diesem Zwecke sollte die Kranke in tiefe Hypnose versetzt werden. Aber leider mußte ich wahrnehmen, daß meine dahinzielenden Prozeduren die Kranke in keinen andern Zustand des Bewußtseins brachten, als jener war, in dem sie mir ihre Beichte abgelegt hatte. Ich war noch herzlich froh, daß sie es diesmal unterließ, mir triumphierend vorzuhalten: »Sehen Sie, ich schlafe ja nicht, ich bin nicht zu hypnotisieren.« In solcher Notlage geriet ich auf den Einfall, jenen Kunstgriff des Drückens auf den Kopf anzuwenden, über dessen Entstehungsgeschichte ich mich in der vorstehenden Beobachtung der Miß Lucy ausführlich geäußert habe. Ich führte ihn aus, indem ich die Kranke aufforderte, mir unfehlbar mitzuteilen, was in dem Momente des Druckes vor ihrem inneren Auge auftauche oder durch ihre Erinnerung ziehe. Sie schwieg lange und bekannte dann auf mein Drängen, sie habe an einen Abend gedacht, an dem ein junger Mann sie aus einer Gesellschaft nach Hause begleitet, an die Gespräche, die

zwischen ihr und ihm vorgefallen seien, und an die Empfindungen, mit denen sie dann nach Hause zur Pflege des Vaters zurückkehrte.
Mit dieser ersten Erwähnung des jungen Mannes war ein neuer Schacht eröffnet, dessen Inhalt ich nun allmählich herausbeförderte. Hier handelte es sich eher um ein Geheimnis, denn außer einer gemeinsamen Freundin hatte sie niemanden in ihre Beziehungen und die daran geknüpften Hoffnungen eingeweiht. Es handelte sich um den Sohn einer seit langem befreundeten Familie, deren Wohnsitz ihrem früheren nahe lag. Der junge Mann, selbst verwaist, hatte sich mit großer Ergebenheit an ihren Vater angeschlossen, ließ sich von dessen Ratschlägen in seiner Karriere leiten und hatte seine Verehrung vom Vater auf die Damen der Familie ausgedehnt. Zahlreiche Erinnerungen an gemeinsame Lektüre, Gedankenaustausch, Äußerungen von seiner Seite, die ihr wiedererzählt worden waren, bezeichneten das allmähliche Anwachsen ihrer Überzeugung, daß er sie liebe und verstehe, und daß eine Ehe mit ihm ihr nicht die Opfer auferlegen würde, die sie von der Ehe fürchtete. Er war leider nur wenig älter als sie und von Selbständigkeit damals noch weit entfernt, sie war aber fest entschlossen gewesen, auf ihn zu warten.
Mit der schweren Erkrankung des Vaters und ihrer Inanspruchnahme als Pflegerin wurde dieser Verkehr immer seltener. Der Abend, an den sie sich zuerst erinnert hatte, bezeichnete gerade die Höhe ihrer Empfindung; zu einer Aussprache zwischen ihnen war es aber auch damals nicht gekommen. Sie hatte sich damals durch das Drängen der Ihrigen und des Vaters selbst bewegen lassen, vom Krankenbette weg in eine Gesellschaft zu gehen, in welcher sie ihn zu treffen erwarten durfte. Sie wollte dann früh nach Hause eilen, aber man nötigte sie zu bleiben, und sie gab nach, als er ihr versprach, sie zu begleiten. Sie hatte nie so warm für ihn gefühlt als während dieser Begleitung; aber als sie in solcher Seligkeit spät nach Hause kam, traf sie den Zustand des Vaters verschlimmert und machte sich die bittersten Vorwürfe, daß sie so viel Zeit ihrem eigenen Vergnügen geopfert. Es war das letztemal, daß sie den kranken Vater für einen ganzen Abend verließ; ihren Freund sah sie nur selten wieder; nach dem Tode des Vaters schien er aus Achtung vor ihrem Schmerze sich fernezuhalten, dann zog ihn das Leben in andere Bahnen; sie hatte sich allmählich mit dem Gedanken vertraut machen müssen, daß sein Interesse für sie durch andere Empfindungen verdrängt und er für sie verloren sei. Dieses Fehlschlagen der ersten Liebe schmerzte sie aber noch jedesmal, so oft sie an ihn dachte.
In diesem Verhältnisse und in der obigen Szene, zu welcher es führte, durfte ich also die Verursachung der ersten hysterischen Schmerzen suchen. Durch den Kontrast zwischen der Seligkeit,

die sie sich damals gegönnt hatte, und dem Elende des Vaters, das sie zu Hause antraf, war ein Konflikt, ein Fall von Unverträglichkeit gegeben. Das Ergebnis des Konflikts war, daß die erotische Vorstellung aus der Assoziation verdrängt wurde, und der dieser anhaftende Affekt wurde zur Erhöhung oder Wiederbelebung eines gleichzeitig (oder kurz vorher) vorhandenen körperlichen Schmerzes verwendet. Es war also der Mechanismus einer Konversion zum Zwecke der Abwehr, wie ich ihn an anderer Stelle eingehend behandelt habe.[3]
Es bleibt hier freilich Raum für allerlei Bemerkungen. Ich muß hervorheben, daß es mir nicht gelang, aus ihrer Erinnerung nachzuweisen, daß sich in jenem Momente des Nachhausekommens die Konversion vollzogen hatte. Ich forschte daher nach ähnlichen Erlebnissen aus der Zeit der Krankenpflege und rief eine Reihe von Szenen hervor, unter denen das Aufspringen aus dem Bette mit nackten Füßen im kalten Zimmer, auf einen Ruf des Vaters, sich durch seine öftere Wiederholung hervorhob. Ich war geneigt, diesen Momenten eine gewisse Bedeutung zuzusprechen, weil neben der Klage über den Schmerz in den Beinen die Klage über quälende Kälteempfindung stand. Indes konnte ich auch hier nicht eine Szene erhaschen, die sich mit Sicherheit als die Szene der Konversion hätte bezeichnen lassen. Ich war darum geneigt, hier eine Lücke in der Aufklärung zuzugestehen, bis ich mich der Tatsache besann, daß die hysterischen Beinschmerzen ja überhaupt nicht zur Zeit der Krankenpflege vorhanden waren. Ihre Erinnerung berichtete nur von einem einzigen, über wenige Tage erstreckten Schmerzanfalle, der damals keine Aufmerksamkeit auf sich zog. Meine Forschung wandte sich nun diesem ersten Auftreten der Schmerzen zu. Es gelang, die Erinnerung daran sicher zu beleben, es war gerade damals ein Verwandter zu Besuch gekommen, den sie nicht empfangen konnte, weil sie zu Bette lag, und der auch bei einem späteren Besuche zwei Jahre nachher das Mißgeschick hatte, sie im Bette zu treffen. Aber die Suche nach einem psychischen Anlasse für diese ersten Schmerzen mißlang, so oft sie auch wiederholt wurde. Ich glaubte annehmen zu dürfen, daß jene ersten Schmerzen wirklich ohne psychischen Anlaß als leichte rheumatische Erkrankung gekommen seien, und konnte noch erfahren, daß dies organische Leiden, das Vorbild der späteren hysterischen Nachahmung, jedenfalls in eine Zeit vor die Szene der Begleitung zu setzen sei. Daß sich diese Schmerzen als organisch begründete in gemildertem Maße und unter geringer Aufmerksamkeit eine Zeitlang fortgesetzt hätten, blieb nach der Natur der Sache immerhin möglich. Die Unklarheit, die sich daraus ergibt, daß die Analyse auf eine Konversion psychischer Erregung

3 Die Abwehr-Neuropsychosen, Neurologisches Zentralblatt, 1. Juni 1894. [Ges. Werke. Bd. 1].

in Körperschmerz zu einer Zeit hinweist, da solcher Schmerz gewiß nicht verspürt und nicht erinnert wurde — dieses Problem hoffe ich durch spätere Erwägungen und andere Beispiele lösen zu können.[4]

Mit der Aufdeckung des Motivs für die erste Konversion begann eine zweite, fruchtbare Periode der Behandlung. Zunächst überraschte mich die Kranke bald nachher mit der Mitteilung, sie wisse nun, warum die Schmerzen gerade immer von jener bestimmten Stelle des rechten Oberschenkels ausgingen und dort am heftigsten seien. Es sei dies nämlich die Stelle, wo jeden Morgen das Bein des Vaters geruht, während sie die Binden erneuerte, mit denen das arg geschwollene Bein gewickelt wurde. Das sei wohl hundertmal so geschehen, und sie habe merkwürdigerweise an diesen Zusammenhang bis heute nicht gedacht. Sie lieferte mir so die erwünschte Erklärung für die Entstehung einer *atypischen* hysterogenen Zone. Ferner fingen die schmerzhaften Beine an bei unseren Analysen immer »mitzusprechen«. Ich meine folgenden merkwürdigen Sachverhalt: Die Kranke war meist schmerzfrei, wenn wir an unsere Arbeit gingen; rief ich jetzt durch eine Frage oder einen Druck auf den Kopf eine Erinnerung wach, so meldete sich zuerst eine Schmerzempfindung, meist so lebhaft, daß die Kranke zusammenzuckte und mit der Hand nach der schmerzhaften Stelle fuhr. Dieser geweckte Schmerz blieb bestehen, solange die Kranke von der Erinnerung beherrscht war, erreichte seine Höhe, wenn sie im Begriffe stand, das Wesentliche und Entscheidende an ihrer Mitteilung auszusprechen, und war mit den letzten Worten dieser Mitteilung verschwunden. Allmählich lernte ich diesen geweckten Schmerz als Kompaß gebrauchen; wenn sie verstummte, aber noch Schmerzen zugab, so wußte ich, daß sie nicht alles gesagt hatte, und drang auf Fortsetzung der Beichte, bis der Schmerz weggesprochen war. Erst dann weckte ich eine neue Erinnerung.

In dieser Periode des »Abreagierens« besserte sich der Zustand der Kranken in somatischer wie in psychischer Hinsicht so auffällig, daß ich nur halb im Scherze zu behaupten pflegte, ich trage jedesmal ein gewisses Quantum von Schmerzmotiven weg, und wenn ich alles abgeräumt haben würde, werde sie gesund sein. Sie gelangte bald dahin, die meiste Zeit keine Schmerzen zu haben, ließ sich bewegen, viel zu gehen und ihre bisherige Isolierung aufzugeben. Im Laufe der Analyse folgte ich bald den spontanen Schwankungen ihres Befindens, bald meiner Schätzung, wo ich ein Stück ihrer Leidensgeschichte noch nicht genügend erschöpft meinte. Ich machte bei dieser Arbeit einige inter-

4 Ich kann nicht ausschließen, aber auch nicht erweisen, daß diese hauptsächlich die Oberschenkel einnehmenden Schmerzen *neurasthenischer* Natur gewesen seien.

essante Wahrnehmungen, deren Lehren ich später bei anderen Kranken bestätigt fand.
Zunächst, was die spontanen Schwankungen anbelangt, daß eigentlich keine vorfiel, die nicht durch ein Ereignis des Tages assoziativ provoziert worden wäre. Das eine Mal hatte sie von einer Erkrankung im Kreise ihrer Bekannten gehört, die sie an ein Detail in der Krankheit ihres Vaters erinnerte, ein andermal war das Kind der verstorbenen Schwester zum Besuche da gewesen und hatte durch seine Ähnlichkeit den Schmerz um die Verlorene geweckt, ein andermal wieder war es ein Brief der entfernt lebenden Schwester, der deutlich den Einfluß des rücksichtslosen Schwagers bewies und einen Schmerz weckte, welcher die Mitteilung einer noch nicht erzählten Familienszene verlangte.
Da sie niemals denselben Schmerzanlaß zweimal vorbrachte, schien unsere Erwartung, auf solche Weise den Vorrat zu erschöpfen, nicht ungerechtfertigt, und ich widerstrebte keineswegs, sie in Situationen kommen zu lassen, welche geeignet waren, neue, noch nicht an die Oberfläche gelangte Erinnerungen hervorzurufen, z. B. sie auf das Grab ihrer Schwester zu schicken oder sie in eine Gesellschaft gehen zu lassen, wo sie den jetzt wieder anwesenden Jugendfreund sehen konnte.
Sodann erhielt ich einen Einblick in die Art der Entstehung einer als monosymptomatisch zu bezeichnenden Hysterie. Ich fand nämlich, daß das rechte Bein während unserer Hypnosen schmerzhaft wurde, wenn es sich um Erinnerungen aus der Krankenpflege des Vaters, aus dem Verkehre mit dem Jugendgespielen und um anderes handelte, was in die erste Periode der pathogenen Zeit fiel, während der Schmerz sich am anderen, linken Bein meldete, sobald ich eine Erinnerung an die verlorene Schwester, an die beiden Schwäger, kurz einen Eindruck aus der zweiten Hälfte der Leidensgeschichte erweckt hatte. Durch dieses konstante Verhalten aufmerksam gemacht, forschte ich weiter nach und gewann den Eindruck, als ob die Detaillierung hier noch weiter ginge und jeder neue psychische Anlaß zu schmerzlichen Empfindungen sich mit einer anderen Stelle der schmerzhaften Area der Beine verknüpft hätte. Die ursprünglich schmerzhafte Stelle am rechten Oberschenkel hatte sich auf die Pflege des Vaters bezogen, von da an war das Schmerzgebiet durch Apposition aus Anlaß neuer Traumen gewachsen, so daß hier strenggenommen nicht ein einziges körperliches Symptom vorlag, welches mit vielfachen psychischen Erinnerungskomplexen verknüpft war, sondern eine Mehrheit von ähnlichen Symptomen, die bei oberflächlicher Betrachtung zu einem Symptome verschmolzen schienen. Einer Abgrenzung der den einzelnen psychischen Anlässen entsprechenden Schmerzzonen bin ich allerdings nicht nachgegangen, da ich die

Aufmerksamkeit der Kranken von diesen Beziehungen abgewendet erfand.

Ich schenkte aber ein weiteres Interesse der Art, wie der ganze Symptomkomplex der Abasie sich über diesen schmerzhaften Zonen aufgebaut haben mochte, und stellte in solcher Absicht verschiedene Fragen, wie: Woher rühren die Schmerzen im Gehen, im Stehen, im Liegen? die sie teils unbeeinflußt, teils unter dem Drucke meiner Hand beantwortete. Dabei ergab sich zweierlei. Einerseits gruppierte sie mir alle mit schmerzhaften Eindrücken verbundenen Szenen, je nachdem sie während derselben gesessen oder gestanden hatte u. dgl. – So z. B. stand sie bei einer Türe, als man den Vater im Herzanfalle nach Hause brachte und blieb im Schreck wie angewurzelt stehen. An diesen ersten »Schreck im Stehen« schloß sie dann weitere Erinnerungen an bis zur Schreckensszene, da sie wiederum wie gebannt an dem Bette der toten Schwester stand. Die ganze Kette von Reminiszenzen sollte die berechtigte Verknüpfung der Schmerzen mit dem Aufrechtstehen dartun und konnte ja auch als Assoziationsnachweis gelten, nur mußte man der Forderung eingedenk bleiben, daß bei all diesen Gelegenheiten noch ein anderes Moment nachweisbar sein müsse, welches die Aufmerksamkeit – und in weiterer Folge die Konversion – gerade auf das Stehen (Gehen, Sitzen u. dgl.) gelenkt hatte. Die Erklärung für diese Richtung der Aufmerksamkeit konnte man kaum in anderen Verhältnissen suchen als darin, daß Gehen, Stehen und Liegen eben an Leistungen und Zustände jener Körperteile geknüpft sind, welche hier die schmerzhaften Zonen trugen, nämlich der Beine. Es war also der Zusammenhang zwischen der Astasie-Abasie und dem ersten Falle von Konversion in dieser Krankengeschichte leicht zu verstehen.

Unter den Szenen, welche zufolge dieser Revue das Gehen schmerzhaft gemacht hätten, drängte sich eine hervor, ein Spaziergang, den sie in jenem Kurorte in großer Gesellschaft gemacht und angeblich zu lange ausgedehnt hatte. Die näheren Umstände dieser Begebenheit enthüllten sich nur zögernd und ließen manches Rätsel ungelöst. Sie war in besonders weicher Stimmung, schloß sich dem Kreise von befreundeten Personen gerne an, es war ein schöner, nicht zu heißer Tag, ihre Mama blieb zu Hause, ihre ältere Schwester war bereits abgereist, die jüngere fühlte sich leidend, wollte ihr aber das Vergnügen nicht stören, der Mann dieser zweiten Schwester erklärte anfangs, er bleibe bei seiner Frau, und ging dann ihr (Elisabeth) zuliebe mit. Diese Szene schien mit dem ersten Hervortreten der Schmerzen viel zu tun zu haben, denn sie erinnerte sich, daß sie sehr müde und mit heftigen Schmerzen von dem Spaziergange zurückgekommen, äußerte sich aber nicht sicher darüber, ob sie schon vorher Schmerzen verspürt habe. Ich machte geltend, daß sie sich mit irgend erheblichen Schmerzen kaum zu diesem weiten Wege entschlossen hätte. Auf die Frage, woher auf diesem Spaziergange die Schmerzen gekommen sein mögen, erhielt ich die nicht ganz durchsichtige Antwort, der Kontrast zwischen ihrer Vereinsamung und dem Eheglücke der kranken Schwester, welches ihr das Benehmen ihres Schwagers unausgesetzt vor Augen führte, sei ihr schmerzlich gewesen.

Eine andere Szene, der vorigen der Zeit nach sehr benachbart, spielte eine Rolle in der Verknüpfung der Schmerzen mit dem Sitzen. Es war einige Tage nachher; Schwester und Schwager waren bereits abgereist, sie befand sich in erregter, sehnsüchtiger Stimmung, stand des Morgens früh auf, ging einen kleinen Hügel hinauf bis zu einer Stelle, die sie so oft miteinander besucht hatten und die eine herrliche Aussicht bot, und setzte sich dort, ihren Gedanken nachhängend, auf eine steinerne Bank. Ihre Gedanken betrafen wieder ihre Vereinsamung, das Schicksal ihrer Familie, und den heißen Wunsch, ebenso glücklich zu werden wie ihre Schwester war, gestand sie diesmal unverhüllt ein. Sie kehrte mit heftigen Schmerzen von dieser Morgenmeditation zurück, am Abend desselben Tages nahm sie das Bad, nach welchem die Schmerzen endgültig und dauernd aufgetreten waren.

Mit aller Bestimmtheit ergab sich ferner, daß die Schmerzen im Gehen und Stehen sich anfänglich im Liegen zu beruhigen pflegten. Erst als sie auf die Nachricht von der Erkrankung der Schwester abends von Gastein abreiste und während der Nacht, gleichzeitig von der Sorge um die Schwester und von tobenden Schmerzen gequält, schlaflos im Eisenbahnwagen ausgestreckt lag, stellte sich auch die Verbindung des Liegens mit den Schmerzen her, und eine ganze Zeit hindurch war ihr sogar das Liegen schmerzhafter als das Gehen und Stehen.

In solcher Art war erstens das schmerzliche Gebiet durch Apposition gewachsen, indem jedes neue pathogen wirksame Thema eine neue Region der Beine besetzte, zweitens hatte jede der eindrucksktäftigen Szenen eine Spur hinterlassen, indem sie eine bleibende, sich immer mehr häufende »Besetzung« der verschiedenen Funktionen der Beine, eine Verknüpfung dieser Funktionen mit den Schmerzempfindungen hervorbrachte; es war aber unverkennbar noch ein dritter Mechanismus an der Ausbildung der Astasie-Abasie in Mitwirkung gewesen. Wenn die Kranke die Erzählung einer ganzen Reihe von Begebenheiten mit der Klage schloß, sie habe dabei ihr »Alleinstehen« schmerzlich empfunden, bei einer anderen Reihe, welche ihre verunglückten Versuche zur Herstellung eines neuen Familienlebens umschloß, nicht müde wurde zu wiederholen, das Schmerzliche daran sei das Gefühl ihrer Hilflosigkeit gewesen, die Empfindung, sie »komme nicht von der Stelle«, so mußte ich auch ihren Reflexionen einen Einfluß auf die Ausbildung der Abasie einräumen, mußte ich annehmen, daß sie direkt einen symbolischen Ausdruck für ihre schmerzlich betonten Gedanken gesucht und ihn in der Verstärkung ihres Leidens gefunden hatte. Daß durch eine solche Symbolisierung somatische Symptome der Hysterie entstehen können, haben wir bereits in unserer vorläufigen Mitteilung behauptet; ich werde in der Epikrise zu dieser Krankengeschichte einige zweifellos beweisende Beispiele aufführen. Bei Fräulein Elisabeth v. R... stand der psychische Mechanismus der Symbolisierung nicht in erster Linie, er hatte die Abasie nicht geschaffen, wohl aber sprach alles dafür, daß die bereits vorhandene Abasie auf diesem Wege eine wesentliche Verstärkung erfahren hatte. Demnach war diese Abasie in dem Stadium der Entwicklung, in dem ich sie antraf, nicht nur einer psychischen assoziativen Funktionslähmung, sondern auch einer symbolischen Funktionslähmung gleichzustellen.

Ich will, ehe ich die Geschichte meiner Kranken fortsetze, noch ein Wort über ihr Benehmen während dieser zweiten Periode der Behandlung anfügen. Ich bediente mich während dieser ganzen Analyse der Methode, durch Drücken auf den Kopf Bilder und Einfälle hervorzurufen, einer Methode also, die ohne volles Mitarbeiten und willige Aufmerksamkeit der Kranken unanwendbar bleibt. Sie verhielt sich auch zeitweilig so, wie ich es nur wünschen konnte, und in solchen Perioden war es wirklich überraschend, wie prompt und wie unfehlbar chronologisch geordnet die einzelnen Szenen, die zu einem Thema gehörten, sich einstellten. Es war, als läse sie in einem langen Bilderbuche, dessen Seiten vor ihren Augen vorübergezogen würden. Andere Male schien es Hemmnisse zu geben, deren Art ich damals noch nicht ahnte. Wenn ich meinen Druck ausübte, behauptete sie, es sei ihr nichts eingefallen; ich wiederholte den Druck, ich hieß sie warten, es wollte noch immer nichts kommen. Die ersten Male, als sich diese Widerspenstigkeit zeigte, ließ ich mich bestimmen, die Arbeit abzubrechen, der Tag sei nicht günstig; ein andermal. Zwei Wahrnehmungen bestimmten mich aber, mein Verhalten zu ändern. Erstens, daß sich solches Versagen der Methode nur ereignete, wenn ich Elisabeth heiter und schmerzfrei gefunden hatte, niemals, wenn ich an einem schlechten Tag kam, zweitens, daß sie eine solche Angabe, sie sehe nichts vor sich, häufig machte, nachdem sie eine lange Pause hatte vergehen lassen, während welcher ihre gespannte und beschäftigte Miene mir doch einen seelischen Vorgang in ihr verriet. Ich entschloß mich also zur Annahme, die Methode versage niemals, Elisabeth habe unter dem Drucke meiner Hand jedesmal einen Einfall im Sinne oder ein Bild vor Augen, sei aber nicht jedesmal bereit, mir davon Mitteilung zu machen, sondern versuche das Heraufbeschworene wieder zu unterdrücken. Von den Motiven für solches Verschweigen konnte ich mir zwei vorstellen, entweder Elisabeth übte an ihrem Einfall eine Kritik, zu der sie nicht berechtigt war, sie fand ihn nicht wertvoll genug, nicht passend als Antwort auf die gestellte Frage, oder sie scheute sich ihn anzugeben, weil — ihr solche Mitteilung zu unangenehm war. Ich ging also so vor, als wäre ich von der Verläßlichkeit meiner Technik vollkommen überzeugt. Ich ließ es nicht mehr gelten, wenn sie behauptete, es sei ihr nichts eingefallen, versicherte ihr, es müsse ihr etwas eingefallen sein, sie sei vielleicht nicht aufmerksam genug, dann wolle ich den Druck gerne wiederholen, oder sie meine, ihr Einfall sei nicht der richtige. Das gehe sie aber gar nichts an, sie sei verpflichtet, vollkommen objektiv zu bleiben und zu sagen, was ihr in den Sinn gekommen sei, es möge passen oder nicht, endlich, ich wisse genau, es sei ihr etwas eingefallen, sie verheimliche es mir, sie werde aber ihre Schmerzen nie los werden, solange sie etwas verheimliche. Durch solches Drängen erreichte ich, daß wirklich kein Druck mehr erfolglos blieb. Ich mußte annehmen, daß ich den Sachverhalt richtig erkannt hatte, und gewann bei dieser Analyse ein in der Tat unbedingtes Zutrauen zu meiner Technik. Es kam oft vor, daß sie mir erst nach dem dritten Drücken eine Mitteilung machte, dann aber selbst hinzufügte: Ich hätte es Ihnen gleich das erstemal sagen können. — Ja, warum haben Sie es nicht gleich gesagt? — Ich habe gemeint, es ist nicht das richtige, oder: ich habe gemeint, ich kann es umgehen, es ist aber jedesmal wiedergekommen. Ich fing während dieser schweren Arbeit an, dem Widerstande, den die Kranke bei der Reproduktion ihrer Erinnerungen zeigte, eine tiefere Bedeutung beizulegen und die Anlässe sorgfältig zusammenzustellen, bei denen er sich besonders auffällig verriet.

Ich komme nun zur Darstellung der dritten Periode unserer Behandlung. Der Kranken ging es besser, sie war psychisch entlastet und leistungsfähig geworden, aber die Schmerzen waren offenbar nicht behoben, sie kamen von Zeit zu Zeit immer wieder, und zwar in alter Heftigkeit. Dem unvollkommenen Heilerfolge entsprach die unvollständige Analyse, ich wußte noch immer nicht genau, in welchem Momente und durch welchen Mechanismus die Schmerzen entstanden waren. Während der Reproduktion der mannigfaltigsten Szenen in der zweiten Periode und der Beobachtung des Widerstandes der Kranken gegen die Erzählung hatte sich bei mir ein bestimmter Verdacht gebildet; ich wagte aber noch nicht, ihn zur Grundlage meines Handelns zu machen. Eine zufällige Wahrnehmung gab da den Ausschlag. Ich hörte einmal während der Arbeit mit der Kranken Männerschritte im Nebenzimmer, eine angenehm klingende Stimme, die eine Frage zu stellen schien, und meine Patientin erhob sich darauf mit der Bitte, für heute abzubrechen; sie höre, daß ihr Schwager gekommen sei und nach ihr frage. Sie war bis dahin schmerzfrei gewesen, nach dieser Störung verrieten ihre Miene und ihr Gang das plötzliche Auftreten heftiger Schmerzen. Ich war in meinem Verdachte bestärkt und beschloß, die entscheidende Aufklärung herbeizuführen.

Ich stellte also die Frage nach den Umständen und Ursachen des ersten Auftretens der Schmerzen. Als Antwort lenkten sich ihre Gedanken auf den Sommeraufenthalt in jenem Kurorte vor der Gasteiner Reise, und es zeigten sich wieder einige Szenen, die schon vorher minder erschöpfend behandelt worden waren. Ihre Gemütsverfassung zu jener Zeit, die Erschöpfung nach der Sorge um das Augenlicht der Mutter und nach deren Krankenpflege während der Zeit der Augenoperation, ihr endliches Verzagen als einsames Mädchen etwas vom Leben genießen oder im Leben leisten zu können. Sie war sich bis dahin stark genug vorgekommen, um den Beistand eines Mannes entbehren zu können, jetzt bemächtigte sich ihrer ein Gefühl ihrer Schwäche als Weib, eine Sehnsucht nach Liebe, in welcher nach ihren eigenen Worten ihr starres Wesen zu schmelzen begann. In solcher Stimmung machte die glückliche Ehe ihrer jüngeren Schwester den tiefsten Eindruck auf sie, wie rührend er für sie sorgte, wie sie sich mit einem Blicke verstanden, wie sicher sie einer des andern zu sein schienen. Es war ja gewiß bedauerlich, daß die zweite Schwangerschaft so rasch auf die erste folgte, und die Schwester wußte, daß dies die Ursache ihres Leidens sei, aber wie willig ertrug sie dieses Leiden, weil er die Ursache davon war. An dem Spaziergange, der mit Elisabeths Schmerzen so innig verknüpft war, wollte der Schwager anfangs nicht teilnehmen, er zog es vor, bei der kranken Frau zu bleiben. Diese bewog ihn aber durch einen Blick mitzugehen, weil sie meinte, daß es Elisabeth Freude machen würde. Elisabeth blieb die ganze Zeit über in seiner Begleitung, sie sprachen miteinander über die verschiedensten, intimsten Dinge, sie fand sich so sehr im Einklange mit allem, was er sagte, und der Wunsch, einen Mann zu besitzen, der ihm gleiche, wurde übermächtig in ihr. Dann folgte die Szene wenige Tage später, als sie am Morgen nach der Abreise den Aussichtsort aufsuchte, welcher ein Lieblingsspaziergang der Abwesenden gewesen war. Sie setzte sich dort auf einen Stein und träumte wiederum von einem Lebensglücke, wie es der Schwester zugefallen war, und von einem Manne, der ihr Herz so zu fesseln verstünde wie dieser Schwager. Sie stand mit Schmerzen auf, die aber nochmals vergingen, erst am Nachmittage nach dem warmen Bade, das sie im Orte nahm, brachen die Schmerzen über sie herein, die sie seither nicht verlassen hatten. Ich versuchte zu erforschen, mit was für Gedanken sie sich damals im Bade beschäftigte; es ergab sich aber

nur, daß das Badhaus sie an ihre abgereisten Geschwister erinnerte, weil diese in demselben Hause gewohnt hatten.
Mir mußte längst klargeworden sein, um was es sich handle, die Kranke schien, in schmerzlich-süße Erinnerungen versunken, nicht zu bemerken, welchem Aufschlusse sie zusteuerte, und setzte die Wiedergabe ihrer Reminiszenzen fort. Es kam die Zeit in Gastein, die Sorge, mit der sie jedem Briefe entgegensah, endlich die Nachricht, daß es der Schwester schlechtginge, das lange Warten bis zum Abend, an dem sie erst Gastein verlassen konnten. Die Fahrt in qualvoller Ungewißheit, in schlafloser Nacht – alles als Momente, die von heftiger Steigerung der Schmerzen begleitet waren. Ich fragte, ob sie sich während der Fahrt die traurige Möglichkeit vorgestellt, die sich dann verwirklicht fand. Sie antwortete, sie sei dem Gedanken sorgsam ausgewichen, die Mutter aber habe nach ihrer Meinung vom Anfang an das Schlimmste erwartet. – Nun folgte ihre Erinnerung der Ankunft in Wien, der Eindrücke, die sie von den erwartenden Verwandten empfingen, der kleinen Reise von Wien in die nahe Sommerfrische, in der die Schwester wohnte, der Ankunft dort am Abend, des eilig zurückgelegten Weges durch den Garten bis zur Türe des kleinen Gartenpavillons – die Stille im Hause, die beklemmende Dunkelheit; daß der Schwager sie nicht empfing; dann standen sie vor dem Bette, sahen die Tote, und in dem Momente der gräßlichen Gewißheit, daß die geliebte Schwester gestorben sei, ohne von ihnen Abschied zu nehmen, ohne ihre letzten Tage durch ihre Pflege verschönt zu haben – in demselben Momente hatte ein anderer Gedanke Elisabeths Hirn durchzuckt, der sich jetzt unabweisbar wieder eingestellt hatte, der Gedanke, der wie ein greller Blitz durchs Dunkel fuhr: Jetzt ist er wieder frei, und ich kann seine Frau werden.
Nun war freilich alles klar. Die Mühe des Analytikers war reichlich gelohnt worden: Die Ideen der »Abwehr« einer unverträglichen Vorstellung, der Entstehung hysterischer Symptome durch Konversion psychischer Erregung ins Körperliche, die Bildung einer separaten psychischen Gruppe durch den Willensakt, der zur Abwehr führt, dies alles wurde mir in jenem Momente greifbar vor Augen gerückt. So und nicht anders war es hier zugegangen. Dieses Mädchen hatte ihrem Schwager eine zärtliche Neigung geschenkt, gegen deren Aufnahme in ihr Bewußtsein sich ihr ganzes moralisches Wesen sträubte. Es war ihr gelungen, sich die schmerzliche Gewißheit, daß sie den Mann ihrer Schwester liebe, zu ersparen, indem sie sich dafür körperliche Schmerzen schuf, und in Momenten, wo sich ihr diese Gewißheit aufdrängen wollte (auf dem Spaziergange mit ihm, während jener Morgenträumerei, im Bade, vor dem Bette der Schwester), waren durch gelungene Konversion ins Somatische

jene Schmerzen entstanden. Zur Zeit, da ich sie in Behandlung nahm, war die Absonderung der auf diese Liebe bezüglichen Vorstellungsgruppe von ihrem Wissen bereits vollzogen; ich meine, sie hätte sonst niemals einer solchen Behandlung zugestimmt; der Widerstand, den sie zu wiederholten Malen der Reproduktion von traumatisch wirksamen Szenen entgegengesetzt hatte, entsprach wirklich der Energie, mit welcher die unverträgliche Vorstellung aus der Assoziation gedrängt worden war.

Für den Therapeuten kam aber zunächst eine böse Zeit. Der Effekt der Wiederaufnahme jener verdrängten Vorstellung war ein niederschmetternder für das arme Kind. Sie schrie laut auf, als ich den Sachverhalt mit den trockenen Worten zusammenfaßte: Sie waren also seit langer Zeit in Ihren Schwager verliebt. Sie klagte über die gräßlichsten Schmerzen in diesem Augenblicke, sie machte noch eine verzweifelte Anstrengung, die Aufklärung zurückzuweisen. Es sei nicht wahr, ich habe es ihr eingeredet, es könne nicht sein, einer solchen Schlechtigkeit sei sie nicht fähig. Das würde sie sich auch nie verzeihen. Es war leicht, ihr zu beweisen, daß ihre eigenen Mitteilungen keine andere Deutung zuließen, aber es dauerte lange, bis meine beiden Trostgründe, daß man für Empfindungen unverantwortlich sei, und daß ihr Verhalten, ihr Erkranken unter jenen Anlässen ein genügendes Zeugnis für ihre moralische Natur sei, bis diese Tröstungen, sage ich, Eindruck auf sie machten.

Ich mußte jetzt mehr als e i n e n Weg einschlagen, um der Kranken Linderung zu verschaffen. Zunächst wollte ich ihr Gelegenheit geben, sich der seit langer Zeit aufgespeicherten Erregung durch »Abreagieren« zu entledigen. Wir forschten den ersten Eindrücken aus dem Verkehre mit ihrem Schwager, dem Beginne jener unbewußt gehaltenen Neigung nach. Es fanden sich hier alle jene kleinen Vorzeichen und Ahnungen, aus denen eine voll entwickelte Leidenschaft in der Rückschau soviel zu machen versteht. Er hatte bei seinem ersten Besuche im Hause s i e für die ihm bestimmte Braut gehalten und sie vor der älteren, aber unscheinbaren Schwester begrüßt. Eines Abends unterhielten sie sich so lebhaft miteinander und schienen sich so wohl zu verstehen, daß die Braut sie mit der halb ernst gemeinten Bemerkung unterbrach: »Eigentlich hättet Ihr zwei sehr gut zueinander gepaßt.« Ein anderes Mal war in einer Gesellschaft, welche von der Verlobung noch nichts wußte, die Rede von dem jungen Manne, und eine Dame beanstandete einen Fehler seiner Gestalt, der auf eine juvenile Knochenerkrankung hindeutete. Die Braut selbst blieb ruhig dabei, Elisabeth aber fuhr auf und trat mit einem Eifer, der ihr dann selbst unverständlich war, für den geraden Wuchs ihres zukünftigen Schwagers ein. Indem wir uns durch diese Reminiszenzen hindurcharbeiteten, wurde es Elisa-

beth klar, daß die zärtliche Empfindung für ihren Schwager seit langer Zeit, vielleicht seit Beginn ihrer Beziehungen in ihr geschlummert und sich so lange hinter der Maske einer bloß verwandtschaftlichen Zuneigung versteckt hatte, wie sie ihr hoch entwickeltes Familiengefühl begreiflich machen konnte.
Dieses Abreagieren tat ihr entschieden sehr wohl; noch mehr Erleichterung konnte ich ihr aber bringen, indem ich mich freundschaftlich um gegenwärtige Verhältnisse bekümmerte. Ich suchte in solcher Absicht eine Unterredung mit Frau v. R . . ., in der ich eine verständige und feinfühlige, wenngleich durch die letzten Schicksale in ihrem Lebensmute beeinträchtigte Dame fand. Von ihr erfuhr ich, daß der Vorwurf einer unzarten Erpressung, den der ältere Schwager gegen den Witwer erhoben hatte und der für Elisabeth so schmerzlich war, bei näherer Erkundigung zurückgenommen werden mußte. Der Charakter des jungen Mannes konnte ungetrübt bleiben; ein Mißverständnis, die leicht begreifliche Differenz in der Wertschätzung des Geldes, die der Kaufmann, für den Geld ein Arbeitswerkzeug ist, im Gegensatze zur Anschauung des Beamten zeigen durfte, mehr als dies blieb von dem scheinbar so peinlichen Vorfalle nicht übrig. Ich bat die Mutter, fortan Elisabeth alle Aufklärungen zu geben, deren sie bedurfte, und ihr in der Folgezeit jene Gelegenheit zur seelischen Mitteilung zu bieten, an welche ich sie gewöhnt hätte.
Es lag mir natürlich auch daran zu erfahren, welche Aussicht der jetzt bewußt gewordene Wunsch des Mädchens habe, zur Wirklichkeit zu werden. Hier lagen die Dinge minder günstig! Die Mutter sagte, sie habe die Neigung Elisabeths für ihren Schwager längst geahnt, allerdings nicht gewußt, daß sich eine solche noch bei Lebzeiten der Schwester geltend gemacht habe. Wer sie beide im — allerdings selten gewordenen — Verkehre sehe, dem könne über die Absicht des Mädchens, ihm zu gefallen, kein Zweifel bleiben. Allein weder sie, die Mutter, noch die Ratgeber in der Familie, seien einer ehelichen Verbindung der beiden sonderlich geneigt. Die Gesundheit des jungen Mannes sei keine feste und habe durch den Tod der geliebten Frau einen neuen Stoß erlitten; es sei auch gar nicht sicher, daß er seelisch soweit erholt sei, um eine neue Ehe einzugehen. Er halte sich wahrscheinlich darum so reserviert, vielleicht auch, weil er, seiner Annahme nicht sicher, naheliegendes Gerede vermeiden wolle. Bei dieser Zurückhaltung von beiden Seiten dürfte wohl die Lösung, die sich Elisabeth ersehnte, mißglücken.
Ich teilte dem Mädchen alles mit, was ich von der Mutter erfahren hatte, hatte die Genugtuung, ihr durch die Aufklärung jener Geldaffäre wohlzutun, und mutete ihr anderseits zu, die Ungewißheit über die Zukunft, die nicht zu zerstreuen war, ruhig zu tragen. Jetzt aber drängte der vorgeschrittene Sommer

dazu, der Behandlung ein Ende zu machen. Sie befand sich wieder wohler, von ihren Schmerzen war zwischen uns nicht mehr die Rede, seitdem wir uns mit der Ursache beschäftigten, auf welche sich die Schmerzen hatten zurückführen lassen. Wir hatten beide die Empfindung, fertig geworden zu sein, wenngleich ich mir sagte, daß das Abreagieren der verhaltenen Zärtlichkeit nicht gerade sehr vollständig gemacht worden war. Ich betrachtete sie als geheilt, verwies sie noch auf das selbständige Fortschreiten der Lösung, nachdem eine solche einmal angebahnt war, und sie widersprach mir nicht. Sie reiste mit ihrer Mutter ab, um die älteste Schwester und deren Familie im gemeinsamen Sommeraufenthalte zu treffen.

Ich habe noch kurz über den weiteren Verlauf der Krankheit bei Fräulein Elisabeth v. R... zu berichten. Einige Wochen nach unserem Abschiede erhielt ich einen verzweifelten Brief der Mutter, der mir mitteilte, Elisabeth habe sich beim ersten Versuche, mit ihr von ihren Herzensangelegenheiten zu sprechen, in voller Empörung aufgelehnt und seither wieder heftige Schmerzen bekommen, sie sei aufgebracht gegen mich, weil ich ihr Geheimnis verletzt habe, zeige sich vollkommen unzugänglich, die Kur sei gründlich mißlungen. Was nun zu tun wäre? Von mir wolle sie nichts wissen. Ich gab keine Antwort; es stand zu erwarten, daß sie noch einmal den Versuch machen würde, die Einmengung der Mutter abzuweisen und in ihre Verschlossenheit zurückzukehren, nachdem sie aus meiner Zucht entlassen war. Ich hatte aber eine Art von Sicherheit, es werde sich alles zurechtschütteln, meine Mühe sei nicht vergebens angewandt gewesen. Zwei Monate später waren sie nach Wien zurückgekehrt, und der Kollege, dem ich die Einführung bei der Kranken dankte, brachte mir die Nachricht, Elisabeth befinde sich vollkommen wohl, benehme sich wie gesund, habe allerdings noch zeitweise etwas Schmerzen. Sie hat mir seither noch zu wiederholten Malen ähnliche Botschaften geschickt, jedesmal dabei zugesagt, mich aufzusuchen, es ist aber charakteristisch für das persönliche Verhältnis, das sich bei solchen Behandlungen herausbildet, daß sie es nie getan hat. Wie mir mein Kollege versichert, ist sie als geheilt zu betrachten, das Verhältnis des Schwagers zur Familie hat sich nicht geändert.

Im Frühjahr 1894 hörte ich, daß sie einen Hausball besuchen werde, zu welchem ich mir Zutritt verschaffen konnte, und ich ließ mir die Gelegenheit nicht entgehen, meine einstige Kranke im raschen Tanze dahinfliegen zu sehen. Sie hat sich seither aus freier Neigung mit einem Fremden verheiratet.

Epikrise

Ich bin nicht immer Psychotherapeut gewesen, sondern bin bei Lokaldiagnosen und Elektroprognostik erzogen worden wie andere Neuropathologen, und es berührt mich selbst noch eigentümlich, daß die Krankengeschichten, die ich schreibe, wie Novellen zu lesen sind, und daß sie sozusagen des ernsten Gepräges der Wissenschaftlichkeit entbehren. Ich muß mich damit trösten, daß für dieses Ergebnis die Natur des Gegenstandes offenbar eher verantwortlich zu machen ist als meine Vorliebe; Lokaldiagnostik und elektrische Reaktionen kommen bei dem Studium der Hysterie eben nicht zur Geltung, während eine eingehende Darstellung der seelischen Vorgänge, wie man sie vom Dichter zu erhalten gewohnt ist, mir gestattet, bei Anwendung einiger weniger psychologischer Formeln doch eine Art von Einsicht in den Hergang einer Hysterie zu gewinnen. Solche Krankengeschichten wollen beurteilt werden wie psychiatrische, haben aber vor letzteren e i n e s voraus, nämlich die innige Beziehung zwischen Leidensgeschichte und Krankheitssymptomen, nach welcher wir in den Biographien anderer Psychosen noch vergebens suchen.

Ich habe mich bemüht, die Aufklärungen, die ich über den Fall des Fräuleins Elisabeth v. R... geben kann, in die Darstellung ihrer Heilungsgeschichte zu verflechten; vielleicht ist es nicht überflüssig, das Wesentliche hier im Zusammenhange zu wiederholen. Ich habe den Charakter der Kranken geschildert, die Züge, die bei so vielen Hysterischen wiederkehren und die man wahrhaftig nicht auf Rechnung einer Degeneration setzen darf: die Begabung, den Ehrgeiz, die moralische Feinfühligkeit, das übergroße Liebesbedürfnis, das zunächst in der Familie seine Befriedigung findet, die über das weibliche Ideal hinausgehende Selbständigkeit ihrer Natur, die sich in einem guten Stücke Eigensinn, Kampfbereitschaft und Verschlossenheit äußert. Eine irgend erhebliche hereditäre Belastung war nach den Mitteilungen meines Kollegen in den beiden Familien nicht nachweisbar; ihre Mutter zwar litt durch lange Jahre an nicht näher erforschter neurotischer Verstimmung; deren Geschwister aber, der Vater und dessen Familie durften zu den ausgeglichenen, nicht nervösen Menschen gezählt werden. Ein schwerer Fall von Neuropsychose war bei den nächsten Angehörigen nicht vorgefallen.

Auf diese Natur wirkten nun schmerzliche Gemütsbewegungen ein, zunächst der depotenzierende Einfluß einer langen Krankenpflege bei dem geliebten Vater.

Es hat seine guten Gründe, wenn die Krankenpflege in der Vorgeschichte der Hysterie eine so bedeutende Rolle spielt. Eine Reihe der hierbei wirksamen Momente liegt ja klar zutage, die

Störung des körperlichen Befindens durch unterbrochenen Schlaf, vernachlässigte Körperpflege, die Rückwirkung einer beständig nagenden Sorge auf die vegetativen Funktionen; das Wichtigste aber liegt nach meiner Schätzung anderwärts. Wessen Sinn durch die hunderterlei Aufgaben der Krankenpflege beschäftigt ist, die sich in unabsehbarer Folge wochen- und monatelang aneinanderreihen, der gewöhnt sich einerseits daran, alle Zeichen der eigenen Ergriffenheit zu unterdrücken, anderseits lenkt er sich bald von der Aufmerksamkeit für seine eigenen Eindrücke ab, weil ihm Zeit wie Kraft fehlt, ihnen gerecht zu werden. So speichert der Krankenpfleger eine Fülle von affektfähigen Eindrücken in sich auf, die kaum klar genug perzipiert, jedenfalls nicht durch Abreagieren geschwächt worden sind. Er schafft sich das Material für eine Retentionshysterie. Genest der Kranke, so werden all diese Eindrücke freilich entwertet; stirbt er aber, bricht die Zeit der Trauer herein, in welcher nur wertvoll erscheint, was sich auf den Verlorenen bezieht, so kommen auch jene der Erledigung harrenden Eindrücke an die Reihe, und nach einer kurzen Pause der Erschöpfung bricht die Hysterie los, zu der der Keim während der Krankenpflege gelegt wurde.

Man kann dieselbe Tatsache der nachträglichen Erledigung der während der Krankenpflege gesammelten Traumen gelegentlich auch antreffen, wo der Gesamteindruck des Krankseins nicht zustande kommt, der Mechanismus der Hysterie aber doch gewahrt wird. So kenne ich eine hochbegabte, an leichten nervösen Zuständen leidende Frau, deren ganzes Wesen die Hysterika bezeugt, wenngleich sie nie den Ärzten zur Last gefallen ist, nie die Ausübung ihrer Pflichten hat unterbrechen müssen. Diese Frau hat bereits drei oder vier ihrer Lieben bis zum Tode gepflegt, jedesmal bis zur vollen körperlichen Erschöpfung, sie ist auch nach diesen traurigen Leistungen nicht erkrankt. Aber kurze Zeit nach dem Tode des Kranken beginnt in ihr die Reproduktionsarbeit, welche ihr die Szenen der Krankheit und des Sterbens nochmals vor die Augen führt. Sie macht jeden Tag, jeden Eindruck von neuem durch, weint darüber und tröstet sich darüber – man möchte sagen in Muße. Solche Erledigung geht bei ihr durch die Geschäfte des Tages durch, ohne daß die beiden Tätigkeiten sich verwirren. Das Ganze zieht chronologisch an ihr vorüber. Ob die Erinnerungsarbeit eines Tages genau einen Tag der Vergangenheit deckt, weiß ich nicht. Ich vermute, dies hängt von der Muße ab, welche ihr die laufenden Geschäfte des Haushaltes lassen.

Außer dieser »nachholenden Träne«, die sich an den Todesfall mit kurzem Intervall anschließt, hält diese Frau periodische Erinnerungsfeier alljährlich um die Zeit der einzelnen Katastrophen, und hier folgt ihre lebhafte visuelle Reproduktion und ihre Affektäußerung getreulich dem Datum. Ich treffe sie beispielsweise in Tränen und erkundige mich teilnehmend, was es heute gegeben hat. Sie wehrt die Nachfrage halb ärgerlich ab: »Ach nein, es war nur heute der Hofrat N ... wieder da und hat uns zu verstehen gegeben, daß nichts zu erwarten ist. Ich hab' damals keine Zeit gehabt, darüber zu weinen.« Sie bezieht sich auf die letzte Krankheit ihres Mannes, der vor drei Jahren gestorben ist. Es wäre mir sehr interessant zu wissen, ob sie bei diesen jährlich wiederkehrenden Erinnerungsfeiern stets dieselben Szenen wiederholt oder ob sich ihr jedesmal andere Einzelheiten zum Abreagieren darbieten, wie ich im Interesse meiner Theorie vermute.[5] Ich kann aber nichts Sicheres darüber erfahren, die ebenso kluge als starke Frau schämt sich der Heftigkeit, mit welcher jene Reminiszenzen auf sie wirken.

Ich hebe nochmals hervor: Diese Frau ist nicht krank, das nachfolgende Abreagieren ist bei aller Ähnlichkeit doch kein hysterischer Vorgang, man darf sich die Frage stellen, woran es liegen mag, daß nach der einen Krankenpflege sich eine Hysterie ergibt, nach der anderen nicht. An der persönlichen Disposition kann es nicht liegen, eine solche war bei der Dame, die ich hier im Sinne habe, im reichsten Ausmaße vorhanden.

Ich kehre zu Fräulein Elisabeth v. R ... zurück. Während der Pflege ihres Vaters also entstand bei ihr das erstemal ein hysterisches Symptom, und zwar ein Schmerz an einer bestimmten Stelle des rechten Oberschenkels. Der Mechanismus dieses Sym-

5 Ich habe einmal mit Verwunderung erfahren, daß ein solches »nachholendes Abreagieren« – nach anderen Eindrücken als bei einer Krankenpflege – den Inhalt einer sonst rätselhaften Neurose bilden kann. Es war dies bei einem schönen neunzehnjährigen Mädchen, Fräulein Mathilde H ..., welches ich zuerst mit einer unvollständigen Lähmung der Beine sah, dann aber Monate später zur Behandlung bekam, weil sie ihren Charakter verändert hatte, bis zur Lebensunlust verstimmt, rücksichtslos gegen ihre Mutter, reizbar und unzugänglich geworden war. Das ganze Bild der Patientin gestattete mir nicht die Annahme einer gewöhnlichen Melancholie. Sie war sehr leicht in tiefen Somnambulismus zu versetzen, und ich bediente mich dieser ihrer Eigentümlichkeit, um ihr jedesmal Gebote und Suggestionen zu erteilen, die sie in tiefem Schlafe anhörte, mit reichlichen Tränen begleitete, die aber sonst an ihrem Befinden wenig änderten. Eines Tages wurde sie in der Hypnose gesprächig und teilte mir mit, daß die Ursache ihrer Verstimmung die vor mehreren Monaten erfolgte Auflösung ihrer Verlobung sei. Es hätte sich bei näherer Bekanntschaft mit dem Verlobten immer mehr herausgestellt, was der Mutter und ihr unerwünscht gewesen wäre, anderseits seien die materiellen Vorteile der Verbindung zu greifbar gewesen, um den Entschluß des Abbrechens leicht zu machen: so hätten sie beide eine lange Zeit geschwankt, sie selbst sei in einen Zustand von Unentschlossenheit geraten, in dem sie apathisch alles über sich ergehen ließ, und endlich habe die Mutter für sie das entscheidende Nein gesprochen. Eine Weile später sei sie wie aus einem Traum erwacht, habe begonnen sich eifrig in Gedanken mit der bereits gefällten Entscheidung zu befassen, das Für und das Wider bei sich abzuwägen, und dieser Vorgang setze sich bei ihr immer noch fort. Sie lebe in jener Zeit der Zweifel, habe an jedem Tage die Stimmung und die Gedanken, die sich für den damaligen Tag geschickt hätten, ihre Reizbarkeit gegen die Mutter sei auch nur in damals geltenden Verhältnissen begründet, und neben dieser Gedankentätigkeit komme ihr das gegenwärtige Leben wie eine Scheinexistenz, wie etwas Geträumtes vor. – Es gelang mir nicht wieder, das Mädchen zum Reden zu bringen, ich setzte meinen Zuspruch in tiefem Somnambulismus fort, sah sie jedesmal in Tränen ausbrechen, ohne daß sie mir je Antwort gab, und eines Tages, ungefähr um den Jahrestag der Verlobung, war der ganze Zustand von Verstimmung vorüber, was mir als großer hypnotischer Heilerfolg angerechnet wurde.

ptoms läßt sich auf Grund der Analyse hinreichend durchleuchten. Es war ein Moment, in welchem der Vorstellungskreis ihrer Pflichten gegen den kranken Vater mit dem damaligen Inhalte ihres erotischen Sehnens in Konflikt geriet. Sie entschied sich unter lebhaften Selbstvorwürfen für den ersteren und schuf sich dabei den hysterischen Schmerz. Nach der Auffassung, welche die Konversionstheorie der Hysterie nahe gelegt, wäre der Vorgang folgender Art darzustellen: Sie verdrängte die erotische Vorstellung aus ihrem Bewußtsein und wandelte deren Affektgröße in somatische Schmerzempfindung um. Ob sich ihr dieser erste Konflikt ein einziges Mal oder wiederholte Male darbot, wurde nicht klar; wahrscheinlich ist das letztere. Ein ganz ähnlicher Konflikt — indes von höherer moralischer Bedeutung und durch die Analyse noch besser bezeugt — wiederholte sich nach Jahren und führte zur Steigerung derselben Schmerzen und zu deren Ausbreitung über die anfänglich gesetzten Grenzen. Wiederum war es ein erotischer Vorstellungskreis, der in Konflikt mit all ihren moralischen Vorstellungen geriet, denn die Neigung bezog sich auf ihren Schwager, und sowohl zu Lebzeiten als nach dem Tode ihrer Schwester war es ein für sie unannehmbarer Gedanke, daß sie sich gerade nach diesem Manne sehnen sollte. Über diesen Konflikt, welcher den Mittelpunkt der Krankengeschichte darstellt, gibt die Analyse ausführlich Auskunft. Die Neigung der Kranken zu ihrem Schwager mochte seit langem gekeimt haben, ihrer Entwicklung kam die körperliche Erschöpfung durch neuerliche Krankenpflege, die moralische Erschöpfung durch mehrjährige Enttäuschungen zugute, ihre innerliche Sprödigkeit begann sich damals zu lösen, und sie gestand sich das Bedürfnis nach der Liebe eines Mannes ein. Während eines über Wochen ausgedehnten Verkehrs (in jenem Kurorte) gelangte diese erotische Neigung gleichzeitig mit den Schmerzen zur vollen Ausbildung, und für dieselbe Zeit bezeugt die Analyse einen besonderen psychischen Zustand der Kranken, dessen Zusammenhalt mit der Neigung und den Schmerzen ein Verständnis des Vorganges im Sinne der Konversionstheorie zu ermöglichen scheint.

Ich muß mich nämlich der Behauptung getrauen, daß die Kranke zu jener Zeit sich der Neigung zu ihrem Schwager, so intensiv selbe auch war, nicht klar b e w u ß t wurde, außer bei einzelnen seltenen Veranlassungen und dann nur für Momente. Wäre es anders gewesen, so hätte sie sich auch des Widerspruches zwischen dieser Neigung und ihren moralischen Vorstellungen bewußt werden und ähnliche Seelenqualen bestehen müssen, wie ich sie nach unserer Analyse leiden sah. Ihre Erinnerung hatte von dergleichen Leiden nichts zu berichten, sie hatte sich dieselben erspart, folglich war ihr auch die Neigung selbst nicht klargeworden; damals wie noch zur Zeit der Analyse war die Liebe zu ihrem Schwager nach Art eines Fremdkörpers in ihrem Bewußtsein vorhanden, ohne in Beziehungen zu ihrem sonstigen Vorstellungsleben getreten zu sein. Es war der eigentümliche Zustand des Wissens und gleichzeitigen Nichtwissens in bezug auf diese Neigung vorhanden, der Zustand der abgetrennten psychischen Gruppe. Etwas anderes ist aber nicht gemeint, wenn man behauptet, diese Neigung sei ihr nicht »klar bewußt« gewesen, es ist nicht gemeint eine niedrigere Qualität oder ein geringerer Grad von Bewußtsein, sondern eine Abtrennung vom freien assoziativen Denkverkehre mit dem übrigen Vorstellungsinhalte.

Wie konnte es nur dazu kommen, daß eine so intensiv betonte Vorstellungsgruppe so isoliert gehalten wurde? Im allgemeinen wächst doch mit der Affektgröße einer Vorstellung auch deren Rolle in der Assoziation.

Man kann diese Frage beantworten, wenn man auf zwei Tatsachen Rücksicht nimmt, deren man sich als sichergestellt bedienen darf, *1)* daß gleichzeitig mit der Bildung jener separaten psychischen Gruppe die hysterischen Schmerzen entstanden, *2)* daß die Kranke dem Versuche der Herstellung der Assoziation zwischen der separaten psychischen Gruppe und dem übrigen Bewußtseinsinhalt einen großen Widerstand entgegensetzte und, als diese Vereinigung doch vollzogen war, einen großen psychischen Schmerz empfand. Unsere Auffassung der Hysterie bringt diese beiden Momente mit der Tatsache der Bewußtseinsspaltung zusammen, indem sie behauptet: in *2)* sei der Hinweis auf das *Motiv* der Bewußtseinsspaltung enthalten, in *1)* auf den *Mechanismus* derselben. Das Motiv war das der *Abwehr*, das Sträuben des ganzen Ich, sich mit dieser Vorstellungsgruppe zu vertragen; der Mechanismus war der der *Konversion*, d. h. anstatt der seelischen Schmerzen, die sie sich erspart hatte, traten körperliche auf, es wurde so eine Umwandlung eingeleitet, bei der sich als *Gewinn* herausstellte, daß die Kranke sich einem unerträglichen psychischen Zustand entzogen hatte, allerdings auf Kosten einer psychischen Anomalie, der zugelassenen Bewußtseinsspaltung, und eines körperlichen Leidens, der Schmerzen, über welche sich eine Astasie-Abasie aufbaute.

Allerdings eine Anleitung dazu, wie man bei sich eine solche Konversion herstellt, kann ich nicht geben; man macht das offenbar nicht so, wie man mit Absicht eine willkürliche Handlung ausführt; es ist ein Vorgang, der sich unter dem Antriebe des Motivs der Abwehr in einem Individuum vollzieht, wenn dieses die Eignung dazu in seiner Organisation – oder derzeitigen Modifikation – trägt.

Man hat ein Recht, der Theorie näher auf den Leib zu rücken und zu fragen: Was ist es denn, was sich hier in körperlichen

Schmerz verwandelt? Die vorsichtige Antwort wird lauten: Etwas, woraus seelischer Schmerz hätte werden können und werden sollen. Will man sich weiter wagen und eine Art von algebraischer Darstellung der Vorstellungsmechanik versuchen, so wird man etwa dem Vorstellungskomplexe dieser unbewußt gebliebenen Neigung einen gewissen Affektbetrag zuschreiben und letztere Quantität als das Konvertierte bezeichnen. Eine direkte Folgerung dieser Auffassung wäre es, daß die »unbewußte Liebe« durch solche Konversion so sehr an Intensität eingebüßt, daß sie zu einer schwachen Vorstellung herabgesunken wäre; ihre Existenz als abgetrennte psychische Gruppe wäre dann erst durch diese Schwächung ermöglicht. Indes ist der vorliegende Fall nicht geeignet, in dieser so heiklen Materie Anschaulichkeit zu gewähren. Er entspricht wahrscheinlich einer bloß unvollständigen Konversion; aus anderen Fällen kann man wahrscheinlich machen, daß auch vollständige Konversionen vorkommen, und daß bei diesen in der Tat die unverträgliche Vorstellung »verdrängt« worden ist, wie nur eine sehr wenig intensive Vorstellung verdrängt werden kann. Die Kranken versichern nach vollzogener assoziativer Vereinigung, daß sie sich seit der Entstehung des hysterischen Symptoms in Gedanken nicht mehr mit der unverträglichen Vorstellung beschäftigt haben.

Ich habe oben behauptet, daß die Kranke bei gewissen Gelegenheiten, wenngleich nur flüchtig, die Liebe zu ihrem Schwager auch bewußt erkannte. Ein solcher Moment war z. B., als ihr am Bette der Schwester der Gedanke durch den Kopf fuhr: »Jetzt ist er frei und du kannst seine Frau werden.« Ich muß die Bedeutung dieser Momente für die Auffassung der ganzen Neurose erörtern. Nun, ich meine, in der Annahme einer »Abwehrhysterie« ist bereits die Forderung enthalten, daß wenigstens ein solcher Moment vorgekommen ist. Das Bewußtsein weiß ja nicht vorher, wann sich eine unverträgliche Vorstellung einstellen wird; die unverträgliche Vorstellung, die später mit ihrem Anhange zur Bildung einer separaten psychischen Gruppe ausgeschlossen wird, muß ja anfänglich im Denkverkehre gestanden sein, sonst hätte sich der Konflikt nicht ergeben, der ihre Ausschließung herbeigeführt hat.[6] Gerade diese Momente sind also als die »traumatischen« zu bezeichnen; in ihnen hat die Konversion stattgefunden, deren Ergebnisse die Bewußtseinsspaltung und das hysterische Symptom sind. Bei Fräulein Elisabeth v. R... deutet alles auf eine Mehrheit von solchen Momenten (die Szenen vom Spaziergange, Morgenmeditation, Bad, am Bette der Schwester); vielleicht kamen sogar neue Momente dieser Art während der Behandlung vor. Die Mehrheit solcher traumatischer Momente wird nämlich dadurch ermög-

6 Anders bei einer Hypnoidhysterie; hier wäre der Inhalt der separaten psychischen Gruppe nie im Ich-Bewußtsein gewesen.

licht, daß ein ähnliches Erlebnis wie jenes, das die unverträgliche Vorstellung zuerst einführte, der abgetrennten psychischen Gruppe neue Erregung zuführt und so den Erfolg der Konversion vorübergehend aufhebt. Das Ich muß sich mit dieser plötzlich verstärkt aufleuchtenden Vorstellung beschäftigen und muß dann durch neuerliche Konversion den früheren Zustand wiederherstellen. Fräulein Elisabeth, die beständig mit ihrem Schwager verkehrte, mußte dem Auftauchen neuer Traumen besonders ausgesetzt sein. Ein Fall, dessen traumatische Geschichte in der Vergangenheit abgeschlossen lag, wäre mir für diese Darstellung erwünschter gewesen.

Ich muß mich nun mit einem Punkte beschäftigen, den ich als eine Schwierigkeit für das Verständnis der vorstehenden Krankengeschichte bezeichnet habe. Auf Grund der Analyse nahm ich an, daß eine erste Konversion bei der Kranken während der Pflege ihres Vaters stattgefunden, und zwar damals, als ihre Pflichten als Pflegerin in Widerstreit mit ihrem erotischen Sehnen gerieten, und daß dieser Vorgang das Vorbild jenes späteren war, der im Alpenkurorte zum Ausbruch der Krankheit führte. Nun ergibt sich aber aus den Mitteilungen der Kranken, daß sie zur Zeit der Krankenpflege und in dem darauffolgenden Zeitabschnitte, den ich als »erste Periode« bezeichnet habe, *überhaupt nicht an Schmerzen und Gehschwäche* gelitten hat. Sie war zwar während der Krankheit des Vaters einmal durch wenige Tage mit Schmerzen in den Füßen bettlägerig, aber es ist zweifelhaft geblieben, ob dieser Anfall bereits der Hysterie zugeschrieben werden muß. Eine kausale Beziehung zwischen diesen ersten Schmerzen und irgendwelchem psychischen Eindrucke ließ sich bei der Analyse nicht erweisen; es ist möglich, ja sogar wahrscheinlich, daß es sich damals um gemeine, rheumatische Muskelschmerzen gehandelt hat. Wollte man selbst annehmen, daß dieser erste Schmerzanfall das Ergebnis einer hysterischen Konversion infolge der Ablehnung ihrer damaligen erotischen Gedanken war, so bleibt doch die Tatsache übrig, daß die Schmerzen nach wenigen Tagen verschwanden, so daß die Kranke sich also in der Wirklichkeit anders verhalten hatte, als sie während der Analyse zu zeigen schien. Während der Reproduktion der sogenannten ersten Periode begleitete sie alle Erzählungen von der Krankheit und dem Tode des Vaters, von den Eindrücken aus dem Verkehre mit dem ersten Schwager u. dgl. mit Schmerzensäußerungen, während sie zur Zeit, da sie diese Eindrücke erlebte, keine Schmerzen verspürte. Ist das nicht ein Widerspruch, der geeignet ist, das Vertrauen in den aufklärenden Wert einer solchen Analyse recht herabzusetzen?

Ich glaube, den Widerspruch lösen zu können, indem ich annehme, die Schmerzen – das Produkt der Konversion – seien nicht entstanden, während die Kranke die Eindrücke der ersten

Periode erlebte, sondern nachträglich, also in der zweiten Periode, als die Kranke diese Eindrücke in ihren Gedanken reproduzierte. Die Konversion sei erfolgt nicht an den frischen Eindrücken, sondern an den Erinnerungen derselben. Ich meine sogar, ein solcher Vorgang sei nichts Außergewöhnliches bei der Hysterie, habe einen regelmäßigen Anteil an der Entstehung hysterischer Symptome. Da aber eine solche Behauptung gewiß nicht einleuchtet, werde ich versuchen, sie durch andere Erfahrungen glaubwürdiger zu machen.

Es geschah mir einmal, daß sich während einer derartigen analytischen Behandlung bei einer Kranken ein neues hysterisches Symptom ausbildete, so daß ich dessen Wegräumung am Tage nach seinem Entstehen in Angriff nehmen konnte.

Ich will die Geschichte dieser Kranken in ihren wesentlichen Zügen hier einschieben; sie ist ziemlich einfach und doch nicht ohne Interesse.

Fräulein Rosalia H . . ., dreiundzwanzig Jahre alt, seit einigen Jahren bemüht, sich zur Sängerin auszubilden, klagt darüber, daß ihre schöne Stimme ihr in gewissen Lagen nicht gehorcht. Es tritt ein Gefühl von Würgen und Schnüren in der Kehle ein, so daß der Ton wie gepreßt klingt; ihr Lehrer hat ihr darum noch nicht gestatten können, sich vor dem Publikum als Sängerin zu zeigen; obwohl diese Unvollkommenheit nur die Mittellage betrifft, so kann sie doch nicht durch einen Fehler ihres Organs erklärt werden; zuzeiten bleibt die Störung ganz aus, so daß sich der Lehrer für sehr befriedigt erklärt, andere Male, auf die leiseste Erregung hin, auch scheinbar ohne jeden Grund, tritt die schnürende Empfindung wieder ein, und die freie Stimmentfaltung ist behindert. Es war nicht schwer, in dieser belästigenden Empfindung die hysterische Konversion zu erkennen; ob tatsächlich eine Kontraktur in gewissen Muskeln der Stimmbänder eintrat, habe ich nicht feststellen lassen.[7] In der hypnotischen Analyse, die ich mit dem Mädchen unternahm, erfuhr ich folgendes von ihren Schicksalen und damit von der Verursachung ihrer Beschwerden; sie war, früh verwaist, von einer selbst kinderreichen Tante ins Haus genommen worden und wurde dadurch Teilnehmerin an einem höchst unglücklichen Familienleben. Der Mann dieser Tante, eine offenbar pathologische Persönlichkeit, mißhandelte Frau und Kinder in rohester Weise und

7 Ich habe einen anderen Fall beobachtet, in dem eine Kontraktur der Masseteren der Sängerin die Ausübung ihrer Kunst unmöglich machte. Die junge Frau war durch peinliche Erlebnisse in ihrer Familie veranlaßt worden, sich zur Bühne zu wenden. Sie sang in Rom in großer Erregung Probe, als sie plötzlich die Empfindung bekam, sie könne den geöffneten Mund nicht schließen; sie fiel ohnmächtig zu Boden. Der geholte Arzt drückte die Kiefer gewaltsam zusammen; die Kranke aber blieb von da an unfähig, die Kiefer weiter als die Breite eines Fingers voneinander zu entfernen, und mußte den neugewählten Beruf aufgeben. Als sie mehrere Jahre später in meine Behandlung kam, waren die Ursachen jener Erregung offenbar längst abgetan, denn eine Massage in leichter Hypnose reichte hin, um ihr den Mund weit zu öffnen. Die Dame hat seither öffentlich gesungen.

kränkte sie besonders durch die unverhohlene sexuelle Bevorzugung der im Hause befindlichen Dienst- und Kindermädchen, was um so anstößiger wurde, je mehr die Kinder heranwuchsen. Als die Tante starb, wurde Rosalia die Schützerin der verwaisten und vom Vater bedrängten Kinderschar. Sie nahm ihre Pflichten ernst, focht alle Konflikte durch, zu denen sie diese Stellung führte, hatte aber dabei die größte Mühe aufzuwenden, um die Äußerungen ihres Hasses und ihrer Verachtung gegen den Onkel zu unterdrücken.[8] Damals entstand in ihr die Empfindung des Schnürens im Halse; jedesmal, wenn sie eine Antwort schuldig bleiben mußte, wenn sie sich gezwungen hatte, auf eine empörende Beschuldigung ruhig zu bleiben, fühlte sie das Kratzen in der Kehle, das Zusammenschnüren, das Versagen der Stimme, kurz alle die im Kehlkopf und Schlunde lokalisierten Empfindungen, die sie jetzt im Singen störten. Es war begreiflich, daß sie nach der Möglichkeit suchte, sich selbständig zu machen, um den Aufregungen und peinlichen Eindrücken zu entgehen, die jeder Tag im Hause des Onkels brachte. Ein tüchtiger Gesanglehrer nahm sich ihrer uneigennützig an und versicherte ihr, daß ihre Stimme sie berechtige, den Beruf einer Sängerin zu wählen. Sie begann nun heimlich Unterricht bei ihm zu nehmen, aber dadurch, daß sie oft mit dem Schnüren im Halse, wie es nach heftigen häuslichen Szenen übrigblieb, zum Sangunterricht wegeilte, festigte sich eine Beziehung zwischen dem Singen und der hysterischen Parästhesie, die schon durch die Organempfindung beim Singen angebahnt war. Der Apparat, über den sie beim Singen frei hätte verfügen sollen, zeigte sich besetzt mit Innervationsresten nach jenen zahlreichen Szenen unterdrückter Erregung. Sie hatte seither das Haus ihres Onkels verlassen, war in eine fremde Stadt gezogen, um der Familie fernzubleiben, aber das Hindernis war damit nicht überwunden. Andere hysterische Symptome zeigte das schöne, ungewöhnlich verständige Mädchen nicht.

Ich bemühte mich, diese »Retentionshysterie« durch Reproduzieren aller erregenden Eindrücke und nachträgliches Abreagieren zu erledigen. Ich ließ sie schimpfen, Reden halten, dem Onkel tüchtig die Wahrheit ins Gesicht sagen u. dgl. Diese Behandlung tat ihr auch sehr wohl; leider lebte sie unterdes hier in recht ungünstigen Verhältnissen. Sie hatte kein Glück mit ihren Verwandten. Sie war Gast bei einem anderen Onkel, der sie auch freundlich aufnahm; aber gerade dadurch erregte sie das Mißfallen der Tante. Diese Frau vermutete bei ihrem Manne ein tiefergehendes Interesse an seiner Nichte und ließ es sich angelegen sein, dem Mädchen den Aufenthalt in Wien gründlich zu verleiden. Sie hatte selbst in ihrer Jugend einer Neigung zur

8 [*Zusatz 1924:*] Auch hier war es in Wirklichkeit der Vater, nicht der Onkel.

Künstlerschaft entsagen müssen und neidete es jetzt der Nichte, daß sie ihr Talent ausbilden konnte, obwohl hier nicht Neigung, sondern Drang zur Selbständigkeit die Entschließung herbeigeführt hatte. Rosalia fühlte sich so beengt im Hause, daß sie z. B. nicht zu singen oder Klavier zu spielen wagte, wenn die Tante in Hörweite war, und daß sie es sorgfältig vermied, dem übrigens betagten Onkel — Bruder ihrer Mutter — etwas vorzuspielen oder vorzusingen, wenn die Tante hinzukommen konnte. Während ich mich bemühte, die Spuren alter Erregungen zu tilgen, entstanden aus diesem Verhältnisse zu ihren Gastgebern neue, die endlich auch den Erfolg meiner Behandlung störten und vorzeitig die Kur unterbrachen.

Eines Tages erschien die Patientin bei mir mit einem neuen, kaum vierundzwanzig Stunden alten Symptom. Sie klagte über ein unangenehmes Prickeln in den Fingerspitzen, das seit gestern alle paar Stunden auftrete und sie nötige, ganz besondere, schnellende Bewegungen mit den Fingern zu machen. Ich konnte den Anfall nicht sehen, sonst hätte ich wohl aus dem Anblicke der Fingerbewegungen den Anlaß erraten; ich versuchte aber sofort der Begründung des Symptoms (eigentlich des kleinen hysterischen Anfalles) durch hypnotische Analyse auf die Spur zu kommen. Da das Ganze erst seit so kurzer Zeit bestand, hoffte ich Aufklärung und Erledigung rasch herbeiführen zu können. Zu meinem Erstaunen brachte mir die Kranke — ohne Zaudern und in chronologischer Ordnung — eine ganze Reihe von Szenen, in früher Kindheit beginnend, denen etwa gemeinsam war, daß sie ein Unrecht ohne Abwehr geduldet hatte, so daß es ihr dabei in den Fingern zucken konnte, z. B. Szenen, wie daß sie in der Schule die Hand hinhalten mußte, auf die ihr der Lehrer mit dem Lineal einen Schlag versetzte. Es waren aber banale Anlässe, denen ich die Berechtigung, in die Ätiologie eines hysterischen Symptoms einzugehen, gerne bestritten hätte. Anders stand es mit einer Szene aus ihren ersten Mädchenjahren, die sich daran schloß. Der böse Onkel, der an Rheumatismus litt, hatte von ihr verlangt, daß sie ihn am Rücken massiere. Sie getraute sich nicht, es zu verweigern. Er lag dabei zu Bette, plötzlich warf er die Decke ab, erhob sich, wollte sie packen und hinwerfen. Sie unterbrach natürlich die Massage und hatte sich im nächsten Momente geflüchtet und in ihrem Zimmer versperrt. Sie erinnerte sich offenbar nicht gerne an dieses Erlebnis, wollte sich auch nicht äußern, ob sie bei der plötzlichen Entblößung des Mannes etwas gesehen habe. Die Empfindung in den Fingern mochte dabei durch den unterdrückten Impuls zu erklären sein, ihn zu züchtigen, oder einfach daher rühren, daß sie eben mit der Massage beschäftigt war. Erst nach dieser Szene kam sie auf die gestern erlebte zu sprechen, nach welcher sich Empfindung und Zucken in den Fingern als wiederkehrendes

Erinnerungssymbol eingestellt hatten. Der Onkel, bei dem sie jetzt wohnte, hatte sie gebeten, ihm etwas vorzuspielen; sie setzte sich ans Klavier und begleitete sich dabei mit Gesang in der Meinung, die Tante sei ausgegangen. Plötzlich kam die Tante in die Türe; Rosalia sprang auf, warf den Deckel des Klaviers zu und schleuderte das Notenblatt weg; es ist auch zu erraten, welche Erinnerung in ihr auftauchte und welchen Gedankengang sie in diesem Momente abwehrte, den der Erbitterung über den ungerechten Verdacht, der sie eigentlich bewegen sollte, das Haus zu verlassen, während sie doch der Kur wegen genötigt war, in Wien zu bleiben, und eine andere Unterkunft nicht hatte. Die Bewegung der Finger, die ich bei der Reproduktion dieser Szene sah, war die des Fortschnellens, als ob man — wörtlich und figürlich — etwas von sich weisen würde, ein Notenblatt wegfegen oder eine Zumutung abtun.
Sie war ganz bestimmt in ihrer Versicherung, daß sie dieses Symptom nicht vorher — nicht aus Anlaß der zuerst erzählten Szenen — verspürt hatte. Was blieb also übrig als anzunehmen, daß das gestrige Erlebnis zunächst die Erinnerung an frühere ähnlichen Inhaltes geweckt, und daß dann die Bildung eines Erinnerungssymbols der ganzen Gruppe von Erinnerungen gegolten hatte? Die Konversion war einerseits von frischerlebtem, anderseits von erinnertem Affekt bestritten worden.
Wenn man sich die Sachlage näher überlegt, muß man zugestehen, daß ein solcher Vorgang eher als Regel denn als Ausnahme bei der Entstehung hysterischer Symptome zu bezeichnen ist. Fast jedesmal, wenn ich nach der Determinierung solcher Zustände forschte, fand sich nicht ein einziger, sondern eine Gruppe von ähnlichen traumatischen Anlässen vor (vgl. die schönen Beispiele bei Frau Emmy in der Krankengeschichte 2). Für manche dieser Fälle ließ sich feststellen, daß das betreffende Symptom schon nach dem ersten Trauma für kurze Zeit erschienen war, um dann zurückzutreten, bis es durch ein nächstes Trauma neuerdings hervorgerufen und stabilisiert wurde. Zwischen diesem zeitweiligen Hervortreten und dem überhaupt Latentbleiben nach den ersten Anlässen ist aber kein prinzipieller Unterschied zu konstatieren, und in einer überwiegend großen Anzahl von Beispielen ergab sich wiederum, daß die ersten Traumen kein Symptom hinterlassen hatten, während ein späteres Trauma derselben Art ein Symptom hervorrief, welches doch zu seiner Entstehung der Mitwirkung der früheren Anlässe nicht entbehren konnte, und dessen Lösung wirklich die Berücksichtigung aller Anlässe erforderte. In die Ausdrucksweise der Konversionstheorie übersetzt, will diese unleugbare Tatsache der Summation der Traumen und der erstweiligen Latenz der Symptome besagen, daß die Konversion ebensogut von frischem wie von erinnertem Affekt statthaben kann, und diese

Annahme klärt den Widerspruch völlig auf, in dem bei Fräulein v. R... Krankengeschichte und Analyse zu stehen scheinen.

Es ist ja keine Frage, daß die Gesunden die Fortdauer von Vorstellungen mit unerledigtem Affekte in ihrem Bewußtsein im großen Ausmaße ertragen. Die Behauptung, die ich eben verfochten, nähert bloß das Verhalten der Hysterischen dem der Gesunden an. Es kommt offenbar auf ein quantitatives Moment an, nämlich darauf, wieviel von solcher Affektspannung eine Organisation verträgt. Auch der Hysterische wird ein gewisses Maß unerledigt beibehalten können; wächst dasselbe durch Summation bei ähnlichen Anlässen über die individuelle Tragfähigkeit hinaus, so ist der Anstoß zur Konversion gegeben. Es ist also keine fremdartige Aufstellung, sondern beinahe ein Postulat, daß die Bildung hysterischer Symptome auch auf Kosten von erinnertem Affekte vor sich gehen könne.

Ich habe mich nun mit dem Motive und mit dem Mechanismus dieses Falles von Hysterie beschäftigt; es erübrigt noch, die Determinierung des hysterischen Symptoms zu erörtern. Warum mußten gerade die Schmerzen in den Beinen die Vertretung des seelischen Schmerzes übernehmen? Die Umstände des Falles weisen darauf hin, daß dieser somatische Schmerz nicht von der Neurose geschaffen, sondern bloß von ihr benützt, gesteigert und erhalten wurde. Ich will gleich hinzusetzen, in den allermeisten Fällen von hysterischen Algien, in welche ich Einsicht bekommen konnte, war es ähnlich; es war immer zu Anfang ein wirklicher, organisch begründeter Schmerz vorhanden gewesen. Es sind die gemeinsten, verbreitetsten Schmerzen der Menschheit, die am häufigsten dazu berufen erscheinen, eine Rolle in der Hysterie zu spielen, vor allem die periostalen und neuralgischen Schmerzen bei Erkrankung der Zähne, die aus so verschiedenen Quellen stammenden Kopfschmerzen, und nicht minder die so häufig verkannten rheumatischen Schmerzen der Muskeln. Den ersten Anfall von Schmerzen, den Fräulein Elisabeth v. R... noch während der Pflege ihres Vaters gehabt, halte ich auch für einen organisch begründeten. Ich erhielt nämlich keine Auskunft, als ich nach einem psychischen Anlasse dafür forschte, und ich bin, ich gestehe es, geneigt, meiner Methode des Hervorrufens versteckter Erinnerungen differential-diagnostische Bedeutung beizulegen, wenn sie sorgfältig gehandhabt wird. Dieser ursprünglich rheumatische[9] Schmerz wurde nun bei der Kranken zum Erinnerungssymbol für ihre schmerzlichen psychischen Erregungen, und zwar, soviel ich sehen kann, aus mehr als einem Grunde. Zunächst und hauptsächlich wohl darum, weil er ungefähr gleichzeitig mit jenen Erregungen im Bewußtsein vorhanden war;

9 Vielleicht aber spinal-neurasthenische?

zweitens weil er mit dem Vorstellungsinhalte jener Zeit in mehrfacher Weise verknüpft war oder verknüpft sein konnte. Er war vielleicht überhaupt nur eine entfernte Folge der Krankenpflege, der verringerten Bewegung und der schlechteren Ernährung, welche das Amt der Pflegerin mit sich brachte. Aber das war der Kranken kaum klargeworden; mehr in Betracht kommen wohl, daß sie ihn in bedeutsamen Momenten der Pflege spüren mußte, z. B. wenn sie in der Winterkälte aus dem Bette sprang, um dem Rufe des Vaters zu folgen. Geradezu entscheidend für die Richtung, welche die Konversion nahm, mußte aber die andere Weise der assoziativen Verknüpfung sein, der Umstand, daß durch eine lange Reihe von Tagen eines ihrer schmerzhaften Beine mit dem geschwollenen Beine des Vaters beim Wechsel der Binden in Berührung kam. Die durch diese Berührung ausgezeichnete Stelle des rechten Beines blieb von da an der Herd und Ausgangspunkt der Schmerzen, eine künstliche hysterogene Zone, deren Entstehung sich in diesem Falle klar durchschauen läßt.

Sollte sich jemand über diese assoziative Verknüpfung zwischen physischem Schmerz und psychischem Affekt als eine zu vielfältige und künstliche verwundern, so würde ich antworten, solche Verwunderung sei ebenso unbillig wie jene andere darüber, »daß gerade die Reichsten in der Welt das meiste Geld besitzen«. Wo nicht so reichliche Verknüpfung vorliegt, da bildet sich eben kein hysterisches Symptom, da findet die Konversion keinen Weg; und ich kann versichern, daß das Beispiel des Fräuleins Elisabeth v. R... in Hinsicht der Determinierung zu den einfacheren gehörte. Ich habe, besonders bei Frau Cäcilie M..., die verschlungensten Knoten dieser Art zu lösen gehabt.

Wie sich über diese Schmerzen die Astasie-Abasie unserer Kranken aufbaute, nachdem einmal der Konversion ein bestimmter Weg geöffnet war, dies habe ich schon in der Krankengeschichte erörtert. Ich habe aber dort auch die Behauptung vertreten, daß die Kranke die Funktionsstörung durch Symbolisierung geschaffen oder gesteigert, daß sie für ihre Unselbständigkeit, ihre Ohnmacht, etwas an den Verhältnissen zu ändern, einen somatischen Ausdruck fand in der Abasie-Astasie, und daß die Redensarten: Nicht von der Stelle kommen, keinen Anhalt haben u. dgl. die Brücke für diesen neuen Akt der Konversion bildeten. Ich werde mich bemühen, diese Auffassung durch andere Beispiele zu stützen.

Die Konversion auf Grund von Gleichzeitigkeit bei sonst vorhandener assoziativer Verknüpfung scheint an die hysterische Disposition die geringsten Ansprüche zu stellen; die Konversion durch Symbolisierung hingegen eines höheren Grades von hysterischer Modifikation zu bedürfen, wie sie auch bei Fräulein Elisabeth erst im späteren Stadium ihrer Hysterie nachweisbar ist. Die schönsten Beispiele von Symbolisierung habe ich bei Frau

Cäcilie M... beobachtet, die ich meinen schwersten und lehrreichsten Fall von Hysterie nennen darf. Ich habe bereits angedeutet, daß sich diese Krankengeschichte leider einer ausführlichen Wiedergabe entzieht.

Frau Cäcilie litt unter anderen Dingen an einer überaus heftigen Gesichtsneuralgie, die zwei- bis dreimal im Jahre plötzlich auftrat, fünf bis zehn Tage anhielt, jeder Therapie trotzte und dann wie abgeschnitten aufhörte. Sie beschränkte sich auf den zweiten und dritten Ast des einen Trigeminus, und da Uraturie zweifellos war, und ein nicht ganz klarer »Rheumatismus acutus« in der Geschichte der Kranken eine gewisse Rolle spielte, lag die Auffassung einer gichtischen Neuralgie nahe genug. Diese Auffassung wurde auch von den Konsiliarärzten, die jeden Anfall zu sehen bekamen, geteilt; die Neuralgie sollte mit den gebräuchlichen Methoden: elektrische Pinselung, alkalische Wässer, Abführmittel, behandelt werden, blieb aber jedesmal unbeeinflußt, bis es ihr beliebte, einem anderen Symptom den Platz zu räumen. In früheren Jahren — die Neuralgie war fünfzehn Jahre alt — waren die Zähne beschuldigt worden, diese Neuralgie zu unterhalten; sie wurden zur Extraktion verurteilt, und eines schönen Tages wurde in der Narkose die Exekution an sieben der Missetäter vollzogen. Das ging nicht so leicht ab; die Zähne saßen so fest, daß von den meisten die Wurzeln zurückgelassen werden mußten. Erfolg hatte diese grausame Operation keinen, weder zeitweiligen noch dauernden. Die Neuralgie tobte damals monatelang. Auch zur Zeit meiner Behandlung wurde bei jeder Neuralgie der Zahnarzt geholt; er erklärte jedesmal, kranke Wurzeln zu finden, begann sich an die Arbeit zu machen, wurde aber gewöhnlich bald unterbrochen, denn die Neuralgie hörte plötzlich auf und mit ihr das Verlangen nach dem Zahnarzte. In den Intervallen taten die Zähne gar nicht weh. Eines Tages, als gerade wieder ein Anfall wütete, wurde ich von der Kranken zur hypnotischen Behandlung veranlaßt, ich legte auf die Schmerzen ein sehr energisches Verbot, und sie hörten von diesem Momente an auf. Ich begann damals Zweifel an der Echtheit dieser Neuralgie zu nähren.

Etwa ein Jahr nach diesem hypnotischen Heilerfolge nahm der Krankheitszustand der Frau Cäcilie eine neue und überraschende Wendung. Es kamen plötzlich andere Zustände, als sie den letzten Jahren eigen gewesen waren, aber die Kranke erklärte nach einigem Besinnen, daß alle diese Zustände bei ihr früher einmal dagewesen wären, und zwar über den langen Zeitraum ihrer Krankheit (dreißig Jahre) verstreut. Es wickelte sich nun wirklich eine überraschende Fülle von hysterischen Zufällen ab, welche die Kranke an ihre richtige Stelle in der Vergangenheit zu lokalisieren vermochte, und bald wurden auch die oft sehr verschlungenen Gedankenverbindungen kenntlich, welche die

Reihenfolge dieser Zufälle bestimmten. Es war wie eine Reihe von Bildern mit erläuterndem Texte. Pitres muß mit der Aufstellung seines *délire ecmnésique* etwas Derartiges im Auge gehabt haben. Die Art, wie ein solcher der Vergangenheit angehöriger hysterischer Zustand reproduziert wurde, war höchst merkwürdig. Es tauchte zuerst im besten Befinden der Kranken eine pathologische Stimmung besonderer Färbung auf, welche von der Kranken regelmäßig verkannt und auf ein banales Ereignis der letzten Stunden bezogen wurde; dann folgten unter zunehmender Trübung des Bewußtseins hysterische Symptome: Halluzinationen, Schmerzen, Krämpfe, lange Deklamationen, und endlich schloß sich an diese das halluzinatorische Auftauchen eines Erlebnisses aus der Vergangenheit, welches die initiale Stimmung erklären und die jeweiligen Symptome determinieren konnte. Mit diesem letzten Stücke des Anfalles war die Klarheit wieder da, die Beschwerden verschwanden wie durch Zauber, und es herrschte wieder Wohlbefinden — bis zum nächsten Anfalle, einen halben Tag später. Gewöhnlich wurde ich auf der Höhe des Zustandes geholt, leitete die Hypnose ein, rief die Reproduktion des traumatischen Erlebnisses hervor und bereitete dem Anfalle durch Kunsthilfe ein früheres Ende. Indem ich mehrere Hunderte solcher Zyklen mit der Kranken durchmachte, erhielt ich die lehrreichsten Aufschlüsse über Determinierung hysterischer Symptome. Auch war die Beobachtung dieses merkwürdigen Falles in Gemeinschaft mit Breuer der nächste Anlaß zur Veröffentlichung unserer »vorläufigen Mitteilung«.

In diesem Zusammenhange kam es endlich auch zur Reproduktion der Gesichtsneuralgie, die ich als aktuellen Anfall noch selbst behandelt hatte. Ich war neugierig, ob sich hier eine psychische Verursachung ergeben würde. Als ich die traumatische Szene hervorzurufen versuchte, sah sich die Kranke in eine Zeit großer seelischer Empfindlichkeit gegen ihren Mann versetzt, erzählte von einem Gespräche, das sie mit ihm geführt, von einer Bemerkung seinerseits, die sie als schwere Kränkung aufgefaßt, dann faßte sie sich plötzlich an die Wange, schrie vor Schmerz laut auf und sagte: Das war mir wie ein Schlag ins Gesicht. — Damit war aber auch Schmerz und Anfall zu Ende.

Kein Zweifel, daß es sich hier um eine Symbolisierung gehandelt hatte; sie hatte gefühlt, als ob sie den Schlag ins Gesicht wirklich bekommen hätte. Nun wird jedermann die Frage aufwerfen, wieso wohl die Empfindung eines »Schlages ins Gesicht« zu den Äußerlichkeiten einer Trigeminusneuralgie, zur Beschränkung auf den zweiten und dritten Ast, zur Steigerung beim Mundöffnen und Kauen (nicht beim Reden!) gelangt sein mag.

Am nächsten Tage war die Neuralgie wieder da, nur ließ sie sich diesmal durch die Reproduktion einer anderen Szene lösen, deren Inhalt gleichfalls eine vermeintliche Beleidigung war. So ging es neun Tage lang fort; es schien sich zu ergeben, daß Jahre hindurch Kränkungen, insbesondere durch Worte, auf dem Wege der Symbolisierung neue Anfälle dieser Gesichtsneuralgie hervorgerufen hatten.

Endlich gelang es aber, auch zum ersten Anfalle von Neuralgie (vor mehr als fünfzehn Jahren) vorzudringen. Hier fand sich keine Symbolisierung, sondern eine Konversion durch Gleichzeitigkeit; es war ein schmerzlicher Anblick, bei dem ihr ein Vorwurf auftauchte, welcher sie veranlaßte, eine andere Gedankenreihe zurückzudrängen. Es war also ein Fall von Konflikt und Abwehr; die Entstehung der Neuralgie in diesem Momente nicht weiter erklärlich, wenn man nicht annehmen wollte, daß sie damals an leichten Zahn- oder Gesichtsschmerzen gelitten, und dies war nicht unwahrscheinlich, denn sie hatte sich gerade in den ersten Monaten der ersten Gravidität befunden.

So ergab sich also als Aufklärung, daß diese Neuralgie auf dem gewöhnlichen Wege der Konversion zum Merkzeichen einer bestimmten psychischen Erregung geworden war, daß sie aber in der Folge durch assoziative Anklänge aus dem Gedankenleben, durch symbolisierende Konversion, geweckt werden konnte; eigentlich dasselbe Verhalten, das wir bei Fräulein Elisabeth v. R... gefunden haben.

Ich will ein zweites Beispiel anführen, welches die Wirksamkeit der Symbolisierung unter anderen Bedingungen anschaulich machen kann: Zu einer gewissen Zeit plagte Frau Cäcilie ein heftiger Schmerz in der rechten Ferse, Stiche bei jedem Schritte, die das Gehen unmöglich machten. Die Analyse führte uns dabei auf eine Zeit, in welcher sich die Patientin in einer ausländischen Heilanstalt befunden hatte. Sie war acht Tage lang in ihrem Zimmer gelegen, sollte dann vom Hausarzte das erstemal zur gemeinsamen Tafel abgeholt werden. Der Schmerz war in dem Momente entstanden, als die Kranke seinen Arm nahm, um das Zimmer zu verlassen; er schwand während der Reproduktion dieser Szene, als die Kranke den Satz aussprach: Damals habe sie die Furcht beherrscht, ob sie auch das »rechte Auftreten« in der fremden Gesellschaft treffen werde!

Dies scheint nun ein schlagendes, beinahe komisches Beispiel von Entstehung hysterischer Symptome durch Symbolisierung vermittels des sprachlichen Ausdruckes. Allein ein näheres Eingehen auf die Umstände jenes Momentes bevorzugt eine andere Auffassung. Die Kranke litt zu jener Zeit überhaupt an Fußschmerzen, sie war wegen Fußschmerzen solange zu Bette geblieben; und es kann nur zugegeben werden, daß die Furcht, von der sie bei den ersten Schritten befallen wurde, aus den gleichzeitig vorhandenen Schmerzen den einen, symbolisch passenden, in der rechten Ferse hervorsuchte, um ihn zu einer psychischen

Algie auszubilden und ihm zu einer besonderen Fortdauer zu verhelfen.

Erscheint in diesen Beispielen der Mechanismus der Symbolisierung in den zweiten Rang gedrängt, was sicherlich der Regel entspricht, so verfüge ich doch auch über Beispiele, welche die Entstehung hysterischer Symptome durch bloße Symbolisierung zu beweisen scheinen. Eines der schönsten ist folgendes, es bezieht sich wiederum auf Frau Cäcilie. Sie lag als fünfzehnjähriges Mädchen im Bette, bewacht von ihrer gestrengen Großmama. Plötzlich schrie das Kind auf, sie hatte einen bohrenden Schmerz in der Stirne zwischen den Augen bekommen, der dann wochenlang anhielt. Bei der Analyse dieses Schmerzes, der sich nach fast dreißig Jahren reproduzierte, gab sie an, die Großmama habe sie so »durchdringend« angeschaut, daß ihr der Blick tief ins Gehirn gedrungen wäre. Sie fürchtete nämlich, von der alten Frau mißtrauisch betrachtet worden zu sein. Bei der Mitteilung dieses Gedankens brach sie in ein lautes Lachen aus, und der Schmerz war wieder zu Ende. Hier finde ich nichts anderes als den Mechanismus der Symbolisierung, der zwischen dem Mechanismus der Autosuggestion und dem der Konversion gewissermaßen die Mitte hält.

Die Beobachtung der Frau Cäcilie M . . . hat mir Gelegenheit gegeben, geradezu eine Sammlung derartiger Symbolisierungen anzulegen. Eine ganze Reihe von körperlichen Sensationen, die sonst als organisch vermittelt angesehen werden, hatte bei ihr psychischen Ursprung oder war wenigstens mit einer psychischen Deutung versehen. Eine gewisse Reihe von Erlebnissen war bei ihr von der Empfindung eines Stiches in der Herzgegend begleitet. (»Es hat mir einen Stich ins Herz gegeben.«) Der nagelförmige Kopfschmerz der Hysterie war bei ihr unzweifelhaft als Denkschmerz aufzulösen. (»Es steckt mir etwas im Kopf«); er löste sich auch jedesmal, wenn das betreffende Problem gelöst war. Der Empfindung der hysterischen Aura im Halse ging der Gedanke parallel: Das muß ich herunterschlukken, wenn diese Empfindung bei einer Kränkung auftrat. Es war eine ganze Reihe von parallellaufenden Sensationen und Vorstellungen, in welcher bald die Sensation die Vorstellung als Deutung erweckt, bald die Vorstellung durch Symbolisierung die Sensation geschaffen hatte, und nicht selten mußte es zweifelhaft bleiben, welches der beiden Elemente das primäre gewesen war.

Ich habe bei keiner anderen Patientin mehr eine so ausgiebige Verwendung der Symbolisierung auffinden können. Freilich war Frau Cäcilie M . . . eine Person von ganz ungewöhnlicher, insbesondere künstlerischer Begabung, deren hochentwickelter Sinn für Form sich in vollendet schönen Gedichten kundgab. Ich behaupte aber, es liegt weniger Individuelles und Willkürliches als man meinen sollte, darin, wenn die Hysterika der affektbetonten Vorstellung durch Symbolisierung einen somatischen Ausdruck schafft. Indem sie den sprachlichen Ausdruck wörtlich nimmt, den »Stich ins Herz« oder den »Schlag ins Gesicht« bei einer verletzenden Anrede wie eine reale Begebenheit empfindet, übt sie keinen witzigen Mißbrauch, sondern belebt nur die Empfindungen von neuem, denen der sprachliche Ausdruck seine Berechtigung verdankt. Wie kämen wir denn dazu, von dem Gekränkten zu sagen: »es hat ihm einen Stich ins Herz gegeben«, wenn nicht tatsächlich die Kränkung von einer derartig zu deutenden Präkordialempfindung begleitet und an ihr kenntlich wäre? Wie wahrscheinlich ist es nicht, daß die Redensart »etwas herunterschlucken«, die man auf unerwiderte Beleidigung anwendet, tatsächlich von den Innervationsempfindungen herrührt, die im Schlunde auftreten, wenn man sich die Rede versagt, sich an der Reaktion auf Beleidigung hindert? All diese Sensationen und Innervationen gehören dem »Ausdruck der Gemütsbewegungen« an, der, wie uns Darwin gelehrt hat, aus ursprünglich sinnvollen und zweckmäßigen Leistungen besteht; sie mögen gegenwärtig zumeist so abgeschwächt sein, daß ihr sprachlicher Ausdruck uns als bildliche Übertragung erscheint, allein sehr wahrscheinlich war das alles einmal wörtlich gemeint, und die Hysterie tut recht daran, wenn sie für ihre stärkeren Innervationen den ursprünglichen Wortsinn wiederherstellt. Ja, vielleicht ist es unrecht zu sagen, sie schaffe sich solche Sensationen durch Symbolisierung; sie hat vielleicht den Sprachgebrauch gar nicht zum Vorbilde genommen, sondern schöpft mit ihm aus gemeinsamer Quelle.[10]

10 In Zuständen tiefer gehender psychischer Veränderung kommt offenbar auch eine symbolische Ausprägung des mehr artifiziellen Sprachgebrauches in sinnlichen Bildern und Sensationen vor. Frau Cäcilie M . . . hatte eine Zeit, in welcher sich ihr jeder Gedanke in eine Halluzination umsetzte, deren Lösung oft viel Witz erforderte. Sie klagte mir damals, sie werde durch die Halluzination belästigt, daß ihre beiden Ärzte – Breuer und ich – im Garten an zwei nahen Bäumen aufgehängt wären. Die Halluzination verschwand, nachdem die Analyse folgenden Hergang aufgedeckt hatte: Abends vorher war sie von Breuer mit der Bitte um ein bestimmtes Medikament abgewiesen worden, sie setzte dann ihre Hoffnung auf mich, fand mich aber ebenso hartherzig. Sie zürnte uns darüber und dachte in ihrem Affekt: Die zwei sind einander wert, der eine ist das Pendant zum anderen!

III.
Theoretisches (Breuer)

In der »Vorläufigen Mitteilung«, welche diese Studien einleitet, haben wir die Anschauungen dargelegt, zu denen wir durch unsere Beobachtungen geführt wurden, und ich glaube, in der Hauptsache an ihnen festhalten zu dürfen. Die »Vorläufige Mitteilung« ist aber so kurz und so knapp, daß darin großenteils nur angedeutet werden konnte, was wir meinen. Es sei darum gestattet, nun, da die Krankengeschichten Belege für unsere Anschauungen erbracht haben, diese ausführlicher darzulegen. Natürlich soll und kann auch hier nicht »das Ganze der Hysterie« abgehandelt werden, aber es sollen diejenigen Punkte, welche in der »Vorläufigen Mitteilung« ungenügend begründet und zu schwach hervorgehoben wurden, eine etwas eingehendere, deutlichere, wohl auch einschränkende Besprechung erfahren.

In diesen Erörterungen wird wenig vom Gehirne und gar nicht von den Molekülen die Rede sein. Psychische Vorgänge sollen in der Sprache der Psychologie behandelt werden, ja, es kann eigentlich gar nicht anders geschehen. Wenn wir statt »Vorstellung« »Rindenerregung« sagen wollten, so würde der letztere Ausdruck nur dadurch einen Sinn für uns haben, daß wir in der Verkleidung den guten Bekannten erkennen und die »Vorstellung« stillschweigend wieder restituieren. Denn während Vorstellungen fortwährend Gegenstände unserer Erfahrung und uns in all ihren Nuancen wohlbekannt sind, ist »Rindenerregung« für uns mehr ein Postulat, ein Gegenstand künftiger, erhoffter Erkenntnis. Jener Ersatz der Termini scheint eine zwecklose Maskerade.

So möge der fast ausschließliche Gebrauch psychologischer Terminologie vergeben werden.

Noch für anderes muß ich im vorhinein um Nachsicht bitten. Wenn eine Wissenschaft rasch vorwärts schreitet, werden Gedanken, die zuerst von einzelnen ausgesprochen wurden, alsbald Gemeingut. So kann niemand, der heute seine Anschauungen über Hysterie und ihre psychische Grundlage darzulegen versucht, es vermeiden, daß er eine Menge Gedanken anderer ausspreche und wiederhole, die eben aus dem Individualbesitze in den Gemeinbesitz übergehen. Es ist kaum möglich, von ihnen immer zu konstatieren, wer sie zuerst ausgesprochen hat, und auch die Gefahr liegt nahe, daß man für eigenes Produkt hält, was von anderen schon gesagt worden ist. So möge es entschuldigt werden, wenn hier wenig Zitate gebracht werden und zwischen Eigenem und Fremdem nicht streng unterschieden wird. Auf Originalität macht das wenigste von dem Anspruch, was auf den folgenden Seiten dargelegt werden soll.

1. *Sind alle hysterischen Phänomene ideogen?*

Wir sprachen in der »Vorläufigen Mitteilung« über den psychischen Mechanismus »hysterischer Phänomene«; nicht »der Hysterie«, weil wir für denselben und für die psychische Theorie der hysterischen Symptome überhaupt uneingeschränkte Geltung nicht beanspruchen wollten. Wir glauben nicht, daß alle Erscheinungen der Hysterie auf die von uns dargelegte Weise zustande kommen, und auch nicht, daß alle ideogen, d. h. durch Vorstellungen bedingt seien. Wir differieren darin von Möbius[1], der 1888 die Definition vorschlug: »Hysterisch sind alle diejenigen krankhaften Erscheinungen, die durch Vorstellungen verursacht sind.« Später wurde dieser Satz dahin erläutert, daß nur ein Teil der krankhaften Phänomene den verursachenden Vorstellungen inhaltlich entspreche, nämlich die durch Fremd- und Autosuggestion erzeugten; z. B. wenn die Vorstellung, den Arm nicht bewegen zu können, eine Lähmung desselben bedinge. Ein anderer Teil der hysterischen Phänomene sei zwar durch Vorstellungen verursacht, entspreche ihnen aber inhaltlich nicht; z. B. wenn in einer unserer Beobachtungen die Lähmung des Armes durch den Anblick von schlangenähnlichen Gegenständen erzeugt wird.

Möbius will mit dieser Definition nicht etwa eine Veränderung der Nomenklatur befürworten, so daß fortan nur die durch Vorstellungen bedingten, ideogenen krankhaften Phänomene hysterisch zu nennen wären; sondern er meint, daß alle hysterischen Krankheitserscheinungen ideogen seien. »Weil sehr oft Vorstellungen Ursache der hysterischen Erscheinungen sind, glauben wir, daß sie es immer seien.« Er nennt dies einen Analogieschluß; ich möchte es eher eine Generalisation nennen, deren Berechtigung erst untersucht werden muß.

Offenbar muß vor jeder Diskussion festgestellt werden, was man unter Hysterie versteht. Ich halte Hysterie für ein empirisch gefundenes, der Beobachtung entstammendes Krankheitsbild, gerade so wie die tuberkulöse Lungenphthise. Solche empirisch gewonnene Krankheitsbilder werden durch den Fortschritt unserer Erkenntnis geläutert, vertieft, erklärt; sie sollen und können dadurch aber nicht zerstört werden. Die ätiologische Forschung hat gezeigt, daß die verschiedenen Teilprozesse der Lun-

1 Möbius, Über den Begriff der Hysterie. Wieder abgedruckt in »Neurologische Beiträge«, I. Heft, 1894.

genphthise durch verschiedene Krankheitsursachen bedingt sind; der Tuberkel durch den Bazillus Kochii, der Gewebszerfall, die Kavernenbildung, das septische Fieber durch andere Mikroben. Trotzdem bleibt die tuberkulöse Phthise eine klinische Einheit, und es wäre unrichtig, sie dadurch zu zerstören, daß man nur die »spezifisch tuberkulösen«, durch den Bazillus Kochs bedingten Gewebsveränderungen ihr zuschreiben, die anderen von ihr loslösen wollte. – Ebenso muß die klinische Einheit der Hysterie erhalten bleiben, auch wenn sich herausstellt, daß ihre Phänomene durch verschiedene Ursachen bedingt sind, die einen durch einen psychischen Mechanismus, die anderen ohne solchen zustande kommen.

Das ist nun meiner Überzeugung nach wirklich der Fall. Nur ein Teil der hysterischen Phänomene ist ideogen, und die Annahme der Möbiusschen Definition reißt die klinische Einheit der Hysterie, ja, auch die Einheit eines und desselben Symptoms bei einem und demselben Kranken mitten entzwei.

Es wäre ein dem Analogieschlusse Möbius' ganz analoger Schluß: »Weil sehr oft Vorstellungen und Wahrnehmungen die Erektion hervorrufen, nehmen wir an, daß sie allein es immer tun und daß auch die peripheren Reize erst auf dem Umwege über die Psyche jenen vasomotorischen Vorgang auslösen.« Wir wissen, daß das ein Irrtum wäre, und doch lägen diesem Schlusse gewiß so viele Tatsachen zugrunde wie dem Satze Möbius' betreffs der Hysterie. In Analogie mit einer großen Zahl physiologischer Vorgänge, wie Speichel- und Tränensekretion, Veränderung der Herzaktion u. dgl. ist als möglich und wahrscheinlich anzunehmen, daß derselbe Vorgang sowohl durch Vorstellungen als durch periphere oder andere, aber nicht psychische Reize ausgelöst werden kann. Das Gegenteil ist zu beweisen, und dazu fehlt noch sehr viel. Ja, es scheint sicher, daß viele der hysterisch genannten Phänomene nicht allein durch Vorstellungen verursacht werden.

Betrachten wir einen ganz alltäglichen Fall. Eine Frau bekommt bei jedem Affekte an Hals, Brust und Gesicht ein erst fleckiges, dann konfluierendes Erythem. Dies ist durch Vorstellungen bedingt und also nach Möbius ein hysterisches Phänomen. Dasselbe Erythem tritt aber, wenn in geringerer Ausbreitung, bei Hautreiz auf, bei Berührung u. dgl. Dies wäre nun nicht hysterisch. So wäre ein sicherlich völlig einheitliches Phänomen einmal der Hysterie zugehörig und ein andermal nicht. Man kann ja zweifeln, ob man dieses, den Erethismus der Vasomotoren, überhaupt zu den spezifisch hysterischen Erscheinungen rechnen soll, oder ob man es nicht besser dem einfachen »Nervosismus« zuzählt. Aber nach Möbius müßte jene Zerfällung eines einheitlichen Vorganges jedenfalls geschehen und das affektiv bedingte Erythem allein hysterisch genannt werden.

Ganz ebenso verhält es sich bei den praktisch so wichtigen hysterischen Algien. Gewiß sind diese häufig direkt durch Vorstellungen bedingt; es sind »Schmerzhalluzinationen«. Untersuchen wir diese etwas genauer, so zeigt sich, daß zu ihrem Entstehen große Lebhaftigkeit der Vorstellung nicht genügt, sondern daß ein besonderer abnormer Zustand der schmerzleitenden und empfindenden Apparate notwendig ist, wie zum Entstehen des affektiven Erythems die abnorme Erregbarkeit der Vasomotoren. Das Wort »Schmerzhalluzination« bezeichnet gewiß das Wesen dieser Neuralgie aufs prägnanteste, zwingt uns aber auch, die Anschauungen auf sie zu übertragen, die wir uns bezüglich der Halluzination im allgemeinen gebildet haben. Diese eingehend zu diskutieren, ist hier nicht am Platze. Ich bekenne mich zu der Meinung, die »Vorstellung«, das Erinnerungsbild allein, ohne Erregung des Perzeptionsapparates, erlange selbst in seiner größten Lebhaftigkeit und Intensität nie den Charakter objektiver Existenz, der die Halluzination ausmacht.[2]

Das gilt schon von den Sinneshalluzinationen und noch mehr von den Schmerzhalluzinationen. Denn es scheint dem Gesunden nicht möglich zu sein, der Erinnerung an einen körperlichen Schmerz auch nur jene Lebhaftigkeit, jene entfernte Annäherung an die wirkliche Empfindung zu verschaffen, welche doch bei optischen und akustischen Erinnerungsbildern erreicht werden kann. Selbst in dem normalen halluzinatorischen Zustande des Gesunden, im Schlafe, werden, wie ich glaube, niemals Schmerzen geträumt, wenn nicht eine reale Schmerzempfindung vorhanden ist. Die »rückläufige«, von dem Organe des Gedächtnisses ausgehende Erregung des Perzeptionsapparates durch Vorstellungen ist also de norma für Schmerz noch schwieriger als für Gesichts- und Gehörsempfindungen. Treten bei Hysterie mit solcher Leichtigkeit Schmerzhalluzinationen auf, so müssen wir eine anomale Erregbarkeit des schmerzempfindenden Apparates statuieren.

Diese tritt nun nicht bloß durch Vorstellungen, sondern auch durch periphere Reize angeregt in die Erscheinung, ganz wie der früher betrachtete Erethismus der Vasomotoren.

2 Dieser Perzeptionsapparat, einschließlich der kortikalen Sinnessphären, muß verschieden sein von dem Organe, welches Sinneseindrücke als Erinnerungsbilder aufbewahrt und reproduziert. Denn die Grundbedingung der Funktion des Wahrnehmungsapparates ist die rascheste restitutio in statum quo ante; sonst könnte keine richtige weitere Perzeption stattfinden. Die Bedingung des Gedächtnisses hingegen ist, daß eine solche Restitution nicht statt hat, sondern daß jede Wahrnehmung bleibende Veränderungen schafft. Unmöglich kann ein und dasselbe Organ beiden widersprechenden Bedingungen genügen; der Spiegel eines Reflexionsteleskops kann nicht zugleich photographische Platte sein. In diesem Sinne, daß die Erregung des Perzeptionsapparates – nicht in der bestimmten Aussage, daß die Erregung der subkortikalen Zentren – der Halluzination den Charakter des Objektiven gebe, stimme ich Meynert bei. Soll aber durch das Erinnerungsbild das Perzeptionsorgan erregt werden, so müssen wir eine gegen die Norm abgeänderte Erregbarkeit desselben annehmen, die eben die Halluzination möglich macht.

Wir beobachten täglich, daß beim nervös normalen Menschen periphere Schmerzen von pathologischen, aber selbst nicht schmerzhaften Vorgängen in anderen Organen bedingt werden; so der Kopfschmerz von relativ unbedeutenden Veränderungen der Nase und ihrer Nebenhöhlen; Neuralgien der Interkostal- und Brachialnerven vom Herzen aus, u. dgl. mehr. Besteht bei einem Kranken jene abnorme Erregbarkeit, welche wir als Bedingung der Schmerzhalluzination annehmen mußten, so steht sie sozusagen auch den eben erwähnten Irradiationen zur Verfügung. Die auch bei nicht Nervösen vorkommenden werden intensiver, und es bilden sich solche Irradiationen, die wir zwar nur bei Nervenkranken finden, die aber doch auf demselben Mechanismus begründet sind wie jene. So, glaube ich, hängt die Ovarie von den Zuständen des Genitalapparates ab. Daß sie psychisch vermittelt sei, müßte bewiesen werden, und das ist dadurch nicht geschehen, daß man diesen Schmerz, wie jeden andern, als Halluzination in der Hypnose erzeugen oder daß die Ovarie auch psychischen Ursprunges sein kann. Sie entsteht eben wie das Erythem oder wie eine der normalen Sekretionen sowohl aus psychischen als aus rein somatischen Ursachen. Sollen wir nun nur die erstere Art hysterisch nennen? jene, von der wir den psychischen Ursprung kennen? Dann müßten wir eigentlich die gewöhnlich beobachtete Ovarie aus dem hysterischen Symptomkomplexe ausscheiden, was doch kaum angeht.
Wenn nach einem leichten Trauma eines Gelenkes allmählich eine schwere Gelenksneurose sich entwickelt, so ist in diesem Vorgange gewiß ein psychisches Element: die Konzentration der Aufmerksamkeit auf den verletzten Teil, welche die Erregbarkeit der betreffenden Nervenbahnen steigert; aber man kann das kaum so ausdrücken, daß die Hyperalgie durch Vorstellungen bedingt sei.
Nicht anders steht es mit der pathologischen Herabsetzung der Empfindung. Es ist durchaus unerwiesen und unwahrscheinlich, daß die allgemeine Analgesie oder daß die Analgesie einzelner Körperteile ohne Anästhesie, durch Vorstellungen verursacht sei. Und wenn sich auch die Entdeckung Binets und Janets vollständig bestätigen sollte, daß die Hemianästhesie durch einen eigentümlichen psychischen Zustand bedingt sei, durch die Spaltung der Psyche, so wäre das zwar ein psychogenes, aber kein ideogenes Phänomen und wäre darum nach Möbius nicht hysterisch zu nennen.
Können wir so von einer großen Zahl charakteristischer hysterischer Phänomene nicht annehmen, daß sie ideogen seien, so scheint es richtig, den Satz von Möbius zu reduzieren. Wir sagen nicht: »Jene krankhaften Erscheinungen sind hysterisch, welche durch Vorstellungen veranlaßt sind«, sondern nur: Sehr viele der hysterischen Phänomene,

wahrscheinlich mehr als wir heute wissen, sind ideogen. Die gemeinschaftliche, fundamentale krankhafte Veränderung aber, welche sowohl den Vorstellungen als auch nicht psychologischen Reizen ermöglicht, pathogen zu wirken, ist eine anomale Erregbarkeit des Nervensystems[3]. Inwieweit diese selbst psychischen Ursprungs ist, das ist eine weitere Frage.

Wenn also nur ein Teil der hysterischen Phänomene ideogen sein dürfte, so sind es doch gerade diese, welche man die spezifisch hysterischen nennen darf, und ihre Erforschung, die Aufdeckung ihres psychischen Ursprungs macht den wesentlichsten neueren Fortschritt in der Theorie der Krankheit aus. Es stellt sich nun die weitere Frage: wie kommen sie zustande, welches ist der »psychische Mechanismus« dieser Phänomene?

Dieser Frage gegenüber verhalten sich die beiden von Möbius unterschiedenen Gruppen ideogener Symptome wesentlich verschieden. Diejenigen, bei denen das Krankheitsphänomen der erregenden Vorstellung inhaltlich entspricht, sind relativ verständlich und durchsichtig. Wenn die Vorstellung einer gehörten Stimme dieselbe nicht bloß wie beim Gesunden im »inneren Hören« leise anklingen, sondern als wirkliche objektive Gehörsempfindung halluzinatorisch wahrnehmen läßt, so entspricht das bekannten Phänomenen des gesunden Lebens (Traum) und ist unter der Annahme abnormer Erregbarkeit wohl verständlich. Wir wissen, daß es bei jeder willkürlichen Bewegung die Vorstellung des zu erreichenden Resultates ist, welche die entsprechende Muskelkontraktion auslöst; es ist nicht ganz unverständlich, daß die Vorstellung, diese sei unmöglich, die Bewegung verhindert. (Suggestive Lähmung.)

Anders verhält es sich mit jenen Phänomenen, die keinen logischen Zusammenhang mit der veranlassenden Vorstellung haben. (Auch für sie bietet das normale Leben Analogien, wie z. B. das Schamerröten u. dgl.) Wie kommen diese zustande, warum löst beim kranken Menschen eine Vorstellung gerade die eine, ganz irrationale, ihr gar nicht entsprechende Bewegung oder Halluzination aus?

Wir glaubten in der »Vorläufigen Mitteilung« über diesen kausalen Zusammenhang einiges auf Grund unserer Beobachtungen aussagen zu können. Wir haben aber in unserer Darlegung den Begriff »der Erregung, welche abströmt oder abreagiert werden muß«, ohne weiteres eingeführt und benutzt. Dieser Begriff, für unser Thema und für die Lehre von den Neurosen überhaupt von fundamentaler Wichtigkeit,

3 Oppenheims »Labilität der Moleküle«. Vielleicht wird es später möglich sein, den obigen sehr vagen Ausdruck durch eine präzisere und inhaltsreichere Formel zu ersetzen.

scheint aber eine eingehendere Untersuchung zu verlangen und zu verdienen. Bevor ich zu dieser schreite, muß ich es entschuldigen, daß hier auf die Grundprobleme des Nervensystems zurückgegriffen wird. Solches »Hinuntersteigen zu den Müttern« hat immer etwas Beklemmendes; aber der Versuch, die Wurzel einer Erscheinung aufzugraben, führt eben unvermeidlich immer auf die Grundprobleme, denen man nicht ausweichen kann. Möge darum die Abstrusität der folgenden Betrachtungen nachsichtig beurteilt werden!

2. *Die intrazerebrale tonische Erregung — Die Affekte*

A. Wir kennen zwei extreme Zustände des Zentralnervensystems, traumlosen Schlaf und helles Wachen. Zwischen ihnen bilden Zustände geringerer Helligkeit in allen Abstufungen den Übergang. Uns interessiert hier nicht die Frage nach dem Zwecke und der physischen Begründung des Schlafes (chemische oder vasomotorische Bedingungen), sondern nach dem wesentlichen Unterschiede der beiden Zustände.
Vom tiefsten, traumlosen Schlafe können wir direkte nichts aussagen, weil eben durch den Zustand völliger Bewußtlosigkeit jede Beobachtung und Erfahrung ausgeschlossen ist. Von dem benachbarten Zustand des Traumschlafes aber wissen wir, daß wir darin willkürliche Bewegungen intendieren, sprechen, gehen usw., ohne daß dadurch die entsprechenden Muskelkontraktionen willkürlich ausgelöst würden, wie es im Wachen geschieht; daß sensible Reize vielleicht perzipiert werden (da sie oft in den Traum eingehen), aber nicht apperzipiert, d. h. nicht zu bewußten Wahrnehmungen werden; daß auftauchende Vorstellungen nicht, wie im Wachen, alle mit ihnen zusammenhängenden, im potentiellen Bewußtsein vorhandenen Vorstellungen aktuell machen, sondern daß große Massen hiervon unerregt bleiben (wie wenn wir mit einem Verstorbenen sprechen, ohne uns seines Todes zu erinnern); daß auch unvereinbare Vorstellungen zugleich bestehen können, ohne sich wie im Wachen wechselseitig zu hemmen; daß also die Assoziation mangelhaft und unvollständig erfolgt. Wir dürfen wohl annehmen, daß im tiefsten Schlafe diese Aufhebung des Zusammenhanges zwischen den psychischen Elementen eine noch vollständigere, komplette ist.
Demgegenüber löst im hellen Wachen jeder Willensakt die zugehörige Bewegung aus, die sensiblen Eindrücke werden zu Wahrnehmungen, die Vorstellungen assoziieren sich mit dem ganzen Besitze des potentiellen Bewußtseins. Das Gehirn ist dann eine im vollständigen inneren Zusammenhange arbeitende Einheit.

Es ist vielleicht nur eine Umschreibung dieser Tatsachen, wenn wir sagen, daß im Schlafe die Verbindungs- und Leitungsbahnen des Gehirnes für die Erregung der psychischen Elemente (Rindenzellen?) nicht, im Wachen aber vollständig gangbar sind.

Die Existenz dieser beiden verschiedenen Zustände der Leitungsbahnen wird verständlich wohl nur durch die Annahme, daß sie sich während des Wachens in tonischer Erregung befinden (interzellulärer Tetanus Exners); daß diese tonische intrazerebrale Erregung ihre Leitungsfähigkeit bedingt und daß ihr Absinken und Schwinden eben den Zustand des Schlafes herstellt.

Wir hätten uns eine zerebrale Leitungsbahn nicht wie einen Telephondraht vorzustellen, der nur dann elektrisch erregt ist, wenn er fungieren, d. h. hier: ein Zeichen übertragen soll; sondern wie eine jener Telephonleitungen, durch welche konstant ein galvanischer Strom fließt und welche unerregbar werden, wenn dieser schwindet. — Oder, besser vielleicht, denken wir an eine viel verzweigte elektrische Anlage für Beleuchtung und motorische Kraftübertragung; es wird von dieser gefordert, daß jede Lampe und jede Kraftmaschine durch einfaches Herstellen eines Kontaktes in Funktion gesetzt werden könne. Um dies zu ermöglichen, zum Zwecke der Arbeitsbereitschaft, muß auch während funktioneller Ruhe in dem ganzen Leitungsnetze eine bestimmte Spannung bestehen, und zu diesem Behufe muß die Dynamomaschine eine bestimmte Menge von Energie aufwenden. — Ebenso besteht ein gewisses Maß von Erregung in den Leitungsbahnen des ruhenden, wachen, aber arbeitsbereiten Gehirnes.[4]

Für diese Vorstellung spricht, daß das Wachen an sich, auch ohne Arbeitsleistung, ermüdet und Schlafbedürfnis erzeugt; es bedingt an sich schon einen Energieverbrauch.

Denken wir uns einen Menschen in gespannter, aber nicht ein einzelnes Sinnesgebiet betreffender Erwartung. Wir haben dann ein ruhendes, aber leistungsbereites Gehirn vor uns. Wir dürfen

4 Es sei erlaubt, hier in Kürze die Vorstellung anzudeuten, welche der obigen Ausführung zugrunde liegt. Wir denken uns gewöhnlich die sensiblen und sensorischen Nervenzellen als passive Aufnahmsapparate; mit Unrecht. Denn schon die Existenz des Assoziationsfasersystems beweist, daß auch von ihnen aus Erregung in Nervenfasern strömt. In einer Nervenfaser, welche per continuitatem oder contiguitatem zwei sensorische Zellen verbindet, muß ein Spannungszustand bestehen, wenn von beiden Zellen aus Erregung in sie einströmt. Dieser verhält sich zu der in einer, z. B. peripheren, motorischen Faser abströmenden Erregung wie hydrostatischer Druck zu der lebendigen Kraft strömenden Wassers oder wie elektrische Spannung zum elektrischen Strome. Sind alle Nervenzellen in einem Zustande mittlerer Erregung und erregen ihre nervösen Fortsätze, so bildet das ganze ungeheure Netz ein einheitliches Reservoir von »Nervenspannung«. Wir hätten also außer der potentiellen Energie, welche in dem chemischen Bestande der Zelle ruht, und jener uns unbekannten Form kinetischer Energie, welche im Erregungszustande der Faser abläuft, noch einen ruhenden Zustand von Nervenerregung anzunehmen, die tonische Erregung oder Nervenspannung.

wohl annehmen, daß in diesem alle Leitungsbahnen auf das Maximum ihrer Leitfähigkeit eingestellt, in tonischer Erregung sind. Die Sprache nennt diesen Zustand bezeichnenderweise eben: Spannung. Die Erfahrung lehrt, wie anstrengend und ermüdend dieser Zustand ist, in welchem doch keinerlei aktuelle motorische oder psychische Arbeit geleistet wurde.

Dies ist ein exzeptioneller Zustand, der eben des großen Energieverbrauches halber nicht lange ertragen wird. Aber auch der normale Zustand des hellen Wachens bedingt ein innerhalb nicht allzuweiter Grenzen schwankendes Ausmaß intrazerebraler Erregung; all den Abstufungen des Wachens bis zur Schläfrigkeit und zum wirklichen Schlaf entsprechen niedrigere Erregungsgrade.

Wirkliche Arbeitsleistung des Gehirnes bedingt gewiß einen größeren Energieverbrauch als die bloße Arbeitsbereitschaft; (wie die oben zum Vergleiche angezogene elektrische Anlage eine größere Menge von elektrischer Energie in die Leitungen einströmen lassen muß, wenn viele Lampen oder Arbeitsmaschinen eingeschaltet werden). Bei normaler Funktion wird nicht mehr Energie frei, als sogleich in der Tätigkeit verbraucht wird. Das Gehirn verhält sich aber wie eine solche Anlage von begrenzter Leistungsfähigkeit, welche etwa nicht zu gleicher Zeit große Mengen von Licht und von mechanischer Arbeit herstellen könnte. Arbeitet die Kraftübertragung, so ist wenig Energie für die Beleuchtung verfügbar und umgekehrt. So sehen wir, daß es uns bei starker Muskelanstrengung unmöglich ist, andauernd nachzudenken, daß die Konzentration der Aufmerksamkeit auf ein Sinnesgebiet die Leistungsfähigkeit der anderen Hirnorgane absinken macht, daß also das Gehirn mit einer wechselnden, aber begrenzten Energiemenge arbeitet.

Die ungleichmäßige Verteilung der Energie wird wohl durch die »attentionelle Bahnung« (Exner) bedingt, indem die Leitungsfähigkeit der in Anspruch genommenen Bahnen erhöht wird, die der anderen absinkt und so im arbeitenden Gehirne auch die »intrazerebrale tonische Erregung« ungleichmäßig verteilt ist[5].

Wir erwecken einen Schlafenden, d. h. wir steigern plötzlich das Quantum seiner tonischen intrazerebralen Erregung, indem wir einen lebhaften Sinnesreiz auf ihn wirken lassen. Ob dabei Veränderungen in dem zerebralen Blutkreislaufe wesentliche Glieder der Kausalkette sind, ob die Gefäße primär durch den Reiz erweitert werden oder ob dies die Folge der Erregung der

5 Die Auffassung der Energie des Zentralnervensystems als einer Quantität von schwankender und wechselnder Verteilung über das Gehirn ist alt. »La sensibilité«, sagte Cabanis, »semble se comporter à la manière d'un fluide dont la quantité totale est déterminée et qui, toutes les fois qu'il se jette en plus grande abondance dans un de ses canaux, diminue proportionellement dans les autres.« (Zit. nach Janet, Etat mental II, p. 277.)

Hirnelemente ist, das alles ist unentschieden. Sicher ist, daß der durch eine Sinnespforte eindringende Erregungszustand von da aus über das Hirn sich ausbreitet, diffundiert und alle Leitungswege in einen Zustand höherer Bahnung bringt.

Wie das spontane Erwachen vor sich geht, ob immer ein und derselbe Gehirnteil zuerst in den Zustand der Wacherregung tritt und diese von ihm aus sich verbreitet, oder ob bald die eine, bald die andere Gruppe von Elementen als Erwecker fungiert, ist wohl noch völlig unklar.

Doch beweist das spontane Erwachen, welches ja auch in voller Ruhe und Finsternis ohne äußere Reize eintritt, daß die Entwicklung von Energie im Lebensprozesse der Hirnelemente selbst begründet ist.

Der Muskel bleibt, ungereizt, ruhig, auch wenn er noch so lange geruht und das Maximum von Spannkräften in sich angehäuft hat. Nicht so die Hirnelemente. Wir nehmen wohl mit Recht an, daß diese im Schlafe ihren Bestand restituieren und Spannkräfte sammeln. Ist das bis zu einem gewissen Grade geschehen, sozusagen ein gewisses Niveau erreicht, so strömt der Überschuß in die Leitungswege ab, bahnt sie und stellt die intrazerebrale Erregung des Wachens her.

Denselben Vorgang können wir in lehrreicher Weise im Wachen beobachten. Wenn das wache Gehirn längere Zeit in Ruhe verbleibt, ohne durch Funktion Spannkraft in lebendige Energie zu verwandeln, so tritt das Bedürfnis und der Drang nach Betätigung ein. Lange motorische Ruhe schafft das Bewegungsbedürfnis (zweckloses Herumlaufen der Tiere im Käfige) und ein peinliches Gefühl, wenn dies Bedürfnis nicht befriedigt werden kann. Mangel an Sinnesreizen, Finsternis, lautlose Stille wird zur Pein; geistige Ruhe, Mangel an Wahrnehmungen, Vorstellungen, an Assoziationsfähigkeit erzeugen die Qual der Langeweile. Diese Unlustgefühle entsprechen einer »Aufregung«, einer Steigerung der normalen intrazerebralen Erregung.

Die vollständig restituierten Hirnelemente machen also auch in der Ruhe ein gewisses Maß von Energie frei, welches, funktionell nicht verwertet, die intrazerebrale Erregung steigert. Dies erzeugt ein Unlustgefühl. Solche entstehen immer, wenn ein Bedürfnis des Organismus nicht Befriedigung findet. Da die hier besprochenen schwinden, wenn das frei gewordene überschüssige Quantum von Erregung funktionell verwendet wird, so schließen wir, daß diese Wegschaffung des Erregungsüberschusses ein Bedürfnis des Organismus sei, und treffen hier zum ersten Male auf die Tatsache, daß im Organismus die »*Tendenz zur Konstanterhaltung der intrazerebralen Erregung*« (*Freud*) besteht.

Ein Überschuß davon belastet und belästigt und es entsteht der Trieb ihn zu verbrauchen. Ist ein Verbrauch durch Sinnes- oder

Vorstellungstätigkeit nicht möglich, so strömt der Überschuß in zweckloser motorischer Aktion ab, im Aufundabgehen u. dgl., welches wir auch weiterhin als die häufigste Art der Entladung übergroßer Spannungen antreffen werden.

Es ist bekannt, wie groß die individuelle Verschiedenheit in dieser Hinsicht ist: wie sehr sich die lebhaften Menschen von den trägen, torpiden hierin unterscheiden; diejenigen, welche »nicht ruhig sitzen können« von denen, die »ein angeborenes Talent zum Kanapeesitzen haben«; die geistig beweglichen von den stumpfen, welche ungemessene Zeiten geistiger Ruhe vertragen. Diese Verschiedenheiten, welche das »geistige Temperament« der Menschen ausmachen, beruhen gewiß auf tiefen Unterschieden ihres Nervensystems; auf dem Ausmaße, in welchem die funktionell ruhenden Hirnelemente Energie frei werden lassen.

Wir sprachen von einer Tendenz des Organismus, die tonische Hirnerregung konstant zu erhalten; eine solche ist uns doch nur verständlich, wenn wir einsehen können, welches Bedürfnis durch sie erfüllt wird. Wir begreifen die Tendenz, die mittlere Temperatur des Warmblüters konstant zu erhalten, weil wir sie erfahrungsgemäß als ein Optimum für die Funktion der Organe kennen. Und wir setzen ähnliches für die Konstanz des Wassergehaltes im Blute u. a. m. voraus. Ich glaube, man darf auch von der Höhe der intrazerebralen tonischen Erregung annehmen, daß sie ein O p t i m u m habe. Auf diesem Niveau der tonischen Erregung ist das Gehirn zugänglich für alle äußeren Reize, die Reflexe sind gebahnt, aber nur in dem Ausmaße normaler reflektorischer Tätigkeit, der Besitz an Vorstellungen ist der Erweckung und Assoziation zugänglich in jenem gegenseitigen relativen Verhältnisse der einzelnen Vorstellungen, welches klarer Besonnenheit entspricht; es ist der Zustand bester Arbeitsbereitschaft. Schon jene gleichmäßige Erhöhung der tonischen Erregung, welche die »Erwartung« ausmacht, verändert die Verhältnisse. Sie macht hyperästhetisch für Sinnesreize, welche alsbald peinlich werden, und erhöht die Reflexerregbarkeit über das Nützliche (Schreckhaftigkeit). Gewiß ist dieser Zustand für manche Situationen und Zwecke nützlich; wenn er aber spontan, ohne solche Vorbedingungen, eintritt, so bessert er unsere Leistungsfähigkeit nicht, sondern schädigt sie. Wir nennen das im gewöhnlichen Leben »nervös sein«. — Bei der weitaus größeren Zahl der Formen von Erregungssteigerung handelt es sich aber um ungleichmäßige Übererregung, welche der Leistungsfähigkeit direkt abträglich ist. Wir bezeichnen das als »Aufregung«. Es ist nicht unbegreiflich, sondern in Analogie mit anderen Regulationen des Organismus, wenn in ihm das Bestreben besteht, das Optimum der Erregung festzuhalten und wieder zu erreichen, nachdem es überschritten worden ist.

Es sei erlaubt, hier nochmals auf den Vergleich mit einer elektrischen Beleuchtungsanlage zurückzugreifen. Auch die Spannung in dem Leitungsnetze einer solchen hat ein Optimum; wird dieses überschritten, so wird leicht die Funktion geschädigt, indem z. B. die Glühfäden rasch durchbrennen. Von der Schädigung der Anlage selbst durch Störung der Isolation und »kurzen Schluß« wird später noch die Rede sein.

B. Unsere Sprache, das Resultat der Erfahrung vieler Generationen, unterscheidet mit wundernswerter Feinheit jene Formen und Grade der Erregungssteigerung, welche der geistigen Tätigkeit noch nützlich sind, weil sie die freie Energie aller Hirnfunktionen gleichmäßig erhöhen, von jenen, welche dieselben beeinträchtigen, weil sie in ungleichmäßiger Weise die psychischen Funktionen teils erhöhen, teils hemmen.
Sie nennt die ersteren Anregung, die letzteren Aufregung. Ein interessantes Gespräch, Tee, Kaffee, regen an; ein Streit, eine größere Dosis Alkohol regen auf. Während die Anregung nur den Trieb nach funktioneller Verwertung der gesteigerten Erregung wachruft, sucht sich die Aufregung in mehr weniger heftigen, ans Pathologische streifenden oder wirklich pathologischen Vorgängen zu entladen. Sie macht die psychisch-physische Grundlage der Affekte aus, und von diesen soll im folgenden die Rede sein. Vorher sind aber noch physiologische, endogene Ursachen der Erregungssteigerung flüchtig zu berühren.
Solche sind zunächst die großen physiologischen Bedürfnisse und Triebe des Organismus, der Sauerstoffhunger, der Nahrungshunger und der Durst. Da sich die Aufregung, welche sie setzen, mit bestimmten Empfindungen und Zielvorstellungen verknüpft, ist sie nicht so rein als Steigerung der Erregung zu beobachten wie die oben besprochene, welche nur der Ruhe der Hirnelemente entspringt. Sie hat immer ihre besondere Färbung. Aber sie ist unverkennbar in der ängstlichen Aufregung der Dyspnoe, wie in der Unruhe des Hungernden.
Die Erregungssteigerung, welche diesen Quellen entfließt, ist bedingt durch die chemische Veränderung der Hirnelemente selbst, welche an Sauerstoff oder Spannkräften oder Wasser verarmen; sie fließt in präformierten motorischen Bahnen ab, welche zur Befriedigung des auslösenden Bedürfnisses führen; die Dyspnoe in den Anstrengungen der Atmung, Hunger und Durst im Aufsuchen und Erringen der Nahrung und des Wassers. Das Prinzip der Konstanz der Erregung tritt dieser Aufregung gegenüber kaum in Wirksamkeit; sind ja doch die Interessen, welchen die Erregungssteigerung hier dient, für den Organismus viel wichtiger als die Wiederherstellung normaler Funktionsverhältnisse des Gehirns. Zwar sieht man die Tiere der Menagerie

vor der Fütterungsstunde aufgeregt hin und her laufen; aber dies mag wohl als ein Rest der präformierten motorischen Leistung, der Nahrungssuche, gelten, die nun durch die Gefangenschaft zwecklos geworden ist, nicht als ein Mittel, das Nervensystem von der Aufregung zu befreien.
Wenn die chemische Struktur des Nervensystems durch anhaltende Zufuhr fremder Stoffe dauernd abgeändert worden ist, so bedingt auch der Mangel an diesen Aufregungszuständen, wie der Mangel der normalen Nährstoffe beim Gesunden; die Aufregung der A b s t i n e n z von Narcoticis.

Den Übergang von diesen endogenen Erregungssteigerungen zu den psychischen Affekten im engeren Sinne bildet die sexuale Erregung und der sexuale Affekt. Als erstere, als vage, unbestimmte, ziellose Erregungssteigerung erscheint die Sexualität während der Pubertät. In weiterer Entwicklung bildet sich (normalerweise) eine feste Verbindung dieser endogenen, durch die Funktion der Geschlechtsdrüsen bedingten Erregungssteigerung mit der Wahrnehmung oder Vorstellung des andern Geschlechtes, ja, bei dem wunderbaren Phänomen des Verliebens in eine einzelne Person mit dieser Individualvorstellung. Diese tritt in Besitz der ganzen Quantität von Erregung, welche durch den Sexualtrieb frei gemacht wird; sie wird eine »affektive Vorstellung«. Das heißt: bei ihrem Aktuellwerden im Bewußtsein löst sie den Erregungszuwachs aus, der eigentlich einer andern Quelle, den Geschlechtsdrüsen, entstammt.
Der Sexualtrieb ist gewiß die mächtigste Quelle von lange anhaltenden Erregungszuwächsen (und als solche, von Neurosen); diese Erregungssteigerung ist höchst ungleich über das Nervensystem verteilt. In ihren höheren Intensitätsgraden ist der Vorstellungsablauf gestört, der relative Wert der Vorstellungen abgeändert, im Orgasmus des Sexualaktes erlischt das Denken fast vollständig.
Auch die Wahrnehmung, die psychische Verarbeitung der Sinnesempfindungen leidet; das sonst scheue und vorsichtige Tier wird blind und taub für die Gefahr. Dagegen steigert sich (mindestens beim Männchen) die Intensität des aggressiven Instinkts; das friedliche Tier wird gefährlich, bis sich die Erregung in den motorischen Leistungen des Sexualaktes entladet.

C. Eine ähnliche Störung des dynamischen Gleichgewichtes im Nervensystem, die ungleichmäßige Verteilung der gesteigerten Erregung macht eben die psychische Seite der Affekte aus.
Weder eine Psychologie noch eine Physiologie der Affekte soll hier versucht werden. Nur ein einzelner für die Pathologie wichtiger Punkt soll Erörterung finden, und zwar nur für die ideogenen Affekte, für jene, welche durch Wahrnehmungen und

Vorstellungen hervorgerufen werden. (L a n g e[6] hat mit Recht wieder darauf hingewiesen, daß die Affekte fast ganz ebenso durch toxische Stoffe und, wie die Psychiatrie beweist, primär durch pathologische Veränderungen bedingt werden können, wie durch Vorstellungen.)

Es bedarf gewiß keiner weiteren Begründung, daß alle jene Störungen des psychischen Gleichgewichtes, welche wir akute Affekte nennen, mit einer Erregungssteigerung einhergehen. (Bei den chronischen Affekten, Kummer und Sorge, d. h. protrahierter Angst besteht die Komplikation eines schweren Ermüdungszustandes, welcher die ungleichmäßige Verteilung der Erregung und damit die Gleichgewichtstörung bestehen läßt, ihre Höhe aber herabsetzt.) Aber diese gesteigerte Erregung kann nicht in psychischer Tätigkeit verwendet werden. Alle starken Affekte beeinträchtigen die Assoziation, den Vorstellungsablauf. Man wird »sinnlos« vor Zorn oder Schreck. Nur jene Vorstellungsgruppe, welche den Affekt erregt hat, persistiert im Bewußtsein mit höchster Intensität. So ist die Ausgleichung der Aufregung durch assoziative Tätigkeit unmöglich.

Aber die »aktiven«, »sthenischen« Affekte gleichen die Erregungssteigerung durch motorische Abfuhr aus. Das Jauchzen und Springen der Freude, der gesteigerte Muskeltonus des Zornes, die Zornrede und die vergeltende Tat lassen die Erregung in Bewegungsakten abströmen. Der psychische Schmerz entladet dieselbe in respiratorischen Anstrengungen und in einem sekretorischen Akte, Schluchzen und Weinen. Daß diese Reaktionen die Aufregung mindern und beruhigen, ist Sache der täglichen Erfahrung. Wie schon bemerkt, drückt die Sprache dies in den Terminis »sich ausweinen, austoben« usw. aus; was dabei ausgegeben wird, ist eben die gesteigerte zerebrale Erregung.

Nur einzelne dieser Reaktionen sind zweckmäßig, indem dadurch irgend etwas an der Sachlage geändert werden kann, wie durch die Zornestat und -rede. Die andern sind völlig zwecklos, oder vielmehr sie haben keinen anderen Zweck als die Ausgleichung der Erregungssteigerung und die Herstellung des psychischen Gleichgewichtes. Indem sie dies leisten, dienen sie der »Tendenz zur Konstanterhaltung der zerebralen Erregung«.

Den »asthenischen« Affekten des Schrecks und der Angst fehlt diese reaktive Entladung. Der Schreck lähmt ganz direkt die Motilität wie die Assoziation und ebenso die Angst, wenn die eine zweckmäßige Reaktion des Davonlaufens durch die Ursache des Angstaffektes und durch die Umstände ausgeschlossen ist. Die Erregung des Schrecks schwindet nur durch allmähliche Ausgleichung.

Der Zorn hat adäquate, der Veranlassung entsprechende Reaktionen. Sind diese unmöglich oder werden sie gehemmt, so treten

6 Lange, Über Gemütsbewegungen, 1887.

Surrogate an ihre Stelle. Schon die Zornrede ist ein solches. Aber auch andere, ganz zwecklose Akte ersetzen diese. Wenn Bismarck vor dem Könige die zornige Aufregung unterdrücken muß, erleichtert er sich dann, indem er eine kostbare Vase zu Boden schmettert. Diese willkürliche Substitution eines motorischen Aktes durch einen andern entspricht ganz dem Ersatze der natürlichen Schmerzreflexe durch andere Muskelkontraktionen; der präformierte Reflex bei einer Zahnextraktion ist es, den Arzt wegzustoßen und zu schreien. Wenn wir statt dessen die Armmuskeln kontrahieren und die Stuhllehne pressen, so versetzen wir das durch den Schmerz ausgelöste Erregungsquantum von einer Muskelgruppe auf eine andere. Bei spontanem heftigen Zahnschmerze, der außer dem Ächzen ja keinen präformierten Reflex hat, strömt die Erregung in zwecklosem Hinundherlaufen ab. Ebenso transponieren wir die Erregung des Zornes von der adäquaten Reaktion auf andere und fühlen uns entlastet, wenn sie nun durch irgendeine starke motorische Innervation verbraucht wird.
Wenn dem Affekte eine solche Abfuhr der Erregung aber überhaupt versagt wird, dann ist die Sachlage die gleiche beim Zorne wie bei Schreck und Angst: die intrazerebrale Erregung ist gewaltig gesteigert, aber sie wird weder in assoziativer noch in motorischer Tätigkeit verbraucht. Beim normalen Menschen gleicht sich die Störung allmählich aus; bei manchen treten aber anomale Reaktionen auf, es bildet sich der »anomale Ausdruck der Gemütsbewegungen« (Oppenheim).

3. Die hysterische Konversion

Es wird wohl kaum den Verdacht erregen, ich identifizierte die Nervenerregung mit der Elektrizität, wenn ich noch einmal auf den Vergleich mit einer elektrischen Anlage zurückkomme. Wenn in einer solchen die Spannung übergroß wird, so besteht die Gefahr, daß schwächere Stellen der Isolation durchbrochen werden. Es treten dann elektrische Erscheinungen an abnormen Stellen auf; oder, wenn zwei Drähte nebeneinander liegen, bildet sich ein »kurzer Schluß«. Da an diesen Stellen eine bleibende Veränderung gesetzt wird, kann die dadurch bedingte Störung immer wieder erscheinen, wenn die Spannung genügend gesteigert ist. Es hat eine abnorme »Bahnung« stattgefunden.
Man kann wohl behaupten, daß die Verhältnisse des Nervensystems einigermaßen ähnliche sind. Es ist ein durchaus zusammenhängendes Ganzes; aber es sind an vielen Stellen große, doch nicht unüberwindbare Widerstände eingeschaltet, welche die allgemeine gleichmäßige Ausbreitung der Erregung verhin-

dern. So geht im normalen wachen Menschen die Erregung des Vorstellungsorganes nicht auf die Perzeptionsorgane über, wir halluzinieren nicht. Die nervösen Apparate der lebenswichtigen Organkomplexe, der Zirkulation und Verdauung, sind, im Interesse der Sicherheit und Leistungsfähigkeit des Organismus, durch starke Widerstände von den Organen der Vorstellung getrennt, ihre Selbständigkeit ist gewahrt; sie sind direkt durch Vorstellungen nicht beeinflußt. Aber nur Widerstände von individuell verschiedener Stärke hindern den Übergang der intrazerebralen Erregung auf die Zirkulations- und Verdauungsapparate; zwischen dem heute seltenen Ideal des absolut nicht »nervösen« Menschen, dessen Herzaktion in jeder Lebenslage konstant bleibt und nur durch die zu leistende Arbeit beeinflußt wird, der in jeder Gefahr gleichmäßig guten Appetit hat und verdaut, — und dem »nervösen« Menschen, dem jedes Ereignis Herzklopfen und Diarrhöe verursacht, — dazwischen stehen alle Abstufungen der affektiven Erregbarkeit.

Aber immerhin bestehen beim normalen Menschen Widerstände für den Übergang zerebraler Erregung auf die vegetativen Organe. Sie entsprechen der Isolation elektrischer Leitungen. An jenen Stellen, wo sie anomal gering sind, werden sie bei hochgespannter zerebraler Erregung durchbrochen, und diese, die Erregung des Affektes, geht auf das periphere Organ über. Es entsteht der »anomale Ausdruck der Gemütsbewegung«.

Von den beiden eben genannten Bedingungen hierfür ist die eine schon ausführlich erörtert worden. Es ist ein hoher Grad intrazerebraler Erregung, dem sowohl die Ausgleichung durch Vorstellungsablauf wie die durch motorische Abfuhr versagt ist; oder der zu hoch ist, als daß die letztere genügen könnte.

Die andere Bedingung ist abnorme Schwäche der Widerstände in einzelnen Leitungsbahnen. Sie kann in der originären Beschaffenheit des Menschen liegen (angeborene Disposition); sie kann bedingt sein durch lang dauernde Erregungszustände, welche sozusagen das Gefüge des Nervensystems lockern und alle Widerstände herabsetzen (Disposition der Pubertät); durch schwächende Einflüsse, Krankheit, Unterernährung usw. (Disposition der Erschöpfungszustände). Der Widerstand einzelner Leitungswege kann herabgesetzt werden durch vorhergehende Erkrankung des betreffenden Organes, wodurch die Wege zum und vom Gehirne gebahnt wurden. Ein krankes Herz unterliegt dem Einflusse des Affektes stärker als ein gesundes. »Ich habe einen Resonanzboden im Unterleibe«, sagte mir eine an chronischer Parametritis leidende Frau, »was geschieht, erweckt meinen alten Schmerz.« — (Disposition durch lokale Erkrankung.)

Die motorischen Akte, in welchen sich normalerweise die Erregung der Affekte entladet, sind geordnete, koordinierte, wenn auch oft zwecklose. Aber die übergroße Erregung kann die Koordinationszentren umgehen oder durchbrechen und in elementaren Bewegungen abströmen. Beim Säugling sind, außer dem respiratorischen Akte des Schreiens, nur solche inkoordinierte Muskelkontraktionen, Bäumen und Strampeln, Wirkung und Ausdruck des Affektes. Mit fortschreitender Entwicklung gelangt die Muskulatur immer mehr unter die Herrschaft der Koordination und des Willens. Aber jener Opisthotonus, welcher das Maximum motorischer Anstrengung der gesamten Körpermuskulatur darstellt, und die klonischen Bewegungen des Zappelns und Strampelns bleiben das Leben hindurch die Reaktionsform für die maximale Erregung des Gehirnes; für die rein physische des epileptischen Anfalles wie für die Entladung maximaler Affekte als mehr oder minder epileptoider Krampf. (Der rein motorische Teil des hysterischen Anfalles.)

Solche abnorme Affektreaktionen gehören zwar zur Hysterie; aber sie kommen auch außerhalb dieser Krankheit vor; sie bezeichnen einen mehr oder minder hohen Grad von Nervosität, nicht die Hysterie. Als hysterisch darf man solche Phänomene erst dann bezeichnen, wenn sie nicht als Folgen eines hochgradigen, aber objektiv begründeten Affektes, sondern scheinbar spontan als Krankheitserscheinung auftreten. Für diese haben viele Beobachtungen und so auch die unserigen nachgewiesen, daß sie auf Erinnerungen beruhen, welche den ursprünglichen Affekt erneuern. Oder besser: *erneuern würden, wenn nicht eben jene Reaktionen schon einmal entstanden wären.*

Wohl bei allen geistig regsameren Menschen rinnt, bei psychischer Ruhe, leise ein Strom von Vorstellungen und Erinnerungen durch das Bewußtsein; meist mit so geringer Lebhaftigkeit der Vorstellungen, daß sie keine Spur im Gedächtnisse hinterlassen, und man dann nicht sagen kann, wie die Assoziation stattgefunden hat. Taucht aber eine Vorstellung auf, die ursprünglich mit einem starken Affekte verbunden war, so erneuert sich dieser in größerer oder geringerer Intensität. Die so »affektiv betonte« Vorstellung tritt dann hell und lebhaft ins Bewußtsein. Die Stärke des Affektes, welchen eine Erinnerung auslösen kann, ist sehr verschieden, je nach dem Maße, in welchem sie den verschiedenen »usurierenden« Einflüssen ausgesetzt war. Vor allem, je nachdem der ursprüngliche Affekt »abreagiert« worden war. Wir haben in der »Vorläufigen Mitteilung« darauf hingewiesen, in wie verschiedenem Grade z. B. der Affekt des Zornes über eine Beleidigung durch die Erinnerung wachgerufen wird, wenn diese Beleidigung vergolten oder wenn sie stumm geduldet worden ist. War der psychische Reflex bei der ursprünglichen Veranlassung wirklich erfolgt, so löst die Erinnerung ein viel geringeres Erregungsquantum aus[7]. Wenn nicht, so drängt die Erinnerung immer wieder die scheltenden Worte auf die Lippen, welche damals unterdrückt wurden, und welche der psychische Reflex jenes Reizes gewesen wären.

Hat sich der ursprüngliche Affekt nicht in dem normalen, sondern in einem »abnormen Reflexe« entladen, so wird auch dieser durch die Erinnerung wieder ausgelöst; die von der affektiven Vorstellung ausgehende Erregung wird in ein körperliches Phänomen »konvertiert«. (Freud.)

Ist durch oftmalige Wiederholung dieser abnorme Reflex vollständig gebahnt worden, so kann sich, wie es scheint, die Wirksamkeit der auslösenden Vorstellung darin so vollständig erschöpfen, daß der Affekt selbst nur in minimaler Stärke oder gar nicht entsteht; dann ist die »hysterische Konversion« vollständig. Die Vorstellung aber, welche nun nicht mehr psychische Wirkungen hat, kann von dem Individuum übersehen oder ihr Auftauchen alsbald wieder vergessen werden, wie es bei andern affektlosen Vorstellungen geschieht.

Ein solches Ersetzen der zerebralen Erregung, welche eine Vorstellung bedingen sollte, durch eine Erregung peripherer Bahnen wird vielleicht annehmbarer durch die Erinnerung an das umgekehrte Verhalten beim Ausbleiben eines präformierten Reflexes. Ich wähle ein höchst triviales Beispiel, den Nießreflex. Wenn ein Reiz auf der Nasenschleimhaut diesen präformierten Reflex aus irgendeinem Grunde nicht auslöst, so entsteht bekanntermaßen ein Gefühl von Erregung und Spannung. Es ist die Erregung, welche auf den motorischen Bahnen nicht abströmen kann und nun, jede andere Tätigkeit hemmend, über das Gehirn sich verbreitet. Dieses banalste Beispiel bietet doch das Schema für den Vorgang beim Ausbleiben auch der kompliziertesten psychischen Reflexe. Die oben besprochene Aufregung des Rachetriebes ist wesentlich dasselbe; und bis in die höchsten Sphären menschlicher Leistungen können wir den Prozeß verfolgen. Goethe wird mit einem Erlebnisse nicht fertig, bis er es in dichterischer Tätigkeit erledigt hat. Bei ihm ist dies der präformierte Reflex eines Affektes, und solange dieser sich nicht vollzogen hat, besteht die peinliche gesteigerte Erregung.

7 Der Trieb der Rache, der beim Naturmenschen so mächtig ist und durch die Kultur mehr verkleidet als unterdrückt wird, ist überhaupt nichts als die Erregung eines nicht ausgelösten Reflexes. Eine Schädigung im Kampfe abzuwehren und dabei den Gegner zu schädigen, ist der adäquate, präformierte, psychische Reflex. Ist er nicht oder ungenügend vollzogen worden, so wird er durch die Erinnerung immer wieder ausgelöst, und es entsteht der »Rachetrieb« als irrationaler Willensimpuls wie alle »Triebe«. Beweis hierfür ist eben seine Irrationalität, seine Unabhängigkeit von allem Nutzen und aller Zweckmäßigkeit, ja sein Sieg über alle Rücksichten der eigenen Sicherheit. Sobald der Reflex ausgelöst worden ist, kann diese Irrationalität ins Bewußtsein treten.
»Ein anderes Antlitz, bevor sie geschehen,
ein anderes trägt die vollbrachte Tat.«

Die intrazerebrale Erregung und der Erregungsvorgang in peripheren Bahnen sind reziproke Größen; die erstere wächst, wenn und solange ein Reflex nicht ausgelöst wird, sie sinkt und schwindet, wenn sie sich in periphere Nervenerregung umgesetzt hat. So scheint es auch nicht unverständlich, daß kein merkbarer Affekt entsteht, wenn die Vorstellung, welche ihn verlassen sollte, unmittelbar einen abnormen Reflex auslöst, und in diesem die entstehende Erregung sogleich abströmt. Die »hysterische Konversion« ist dann vollständig; die ursprünglich intrazerebrale Erregung des Affektes ist in den Erregungsvorgang peripherer Bahnen umgewandelt worden; die ursprünglich affektive Vorstellung ruft jetzt nicht mehr den Affekt, sondern nur den abnormen Reflex hervor.[8]
Wir sind damit einen Schritt weiter gekommen, über den »abnormen Ausdruck der Gemütsbewegungen« hinaus. Das hysterische Phänomen (abnormer Reflex) erscheint auch intelligenten und gut beobachtenden Kranken nicht als ideogen, weil die veranlassende Vorstellung nicht mehr affektiv betont und nicht mehr vor anderen Vorstellungen und Erinnerungen ausgezeichnet ist; es erscheint als rein somatisches Phänomen, scheinbar ohne psychologische Wurzel.

Wodurch wird nun die Entladung der Affekterregung determiniert, so daß eben der eine abnorme Reflex geschaffen wird und nicht irgendein beliebiger anderer? Unsere Beobachtungen beantworten diese Frage für viele Fälle dahin, daß auch diese Entladung dem »Prinzipe des geringsten Widerstandes« folgt und auf jenen Bahnen geschieht, deren Widerstände schon durch konkurrierende Umstände herabgesetzt worden sind. Dahin gehört der schon früher besprochene Fall, daß ein bestimmter Reflex durch somatische Krankheit bereits gebahnt ist; z. B. wenn jemand oft an Kardialgie leidet, wird diese auch durch den Affekt hervorgerufen. – Oder ein Reflex ist dadurch gebahnt, daß die betreffende Muskelinnervation im Momente des ursprünglichen Affektes willkürlich intendiert wurde; so strebt Anna O. im Schreckaffekte den durch Drucklähmung bewegungslosen rechten Arm zu strecken, um die Schlange abzuwehren; von da an wird der Tetanus des rechten Armes durch den Anblick aller schlangenähnlichen Dinge hervorgerufen. Oder sie konvergiert im Affekte stark mit den Augen, um die Uhrzeiger

8 Ich möchte den Vergleich mit einer elektrischen Anlage nicht zu Tode hetzen; bei der fundamentalen Verschiedenartigkeit der Verhältnisse kann er ja die Vorgänge im Nervensysteme kaum illustrieren und gewiß nicht erklären. Aber hier mag noch an den Fall erinnert werden, daß durch hohe Spannung die Isolation der Leitung einer Beleuchtungsanlage gelitten habe und an einer Stelle ein »kurzer Schluß« hergestellt sei. Treten nun an dieser Stelle elektrische Phänomene auf (Erwärmung, z. B. kurze Funken o. dgl.), so leuchtet die Lampe nicht, zu welcher die Leitung führt; wie der Affekt nicht entsteht, wenn die Erregung als abnormer Reflex abströmt, in ein somatisches Phänomen konvertiert wird.

zu erkennen, und nun wird der Strabismus convergens einer der Reflexe dieses Affektes, usf.

Es ist dies die Wirkung der Gleichzeitigkeit, welche ja auch unsere normale Assoziation beherrscht; es ruft jede Sinneswahrnehmung eine andere wieder ins Bewußtsein, welche ursprünglich zugleich mit ihr aufgetreten war; (das Schulbeispiel vom Gesichtsbilde und dem Blöken des Schafes u. dgl.).

Wenn nun mit dem ursprünglichen Affekte gleichzeitig ein lebhafter Sinneseindruck bestanden hatte, so wird dieser vom erneuten Affekte wieder hervorgerufen, und zwar, da es sich dabei um die Entladung übergroßer Erregung handelt, nicht als Erinnerung, sondern als Halluzination. Fast alle unsere Beobachtungen bieten hierfür Beispiele. Ein solches ist es auch, wenn eine Frau einen schmerzhaften Affekt durchlebt, während sie von einer Periostitis heftigen Zahnschmerz hat, und nun jede Erneuerung dieses Affektes, ja die Erinnerung daran eine Infraorbitalneuralgie hervorruft u. dgl. m.

Dies ist die Bahnung abnormer Reflexe nach den allgemeinen Gesetzen der Assoziation. Manchmal aber (freilich nur bei höheren Graden von Hysterie) liegen zwischen dem Affekte und seinem Reflexe wirkliche Reihen von assoziierten Vorstellungen; das ist die Determinierung durch Symbolik. Es sind oft lächerliche Wortspiele, Klangassoziationen, welche den Affekt und seinen Reflex verbinden, aber das geschieht nur in traumhaften Zuständen mit verminderter Kritik und liegt schon außerhalb der hier betrachteten Gruppe von Phänomenen.

In sehr vielen Fällen bleibt die Determinierung unverständlich, weil unser Einblick in den psychischen Zustand und unsere Kenntnis der Vorstellungen, welche bei der Entstehung des hysterischen Phänomens aktuell waren, oft höchst unvollständig ist. Aber wir dürfen annehmen, daß der Vorgang demjenigen nicht ganz unähnlich sein wird, der uns in günstigeren Fällen klar ist.

Die Erlebnisse, welche den ursprünglichen Affekt auslösten, dessen Erregung dann in ein somatisches Phänomen konvertiert wurde, bezeichneten wir als psychische Traumen und die so entstandenen Krankheitserscheinungen als hysterische Symptome traumatischen Ursprungs. (Die Bezeichnung »traumatische Hysterie« ist ja bereits für Phänomene vergeben, welche als Folgen körperlicher Verletzungen, Traumen im engsten Sinne, einen Teil der »traumatischen Neurose« ausmachen.)

In vollkommener Analogie mit der Entstehung traumatisch bedingter hysterischer Phänomene steht die hysterische Konversion jener psychischen Erregung, welche nicht äußeren Reizen, nicht der Hemmung normaler psychischer Reflexe, sondern der Hemmung des Assoziationsablaufes entspringt.

Das elementare Beispiel und Paradigma hierfür liefert die Erregung, welche dadurch entsteht, daß uns ein Name nicht einfällt, daß wir ein Rätsel nicht lösen können u. dgl. Wird uns der Name oder das Wort des Rätsels gesagt, so schwindet die Erregung, indem sich die Assoziationskette schließt, geradeso wie beim Schlusse einer Reflexkette. Die Stärke der Erregung, welche von der Stockung einer Assoziationsreihe ausgeht, ist proportional dem Interesse, welches dieselbe für uns hat, d. h. dem Ausmaße, in welchem sie den Willen bewegt. Da aber beim Suchen nach einer Lösung des Problems o. dgl. immer eine große, wenn auch erfolglose Arbeit geleistet wird, findet auch starke Erregung ihre Verwendung und drängt nicht zur Entladung, wird darum auch nie pathogen.

Wohl aber geschieht das, wenn der Assoziationsablauf dadurch gehemmt wird, daß gleichwertige Vorstellungen unvereinbar miteinander sind; wenn z. B. neue Gedanken mit festgewurzelten Vorstellungskomplexen in Konflikt geraten. Solcher Natur ist die Pein des religiösen Zweifels, der so viele Menschen unterliegen und noch viel mehr unterlagen. Auch hierbei steigt die Erregung und damit der psychische Schmerz, das Unlustgefühl zu bedeutender Höhe nur dann, wenn ein Willensinteresse des Individuums dabei ins Spiel kommt, wenn der Zweifelnde sich in seinem Glück, seinem Seelenheile bedroht glaubt.

Dies ist aber immer der Fall, wenn der Konflikt besteht zwischen dem festen, anerzogenen Komplexe der moralischen Vorstellungen und der Erinnerung an eigene Handlungen oder auch nur Gedanken, welche damit unvereinbar sind: die Gewissensqual. Das Willensinteresse, Freude an der eigenen Persönlichkeit zu haben, mit ihr zufrieden zu sein, tritt dabei in Aktion und steigert die Erregung der Assoziationshemmung aufs höchste. Daß solcher Konflikt unvereinbarer Vorstellungen pathogen wirkt, ist Sache der täglichen Erfahrung. Es handelt sich meist um Vorstellungen und Vorgänge des sexualen Lebens: um Masturbation bei moralisch empfindlichen Adoleszenten, um das Bewußtsein der Neigung zu einem fremden Manne bei einer sittenstrengen Frau. Ja, sehr oft genügt das erste Auftauchen sexualer Empfindungen und Vorstellungen an sich schon, um durch den Konflikt mit der festgewurzelten Vorstellung von sittlicher Reinheit einen hochgradigen Erregungszustand zu schaffen.[9]

Diesem entspringen gewöhnlich psychische Folgen; pathologische Verstimmung, Angstzustände (Freud). Manchmal wird aber durch konkurrierende Umstände ein anomales somatisches Phä-

9 Vgl. für diesen Punkt einige interessante Mitteilungen und Bemerkungen Benedikts (1889), wieder abgedruckt in der Schrift »Hypnotismus und Suggestion«, 1894 (p. 51 und ff.)

nomen determiniert, in welchem sich die Erregung entladet: Erbrechen, wenn das Gefühl moralischer Beschmutzung ein physisches Ekelgefühl erzeugt; eine Tussis nervosa wie bei Anna O., wenn die Gewissensangst Glottiskrampf hervorruft u dgl.[10]
Die Erregung, welche durch sehr lebhafte und durch unvereinbare Vorstellungen erzeugt wird, hat eine normale, adäquate Reaktion; die Mitteilung durch die Rede. Wir finden den Drang danach in komischer Übertreibung in der Geschichte vom Barbier des Midas, der sein Geheimnis ins Schilf hineinruft; wir finden ihn als eine der Grundlagen einer großartigen historischen Institution in der katholischen Ohrenbeichte. Die Mitteilung erleichtert, sie entladet die Spannung auch dann, wenn sie nicht gegen den Priester geschieht und nicht von der Absolution gefolgt ist. Wird der Erregung dieser Ausweg versperrt, so konvertiert sie sich manchmal in ein somatisches Phänomen ebenso wie die Erregung traumatischer Affekte, und wir können die ganze Gruppe hysterischer Erscheinungen, welche diesen Ursprung haben, mit Freud als hysterische Retentionsphänomene bezeichnen.
Die bisherige Darlegung des psychischen Entstehungsmechanismus hysterischer Phänomene steht dem Vorwurfe offen, daß sie schematisiere und den Vorgang einfacher darstelle, als er in Wirklichkeit ist. Damit sich bei einem gesunden, nicht originär neuropathischen Menschen ein richtiges hysterisches Symptom ausbilde, mit seiner scheinbaren Unabhängigkeit von der Psyche, seiner selbständigen somatischen Existenz, müssen fast immer mehrfache Umstände konkurrieren.
Der folgende Fall mag als Beispiel dieser Kompliziertheit des Vorganges dienen: Ein 12jähriger Knabe, früher an Pavor nocturnus leidend und Sohn eines sehr nervösen Vaters, kam eines Tages unwohl aus der Schule. Er klagte über Schlingbeschwerden, d. h. er konnte nur mit Schwierigkeit schlucken, und über Kopfschmerz. Der Hausarzt nahm eine Angina als Ursache an. Aber auch nach mehreren Tagen besserte sich der Zustand nicht. Der Junge wollte nicht essen, erbrach, als man ihn dazu verhielt, schleppte sich müde und lustlos herum, wollte immer zu Bette liegen und kam körperlich sehr herab. Als ich ihn nach

10 Ich finde in Machs »Bewegungsempfindungen« eine Bemerkung, an welche hier wohl erinnert werden darf:
»Es hat sich bei den beschriebenen (Schwindel-)Versuchen wiederholt gezeigt, daß ein Ekelgefühl sich hauptsächlich dann einstellte, wenn es schwer war, die Bewegungsempfindungen mit den optischen Eindrücken in Einklang zu bringen. Es sah so aus, als ob ein Teil des vom Labyrinth ausgehenden Reizes gezwungen worden wäre, die optischen Bahnen, die ihm durch einen andern Reiz verschlossen waren, zu verlassen und ganz andere Bahnen einzuschlagen . . . Auch beim Versuche, Stereoskopbilder mit starken Differenzen zu kombinieren, habe ich wiederholt ein Ekelgefühl beobachtet.«
Das ist geradezu das physiologische Schema für die Entstehung pathologischer, hysterischer Phänomene durch die Koexistenz lebhafter, unvereinbarer Vorstellungen.

5 Wochen sah, machte er den Eindruck eines scheuen, verschlossenen Kindes, und ich gewann die Überzeugung, der Zustand habe eine psychische Begründung. Auf drängende Fragen gab er eine banale Ursache an, einen strengen Verweis des Vaters, der offenbar nicht die wirkliche Grundlage der Erkrankung war. Auch aus der Schule war nichts zu erfahren. Ich versprach, später in der Hypnose die Mitteilung zu erzwingen. Doch das wurde unnötig. Als ihn die kluge und energische Mutter einmal hart anließ, begann er unter einem Tränenstrome zu erzählen. Er war damals auf dem Heimwege von der Schule in ein Pissoir getreten, und dort hatte ihm ein Mann den Penis hingehalten mit der Aufforderung, ihn in den Mund zu nehmen. Er war voll Schreck weggelaufen, und es war ihm sonst nichts geschehen. Aber von dem Augenblicke an war er krank. Von dem Momente der Beichte an wich der Zustand völliger Gesundheit. — Um das Phänomen der Anorexie, der Schlingbeschwerden, des Erbrechens zu erzeugen, brauchte es hier mehrerer Faktoren: die angeborene nervöse Artung, den Schreck, das Hereinbrechen des Sexualen in seiner brutalsten Form in das Kindergemüt, und als determinierendes Moment die Ekelvorstellung. Ihre Dauer verdankte die Erkrankung dem Verschweigen, wodurch der Erregung die normale Abfuhr versagt wurde.

So wie in diesem Falle, so müssen immer mehrere Faktoren zusammenwirken, damit bei einem bisher Gesunden ein hysterisches Symptom sich bilde; dieses ist immer »überdeterminiert« nach dem Ausdrucke Freuds.

Als solche Überdeterminierung kann es auch gelten, wenn derselbe Affekt durch mehrere, wiederholte Anlässe hervorgerufen wird. Der Kranke und die Umgebung beziehen das hysterische Symptom nur auf den letzten Anlaß, der aber meist nur zur Erscheinung gebracht hat, was durch andere Traumen schon fast vollständig geleistet war.

Ein junges Mädchen hatte ihren ersten hysterischen Anfall, an den sich dann eine Reihe anderer schlossen, als ihr im Dunkel eine Katze auf die Schulter sprang. Es schien einfache Schreckwirkung. Genauere Erforschung ergab aber, daß das auffallend schöne und übel behütete 17jährige Mädchen in letzter Zeit Gegenstand vielfacher, mehr oder minder brutaler Nachstellungen gewesen und dadurch selbst in sexuale Erregung geraten war. (Disposition.) Auf derselben dunklen Treppe war sie einige Tage vorher von einem jungen Manne überfallen worden, dessen Angriffe sie sich mit Not entzog. Dies war das eigentliche psychische Trauma, dessen Wirkung durch die Katze nur manifest wurde. Aber in wie vielen Fällen gilt so eine Katze für vollständig genügende causa efficiens?[11]

11 Ich verdanke diesen Fall Herrn Assistenten Dr. Paul Karplus.

Für solche Durchsetzung der Konversion durch Wiederholung des Affektes ist nicht immer eine Mehrzahl von äußeren Anlässen nötig; oft genügt auch die Erneuerung des Affektes in der Erinnerung, wenn diese alsbald nach dem Trauma, bevor sich der Affekt abgeschwächt hat, in rascher, häufiger Wiederholung erfolgt. Es genügt das, wenn der Affekt ein sehr mächtiger war; so ist es bei den traumatischen Hysterien im engeren Wortsinne.

In den Tagen nach einem Eisenbahnunglücke z. B. wird im Schlafe und im Wachen die Schreckensszene wieder durchlebt, immer mit der Erneuerung des Schreckaffektes, bis endlich nach dieser Zeit »psychischer Ausarbeitung« (Charcot) oder Inkubation die Konvertierung in ein somatisches Phänomen zustande gekommen ist. (Allerdings wirkt hierbei noch ein Faktor mit, der später zu besprechen ist.)

Aber gewöhnlich unterliegt die affektive Vorstellung alsbald der Usur, all jenen in der »Vorläufigen Mitteilung« berührten Einflüssen, die sich nach und nach ihres Affektwertes berauben. Ihr Wiederauftauchen bedingt ein immer geringeres Maß von Erregung, und damit verliert die Erinnerung die Fähigkeit, zur Herstellung eines somatischen Phänomens beizutragen. Die Bahnung des abnormen Reflexes verliert sich, und der status quo ante stellt sich damit wieder her.

Die usurierenden Einflüsse sind aber sämtlich Leistungen der Assoziation, des Denkens, Korrektur durch andere Vorstellungen. Diese wird unmöglich, wenn die Affektvorstellung dem »Assoziationsverkehr« entzogen wird; und in solchem Falle behält dieselbe ihren ganzen Affektwert. Indem sie bei jeder Erneuerung immer wieder die ganze Erregungssumme des ursprünglichen Affektes frei macht, wird die damals begonnene Bahnung eines abnormen Reflexes endlich vollzogen oder die damals zustande gekommene erhalten und stabilisiert. Das Phänomen hysterischer Konversion ist dann vollständig für die Dauer etabliert.

Wir kennen aus unseren Beobachtungen zwei Formen solchen Ausschlusses von Affektvorstellungen aus der Assoziation.

Die erste ist die »Abwehr«, die willkürliche Unterdrückung peinlicher Vorstellungen, durch welche sich der Mensch in seiner Lebensfreude oder in seiner Selbstachtung bedroht fühlt. Freud hat in seiner Mitteilung über »Abwehr-Neuro-Psychosen« (Neurol. Zentralblatt, Nr. 10, 1894. [Ges. Werke. Bd. 1]) und in den hier vorliegenden Krankengeschichten über diesen Vorgang gesprochen, der gewiß eine sehr hohe pathologische Bedeutung hat.

Es ist wohl nicht verständlich, wieso eine Vorstellung willkürlich aus dem Bewußtsein verdrängt werden kann; aber wir kennen den entsprechenden positiven Vorgang: die Konzentration

der Aufmerksamkeit auf eine Vorstellung, genau und können ebensowenig sagen, wie wir ihn vollziehen.
Vorstellungen nun, von denen sich das Bewußtsein abwendet, über die nicht gedacht wird, bleiben auch der Usur entzogen und behalten ihren Affektbetrag ungemindert.
Wir haben weiter gefunden, daß eine andere Art von Vorstellungen der Usur durch das Denken entzogen bleibt, nicht weil man sie nicht erinnern w i l l, sondern weil man es nicht k a n n; weil sie in Zuständen ursprünglich aufgetaucht sind und mit Affekt belehnt wurden, für die im wachen Bewußtsein Amnesie besteht, in hypnotischen und hypnoseähnlichen Zuständen. Diese letzteren scheinen von höchster Bedeutung für die Lehre von der Hysterie zu sein und darum eine etwas eingehendere Besprechung zu verdienen.[12]

4. *Hypnoide Zustände*

Als wir in der »Vorläufigen Mitteilung« den Satz aussprachen: Grundlage und Bedingung der Hysterie ist die Existenz von hypnoiden Zuständen, übersahen wir, daß M ö b i u s 1890 bereits ganz dasselbe gesagt hatte. »Die Voraussetzung des (pathogenen) Wirkens der Vorstellungen ist eine angeborene, d. h. die hysterische Anlage einerseits und ein besonderer Gemütszustand anderseits. Von diesem Gemütszustande kann man sich nur eine unklare Vorstellung machen. Er muß dem hypnotischen ähnlich sein, er muß einer gewissen Leere des Bewußtseins entsprechen, in der einer auftauchenden Vorstellung von seiten anderer kein Widerstand entgegengesetzt wird, in der sozusagen der Thron für den ersten besten frei ist. Wir wissen, daß ein solcher Zustand, außer durch Hypnotisierung durch Gemütserschütterung (Schreck, Zorn usw.) und durch erschöpfende Einflüsse (Schlaflosigkeit, Hunger usw.) herbeigeführt werden kann.«[13]
Die Frage, deren annähernde Lösung M ö b i u s hiermit zunächst versuchte, ist die nach der Entstehung somatischer Phänomene durch Vorstellungen. Er erinnert dabei an die Leichtigkeit, mit welcher eine solche in der Hypnose stattfindet, und hält die Wirkung der Affekte für analog. Unsere, einigermaßen abweichende Anschauung über diese Affektwirkung ist oben ausführlich dargelegt worden. Ich brauche darum hier nicht wei-

12 Wenn hier und später von Vorstellungen die Rede ist, die aktuell, wirksam und doch unbewußt sind, so handelt es sich dabei nur selten um einzelne Vorstellungen (wie etwa die halluzinierte große Schlange Anna O.s, welche die Kontraktur auslöst); fast immer um Vorstellungskomplexe, um Verbindungen, um Erinnerungen an äußere Vorgänge und eigene Gedankengänge. Die in solchen Vorstellungskomplexen enthaltenen Einzelvorstellungen werden gelegentlich alle bewußt gedacht. Nur die bestimmte Kombination ist aus dem Bewußtsein verbannt.
13 M ö b i u s, Über Astasie-Abasie, Neurol. Beiträge, I. Heft, p. 17.

ter auf die Schwierigkeit einzugehen. welche darin liegt, daß M. beim Zorne eine »Leere des Bewußtseins«[14] annimmt (die beim Schreck und bei der protrahierten Angst allerdings besteht), und wie schwer es überhaupt ist, den Erregungszustand des Affektes mit der Ruhe der Hypnose zu analogisieren. Wir werden aber auf die Sätze Möbius', die, wie ich meine, eine wichtige Wahrheit enthalten, später zurückkommen.

Für uns liegt die Wichtigkeit der hypnoseähnlichen, »hypnoiden« Zustände außerdem und vor allem in der Amnesie und in ihrer Fähigkeit, jene später zu besprechende Spaltung der Psyche zu bedingen, welche für die »große Hysterie« von fundamentaler Bedeutung ist. Diese Wichtigkeit legen wir ihnen auch jetzt noch bei. Doch muß ich unseren Satz wesentlich einschränken. Die Konversion, die ideogene Entstehung somatischer Phänomene vollzieht sich auch außerhalb der hypnoiden Zustände, und für die Bildung von Vorstellungskomplexen, die vom Assoziationsverkehre ausgeschlossen sind, hat Freud in der willkürlichen Amnesie eine zweite, von den hypnoiden Zuständen unabhängige Quelle gefunden. Aber, mit dieser Einschränkung, meine ich noch immer, diese letzteren seien Ursache und Bedingung vieler, ja der meisten großen und komplizierten Hysterien.

Zu den hypnoiden Zuständen zählen natürlich vor allem die wirklichen Autohypnosen, die sich von den artifiziellen nur durch ihre spontane Entstehung unterscheiden. Wir finden sie bei manchen voll entwickelten Hysterien in wechselnder Häufigkeit und mit verschiedener Dauer, oft in raschestem Alternieren mit dem Zustande des normalen Wachens abwechselnd.[15] Ihres traumhaften Vorstellungsinhaltes wegen können sie oft den Namen des Deliriums hystericum verdienen. Im Wachen besteht für die inneren Vorgänge dieser Zustände eine mehr oder minder vollständige Amnesie, während sie in der artifiziellen Hypnose vollständig erinnert werden. Die psychischen Resultate dieser Zustände, die darin gebildeten Assoziationen, sind eben durch die Amnesie jeder Korrektur im wachen Denken entzogen. Und da in der Autohypnose die Kritik und Kontrolle durch andere Vorstellungen herabgesetzt und meist fast ganz geschwunden ist, so können ihr die verrücktesten Wahnvorstellungen entstammen und sich lange intakt erhalten. So entsteht eine etwas kompliziertere irrationale »symbolische Beziehung zwischen der Veranlassung und dem pathologischen Phänomen«, welche ja oft auf den lächerlichsten Klangähnlichkeiten und Wortassoziationen beruht, fast nur in solchen Zuständen. Die Kritiklosigkeit derselben bedingt es, daß ihnen so häufig Autosuggestionen

14 Vielleicht meint M. mit dieser Bezeichnung nichts anderes als die Hemmung des Vorstellungsablaufes, welche beim Affekt allerdings besteht, wenn auch aus durchaus anderen Ursachen entspringend als bei der Hypnose.

15 ›Frl. Anna O. . .‹ und ›Frau Emmy v. N. . .‹.

entspringen, z. B. wenn nach einem hysterischen Anfalle eine Lähmung zurückbleibt. Aber, vielleicht zufälligerweise, sind wir in unseren Analysen kaum jemals auf diese Entstehung eines hysterischen Phänomens gestoßen. Wir fanden diese immer, auch in der Autohypnose, durch denselben Vorgang bedingt wie außerhalb derselben, durch die Konvertierung einer Affekterregung.

Diese »hysterische Konversion« vollzieht sich in der Autohypnose jedenfalls leichter als im Wachen, wie ja auch in der artifiziellen Hypnose Suggestivvorstellungen sich als Halluzinationen und Bewegungen so viel leichter körperlich realisieren. Aber der Vorgang der Erregungskonversion ist doch im Wesen derselbe, wie er oben dargelegt worden ist. Hat er einmal stattgefunden, so wiederholt sich das somatische Phänomen, wenn Affekt und Autohypnose wieder zusammentreffen. Und es scheint, daß der hypnotische Zustand dann durch den Affekt selbst hervorgerufen werde. So bleibt zunächst, solange die Hypnose mit vollem Wachen rein alterniert, das hysterische Symptom auf den hypnotischen Zustand beschränkt und wird durch die Wiederholung in diesem verstärkt; die veranlassende Vorstellung bleibt aber vor der Korrektur durch das wache Denken und seine Kritik geschützt, weil sie eben im klaren Wachen gar nie auftaucht.

So blieb bei Anna O. die Kontraktur des rechten Armes, die sich in der Autohypnose mit dem Angstaffekte und der Vorstellung der Schlange assoziiert hatte, durch 4 Monate auf die Momente des hypnotischen (oder – wenn man für Absenzen von sehr kurzer Dauer diesen Namen unpassend findet – des hypnoiden) Zustandes beschränkt, wiederholte sich aber häufig. Dasselbe geschah mit anderen in dem Hypnoidzustande vollzogenen Konversionen, und so bildete sich in vollkommener Latenz jener große Komplex von hysterischen Phänomenen, der in die Erscheinung trat, als der hypnoide Zustand andauernd wurde.

Im hellen Wachen treten so entstandene Phänomene erst dann auf, wenn sich die später zu besprechende Spaltung der Psyche vollzogen hat, und an die Stelle des Alternierens zwischen Wach- und Hypnoidzustand die Koexistenz der normalen und der hypnoiden Vorstellungskomplexe getreten ist.

Bestehen solche hypnoide Zustände schon vor der Erkrankung und wie kommen sie zustande? Ich weiß hierüber wenig zu sagen, denn wir verfügen über keine andere Beobachtung, außer über den Fall Anna O., die darüber Aufschluß geben könnte. Bei dieser Kranken scheint es sicher, daß die Autohypnose vorbereitet war durch habituelle Träumerei und daß sie dann völlig hergestellt wurde durch einen Affekt protrahierter Angst, der ja selbst einen hypnoiden Zustand begründet. Es scheint nicht unwahrscheinlich, daß dieser Vorgang allgemeinere Geltung hat.

Sehr verschiedenartige Zustände bedingen »Geistesabwesenheit«, aber nur einige davon disponieren zur Autohypnose oder gehen direkt in solche über. Der in ein Problem versunkene Forscher ist wohl auch bis zu einem gewissen Grade anästhetisch und bildet aus großen Gruppen von Sinnesempfindungen keine bewußten Wahrnehmungen; ebenso wie der mit Lebhaftigkeit phantastisch Dichtende (»Privattheater« Anna O.'s). Aber in diesen Zuständen wird energisch psychische Arbeit geleistet; die frei werdende Erregung des Nervensystems wird in dieser verbraucht. — In der Zerstreutheit, dem Hindämmern hingegen sinkt die intrazerebrale Erregung unter das Niveau des hellen Wachens; diese Zustände grenzen an die Schläfrigkeit und gehen in Schlaf über. Wenn aber in solchen Zuständen des »Versunkenseins« und bei gehemmtem Vorstellungsablauf eine Gruppe von affektiv betonten Vorstellungen lebendig ist, so schafft sie ein hohes Niveau der intrazerebralen Erregung, welche nicht durch psychische Arbeit verbraucht wird und für anomale Leistungen, für die Konversion, verfügbar ist.

So ist weder die »Geistesabwesenheit« bei energischer Arbeit noch der affektlose Dämmerzustand pathogen, wohl aber die mit Affekt erfüllte Träumerei und der Ermüdungszustand protrahierter Affekte. Das Brüten des Bekümmerten, die Angst desjenigen, der am Krankenbette eines teuren Menschen wacht, die verliebte Träumerei sind solche Zustände. Die Konzentration auf die affektive Vorstellungsgruppe bedingt zuerst die »Abwesenheit«. Allmählich verlangsamt sich der Vorstellungsablauf, um endlich fast zu stagnieren; aber die affektive Vorstellung und ihr Affekt bleiben lebendig und damit auch die große Quantität funktionell nicht verbrauchter Erregung. Die Ähnlichkeit der Verhältnisse mit den Bedingungen der Hypnose scheint unverkennbar. Auch der zu Hypnotisierende darf nicht wirklich einschlafen, d. h. seine intrazerebrale Erregung darf nicht auf das Niveau des Schlafes absinken; aber der Vorstellungsablauf muß gehemmt werden. Dann steht der suggerierten Vorstellung die ganze Erregungsmasse zur Verfügung.

So dürfte die pathogene Autohypnose bei manchen Menschen entstehen, indem der Affekt in die habituelle Träumerei eintritt. Es ist das vielleicht einer der Gründe dafür, daß wir in der Anamnese der Hysterie so oft den beiden großen pathogenen Faktoren begegnen: der Verliebtheit und der Krankenpflege. Die erstere schafft mit dem sehnsuchtsvollen Gedanken an den abwesenden Geliebten die »Entrückung«, das Verdämmern der umgebenden Realität und dann das affekterfüllte Stillestehen des Denkens; die Krankenpflege stellt durch die äußere Ruhe, die Konzentration auf ein Objekt, das Horchen auf die Atemzüge des Kranken, geradezu dieselben Bedingungen her wie viele Hypnotisierungsmethoden und füllt den so entstandenen Däm-

merzustand mit dem Affekte der Angst. Vielleicht unterscheiden sich diese Zustände nur quantitativ von wirklichen Autohypnosen und gehen in solche über.
Ist das einmal geschehen, so wiederholt sich der hypnoseähnliche Zustand durch dieselben Umstände immer wieder, und das Individuum hat dann statt der normalen zwei Seelenzustände deren drei: Wachen, Schlaf und Hypnoid, wie wir es auch bei häufiger Wiederholung tiefer artifizieller Hypnose beobachten.
Ich weiß nicht zu sagen, ob sich die spontanen hypnotischen Zustände auch ohne solches Eingreifen des Affektes entwickeln können, als Resultate originärer Anlage; ich halte das aber für sehr wahrscheinlich. Wenn wir sehen, wie verschieden bei den gesunden und kranken Menschen die Fähigkeit zu artifizieller Hypnose ist, wie leicht sie bei manchen eintritt, liegt die Vermutung nahe, daß sie bei solchen auch spontan vorkomme. Und die Anlage hierzu ist vielleicht notwendig dafür, daß die Träumerei sich in Autohypnose verwandle. Ich bin also weit davon entfernt, den Entstehungsmechanismus, den uns Anna O. kennen gelehrt hat, bei allen Hysterischen vorauszusetzen.
Ich spreche von hypnoiden Zuständen statt von Hypnose selbst, weil diese in der Entwicklung der Hysterie so wichtigen Zustände sehr schlecht abgegrenzt sind. Wir wissen nicht, ob die Träumerei, die oben als Vorstadium der Autohypnose bezeichnet wurde, nicht selbst schon dieselbe pathogene Leistung vollbringen kann wie diese, und ob es protrahierter Angstaffekt nicht ebenfalls tut. Vom Schreck ist das sicher. Indem er den Vorstellungsablauf hemmt, während doch eine affektive Vorstellung (der Gefahr) sehr lebhaft ist, steht er in vollem Parallelismus mit der affekterfüllten Träumerei; und indem die immer erneute Erinnerung diesen Seelenzustand immer wieder herstellt, entsteht ein »Schreckhypnoid«, in welchem die Konversion durchgesetzt oder stabilisiert wird; das Inkubationsstadium der »traumatischen Hysterie« sens. strict.
Da so verschiedene, aber im wichtigsten Punkte übereinstimmende Zustände sich der Autohypnose anreihen, so empfiehlt sich der Ausdruck »H y p n o i d«, der diese innere Ähnlichkeit hervorhebt. Er resumiert jene Anschauung, die M ö b i u s in den oben zitierten Sätzen vertreten hat.
Vor allem aber bezeichnet er die Autohypnose selbst, deren Wichtigkeit für die Entstehung hysterischer Phänomene beruht auf der Erleichterung der Konversion, dem Schutze der konvertierten Vorstellungen vor der Usur (durch die Amnesie) und der schließlich daraus erwachsenden psychischen Spaltung.

Wenn nun ein körperliches Symptom durch eine Vorstellung verursacht ist und durch diese immer wieder ausgelöst wird, so sollte man erwarten, daß intelligente und der Selbstbeobachtung fähige Kranke dieses Zusammenhanges sich bewußt wären; daß sie es erfahrungsgemäß wüßten, das somatische Phänomen komme zugleich mit der Erinnerung an einen bestimmten Vorgang. Der innere Kausalnexus freilich ist ihnen unbekannt; aber wir alle wissen doch immer, welche Vorstellung uns weinen oder lachen oder erröten macht, wenn uns auch der nervöse Mechanismus dieser ideogenen Phänomene nicht entfernt klar ist. — Manchmal nun beobachten die Kranken den Zusammenhang wirklich und sind sich seiner bewußt; eine Frau sagt z. B., der leichte hysterische Anfall (Zittern und Herzklopfen etwa) stamme von einer großen Gemütsaufregung und wiederhole sich nur bei jedem daran erinnernden Vorgange. Von sehr vielen, wohl der Mehrzahl der hysterischen Symptome gilt das aber nicht. Auch intelligente Kranke wissen nicht, daß sie im Gefolge einer Vorstellung eintreten und halten sie für selbständige körperliche Phänomene. Wäre dies anders, so müßte die psychische Theorie der Hysterie schon ein ehrwürdiges Alter haben.

Es liegt nun nahe zu glauben, die betreffenden Krankheitserscheinungen seien zwar ursprünglich ideogen entstanden; die Wiederholung habe sie aber, um den Rombergschen Ausdruck zu brauchen, dem Körper »eingebildet«, und nun beruhten sie nicht mehr auf einem psychischen Vorgange, sondern auf den unterdes entstandenen Veränderungen des Nervensystems; sie seien selbständige, echt somatische Symptome geworden.

Von vornherein ist diese Anschauung weder unmöglich noch unwahrscheinlich. Aber ich glaube, das Neue, welches unsere Beobachtungen für die Lehre von der Hysterie bringen, liegt eben in dem Nachweise, daß sie — mindestens in sehr vielen Fällen — unzutreffend ist. Wir sahen, daß die verschiedensten hysterischen Symptome nach jahrelangem Bestande »sogleich und ohne Wiederkehr verschwanden, wenn es gelungen war, die Erinnerung an den veranlassenden Vorgang zu voller Helligkeit zu erwecken, damit den begleitenden Affekt wachzurufen, und wenn der Kranke den Vorgang in möglichst ausführlicher Weise schilderte und dem Affekte Worte gab«. Die hier erzählten Krankengeschichten geben einige Belege für diese Behauptung. »In Umkehrung des Satzes: cessante causa cessat effectus dürfen wir wohl aus diesen Beobachtungen schließen: der veranlassende Vorgang (d. h. die Erinnerung daran) wirke noch nach Jahren fort, nicht indirekt durch Vermittlung einer Kette von kausalen Zwischengliedern, sondern unmittelbar als auslösende Ursache, wie etwa ein im wachen Bewußtsein erinnerter psychischer Schmerz noch in später Zeit die Tränensekretion hervorruft; der Hysterische leide größtenteils an Reminiszenzen.«

Wenn dies aber der Fall ist, wenn die Erinnerung an das psychische Trauma, nach Art eines Fremdkörpers, lange Zeit nach seinem Eindringen noch als gegenwärtig wirkendes Agens gel-

ten muß und doch der Kranke von diesen Erinnerungen und ihrem Auftauchen kein Bewußtsein hat, so müssen wir zugestehen, daß unbewußte Vorstellungen existieren und wirken.
Wir finden aber solche bei der Analyse der hysterischen Phänomene nicht bloß vereinzelt, sondern müssen anerkennen, daß wirklich, wie die verdienstvollen französischen Forscher gezeigt haben, große Komplexe von Vorstellungen und verwickelte, folgenreiche psychische Prozesse bei manchen Kranken völlig unbewußt bleiben und mit dem bewußten psychischen Leben koexistieren; daß eine Spaltung der psychischen Tätigkeit vorkommt und daß diese fundamentale Wichtigkeit hat für das Verständnis komplizierter Hysterien.
Es sei gestattet, auf dieses schwierige und dunkle Gebiet etwas einzugehen; die Notwendigkeit, den Sinn der gebrauchten Ausdrücke festzustellen, mag die theoretisierende Auseinandersetzung einigermaßen entschuldigen.

5. *Unbewußte und bewußtseinsunfähige Vorstellungen Spaltung der Psyche*

Wir nennen jene Vorstellungen bewußt, von denen wir wissen. Es besteht beim Menschen die wunderbare Tatsache des Selbstbewußtseins; wir können Vorstellungen, die in uns auftauchen und einander folgen, wie Objekte betrachten und beobachten. Dies geschieht nicht immer, da ja zur Selbstbeobachtung selten Anlaß ist. Aber es ist eine allen Menschen eigene Fähigkeit, denn jeder sagt: ich habe das und das gedacht. Jene Vorstellungen, die wir als in uns lebendig beobachten oder beobachten würden, wenn wir darauf acht hätten, nennen wir bewußte. Das sind in jedem Zeitmomente nur sehr wenige; und wenn außer diesen noch andere aktuell sein sollten, müßten wir sie unbewußte Vorstellungen nennen.
Für die Existenz aktueller, aber unbewußter oder unterbewußter Vorstellungen zu sprechen, scheint kaum mehr nötig. Es sind Tatsachen des alltäglichen Lebens. Wenn ich einen ärztlichen Besuch zu machen vergessen habe, fühle ich lebhafte Unruhe. Ich weiß aus Erfahrung, was diese Empfindung bedeutet: ein Vergessen. Vergebens prüfe ich meine Erinnerungen, ich finde die Ursache nicht, bis sie mir oft nach Stunden plötzlich ins Bewußtsein tritt. Aber die ganze Zeit über bin ich unruhig. Also ist die Vorstellung dieses Besuches immer wirksam, also auch immer vorhanden, aber nicht im Bewußtsein. — Ein beschäftigter Mann hat morgens einen Verdruß gehabt. Sein Amt nimmt ihn ganz in Anspruch; während der Tätigkeit ist sein bewußtes Denken völlig beschäftigt, und er denkt nicht an seinen Ärger.

Aber seine Entscheidungen werden davon beeinflußt, und er sagt wohl nein, wo er sonst ja sagen würde. Also ist die Erinnerung trotzdem wirksam, also vorhanden. Ein großer Teil dessen, was wir Stimmung nennen, stammt aus solcher Quelle, aus Vorstellungen, die unter der Schwelle des Bewußtseins existieren und wirken. – Ja, unsere ganze Lebensführung wird fortwährend von unterbewußten Vorstellungen beeinflußt. Wir sehen täglich, wie bei geistigem Verfall, z. B. im Beginne einer Paralyse, die Hemmungen schwächer werden und schwinden, die sonst manche Handlungen verhindern. Aber der Paralytiker, der jetzt vor Frauen Zoten spricht, ist in gesunden Tagen davon nicht durch bewußte Erinnerung und Überlegung abgehalten worden. Er mied es »instinktiv« und »automatisch«, d. h. er wurde durch Vorstellungen davon abgehalten, welche der Impuls zu solcher Handlung wachrief, die aber unter der Bewußtseinsschwelle blieben und doch den Impuls hemmten. – Alle intuitive Tätigkeit ist geleitet durch Vorstellungen, die großenteils unterbewußt sind. Es werden eben nur die hellsten, intensivsten Vorstellungen vom Selbstbewußtsein wahrgenommen, während die große Masse aktueller, aber schwächerer Vorstellungen unbewußt bleibt.

Was gegen die Existenz und Wirksamkeit »unbewußter Vorstellungen« eingewendet wird, erscheint großenteils als Wortschikane. Gewiß ist »Vorstellung« ein Wort aus der Terminologie des bewußten Denkens und darum »unbewußte Vorstellung« ein widerspruchsvoller Ausdruck. Aber der physische Prozeß, welcher der Vorstellung zugrunde liegt, ist inhaltlich und formal (wenn auch nicht quantitativ) derselbe, ob die Vorstellung über die Schwelle des Bewußtseins tritt oder darunter bleibt. Es genügte, einen Terminus zu bilden wie etwa »Vorstellungsubstrat«, um den Widerspruch zu meiden und jenem Vorwurf zu entgehen.

Es scheint also kein prinzipielles Hindernis dafür vorhanden, daß man unbewußte Vorstellungen auch als Ursachen pathologischer Phänomene anerkenne. Aber bei näherem Eingehen in die Sache ergeben sich andere Schwierigkeiten. Wenn sonst die Intensität unbewußter Vorstellungen anwächst, treten sie eo ipso ins Bewußtsein. Sie bleiben unbewußt nur bei geringer Intensität. Es scheint aber schwer einzusehen, wie eine Vorstellung zugleich intensiv genug sein sollte, um z. B. eine lebhafte motorische Aktion hervorzurufen und doch nicht genug, um bewußt zu werden.

Ich habe schon eine Anschauung erwähnt, welche vielleicht nicht kurz von der Hand gewiesen werden sollte. Die Helligkeit unserer Vorstellungen und damit ihre Fähigkeit, vom Selbstbewußtsein beobachtet zu werden, bewußt zu sein, ist mitbedingt von dem Lust- oder Unlustgefühle, welches sie erwecken, von ihrem

Affektwerte. Wenn eine Vorstellung eine lebhafte somatische Folge unmittelbar auslöst, so strömt die Erregung in die betreffende Bahn ab, welche sonst, von ihr ausgehend, im Gehirne sich verbreiten würde, und eben deshalb, weil sie körperliche Folgen hat, weil eine Konversion ihrer psychischen Reizgröße in somatische stattgefunden hat, verliert sie die Helligkeit, welche sie sonst in dem Strome der Vorstellungen auszeichnen würde; sie verliert sich unter den anderen.

Es hat z. B. jemand während des Essens einen heftigen Affekt gehabt und nicht »abreagiert«. In der Folge tritt beim Versuche zu essen Würgen und Erbrechen auf, welches dem Kranken als rein körperliches Symptom erscheint. Es besteht durch längere Zeit hysterisches Erbrechen, welches schwindet, nachdem in der Hypnose der Affekt erneuert, erzählt und darauf reagiert wurde. Unzweifelhaft ist durch den Versuch zu essen jedesmal jene Erinnerung wachgerufen worden und hat den Brechakt ausgelöst. Aber sie tritt nicht klar ins Bewußtsein, weil sie nun affektlos ist, während das Erbrechen die Aufmerksamkeit vollkommen absorbiert.

Es ist denkbar, daß aus diesem Grunde manche Vorstellungen, welche hysterische Phänomene auslösen, nicht als Ursache derselben erkannt werden. Aber ein solches Übersehen affektlos gewordener, weil konvertierter Vorstellungen kann unmöglich die Ursache davon sein, wenn in anderen Fällen Vorstellungskomplexe nicht ins Bewußtsein treten, welche nichts weniger als affektlos sind. In unseren Krankengeschichten sind mehrfache Beispiele dafür beigebracht.

Bei solchen Kranken ist es Regel, daß die Stimmungsveränderung, Ängstlichkeit, zornige Gereiztheit, Trauer dem Auftreten des somatischen Symptoms vorhergeht oder ihm alsbald folgt, um anzuwachsen, bis entweder durch eine Aussprache die Lösung erfolgt oder Affekt und somatische Phänomene allmählich wieder schwinden. Geschah das erstere, so wurde die Qualität des Affektes immer ganz verständlich, wenn auch seine Intensität dem Gesunden und nach der Lösung auch dem Kranken selbst ganz unproportional erscheinen mußte. Das sind also Vorstellungen, welche intensiv genug sind, um nicht bloß starke körperliche Phänomene zu verursachen, sondern auch den zugehörigen Affekt hervorzurufen, die Assoziation zu beeinflussen, indem verwandte Gedanken durch sie bevorzugt werden — und dennoch selbst außerhalb des Bewußtseins bleiben. Es bedarf der Hypnose, wie in Beobachtung 1 und 2, oder intensiver Nachhilfe des Arztes (Beobachtung 4 und 5)[16] bei dem mühsamsten Suchen, um sie ins Bewußtsein zu bringen.

Solche Vorstellungen, welche (aktuell aber) unbewußt sind, nicht wegen relativ schwacher Lebhaftigkeit, sondern trotz großer

16 [Beobachtung 1, 2, 3, 4, 5 = Numerierung der Krankengeschichten.]

Intensität, mögen wir b e w u ß t s e i n s u n f ä h i g e[17] Vorstellungen nennen.
Die Existenz solcher bewußtseinsunfähiger Vorstellungen ist pathologisch. Beim Gesunden treten alle Vorstellungen, welche überhaupt aktuell werden können, bei genügender Intensität auch ins Bewußtsein. Bei unseren Kranken finden wir nebeneinander den großen Komplex bewußtseinsfähiger und einen kleineren bewußtseinsunfähiger Vorstellungen. Das Gebiet der vorstellenden psychischen Tätigkeit fällt bei ihnen also nicht zusammen mit dem potentiellen Bewußtsein; sondern dieses ist beschränkter als jenes. Die psychische vorstellende Tätigkeit zerfällt hier in eine bewußte und unbewußte, die Vorstellungen in bewußtseinsfähige und nicht bewußtseinsfähige. Wir können also nicht von einer Spaltung des Bewußtseins sprechen, wohl aber von einer S p a l t u n g d e r P s y c h e.
Umgekehrt sind diese unterbewußten Vorstellungen auch durch das bewußte Denken nicht zu beeinflussen und nicht zu korrigieren. Vielfach handelt es sich um Erlebnisse, die seitdem inhaltlos geworden sind, Furcht vor Ereignissen, die nicht eingetroffen sind, Schrecken, der sich in Gelächter oder Freude über die Rettung aufgelöst hat. Diese Nachfolgen nehmen der Erinnerung für das bewußte Denken jede Affektivität; die unterbewußte Vorstellung, welche somatische Phänomene hervorruft, bleibt davon völlig unberührt.
Es sei gestattet, dafür noch ein Beispiel zu bringen: Eine junge Frau war einige Zeit in lebhafter Sorge um das Schicksal ihrer jüngeren Schwester. Unter diesem Eindrucke verlängerte sich die sonst regelmäßige Periode durch zwei Wochen, es trat Schmerzhaftigkeit des linken Hypogastriums auf, und zweimal fand sich die Patientin, aus einer »Ohnmacht« erwachend, steif auf dem Boden. Darauf folgte eine linksseitige Ovarie mit Erscheinungen einer schweren Peritonitis. Fieberlosigkeit, Kontraktur des linken Beines (und des Rückens) kennzeichneten die Erkrankung als Pseudoperitonitis, und als Patientin einige Jahre später starb und obduziert wurde, fand sich nur »kleinzystische Degeneration« b e i d e r Ovarien ohne Reste einer abgelaufenen Peritonitis. Die schweren Erscheinungen schwanden allmählich und hinterließen Ovarie, Kontraktur der Rückenmuskeln, so daß der Rumpf wie ein Balken steif war, und Kontraktur des linken Beines. Letztere wurde in der Hypnose durch direkte Suggestion beseitigt. Die Rückenkontraktur blieb unbeeinflußt. Unterdessen hatte sich die Angelegenheit der Schwester vollständig geordnet, und jede Befürchtung war geschwunden. Die hysterischen Phänomene aber, die davon abgeleitet werden

17 Der Ausdruck ist noch nicht eindeutig und läßt darum sehr zu wünschen übrig; aber nach der Analogie von »hoffähig« gebildet, mag er in Ermangelung eines besseren unterdessen gebraucht werden.

mußten, bestanden unverändert fort. Die Vermutung lag nahe, es seien selbständig gewordene Veränderungen der Innervation und nicht mehr an die veranlassende Vorstellung gebunden. Aber als nun in der Hypnose Patientin gezwungen wurde, die ganze Geschichte bis zu ihrer Erkrankung an »Peritonitis« zu erzählen (was sie sehr ungern tat), setzte sie sich unmittelbar danach frei im Bette auf, und die Rückenkontraktur war für immer geschwunden. (Die Ovarie, deren erster Ursprung gewiß viel älter war, blieb unbeeinflußt.) – Es hatte also doch Monate hindurch die pathogene Angstvorstellung wirksam lebendig fortbestanden; und sie war jeder Korrektur durch die Ereignisse völlig unzugänglich gewesen.

Müssen wir nun die Existenz von Vorstellungskomplexen anerkennen, welche nie ins wache Bewußtsein treten und durch das bewußte Denken nicht beeinflußt werden, so haben wir damit auch schon für so einfache Hysterien wie die eben geschilderte die Spaltung der Psyche in zwei relativ unabhängige Teile zugegeben. Ich behaupte nicht, daß alles, was man hysterisch nennt, eine solche Spaltung zur Grundlage und Bedingung habe; wohl aber, daß »jene Spaltung der psychischen Tätigkeit, die bei den bekannten Fällen als double conscience so auffällig ist, in rudimentärer Weise bei jeder ›großen‹ Hysterie bestehe und daß die Fähigkeit und Neigung zu dieser Dissoziation das Grundphänomen dieser Neurose sei«.

Bevor ich aber in die Diskussion dieser Phänomene eingehe, ist noch eine Bemerkung nachzutragen bezüglich der unbewußten Vorstellungen, welche somatische Erscheinungen veranlassen. Wie im oben erzählten Falle die Kontraktur, sind ja viele der hysterischen Phänomene von langer kontinuierlicher Dauer. Sollen und können wir annehmen, daß all die Zeit hindurch die veranlassende Vorstellung immer lebendig, aktuell vorhanden sei? Ich glaube: Ja. Gewiß sehen wir beim Gesunden die psychische Tätigkeit mit raschem Wechsel der Vorstellungen sich vollziehen. Aber wir sehen den schwer Melancholischen lange Zeit kontinuierlich in dieselbe peinliche Vorstellung versunken, die immer lebendig, aktuell ist. Ja, wir dürfen wohl glauben, daß auch beim Gesunden eine schwere Sorge immer vorhanden sei, da sie den Gesichtsausdruck beherrscht, selbst wenn das Bewußtsein von anderen Gedanken erfüllt ist. Jener abgetrennte Teil der psychischen Tätigkeit aber, den wir beim Hysterischen von den unbewußten Vorstellungen erfüllt denken, ist meist so ärmlich damit besetzt, so unzugänglich dem Wechsel der äußeren Eindrücke, daß wir glauben können, hier sei einer Vorstellung dauernde Lebhaftigkeit möglich.

Wenn uns, wie Binet und Janet, die Abspaltung eines Teiles der psychischen Tätigkeit im Mittelpunkte der Hysterie zu stehen scheint, so sind wir verpflichtet, über dieses Phänomen möglichst Klarheit zu suchen. Allzuleicht verfällt man in die Denkgewohnheit, hinter einem Substantiv eine Substanz anzunehmen, unter »Bewußtsein«, »conscience« allmählich ein Ding zu verstehen; und wenn man sich gewöhnt hat, metaphorisch Lokalbeziehungen zu verwenden, wie »Unterbewußtsein«, so bildet sich mit der Zeit wirklich eine Vorstellung aus, in der die Metapher vergessen ist und mit der man leicht manipuliert wie mit einer realen. Dann ist die Mythologie fertig.

All unserem Denken drängen sich als Begleiter und Helfer räumliche Vorstellungen auf, und wir sprechen in räumlichen Metaphern. So stellen sich die Bilder von dem Stamme des Baumes, der im Lichte steht, und seinen Wurzeln im Dunkel oder von dem Gebäude und seinem dunkeln Souterrain fast zwingend ein, wenn wir von den Vorstellungen sprechen, die im Gebiete des hellen Bewußtseins sich vorfinden, und den unbewußten, die nie in die Klarheit des Selbstbewußtseins treten. Wenn wir uns aber immer gegenwärtig halten, daß alles Räumliche hier Metapher ist, und uns nicht etwa verleiten lassen, es im Gehirne zu lokalisieren, so mögen wir immerhin von einem Bewußtsein und einem Unterbewußtsein sprechen. Aber nur mit diesem Vorbehalte.

Wir sind sicher vor der Gefahr, uns von unseren eigenen Redefiguren dupieren zu lassen, wenn wir uns immer daran erinnern, daß es doch dasselbe Gehirn und höchstwahrscheinlich dieselbe Großhirnrinde ist, in welchen die bewußten wie die unbewußten Vorstellungen entstehen. Wie das möglich, ist nicht zu sagen. Aber wir wissen doch wohl so wenig von der psychischen Tätigkeit der Hirnrinde, daß eine rätselhafte Komplikation mehr unsere unendliche Unwissenheit kaum noch vergrößert. Die Tatsache müssen wir anerkennen, daß bei Hysterischen ein Teil der psychischen Tätigkeit der Wahrnehmung durch das Selbstbewußtsein der wachen Person unzugänglich und so die Psyche gespalten ist.

Ein allbekannter Fall solcher Teilung der psychischen Tätigkeit ist der hysterische Anfall in manchen seiner Formen und Stadien. In seinem Beginne ist das bewußte Denken oft ganz erloschen; aber dann erwacht es allmählich. Man hört von vielen intelligenten Kranken das Zugeständnis, ihr bewußtes Ich sei während des Anfalles ganz klar gewesen und habe mit Neugier und Verwunderung all das tolle Zeug beobachtet, das sie vornahmen und sprachen. Solche Kranke haben dann auch wohl die (irrige) Meinung, sie hätten mit gutem Willen den Anfall inhibieren können, und sind geneigt, ihn sich als Schuld anzurechnen. »Sie hätten es nicht tun müssen.« (Auch die Selbstanklagen der Simulation beruhen großenteils auf dieser Empfindung.) Beim nächsten Anfalle vermag dann das bewußte Ich ebensowenig die Vorgänge zu beherrschen wie beim früheren. — Da steht nun das Denken und Vorstellen des bewußten wachen Ichs neben den Vorstellungen, die, sonst im Dunkel des Unbewußten, nun die Herrschaft über Muskulatur und Sprache, ja auch über einen großen Teil der vorstellenden Tätigkeit selbst gewonnen haben, und die Spaltung der Psyche ist manifest.

Den Namen einer Spaltung nicht bloß der psychischen Tätigkeit, sondern des Bewußtseins, verdienen aber allerdings die Befunde Binets und Janets; bekanntlich ist es diesen Beobachtern gelungen, sich mit dem »Unterbewußtsein« ihrer Kranken in Verkehr zu setzen, mit jenem Teile der psychischen Tätigkeit, von welchem das bewußte wache Ich nichts weiß; und sie haben daran bei manchen Fällen alle psychischen Funktionen, einschließlich des Selbstbewußtseins, nachgewiesen. Denn es findet sich darin die Erinnerung an frühere psychische Vorgänge. Diese halbe Psyche ist also eine ganz vollständige, in sich bewußte. Der abgespaltene Teil der Psyche ist bei unseren Fällen »in die Finsternis gebracht«, wie die Titanen in den Schlund des Ätna gebannt sind, die Erde erschüttern mögen, aber nie im Licht erscheinen. In den Fällen Janets hat eine völlige Teilung des Reiches stattgefunden. Noch mit einem Rangunterschiede. Aber auch dieser schwindet, wenn die beiden Bewußtseinshälften alternieren wie in den bekannten Fällen von double conscience und sich an Leistungsfähigkeit nicht unterscheiden.

Doch kehren wir zu jenen Vorstellungen zurück, die wir bei unseren Kranken als Ursachen ihrer hysterischen Phänomene nachgewiesen haben. Es fehlt viel daran, daß wir alle geradezu »unbewußt« und »bewußtseinsunfähig« nennen könnten. Von der vollkommen bewußten Vorstellung, welche einen ungewöhnlichen Reflex auslöst, bis zu jener, die niemals im Wachen, sondern nur in der Hypnose ins Bewußtsein tritt, geht eine kaum unterbrochene Stufenleiter durch alle Grade der Schattenhaftigkeit und Unklarheit. Trotzdem halten wir den Nachweis für erbracht, daß in höheren Graden von Hysterie die Spaltung der psychischen Tätigkeit besteht, und sie allein scheint eine psychische Theorie der Krankheit möglich zu machen.

Was läßt sich nun über Ursache und Entstehung dieses Phänomens mit Wahrscheinlichkeit aussagen oder vermuten?

P. Janet, dem die Lehre von der Hysterie so ungemein viel verdankt und mit dem wir in den meisten Punkten übereinstimmen, hat hierüber eine Anschauung entwickelt, die wir nicht zur unserigen machen können:

Janet hält dafür, die »Spaltung der Persönlichkeit« beruhe auf einer originären geistigen Schwäche (insuffisance psychologique); alle normale geistige Tätigkeit setze eine gewisse Fähigkeit der »Synthese« voraus, die Möglichkeit, mehrere Vorstellungen zu einem Komplexe zu verbinden. Solche synthetische Tätigkeit sei schon die Verschmelzung der verschiedenen Sinneswahrnehmungen zu einem Bilde der Umgebung; diese Leistung der Psyche finde man bei Hysterischen tief unter der Norm stehend. Ein normaler Mensch werde wohl, wenn seine Aufmerksamkeit maximal auf einen Punkt, z. B. auf die Wahrnehmung mittels eines Sinnes gerichtet ist, vorübergehend die Fähigkeit verlieren, Eindrücke der anderen Sinne zu apperzipieren, d. h. ins bewußte Denken aufzunehmen. Bei den Hysterischen sei das der Fall, ohne jede besondere Konzentration der Aufmerksamkeit. Perzipieren sie irgend etwas, so sind sie für die anderen Sinneswahrnehmungen unzugänglich. Ja, sie seien nicht einmal imstande, auch nur die Eindrücke eines Sinnes gesammelt aufzufassen; sie können z. B. nur die Tastwahrnehmungen einer Körperhälfte apperzipieren; die der andern Seite gelangen ins Zentrum, werden für Bewegungskoordination verwertet, aber nicht apperzipiert. Ein solcher Mensch ist hemianästhetisch.

Beim normalen Menschen ruft eine Vorstellung eine große Menge anderer assoziativ ins Bewußtsein, welche zu der ersten z. B. unterstützend oder hemmend in ein Verhältnis treten, und nur maximal lebhafte Vorstellungen sind wohl so überstark, daß die Assoziationen unter der Schwelle des Bewußtseins bleiben. Bei den Hysterischen sei das immer der Fall. Jede Vorstellung nehme die ganze, geringe, geistige Tätigkeit in Beschlag; das bedinge die übergroße Affektivität der Kranken.

Diese Eigenschaft ihrer Psyche bezeichnet Janet mit dem Namen der »Einengung des Bewußtseinsfeldes« der Hysterischen, in Analogie mit der »Einengung des Gesichtsfeldes«. Die nicht apperzipierten Sinneseindrücke und die erweckten, aber nicht ins Bewußtsein getretenen Vorstellungen erlöschen meist ohne weitere Folgen, manchmal aber aggregieren sie und bilden Komplexe: die dem Bewußtsein entzogene psychische Schicht, das Unterbewußtsein.

Die Hysterie, wesentlich beruhend auf dieser Spaltung der Psyche, sei »une maladie de faiblesse«; und darum entwickele sie sich am ehesten, wenn auf die originär schwache Psyche weitere schwächende Einflüsse wirken oder hohe Ansprüche gestellt werden, welchen gegenüber die geistige Kraft noch geringer erscheint.

In dieser Darlegung seiner Anschauungen hat Janet auch schon die wichtige Frage nach der Disposition zur Hysterie beantwortet; nach dem Typus hystericus (dieses Wort in demselben Sinne genommen, wie man von Typus phtisicus spricht und darunter den langen schmalen Thorax, das kleine Herz usw. versteht). Janet hält eine bestimmte Form angeborener geistiger Schwäche für die Disposition zur Hysterie. Demgegenüber möchten wir unsere Anschauung kurz im folgenden formulieren: Die Spaltung des Bewußtseins tritt nicht ein, weil die Kranken schwachsinnig sind, sondern die Kranken erscheinen schwachsinnig, weil ihre psychische Tätigkeit geteilt ist und dem bewußten Denken nur ein Teil der Leistungsfähigkeit zur Verfügung steht. Als Typus hystericus, als Inbegriff der Disposition zur Hysterie können wir geistige Schwäche nicht ansehen.

Was mit dem ersteren Satze gemeint ist, mag ein Beispiel erläutern. Viele Male konnten wir bei einer unserer Kranken (Frau Cäcilie M.) den folgenden Verlauf beobachten: In relativem Wohlsein trat ein hysterisches Symptom auf: eine quälende, obsedierende Halluzination, eine Neuralgie o. dgl., deren Intensität durch einige Zeit zunahm. Damit zugleich nahm die geistige Leistungsfähigkeit kontinuierlich ab, und nach einigen Tagen mußte jeder uneingeweihte Beobachter die Kranke schwachsinnig nennen. Dann wurde sie von der unbewußten Vorstellung (der Erinnerung an ein oft längst vergangenes psychisches Trauma) entbunden; entweder durch den Arzt in der Hypnose oder dadurch, daß sie plötzlich in einem Aufregungszustande unter lebhaftem Affekte die Sache erzählte. Dann wurde sie nicht bloß ruhig und heiter, befreit von dem quälenden Symptom, sondern immer wieder war man erstaunt über den reichen, klaren Intellekt, die Schärfe ihres Verstandes und Urteils. Mit Vorliebe spielte sie (vortrefflich) Schach, und gerne zwei Partien zugleich, was wohl kaum ein Zeichen mangelnder geistiger Synthese ist. Der Eindruck war unabweisbar, daß in solchem Verlaufe die unbewußte Vorstellung einen immer wachsenden Teil der psychischen Tätigkeit an sich reiße, daß, je mehr das geschehe, desto kleiner der Anteil des bewußten Denkens werde, bis dieses zur vollen Imbezillität herabsinke; daß sie aber, wenn sie nach dem merkwürdig treffenden Wiener Ausdrucke »b e i s a m m e n« war, eine eminente geistige Leistungsfähigkeit besitze.

Wir möchten zum Vergleiche von den Zuständen der Normalen nicht die Konzentration der Aufmerksamkeit herbeiziehen sondern die P r ä o k k u p a t i o n. Wenn ein Mensch durch eine lebhafte Vorstellung, z. B. eine Sorge, »präokkupiert« ist, wird seine geistige Leistungsfähigkeit in ähnlicher Weise herabgesetzt.

Jeder Beobachter steht überwiegend unter dem Einflusse seiner Beobachtungsobjekte, und wir möchten glauben, daß sich J a n e t s Auffassung wesentlich in dem eingehenden Studium jener schwachsinnigen Hysterischen gebildet hat, die im Spitale oder Versorgungshause sind, weil sie ihrer Krankheit und ihrer dadurch bedingten geistigen Schwäche halber sich im Leben nicht halten können. Unsere Beobachtung gebildeter Hysterischer zwingt uns zu einer wesentlich anderen Meinung von ihrer

Psyche. Wir glauben, »daß man unter den Hysterischen die geistig klarsten, willensstärksten, charaktervollsten und kritischsten Menschen finden kann«. Kein Maß wirklicher, tüchtiger, psychischer Begabung ist durch Hysterie ausgeschlossen, wenn auch oft *durch* die Krankheit die reale Leistung unmöglich wird. War ja auch die Schutzheilige der Hysterie, St. *Theresa*, eine geniale Frau von der größten praktischen Tüchtigkeit.

Aber freilich, auch kein Ausmaß von Albernheit, Unbrauchbarkeit und Willensschwäche sichert vor Hysterie. Auch wenn man von alldem absieht, was erst Folge der Krankheit ist, muß man den Typus der schwachsinnigen Hysterischen als einen häufigen anerkennen. Nur handelt es sich auch hier nicht um torpide, phlegmatische Dummheit, sondern mehr um einen überhohen Grad geistiger Beweglichkeit, welche untüchtig macht. Ich werde später die Frage nach der originären Disposition besprechen. Hier soll nur festgestellt werden, daß die Meinung *Janets*, geistige Schwäche liege überhaupt der Hysterie und der psychischen Spaltung zugrunde, unannehmbar ist.

Im vollen Gegensatze zu *Janets* Ansicht meine ich, in sehr vielen Fällen liege der Desaggregation eine psychische Überleistung zugrunde, die habituelle Koexistenz zweier heterogenen Vorstellungsreihen. Es ist oft darauf hingewiesen worden, daß wir häufig nicht bloß »mechanisch« tätig sind, während in unserem bewußten Denken Vorstellungsreihen ablaufen, die mit unserer Tätigkeit nichts gemein haben; sondern wir sind auch unzweifelhafter psychischer Leistungen fähig, während unsere Gedanken »anderswo beschäftigt« sind; wie z. B. wenn wir korrekt und mit dem entsprechenden Tonfalle vorlesen und doch dann absolut nicht wissen, was wir gelesen haben.

Es gibt wohl eine ganze Menge von Tätigkeiten, von den mechanischen wie Stricken, Skalenspielen an bis zu solchen, die immerhin einige seelische Leistung bedingen, welche von vielen Menschen mit halber Präsenz des Geistes geleistet werden. Besonders von solchen, die, bei großer Lebhaftigkeit, durch monotone, einfache, reizlose Beschäftigung gequält werden und sich anfangs geradezu absichtlich die Unterhaltung verschaffen, an anderes zu denken. (»Privattheater« bei Anna O., Krankengeschichte Nr. 1.) Ein anderer, aber ähnlicher Fall besteht, wenn eine interessante Vorstellungsreihe, z. B. aus Lektüre, Theater u. dgl. stammend, sich auf- und eindrängt. Noch energischer ist dieses Eindrängen, wenn die fremde Vorstellungsreihe stark »affektiv betont« ist, als Sorge, verliebte Sehnsucht. Dann ist der oben berührte Zustand der Präokkupation gegeben, der aber viele Menschen nicht hindert, Leistungen von mäßiger Kompliziertheit dennoch zustande zu bringen. Soziale Verhältnisse erzwingen oft solche Verdoppelungen auch intensiven Denkens, wie z. B. wenn eine Frau in quälender Sorge oder leidenschaftlicher

Aufregung ihre geselligen Pflichten und die Funktionen der liebenswürdigen Wirtin erfüllt. Geringere Leistungen dieser Art bringen wir alle im Berufe fertig; aber die Selbstbeobachtung scheint auch jedem zu ergeben, daß die affektive Vorstellungsgruppe nicht assoziatorisch dann und wann erweckt wird, sondern fortwährend aktuell in der Psyche vorhanden ist, ins Bewußtsein tretend, sowie kein lebhafter äußerer Eindruck oder Willensakt dasselbe in Beschlag nimmt.

Auch bei Menschen, die nicht habituell Wachträume neben der gewöhnlichen Tätigkeit einherfließen lassen, bedingen manche Situationen durch größere Zeiträume hindurch ein solches Nebeneinander der wechselnden Eindrücke und Reaktionen des äußeren Lebens und einer affektiv betonten Vorstellungsgruppe. ›Post equitem sedet atra cura.‹ Solche Situationen sind vor anderen die Krankenpflege teuerer Menschen und die Liebesneigung. Erfahrungsgemäß spielen Krankenpflege und Sexualaffekt auch die Hauptrolle in den meisten genauer analysierten Krankengeschichten Hysterischer.

Ich vermute, daß die habituelle oder durch affektvolle Lebenslagen bedingte Verdoppelung der psychischen Fähigkeit zur wirklichen pathologischen Spaltung der Psyche wesentlich d i s p o n i e r e. Sie geht in diese über, wenn die beiden koexistierenden Vorstellungsreihen nicht mehr gleichartigen Inhalt haben, wenn die eine davon bewußtseinsunfähige Vorstellungen enthält: abgewehrte und solche, die aus hypnoiden Zuständen stammen. Dann ist das Konfluieren der beiden zeitweise getrennten Ströme, das beim Gesunden immer wieder statthat, unmöglich, und es etabliert sich dauernd ein abgespaltenes Gebiet unbewußter psychischer Tätigkeit. Diese hysterische Spaltung der Psyche verhält sich zu dem »Doppel-Ich« des Gesunden wie das Hypnoid zu der normalen Träumerei. Hier bedingt die Amnesie die pathologische Qualität und dort die Bewußtseinsunfähigkeit der Vorstellung.

Die Beobachtung 1 (Anna O.), auf die ich immer zurückkommen muß, gewährt klaren Einblick in den Hergang. Das Mädchen war, in voller Gesundheit gewöhnt, neben ihren Beschäftigungen phantastische Vorstellungsreihen einherfließen zu lassen. In einer für die Autohypnose günstigen Situation tritt der Angstaffekt in die Träumerei ein und schafft ein Hypnoid, für welches Amnesie besteht. Dies wiederholt sich bei verschiedenen Gelegenheiten, sein Vorstellungsinhalt wird allmählich immer reicher; aber noch immer alterniert es mit dem Zustande vollkommen normalen wachen Denkens.

Nach 4 Monaten bemächtigt sich der Hypnoidzustand der Kranken vollständig; indem die einzelnen Attacken konfluieren, bildet sich ein état de mal, eine schwerste akute Hysterie. Nach mehrmonatlicher Dauer in verschiedenen Formen (somnambule

Periode) wird er gewaltsam unterbrochen und alterniert nun wieder mit normalem psychischem Verhalten. Aber auch in diesem persistieren die somatischen und psychischen Phänomene, von denen wir hier w i s s e n, daß sie auf Vorstellung des Hypnoids beruhen (Kontraktur, Hemianästhesie, Änderung der Sprache). Dadurch ist bewiesen, daß auch während des normalen Verhaltens der Vorstellungskomplex des Hypnoids, das »Unterbewußtsein«, aktuell ist, daß die Spaltung der Psyche fortbesteht.

Ein zweites Beispiel solcher Entwicklung kann ich nicht beibringen. Ich glaube aber, daß dieses einiges Licht auf die Ausbildung der traumatischen Neurose wirft. Bei dieser wiederholt sich in den ersten Tagen nach dem Unfalle mit der Erinnerung an diesen das Schreckhypnoid; während dies immer häufiger geschieht, nimmt seine Intensität doch so weit ab, daß es nicht mehr mit dem wachen Denken alterniert, sondern nur neben ihm besteht. Nun wird es kontinuierlich, und die somatischen Symptome, welche früher nur im Schreckanfalle bestanden, gewinnen eine dauernde Existenz. Ich kann aber nur vermuten, daß es so zugehe, da ich keinen solchen Fall analysiert habe.

Die Beobachtungen und Analysen F r e u d s beweisen, daß die Spaltung der Psyche auch durch die »Abwehr«, durch die willkürliche Abwendung des Bewußtseins von peinlichen Vorstellungen bedingt sein kann. Aber doch nur bei manchen Menschen, denen wir deshalb eine psychische Eigenart zuschreiben müssen. Bei normalen Menschen gelingt die Unterdrückung solcher Vorstellungen, und dann schwinden sie vollständig, oder sie gelingt nicht, und dann tauchen sie immer wieder im Bewußtsein auf. Worin jene Eigenart besteht, weiß ich nicht zu sagen. Ich wage nur die Vermutung, es sei die Hilfe des Hypnoids notwendig, wenn durch die Abwehr nicht bloß einzelne konvertierte Vorstellungen zu unbewußten gemacht werden, sondern eine wirkliche Spaltung der Psyche vollzogen werden soll. Die Autohypnose schaffte sozusagen den Raum, das Gebiet unbewußter psychischer Tätigkeit, in welches die abgewehrten Vorstellungen hineingedrängt werden. Doch wie dem auch sei, die Tatsache von der pathogenen Bedeutung der »Abwehr« müssen wir anerkennen.

Ich glaube aber nicht, daß mit den besprochenen, halbwegs verständlichen Vorgängen die Genese der psychischen Spaltung auch nur annähernd erschöpft wäre. So lassen beginnende Hysterien höheren Grades meist einige Zeit hindurch ein Syndrom beobachten, das man wohl als akute Hysterie bezeichnen darf. (In den Anamnesen männlicher Hysteriker begegnet man dieser Form der Erkrankung gewöhnlich unter dem Namen: Gehirnentzündung; bei weiblichen Hysterien gibt die Ovarie dabei Anlaß zu der Diagnose: Bauchfellentzündung.)

In diesem akuten Stadium der Hysterie sind psychotische Züge sehr deutlich; manische und zornige Aufregungszustände, rascher Wechsel hysterischer Phänomene, Halluzinationen u. dgl. m. In solchem Zustande mag die Spaltung der Psyche vielleicht in anderer Weise erfolgen, als wir oben darzulegen suchten. Vielleicht ist dieses ganze Stadium als ein langer hypnoider Zustand zu betrachten, dessen Residuen den Kern des unbewußten Vorstellungskomplexes abgeben, während das wache Denken dafür amnestisch ist. Da uns die Entstehungsbedingungen einer solchen akuten Hysterie meist nicht bekannt sind (ich wage nicht, den Hergang bei Anna O. für den allgemein gültigen zu halten), so wäre das eine weitere, im Gegensatze zu den oben erörterten, irrational zu nennende Art der psychischen Spaltung.[18] Und so werden gewiß noch andere Arten dieses Vorganges existieren, die sich der jungen psychologischen Erkenntnis noch entzogen haben. Denn gewiß haben wir nur die ersten Schritte auf diesem Gebiete gemacht und werden weitere Erfahrungen die heutigen Anschauungen wesentlich umgestalten.

Fragen wir nun, was die in den letzten Jahren gewonnene Kenntnis der psychischen Spaltung für das Verständnis der Hysterie geleistet hat. Es scheint viel und Bedeutungsvolles zu sein.
Diese Erkenntnis ermöglicht, scheinbar rein somatische Symptome auf Vorstellungen zurückzuführen, die aber im Bewußtsein der Kranken nicht zu finden sind. Es ist überflüssig, nochmals hierauf einzugehen.
Sie hat den Anfall als eine Leistung des unbewußten Vorstellungskomplexes mindestens teilweise verstehen gelehrt (Charcot).
Sie erklärt aber auch manche der psychischen Eigentümlichkeiten der Hysterie, und dieser Punkt verdient vielleicht eingehendere Besprechung.
Die »unbewußten Vorstellungen« treten zwar nie oder doch nur selten und schwer in das wache Denken, aber sie beeinflussen es. Erstens durch ihre Wirkungen, wenn z. B. eine völlig unverständliche, sinnlose Halluzination den Kranken peinigt, deren Bedeutung und Motivierung in der Hypnose klar wird.
Dann beeinflussen sie die Assoziation, indem sie einzelne Vorstellungen lebhafter werden lassen, als sie ohne diese aus dem Unbewußten stammende Verstärkung wären. So drängen sich dann den Kranken mit einem gewissen Zwange immer bestimmte Vorstellungsgruppen auf, an die sie denken müssen. (Ähnlich ist es, wenn Janets Hemianästhetische zwar die wiederholte

18 Ich muß aber bemerken, daß gerade in dem bestbekannten und durchsichtigsten Falle großer Hysterie mit manifester double conscience, eben bei Anna O., kein Rest aus dem akuten Stadium in das chronische hinübergetragen wurde und alle Phänomene des letzteren schon in der »Inkubationszeit« in Hypnoiden und Affektzuständen erzeugt worden waren.

Berührung ihrer empfindungslosen Hand nicht fühlen, aber, aufgefordert, eine beliebige Zahl zu nennen, immer jene wählen, welche der Zahl der Berührungen entspricht.) Weiter beherrschen sie die Gemütslage, die Stimmung. Wenn sich Anna O. bei Abwicklung ihrer Erinnerungen einem Vorgange näherte, der ursprünglich mit lebhaftem Affekte verbunden gewesen war, so trat die entsprechende Gemütsstimmung schon Tage vorher auf, ehe die Erinnerung auch nur in dem hypnotischen Bewußtsein klar erschien.

Dies macht uns die »Launen«, die unerklärlichen, unbegründeten, für das wache Denken motivlosen Verstimmungen der Kranken verständlich. Die Impressionabilität der Hysterischen ist ja großenteils einfach durch ihre originäre Erregbarkeit bedingt; aber die lebhaften Affekte, in die sie durch relativ geringfügige Ursachen geraten, werden begreiflicher, wenn wir bedenken, daß die »abgespaltene Psyche« wirkt wie ein Resonator auf den Ton der Stimmgabel. Jedes Vorkommnis, welches »unbewußte« Erinnerungen erregt, macht die ganze affektive Kraft dieser nicht usurierten Vorstellungen frei, und der hervorgerufene Affekt steht dann ganz außer Verhältnis zu jenem, der in der bewußten Psyche allein entstanden wäre.

Es wurde oben (S. 187) von einer Kranken berichtet, deren psychische Leistung immer im umgekehrten Verhältnisse zu der Lebhaftigkeit ihrer unbewußten Vorstellungen steht. Die Herabsetzung ihres bewußten Denkens beruht teilweise, aber nur teilweise, auf einer eigentümlichen Art von Zerstreutheit; nach jeder momentanen »Absence«, wie solche fortwährend eintreten, weiß sie nicht, an was sie während derselben gedacht hat. Sie oszilliert zwischen der »condition prime« und »seconde«, zwischen dem bewußten und dem unbewußten Vorstellungskomplexe. Aber nicht bloß dadurch ist ihre psychische Leistung herabgesetzt und auch nicht bloß durch den Affekt, der vom Unbewußten aus sie beherrscht. Ihr waches Denken ist in solchem Zustand energielos, ihr Urteil kindisch, sie scheint, wie gesagt, geradezu imbecil. Ich meine, das sei darin begründet, daß dem wachen Denken eine geringere Energie zur Verfügung steht, wenn eine große Menge der psychischen Erregung vom Unbewußten in Beschlag genommen ist.

Wenn das nun nicht bloß temporär der Fall ist, wenn die abgespaltene Psyche fortwährend in Erregung ist, wie bei Janets Hemianästhetischen, bei denen sogar alle Empfindungen der einen Körperhälfte nur von der unbewußten Psyche perzipiert werden, so bleibt für das wache Denken so wenig von der Gehirnleistung übrig, daß sich dadurch die psychische Schwäche vollauf erklärt, die Janet schildert und für originär hält. Wohl von den wenigsten Menschen dürfte man sagen wie von Uhlands Bertrand de Born, »daß ihnen nie mehr als

die Hälfte ihres Geistes nötig sei«. Die allermeisten sind bei solcher Reduktion ihrer psychischen Energie eben schwachsinnig.
Auf dieser, durch die psychische Spaltung bedingten geistigen Schwäche scheint nun auch eine folgenreiche Eigenschaft manch er Hysterischer zu beruhen, ihre Suggestibilität. (Ich sage, »mancher Hysterischen«, denn es ist sicher, daß man unter den Kranken dieser Art auch die urteilsichersten, kritischsten Menschen findet.)
Wir verstehen unter Suggestibilität zunächst nur die Kritiklosigkeit gegen Vorstellungen und Vorstellungskomplexe (Urteile), welche im eigenen Bewußtsein auftauchen oder von außen in dasselbe eingeführt werden, durch Hören fremder Rede oder Lektüre. Alle Kritik solcher frisch ins Bewußtsein tretender Vorstellungen beruht darauf, daß sie assoziativ andere erwecken, und darunter auch solche, die mit ihnen unvereinbar sind. Der Widerstand gegen sie ist also abhängig von dem Besitze des potentiellen Bewußtseins an solchen widerstrebenden Vorstellungen, und seine Stärke entspricht dem Verhältnisse zwischen der Lebhaftigkeit der frischen Vorstellungen und der aus der Erinnerung erweckten. Dieses Verhältnis ist auch bei normalen Intellekten sehr verschieden. Was wir intellektuelles Temperament nennen, hängt großenteils davon ab. Der Sanguiniker, den neue Menschen und Dinge immer entzücken, ist wohl so, weil die Intensität seiner Erinnerungsbilder im Vergleiche mit jener der neuen Eindrücke geringer ist als bei den ruhigeren, »phlegmatischen« Menschen. In pathologischen Zuständen wächst das Übergewicht frischer Vorstellungen und die Widerstandslosigkeit gegen solche um so mehr, je weniger Erinnerungsbilder erweckt werden, also je schwächer und ärmer die Assoziation ist; so schon im Schlafe und Traume, in der Hypnose, bei jedem Abnehmen der geistigen Energie, solange es nicht auch die Lebhaftigkeit der frischen Vorstellungen schädigt.
Die unbewußte, gespaltene Psyche der Hysterie ist eminent suggestibel, der Armut und Unvollständigkeit ihres Vorstellungsinhaltes wegen. Aber auch die Suggestibilität der bewußten Psyche mancher Hysterischen scheint hierauf zu beruhen. Ihrer originären Anlage nach sind sie erregbar; frische Vorstellungen sind bei ihnen von großer Lebhaftigkeit. Dagegen ist die eigentliche intellektuelle Tätigkeit, die Assoziation, herabgesetzt, weil dem wachen Denken, der Abspaltung eines »Unbewußten« wegen, nur ein Teil der psychischen Energie zur Verfügung steht.
Damit ist ihre Widerstandsfähigkeit gegen Auto- wie Fremdsuggestionen vermindert und manchmal vernichtet. Auch die Suggestibilität ihres Willens dürfte hieraus allein entspringen. Die halluzinatorische Suggestibilität dagegen, welche jede Vor-

stellung einer Sinneswahrnehmung alsbald in die Wahrnehmung selbst verwandelt, erfordert, wie jede Halluzination, einen abnormen Grad von Erregbarkeit des Perzeptionsorganes und läßt sich aus der psychischen Spaltung allein nicht ableiten.

6. *Originäre Disposition; Entwicklung der Hysterie*

Fast auf jeder Stufe dieser Darlegungen habe ich anerkennen müssen, daß die meisten Erscheinungen, um deren Verständnis wir uns bemühen, auch auf angeborener Eigenart beruhen können. Diese entzieht sich jeder Erklärung, welche über die Konstatierung der Tatsachen hinausgehen wollte. Aber auch die Fähigkeit, Hysterie zu akquirieren, ist gewiß an eine Eigenart der Menschen gebunden, und der Versuch wäre vielleicht nicht ganz wertlos, diese etwas genauer zu definieren.

Ich habe oben auseinandergesetzt, warum die Anschauung Janets unannehmbar ist: die Disposition zur Hysterie beruhe auf angeborener psychischer Schwäche. Der Praktiker, der als Hausarzt die Glieder hysterischer Familien in allen Altersstufen beobachtet, wird gewiß eher geneigt sein, diese Disposition in einem Überschusse als in einem Defekte zu suchen. Die Adoleszenten, welche später hysterisch werden, sind vor ihrer Erkrankung meist lebhaft, begabt, voll geistiger Interessen; ihre Willensenergie ist oft bemerkenswert. Zu ihnen gehören jene Mädchen, die nachts aufstehen, um heimlich irgend ein Studium zu treiben, das ihnen die Eltern aus Furcht vor Überanstrengung versagten. Die Fähigkeit besonnenen Urteils ist gewiß ihnen nicht reichlicher gegeben als anderen Menschen. Aber selten findet man unter ihnen einfache, stumpfe Geistesträgheit und Dummheit. Die überströmende Produktivität ihrer Psyche brachte einen meiner Freunde zu der Behauptung: die Hysterischen seien die Blüte der Menschheit, freilich so steril, aber auch so schön wie die gefüllten Blumen.

Ihre Lebhaftigkeit und Unrast, ihr Bedürfnis nach Sensationen und geistiger Tätigkeit, ihre Unfähigkeit, Monotonie und Langweile zu ertragen, lassen sich so formulieren: sie gehören zu jenen Menschen, deren Nervensystem in der Ruhe ein Übermaß von Erregung frei macht, welches Verwendung fordert (s. S. 159). Während und infolge der Pubertätsentwicklung tritt zu dem originären Überschusse noch jene gewaltige Steigerung der Erregung, welche von der erwachenden Sexualität, von den Geschlechtsdrüsen ausgeht. Nun ist ein übergroßes Quantum freier nervöser Erregung verfügbar für pathologische Phänomene: aber damit diese in Form hysterischer Krankheitserscheinungen auftreten, dazu braucht es offenbar noch einer andern, spezifi-

schen Eigenart des Individuums. Denn die große Mehrzahl der lebhaften, erregten Menschen wird ja doch nicht hysterisch.
Diese Eigenart konnte ich oben nur mit dem vagen und inhaltsarmen Worte: »abnorme Erregbarkeit des Nervensystems« bezeichnen. Man kann aber doch vielleicht weiter gehen und sagen, diese Abnormität liege eben darin, daß bei solchen Menschen in die Nervenapparate der Empfindung, welche de norma nur peripheren Reizen zugänglich sind, und in diejenigen der vegetativen Organe, welche durch starke Widerstände vom Zentralnervensystem isoliert sind, die Erregung des Zentralorganes einströmen kann. Diese Vorstellung von dem immer vorhandenen Erregungsüberschusse, welchem die sensiblen, vasomotorischen und viszeralen Apparate zugänglich sind, kann vielleicht schon einige pathologische Phänomene decken.
Sowie bei so beschaffenen Menschen die Aufmerksamkeit gewaltsam auf einen Körperteil konzentriert wird, übersteigt die »attentionelle Bahnung« (Exner) der betreffenden sensiblen Leitung das normale Maß; die freie, flottierende Erregung versetzt sich sozusagen auf diese Bahn, und es entsteht die lokale Hyperalgesie, welche es verursacht, daß alle, irgendwie bedingten, Schmerzen maximal intensiv werden, daß alle Leiden »furchtbar« und »unerträglich« sind. Aber die Erregungsquantität, welche einmal eine sensible Bahn besetzt hat, verläßt sie nicht immer wieder wie beim normalen Menschen; sie verharrt nicht bloß, sondern vermehrt sich durch Zuströmen immer neuer Erregungen. So entwickelt sich nach einem leichten Gelenkstrauma eine Gelenksneurose; die Schmerzempfindungen der Ovarialschwellung werden zur dauernden Ovarie.
Die Nervenapparate der Zirkulation sind dem zerebralen Einflusse zugänglicher als beim Normalen: es besteht nervöses Herzklopfen, Neigung zur Synkope, exzessives Erröten und Erblassen usf.
Aber allerdings nicht bloß zentralen Einflüssen gegenüber sind die peripheren nervösen Apparate leichter erregbar: sie reagieren auch auf die adäquaten, funktionellen Reize in exzessiver und perverser Weise. Das Herzklopfen folgt mäßiger Anstrengung wie gemütlicher Aufregung, und die Vasomotoren bringen Arterien zur Kontraktion (»absterbende Finger«) ohne allen psychischen Einfluß. Und gerade wie einem leichten Trauma die Gelenksneurose folgt, so hinterläßt eine kurze Bronchitis nervöses Asthma und eine Indigestion häufige Kardialgie. So müssen wir anerkennen, daß die Zugänglichkeit für Erregungssummen zentralen Ursprunges nur ein Spezialfall der allgemeinen abnormen Erregbarkeit ist[19], wenn auch der für unser Thema wichtigste.

19 Oppenheims »Labilität der Moleküle«.

Ich glaube darum auch nicht, daß die alte »Reflextheorie« dieser Symptome, die man vielleicht besser einfach »nervöse« nennen würde, die aber zu dem empirischen Krankheitsbilde der Hysterie gehören, ganz zu verwerfen ist. Das Erbrechen, das ja die Dehnung des graviden Uterus begleitet, kann bei abnormer Erregbarkeit ganz wohl von geringfügigen uterinen Reizen reflektorisch ausgelöst werden; ja vielleicht auch von den wechselnden Schwellungen der Ovarien. Wir kennen so viele Fernwirkungen von Organveränderungen, so viele sonderbar »konjugierte Punkte«, daß es nicht abzuweisen ist, eine Menge nervöser Symptome, welche das eine Mal psychisch bedingt sind, möchten in anderen Fällen reflektorische Fernwirkungen sein. Ja, ich wage die höchst unmoderne Ketzerei, es könnte doch einmal auch die Bewegungsschwäche eines Beines nicht psychisch, sondern direkt reflektorisch durch eine Genitalkrankheit bedingt sein. Ich meine, wir tun gut, unsere neuen Einsichten nicht allzu ausschließlich gelten zu lassen und für alle Fälle zu generalisieren.

Andere Formen abnormer sensibler Erregbarkeit entziehen sich unserem Verständnisse noch vollständig; so die allgemeine Analgesie, die anästhetischen Plaques, die reale Gesichtsfeldeinengung u. dgl. m. Es ist möglich und vielleicht wahrscheinlich, daß weitere Beobachtungen den psychischen Ursprung des einen oder andern dieser Stigmen nachweisen und damit das Symptom erklären werden; bisher ist das nicht geschehen; (ich wage nicht, die Anhaltspunkte, welche unsere Beobachtung 1 [Anna O.] gibt, zu verallgemeinern), und ich halte es nicht für gerechtfertigt, bevor eine solche Ableitung gelungen ist, sie zu präsumieren.

Dagegen scheint die bezeichnete Eigenart des Nervensystemes und der Psyche einige allbekannte Eigenschaften vieler Hysterischen zu erklären. Der Überschuß von Erregung, welchen ihr Nervensystem in der Ruhe frei macht, bedingt ihre Unfähigkeit, ein monotones Leben und Langweile zu ertragen; ihr Sensationsbedürfnis, welches sie dazu treibt, nach Ausbruch der Krankheit die Eintönigkeit der Krankenexistenz durch allerlei »Ereignisse« zu unterbrechen, als welche sich naturgemäß vor allem pathologische Phänomene darbieten. Die Autosuggestion unterstützt sie darin oft. Sie werden darin immer weiter geführt durch ihr Krankheitsbedürfnis, jenen merkwürdigen Zug, der für die Hysterie so pathognomonisch ist, wie die Krankheitsfurcht für die Hypochondrie. Ich kenne eine Hysterica, welche ihre oft recht bedeutenden Selbstbeschädigungen nur für den eigenen Gebrauch vornahm, ohne daß Umgebung und Arzt davon erfuhren. Wenn nichts anderes, so vollzog sie, allein im Zimmer, allerlei Unfug, nur um sich selbst zu beweisen, sie sei nicht normal. Sie hat eben ein deutliches Gefühl ihrer Krankhaftigkeit, erfüllt ihre Pflichten ungenügend und schafft sich durch solche Akte die Rechtfertigung vor sich selbst. Eine andere Kranke, eine schwerleidende Frau von krankhafter Gewissenhaftigkeit und voll Mißtrauen gegen sich selbst, empfindet jedes hysterische Phänomen als Schuld, »weil sie das ja wohl nicht haben müßte, wenn sie nur ordentlich wollte«. Als die Parese ihrer Beine irrigerweise für eine spinale Krankheit erklärt wurde, empfand sie das als eine Erlösung, und die Erklärung, es sei »nur nervös« und werde vergehen, genügte, um ihr schwere Gewissensangst zu erzeugen. Das Krankheitsbedürfnis entspringt der Sehnsucht der Patientin, sich und andere von der Realität ihrer Krankheit zu überzeugen. Wenn es sich dann zu der Pein gesellt, welche durch die Monotonie des Krankenzimmers bedingt wird, so entwickelt sich die Neigung, immer neue Symptome zu haben, aufs stärkste.

Wenn diese aber zur Verlogenheit wird und zu wirklicher Simulation führt — und ich glaube, wir gehen jetzt in der Ablehnung der Simulation geradeso zu weit, wie früher in ihrer Annahme — dann beruht das nicht auf der hysterischen Disposition, sondern, wie M ö b i u s vortrefflich sagt, auf der Komplikation derselben mit anderen Degenerationen, originärer moralischer Minderwertigkeit. Gerade wie die »bösartige Hysterica« dadurch entsteht, daß ein originär erregbarer, aber gemütsarmer Mensch noch der egoistischen Charakterverkümmerung anheimfällt, welche chronisches Siechtum so leicht erzeugt. Die »bösartige Hysterica« ist übrigens kaum häufiger als der bösartige Tabiker späterer Stadien.

Auch in der motorischen Sphäre erzeugt der Erregungsüberschuß pathologische Phänomene. So geartete Kinder entwickeln sehr leicht ticartige Bewegungen, welche, zuerst angeregt durch irgendeine Empfindung in den Augen oder im Gesicht oder durch die Gene eines Kleidungsstückes, alsbald Dauer gewinnen, wenn sie nicht sogleich bekämpft werden. Die Reflexbahnen werden sehr leicht und rasch »ausgefahren«.

Es ist auch nicht abzuweisen, daß es einen rein motorischen von jedem psychischen Faktor unabhängigen Krampfanfall gebe, in dem sich nur die durch Summation angehäufte Erregungsmasse entlädt, geradeso wie die durch anatomische Veränderungen bedingte Reizmasse im epileptischen Anfalle. Das wäre der nicht ideogene hysterische Krampf.

Wir sehen so oft Adoleszenten, welche zwar erregbar, aber gesund waren, während der Pubertätsentwicklung an Hysterie erkranken, daß wir uns fragen müssen, ob dieser Prozeß nicht dort die Disposition schafft, wo sie originär noch nicht vorhanden ist. Und allerdings müssen wir ihm mehr zuschreiben als die einfache Steigerung des Erregungsquantums; die Geschlechtsreifung greift im ganzen Nervensysteme an, überall die Erregbarkeit steigernd und die Widerstände herabsetzend. Das lehrt die Beobachtung der nicht hysterischen Adoleszenten, und wir sind darum berechtigt zu glauben, daß sie auch die hysterische Disposition herstelle, soweit diese eben in dieser Eigenschaft des Nervensystemes besteht. Damit anerkennen wir bereits die Sexualität als einen der großen Komponenten der Hysterie. Wir werden sehen, daß ihr Anteil daran ein noch viel größerer ist und daß sie auf den verschiedensten Wegen zum Aufbaue der Krankheit mitwirkt.

Wenn die Stigmata direkt dem originären Mutterboden der Hysterie entspringen und nicht ideogenen Ursprunges sind, so ist es auch unmöglich, die Ideogenie so in den Mittelpunkt der Hysterie zu stellen, wie es heute manchmal geschieht. Was könnte denn echter hysterisch sein als die Stigmata, jene pathognomonischen Befunde, welche die Diagnose feststellen, und doch scheinen gerade diese nicht ideogen. Aber wenn die Basis der Hysterie eine Eigenart des ganzen Nervensystemes ist — auf ihr erhebt sich der Komplex von ideogenen, psychisch bedingten Symptomen wie ein Gebäude auf den Fundamenten. Und es ist ein mehrstöckiges Gebäude. Wie man die Struktur eines solchen nur dann verstehen kann, wenn man den Grundriß der verschiedenen Stockwerke unterscheidet, so, meine ich, ist das Verständnis der Hysterie davon bedingt, daß die verschiedenartige Komplikation der Symptomursachen beachtet wird. Sieht man davon ab und versucht die Erklärung der Hysterie mit Benutzung eines einzigen Kausalnexus durchzuführen, so bleibt immer ein sehr großer Rest unerklärter Phänomene übrig; es ist gerade, als wollte man die verschiedenen Gelasse eines mehrstöckigen Hauses auf dem Grundrisse eines Stockwerkes eintragen.

Wie die Stigmata ist eine Reihe anderer nervöser Symptome, wie wir oben sahen, nicht durch Vorstellungen veranlaßt, sondern direkte Folge der fundamentalen Anomalie des Nervensystemes: manche Algien, vasomotorische Phänomene, vielleicht der rein motorische Krampfanfall.

Ihnen zunächst stehen die ideogenen Phänomene, welche einfach Konversionen affektiver Erregung sind (S. 163). Sie entstehen als Wirkungen von Affekten in Menschen von hysterischer Disposition und sind zunächst nur »anomaler Ausdruck der Gemütsbewegungen« (Oppenheim)[20]. Dieser wird durch Wiederholung zu einem wirklichen, scheinbar rein somatischen hysterischen Symptom, während die veranlassende Vorstellung unmerklich wird (S. 167) oder abgewehrt und darum aus dem Bewußtsein verdrängt ist. Die meisten und wichtigsten der abgewehrten und konvertierten Vorstellungen haben sexua-

20 Jene Disposition ist eben das, was Strümpell als »die Störung im Psycho-Physischen« bezeichnet, welche der Hysterie zugrunde liegt.

len Inhalt. Sie liegen einem großen Teil der Pubertätshysterie zugrunde. Die heranreifenden Mädchen — um diese handelt es sich hauptsächlich — verhalten sich zu den sexualen Vorstellungen und Empfindungen, die auf sie eindringen, sehr verschieden. Bald mit voller Unbefangenheit, wobei die einen das ganze Gebiet ignorieren und übersehen. Die anderen nehmen sie so an wie die Knaben; das ist bei Bauern- und Arbeitermädchen wohl die Regel. Wieder andere haschen mit mehr oder minder perverser Neugier nach allem, was Gespräch und Lektüre ihnen an Sexualem bringt; und endlich die feinorganisierten Naturen von großer sexualer Erregbarkeit, aber ebenso großer moralischer Reinheit, welche alles Sexuale als unvereinbar mit ihrem sittlichen Inhalt empfinden, als Beschmutzung und Befleckung.[21] Diese verdrängen die Sexualität aus ihrem Bewußtsein, und die affektiven Vorstellungen solchen Inhaltes, welche somatische Phänomene verursacht haben, werden als »abgewehrte« unbewußt.

Die Neigung zur Abwehr des Sexualen wird noch verstärkt dadurch, daß die sinnliche Erregung bei der Jungfrau eine Beimischung von Angst hat, die Furcht vor dem Unbekannten, Geahnten, was kommen wird, während sie bei dem natürlichen, gesunden, jungen Manne ein unvermischt aggressiver Trieb ist. Das Mädchen ahnt im Eros die furchtbare Macht, die ihr Schicksal beherrscht und entscheidet, und wird durch sie geängstigt. Um so größer ist die Neigung, wegzublicken und das Ängstigende aus dem Bewußtsein zu verdrängen.

Die Ehe bringt neue sexuale Traumen. Es ist zu wundern, daß die Brautnacht nicht häufiger pathogen wirkt, da sie doch leider so oft nicht erotische Verführung, sondern Notzucht zum Inhalte hat. Aber freilich sind ja auch die Hysterien junger Frauen nicht selten, welche darauf zurückzuführen sind und schwinden, wenn sich im Verlaufe der Zeit der Sexualgenuß eingestellt und das Trauma verwischt hat. Auch im weiteren Verlaufe vieler Ehen kommen sexuale Traumen vor. Jene Krankengeschichten, von deren Publikation wir absehen mußten, enthalten davon eine große Zahl, perverse Anforderungen des Mannes, unnatürliche Praktiken usw. Ich glaube nicht zu übertreiben, wenn ich behaupte, *die große Mehrzahl der schweren Neurosen bei Frauen entstamme dem Ehebett*.[22]

21 Einige Beobachtungen lassen uns glauben, daß die Berührungs-, eigentlich Beschmutzungsfurcht, welche die Frauen zwingt, sich alle Augenblicke die Hände zu waschen, sehr häufig diesen Ursprung hat. Das Waschen entspringt demselben seelischen Vorgange wie bei Lady *Macbeth*.

22 Es ist gewiß von Übel, daß die Klinik dieses, eines der allerwichtigsten pathogenen Momente ignoriert, oder doch nur zart andeutend streift. Dies ist sicher ein Gegenstand, wo die Erfahrung der Erfahrenen dem jungen Arzte mitgeteilt werden soll, der ja gewöhnlich an der Sexualität blind vorübergeht; mindestens was seine Kranken betrifft.

Ein Teil der sexualen Noxen, der wesentlich in ungenügender Befriedigung besteht (coitus interruptus, ejaculatio praecox usf.), führt nach der Entdeckung Freuds[23] nicht zu Hysterie, sondern zur Angstneurose. Doch meine ich, wird auch in solchen Fällen häufig genug die Erregung des Sexualaffektes in hysterische somatische Phänomene konvertiert.
Es ist selbstverständlich und geht auch aus unseren Beobachtungen zur Genüge hervor, daß die nicht sexualen Affekte des Schrecks, der Angst, des Zornes zur Entstehung hysterischer Phänomene führen. Aber es ist vielleicht nicht überflüssig, immer wieder zu betonen, daß das sexuale Moment weitaus das wichtigste und pathologisch fruchtbarste ist. Die naive Beobachtung unserer Vorgänger, deren Rest wir im Worte »Hysterie« bewahren, ist der Wahrheit näher gekommen als die neuere Anschauung, welche die Sexualität fast in letzte Linie stellt, um die Kranken vor moralischem Vorwurfe zu bewahren. Gewiß sind die sexualen Bedürfnisse der Hysterischen gerade so individuell verschieden groß und nicht stärker als bei den Gesunden. Aber sie erkranken an ihnen, und zwar großenteils gerade durch ihre Bekämpfung, durch die Abwehr der Sexualität.
Neben der sexualen muß hier an die Schreckhysterie erinnert werden, die eigentlich traumatische Hysterie. Sie bildet eine der bestgekannten und anerkannten Hysterieformen.
Sozusagen in der gleichen Schicht mit den Phänomenen, welche durch Konversion von Affekterregung entstanden sind, liegen diejenigen, welche der Suggestion (meist Autosuggestion) bei originär suggestiblen Individuen ihren Ursprung verdanken. Hochgradige Suggestibilität d. h. hemmungsloses Übergewicht frisch erregter Vorstellungen gehört nicht zum Wesen der Hysterie; sie kann sich aber bei hysterisch Disponierten als Komplikation vorfinden, bei denen eben diese Eigenart des Nervensystemes die körperliche Realisierung der überwertigen Vorstellungen ermöglicht. Es sind übrigens meistens doch nur affektive Vorstellungen, welche suggestiv in somatischen Phänomenen realisiert werden, und so kann man den Vorgang oft auch als Konversion des begleitenden Schreck- oder Angsteffektes auffassen.
Diese Prozesse der Affektkonversion und der Suggestion bleiben identisch auch in den komplizierten Formen von Hysterie, die nun zu betrachten sind; sie finden dort nur günstigere Bedingungen; aber psychisch bedingte hysterische Phänomene entstehen immer durch einen dieser beiden Vorgänge.

Jenes dritte Konstituens der hysterischen Disposition, welches in manchen Fällen zu den früher besprochenen hinzutritt, die Kon-

23 Freud, »Über die Berechtigung, von der Neurasthenie einen bestimmten Symptomenkomplex als Angstneurose abzutrennen«. Neurol. Zentralblatt 1895, Nr. 2. [Ges. Werke. Bd. 1]

version wie die Suggestion in höchstem Maße begünstigt und erleichtert und dadurch sozusagen über den kleinen Hysterien, die nur einzelne hysterische Phänomene zeigen, das weitere Stockwerk der großen Hysterie aufbaut, ist das H y p n o i d, die Neigung zur Autohypnose (S. 173). Sie konstituiert einen, zunächst nur vorübergehenden und mit dem normalen alternierenden Zustand, dem wir dieselbe Steigerung der psychischen Einwirkung auf den Körper zuschreiben dürfen, die wir in der artifiziellen Hypnose beobachten; diese Einwirkung ist hier um so intensiver und tiefer greifend, als sie ein Nervensystem betrifft, welches schon außerhalb der Hypnose von anomaler Erregbarkeit ist.[24] Inwieweit und in welchen Fällen die Neigung zur Autohypnose originäre Eigenschaft des Organismus ist, wissen wir nicht. Ich habe oben (S. 176) die Ansicht ausgesprochen, daß sie sich aus affekterfüllter Träumerei entwickle. Aber sicher gehört auch hierzu originäre Disposition. Wenn jene Ansicht richtig ist, so wird auch hier deutlich, wie großer Einfluß auf die Entwicklung der Hysterie der Sexualität zuzuschreiben ist. Denn es gibt außer der Krankenpflege keinen psychischen Faktor, der so wie die Liebessehnsucht geeignet ist, affekterfüllte Träumerei zu erzeugen. Und überdies ist der sexuale Orgasmus selbst mit seiner Fülle von Affekt und der Einengung des Bewußtseins den hypnoiden Zuständen nahe verwandt.

Das Hypnoid tritt am deutlichsten in die Erscheinung als hysterischer Anfall, und in jenem Zustande, den man als akute Hysterie bezeichnen kann und der, wie es scheint, in der Entwicklung der großen Hysterie eine so bedeutende Rolle spielt (S. 191). Es sind dies lange, oft mehrere Monate dauernde, deutlich psychotische Zustände, die man oft geradezu als halluzinatorische Verworrenheit bezeichnen muß; auch wenn die Störung nicht so weit geht, treten in solchem Zustande mannigfache hysterische Phänomene auf, von denen einige auch weiterhin persistieren. Der psychische Inhalt dieser Zustände besteht zum Teil gerade aus den Vorstellungen, welche im wachen Leben abgewehrt und aus dem Bewußtsein verdrängt worden sind (»hysterische Delirien der Heiligen und Nonnen, der enthaltsamen Frauen, der wohlerzogenen Kinder«).

Da diese Zustände so oft geradezu Psychosen sind und doch direkt und ausschließlich der Hysterie entstammen, kann ich mich der Meinung M ö b i u s' nicht anschließen: »man könne,

24 Es liegt nahe, die Disposition zur Hypnose mit der originären abnormen Erregbarkeit zu identifizieren, da uns ja auch die artifizielle Hypnose ideogene Veränderungen der Sekretion, der lokalen Blutfülle, Blasenbildungen u. dgl. zeigt. Dies scheint die Ansicht von M ö b i u s zu sein. Ich meine aber, man bewegt sich da in einem falschen Zirkel. Diese Thaumaturgie der Hypnose beobachten wir, soviel ich sehe, doch nur bei Hysterischen. Wir würden also der Hypnose die Leistungen der Hysterie zuschreiben und dann wieder diese aus der Hypnose ableiten.

— abgesehen von den mit dem Anfalle verknüpften Delirien, von einem eigentlichen hysterischen Irresein nicht reden«.[25] Diese Zustände sind in vielen Fällen ein solches; und auch im weiteren Verlaufe der Hysterie wiederholen sich solche Psychosen, die freilich im Wesen nichts anderes sind als das psychotische Stadium des Anfalles, aber bei monatelanger Dauer doch nicht wohl als Anfälle bezeichnet werden können.

Wie entstehen diese akuten Hysterien? In dem bestbekannten Falle (Anna O.) entwickelte sie sich aus der Häufung der Hypnoidattacken; in einem andern Falle (von schon bestehender, komplizierter Hysterie) im Anschlusse an eine Morphinentziehung. Meist ist der Vorgang ganz dunkel und harrt der Klärung durch weitere Beobachtungen.

Für diese, hier besprochenen Hysterien gilt also der Satz von Möbius: »Die der Hysterie wesentliche Veränderung besteht darin, daß vorübergehend oder dauernd der geistige Zustand des Hysterischen dem des Hypnotisierten gleicht.«

Das Fortdauern der im Hypnoid entstandenen hysterischen Symptome während des normalen Zustandes entspricht vollständig unseren Erfahrungen über posthypnotische Suggestion. Damit ist aber auch schon gesagt, daß Komplexe von bewußtseinsunfähigen Vorstellungen mit den bewußt ablaufenden Ideenreihen koexistieren, daß die Spaltung der Psyche (S. 182) vollzogen ist. Es scheint sicher, daß diese auch ohne Hypnoid entstehen kann, aus der Fülle der abgewehrten, aus dem Bewußtsein verdrängten, aber nicht unterdrückten Vorstellungen. Auf die eine und die andere Weise entsteht ein bald ideenarmes, rudimentäres, bald dem wachen Denken mehr oder minder gleiches Gebiet psychischen Lebens, dessen Erkenntnis wir vor allen Binet und Janet verdanken. Die Spaltung der Psyche ist die Vollendung der Hysterie; es wurde früher (Kap. 5) dargelegt, wie sie die wesentlichen Charakterzüge der Krankheit erklärt. Dauernd, aber mit wechselnder Lebhaftigkeit seiner Vorstellungen, befindet sich ein Teil der Psyche des Kranken im Hypnoid, immer bereit, beim Nachlassen des wachen Denkens die Herrschaft über den ganzen Menschen zu gewinnen (Anfall, Delirium). Das geschieht, sobald ein starker Affekt den normalen Vorstellungsablauf stört, in Dämmer- und in Erschöpfungszuständen. Aus diesem persistierenden Hypnoid herauf dringen unmotivierte, der normalen Assoziation fremde Vorstellungen ins Bewußtsein, werden Halluzinationen in das Wahrnehmen geworfen, werden motorische Akte unabhängig vom bewußten Willen innerviert. Diese hypnoide Psyche ist im höchsten Grade befähigt zur Affektkonversion und Suggestion, und so entstehen mit Leichtigkeit neue hysterische Phänomene, welche ohne die

25 Möbius: Gegenwärtige Auffassung der Hysterie. Monatsschrift für Geburtshilfe und Gynäkologie, 1895, I. Bd., p. 18.

psychische Spaltung nur sehr schwer und unter dem Drucke wiederholter Affekte zustande gekommen wären. Die abgespaltene Psyche ist jener Dämon, von dem die naive Beobachtung alter, abergläubischer Zeiten die Kranken besessen glaubte. Daß ein dem wachen Bewußtsein des Kranken fremder Geist in ihm walte, ist richtig; nur ist es kein wirklich fremder, sondern ein Teil seines eigenen.

Der hier gewagte Versuch, aus unseren heutigen Kenntnissen die Hysterie synthetisch zu konstruieren, steht dem Vorwurfe des Eklektizismus offen, wenn dieser überhaupt berechtigt ist. So viele Formulierungen der Hysterie, von der alten »Reflextheorie« bis zur »Dissoziation der Persönlichkeit« haben darin Platz finden müssen. Aber es kann kaum anders sein. So zahlreiche treffliche Beobachter und scharfsinnige Köpfe haben sich um die Hysterie bemüht. Es ist unwahrscheinlich, daß nicht jede ihrer Formulierungen einen Teil der Wahrheit enthalte. Die künftige Darstellung des wirklichen Sachverhaltes wird gewiß sie alle enthalten und nur all die einseitigen Ansichten des Gegenstandes zu einer körperhaften Realität kombinieren. Der Eklektizismus scheint mir darum kein Tadel.

Aber wieweit von der Möglichkeit eines solchen vollständigen Verständnisses der Hysterie sind wir heute noch! Mit wie unsicheren Zügen sind hier die Konturen umrissen worden, mit wie plumpen Hilfsvorstellungen sind die klaffenden Lücken mehr verdeckt als ausgefüllt. Nur die eine Erwägung beruhigt einigermaßen: daß dieses Übel allen physiologischen Darstellungen komplizierter psychischer Vorgänge anhaftet und anhaften muß. Von ihnen gilt immer, was Theseus im Sommernachtstraum von der Tragödie sagt: »Auch das Beste dieser Art ist nur ein Schattenspiel.« Und auch das Schwächste ist nicht wertlos, wenn es sucht, in Treue und Bescheidenheit die Schattenrisse festzuhalten, welche die unbekannten wirklichen Objekte auf die Wand werfen. Dann ist doch immer die Hoffnung berechtigt, daß irgend ein Maß von Übereinstimmung und Ähnlichkeit zwischen den wirklichen Vorgängen und unserer Vorstellung davon bestehen werde.

IV.
Zur Psychotherapie der Hysterie (Freud)

Wir haben in der »Vorläufigen Mitteilung« berichtet, daß sich uns während der Forschung nach der Ätiologie hysterischer Symptome auch eine therapeutische Methode ergeben hat, die wir für praktisch bedeutsam halten. »*Wir fanden nämlich, anfangs zu unserer größten Überraschung, daß die einzelnen hysterischen Symptome sogleich und ohne Wiederkehr verschwanden, wenn es gelungen war, die Erinnerung an den veranlassenden Vorgang zu voller Helligkeit zu erwecken, damit auch den begleitenden Affekt wachzurufen, und wenn dann der Kranke den Vorgang in möglichst ausführlicher Weise schilderte und dem Affekt Worte gab.*«

Wir suchten uns ferner verständlich zu machen, auf welche Weise unsere psychotherapeutische Methode wirke: »*Sie hebt die Wirksamkeit der ursprünglich nicht abreagierten Vorstellung dadurch auf, daß sie dem eingeklemmten Affekt derselben den Ablauf durch die Rede gestattet, und bringt sie zur assoziativen Korrektur, indem sie dieselbe ins normale Bewußtsein zieht (in leichterer Hypnose) oder durch ärztliche Suggestion aufhebt, wie es im Somnambulismus mit Amnesie geschieht.*«

Ich will nun versuchen, im Zusammenhange darzutun, wie weit diese Methode trägt, um was sie mehr als andere leistet, mit welcher Technik und mit welchen Schwierigkeiten sie arbeitet, wenngleich das Wesentliche hierüber bereits in den voranstehenden Krankengeschichten enthalten ist, und ich es nicht vermeiden kann, mich in dieser Darstellung zu wiederholen.

1

Ich darf auch für meinen Teil sagen, daß ich am Inhalte der »Vorläufigen Mitteilung« festhalten kann; jedoch muß ich eingestehen, daß sich mir in den seither verflossenen Jahren – bei unausgesetzter Beschäftigung mit den dort berührten Problemen – neue Gesichtspunkte aufgedrängt haben, die eine wenigstens zum Teil andersartige Gruppierung und Auffassung des damals bekannten Materials an Tatsachen zur Folge hatten. Es wäre unrecht, wenn ich versuchen wollte, meinem verehrten Freunde J. Breuer zuviel von der Verantwortlichkeit für diese Entwicklung aufzubürden. Die folgenden Ausführungen bringe ich daher vorwiegend im eigenen Namen.

Als ich versuchte, die Breuersche Methode der Heilung hysterischer Symptome durch Ausforschung und Abreagieren in der Hypnose an einer größeren Reihe von Kranken zu verwenden, stießen mir zwei Schwierigkeiten auf, in deren Verfolgung ich zu einer Abänderung der Technik wie der Auffassung gelangte. 1) Es waren nicht alle Personen hypnotisierbar, die unzweifelhaft hysterische Symptome zeigten und bei denen höchstwahrscheinlich derselbe psychische Mechanismus obwaltete; 2) ich mußte Stellung zu der Frage nehmen, was denn wesentlich die Hysterie charakterisiert und wodurch sich dieselbe gegen andere Neurosen abgrenzt.

Ich verschiebe es auf später mitzuteilen, wie ich die erstere Schwierigkeit bewältigt und was ich aus ihr gelernt habe. Ich gehe zunächst darauf ein, wie ich in der täglichen Praxis gegen das zweite Problem Stellung nahm. Es ist sehr schwierig, einen Fall von Neurose richtig zu durchschauen, ehe man ihn einer gründlichen Analyse unterzogen hat; einer Analyse, wie sie eben nur bei Anwendung der Breuerschen Methode resultiert. Die Entscheidung über Diagnose und Art der Therapie muß aber vor einer solchen gründlichen Kenntnis gefällt werden. Es blieb mir also nichts übrig, als solche Fälle für die kathartische Methode auszuwählen, die man vorläufig als Hysterie diagnostizieren konnte, die einzelne oder mehrere von den Stigmen oder charakteristischen Symptomen der Hysterie erkennen ließen. Dann ereignete es sich manchmal, daß die therapeutischen Ergebnisse trotz der Hysteriediagnose recht armselig ausfielen, daß selbst die Analyse nichts Bedeutsames zutage förderte. Andere Male versuchte ich Neurosen mit der Breuerschen Methode zu behandeln, die gewiß niemandem als Hysterie imponiert hätten, und ich fand, daß sie auf diese Weise zu beeinflussen, ja selbst zu lösen waren. So ging es mir z. B. mit den Zwangsvorstellungen, den echten Zwangsvorstellungen nach Westphalschem Muster, in Fällen, die nicht durch einen Zug an Hysterie erinnerten. Somit konnte der psychische Mechanismus, den die »Vorläufige Mitteilung« aufgedeckt hatte, nicht für Hysterie pathognomonisch sein; ich konnte mich auch nicht entschließen, diesem Mechanismus zuliebe etwa soviel andere Neurosen in einen Topf mit der Hysterie zu werfen. Aus all den angeregten Zweifeln riß mich endlich der Plan, alle anderen in Frage kommenden Neurosen ähnlich wie die Hysterie zu behandeln, überall nach der Ätiologie und nach der Art des psychischen Mechanismus zu forschen und die Entscheidung über die Berechtigung der Hysteriediagnose von dem Ausfalle dieser Untersuchung abhängen zu lassen.

So gelangte ich, von der Breuerschen Methode ausgehend, dazu, mich mit der Ätiologie und dem Mechanismus der Neurosen überhaupt zu beschäftigen. Ich hatte dann das Glück, in verhältnismäßig kurzer Zeit bei brauchbaren Ergebnissen anzukommen. Es drängte sich mir zunächst die Erkenntnis auf, daß, insofern man von einer Verursachung sprechen könne, durch welche Neurosen erworben würden, die Ätiologie in sexuellen Momenten zu suchen sei. Daran reihte sich der Befund, daß verschiedene sexuelle Momente, ganz allgemein genommen, auch verschiedene Bilder von neurotischen Erkrankungen erzeugen. Und nun konnte man, in dem Maße, als sich das letztere Verhältnis bestätigte, auch wagen, die Ätiologie zur Charakteristik der Neurosen zu verwerten und eine scharfe Scheidung der Krankheitsbilder der Neurosen aufzustellen. Trafen ätiologische Charaktere mit klinischen konstant zusammen, so war dies ja gerechtfertigt.

Auf diese Weise ergab sich mir, daß der Neurasthenie eigentlich ein monotones Krankheitsbild entspreche, in welchem, wie Analysen zeigten, ein »psychischer Mechanismus« keine Rolle spiele. Von der Neurasthenie trennte sich scharf ab die Zwangsneurose, die Neurose der echten Zwangsvorstellungen, für die sich ein komplizierter psychischer Mechanismus, eine der hysterischen ähnliche Ätiologie und eine weitreichende Möglichkeit der Rückbildung durch Psychotherapie erkennen ließen. Anderseits schien es mir unbedenklich geboten, von der Neurasthenie einen neurotischen Symptomkomplex abzusondern, der von einer ganz abweichenden, ja, im Grunde genommen, gegensätzlichen Ätiologie abhängt, während die Teilsymptome dieses Komplexes durch einen schon von E. Hecker[1] erkannten Charakter zusammengehalten werden. Sie sind nämlich entweder Symptome oder Äquivalente und Rudimente von Angstäußerungen, und ich habe darum diesen von der Neurasthenie abzutrennenden Komplex Angstneurose geheißen. Ich habe von ihm behauptet, er käme durch die Anhäufung physischer Spannung zustande, die selbst wieder sexualer Herkunft ist; diese Neurose hat auch noch keinen psychischen Mechanismus, beeinflußt aber ganz regelmäßig das psychische Leben, so daß »ängstliche Erwartung«, Phobien, Hyperästhesie gegen Schmerzen u. a. zu ihren regelmäßigen Äußerungen gehören. Diese Angstneurose in meinem Sinne deckt sich gewiß teilweise mit der Neurose, die unter dem Namen »Hypochondrie« in so manchen Darstellungen neben Hysterie und Neurasthenie anerkannt wird; nur daß ich in keiner der vorliegenden

1 E. Hecker, Zentralblatt für Nervenheilkunde, Dezember 1893.

Bearbeitungen die Abgrenzung dieser Neurose für die richtige halten kann, und daß ich die Brauchbarkeit des Namens Hypochondrie durch dessen feste Beziehung auf das Symptom der »Krankheitsfurcht« beeinträchtigt finde.

Nachdem ich mir so die einfachen Bilder der Neurasthenie, der Angstneurose und der Zwangsvorstellungen fixiert hatte, ging ich an die Auffassung der gemeinhin vorkommenden Fälle von Neurosen heran, die bei der Diagnose Hysterie in Betracht kommen. Ich mußte mir jetzt sagen, daß es nicht angeht, eine Neurose im ganzen zur hysterischen zu stempeln, weil aus ihrem Symptomenkomplex einige hysterische Zeichen hervorleuchten. Ich konnte mir diese Übung sehr wohl erklären, da doch die Hysterie die älteste, die bestbekannte und die auffälligste der in Betracht kommenden Neurosen ist; aber es war doch ein Mißbrauch, derselbe, der auf die Rechnung der Hysterie so viele Züge von Perversion und Degeneration hatte setzen lassen. So oft in einem komplizierten Falle von psychischer Entartung ein hysterisches Anzeichen, eine Anästhesie, eine charakteristische Attacke zu entdecken war, hatte man das Ganze »Hysterie« genannt und konnte dann freilich das Ärgste und das Widersprechendste unter dieser Etikette vereinigt finden. So gewiß d i e s e Diagnostik unrecht war, so gewiß durfte man auch nach der neurotischen Seite hin sondern, und da man Neurasthenie, Angstneurose u. dgl. im reinen Zustande kannte, brauchte man sie in der Kombination nicht mehr zu übersehen.

Es schien also folgende Auffassung die berechtigtere: Die gewöhnlich vorkommenden Neurosen sind meist als »gemischte« zu bezeichnen; von der Neurasthenie und der Angstneurose findet man ohne Mühe auch reine Formen, am ehesten bei jugendlichen Personen. Von Hysterie und Zwangsneurose sind reine Fälle selten, für gewöhnlich sind diese beiden Neurosen mit einer Angstneurose kombiniert. Dies so häufige Vorkommen von gemischten Neurosen rührt daher, daß deren ätiologische Momente sich so häufig vermengen; bald nur zufälligerweise, bald infolge von kausalen Beziehungen zwischen den Vorgängen, aus denen die ätiologischen Momente der Neurosen fließen. Dies läßt sich unschwer im einzelnen durchführen und erweisen; für die Hysterie folgt aber hieraus, daß es kaum möglich ist, sie für die Betrachtung aus dem Zusammenhange der Sexualneurosen zu reißen; daß sie in der Regel nur eine Seite, einen Aspekt des komplizierten neurotischen Falles darstellt, und daß sie nur gleichsam im Grenzfalle als isolierte Neurose gefunden und behandelt werden kann. Man darf etwa in einer Reihe von Fällen sagen: *a potiori fit denominatio.*

Ich will die hier mitgeteilten Krankengeschichten daraufhin prüfen, ob sie meiner Auffassung von der klinischen Unselbständigkeit der Hysterie das Wort reden. Anna O., die Kranke

Breuers, scheint dem zu widersprechen und eine rein hysterische Erkrankung zu erläutern. Allein dieser Fall, der so fruchtbar für die Erkenntnis der Hysterie geworden ist, wurde von seinem Beobachter gar nicht unter den Gesichtspunkt der Sexualneurose gebracht und ist heute einfach für diesen nicht zu verwerten. Als ich die zweite Kranke, Frau Emmy v. N., zu analysieren begann, lag mir die Erwartung einer Sexualneurose als Boden für die Hysterie ziemlich ferne; ich war frisch aus der Schule Charcots gekommen und betrachtete die Verknüpfung einer Hysterie mit dem Thema der Sexualität als eine Art von Schimpf — ähnlich wie die Patientinnen selbst es pflegen. Wenn ich heute meine Notizen über diesen Fall überblicke, ist es mir ganz unzweifelhaft, daß ich einen Fall einer schweren Angstneurose mit ängstlicher Erwartung und Phobien anerkennen muß, die aus der sexuellen Abstinenz stammte und sich mit Hysterie kombiniert hatte.
Fall 3, der Fall der Miß Lucy R., ist vielleicht am ehesten ein Grenzfall von reiner Hysterie zu nennen, es ist eine kurze, episodisch verlaufende Hysterie bei unverkennbar sexueller Ätiologie, wie sie einer Angstneurose entsprechen würde; ein überreifes, liebebedürftiges Mädchen, dessen Neigung zu rasch durch ein Mißverständnis erweckt wird. Allein die Angstneurose war nicht nachzuweisen oder ist mir entgangen. Fall 4, Katharina, ist geradezu ein Vorbild dessen, was ich virginale Angst genannt habe; es ist eine Kombination von Angstneurose und Hysterie; die erstere schafft die Symptome, die letztere wiederholt sie und arbeitet mit ihnen. Übrigens ein typischer Fall für so viele, »Hysterie« genannte, jugendliche Neurosen. Fall 5, der des Fräuleins Elisabeth v. R., ist wiederum nicht als Sexualneurose erforscht; einen Verdacht, daß eine Spinalneurasthenie die Grundlage gebildet habe, konnte ich nur äußern und nicht bestätigen. Ich muß aber hinzufügen, seither sind die reinen Hysterien in meiner Erfahrung noch seltener geworden; wenn ich diese vier Fälle als Hysterie zusammenstellen und bei ihrer Erörterung von den für Sexualneurosen maßgebenden Gesichtspunkten absehen konnte, so liegt der Grund darin, daß es ältere Fälle sind, bei denen ich die absichtliche und dringende Forschung nach der neurotischen sexualen Unterlage noch nicht durchgeführt hatte. Und wenn ich anstatt dieser vier Fälle nicht zwölf mitgeteilt habe, aus deren Analyse eine Bestätigung des von uns behaupteten psychischen Mechanismus hysterischer Phänomene zu gewinnen ist, so nötigte mich zur Enthaltung nur der Umstand, daß die Analyse diese Krankheitsfälle gleichzeitig als Sexualneurosen enthüllte, obwohl ihnen den »Namen« Hysterie gewiß kein Diagnostiker verweigert hätte. Die Aufklärung solcher Sexualneurosen überschreitet aber den Rahmen dieser unserer gemeinsamen Veröffentlichung.

Ich möchte nicht dahin mißverstanden werden, als ob ich die Hysterie nicht als selbständige neurotische Affektion gelten lassen wollte, als erfaßte ich sie bloß als psychische Äußerung der Angstneurose, als schriebe ich ihr bloß »ideogene« Symptome zu und zöge die somatischen Symptome (hysterogene Punkte, Anästhesien) zur Angstneurose hinüber. Nichts von alledem; ich meine, man kann in jeder Hinsicht die von allen Beimengungen gereinigte Hysterie selbständig abhandeln, nur nicht in Hinsicht der Therapie. Denn bei der Therapie handelt es sich um praktische Ziele, um die Beseitigung des gesamten leidenden Zustandes, und wenn die Hysterie zumeist als Komponente einer gemischten Neurose vorkommt, so liegt der Fall wohl ähnlich wie bei den Mischinfektionen, wo die Erhaltung des Lebens sich als Aufgabe stellt, die nicht mit der Bekämpfung der Wirkung des einen Krankheitserregers zusammenfällt.
Es ist mir darum so wichtig, den Anteil der Hysterie an den Bildern der gemischten Neurosen von dem der Neurasthenie, Angstneurose usw. zu sondern, weil ich nach dieser Trennung einen knappen Ausdruck für den therapeutischen Wert der kathartischen Methode geben kann. Ich möchte mich nämlich der Behauptung getrauen, daß sie — prinzipiell — sehr wohl imstande ist, jedes beliebige hysterische Symptom zu beseitigen, während sie, wie leicht ersichtlich, völlig machtlos ist gegen Phänomene der Neurasthenie und nur selten und auf Umwegen die psychischen Folgen der Angstneurose beeinflußt. Ihre therapeutische Wirksamkeit wird also im einzelnen Falle davon abhängen, ob die hysterische Komponente des Krankheitsbildes eine praktisch bedeutsame Stelle im Vergleich zu den anderen neurotischen Komponenten beanspruchen darf oder nicht.
Auch eine zweite Schranke ist der Wirksamkeit der kathartischen Methode gesetzt, auf welche wir bereits in der »Vorläufigen Mitteilung« hingewiesen haben. Sie beeinflußt nicht die kausalen Bedingungen der Hysterie, kann also nicht verhindern, daß an der Stelle der beseitigten Symptome neue entstehen. Im ganzen also muß ich für unsere therapeutische Methode einen hervorragenden Platz innerhalb des Rahmens einer Therapie der Neurosen beanspruchen, möchte aber davon abraten, sie außerhalb dieses Zusammenhanges zu würdigen oder in Anwendung zu ziehen. Da ich an dieser Stelle eine »Therapie der Neurosen«, wie sie dem ausübenden Arzte vonnöten wäre, nicht geben kann, stellen sich die vorstehenden Äußerungen einer aufschiebenden Verweisung auf etwaige spätere Mitteilungen gleich; doch meine ich, zur Ausführung und Erläuterung noch folgende Bemerkungen anschließen zu können:
1) Ich behaupte nicht, daß ich sämtliche hysterische Symptome, die ich mit der kathartischen Methode zu beeinflussen übernahm, auch wirklich beseitigt habe. Aber ich meine, die Hindernisse

lagen an persönlichen Umständen der Fälle und waren nicht prinzipieller Natur. Ich darf diese Fälle von Mißglücken bei einer Urteilsfällung außer Betracht lassen, wie der Chirurg Fälle von Tod in der Narkose, durch Nachblutung, zufällige Sepsis u. dgl. bei der Entscheidung über eine neue Technik beiseite schiebt. Wenn ich später von den Schwierigkeiten und Überständen des Verfahrens handeln werde, sollen die Mißerfolge solcher Herkunft nochmals gewürdigt werden.

2) Die kathartische Methode wird darum nicht wertlos, weil sie eine s y m p t o m a t i s c h e und keine k a u s a l e ist. Denn eine kausale Therapie ist eigentlich zumeist nur eine prophylaktische, sie sistiert die weitere Einwirkung der Schädlichkeit, beseitigt aber damit nicht notwendig, was die Schädlichkeit bisher an Produkten ergeben hat. Es bedarf in der Regel noch einer zweiten Aktion, welche die letztere Aufgabe löst, und für diesen Zweck ist im Falle der Hysterie die katharische Methode geradezu unübertefflich brauchbar.

3) Wo eine Periode hysterischer Produktion, ein akuter hysterischer Paroxysmus, überwunden ist und nur noch die hysterischen Symptome als Resterscheinungen erübrigen, da genügt die kathartische Methode allen Indikationen und erzielt volle und dauernde Erfolge. Eine solche günstige Konstellation für die Therapie ergibt sich nicht selten gerade auf dem Gebiete des Geschlechtslebens, infolge der großen Schwankungen in der Intensität des sexuellen Bedürfnisses und der Komplikation der für ein sexuelles Trauma erforderten Bedingungen. Hier leistet die kathartische Methode alles, was man ihr zur Aufgabe stellen kann, denn der Arzt kann sich nicht vorsetzen wollen, eine Konstitution wie die hysterische zu ändern; er muß sich damit bescheiden, wenn er das Leiden beseitigt, zu dem eine solche Konstitution geneigt ist und das unter Mithilfe äußerer Bedingungen aus ihr entspringen kann. Er wird zufrieden sein, wenn die Kranke wieder leistungsfähig geworden ist. Übrigens entbehrt er auch eines Trostes für die Zukunft nicht, wenn er die Möglichkeit der Rezidive in Betracht zieht. Er kennt den Hauptcharakter in der Ätiologie der Neurosen, daß deren Entstehung zumeist ü b e r d e t e r m i n i e r t ist, daß mehrere Momente zu dieser Wirkung zusammentreten müssen; er darf hoffen, daß dieses Zusammentreffen nicht sobald wieder statthaben wird, wenn auch einzelne der ätiologischen Momente in Wirksamkeit geblieben sind.

Man könnte einwenden, daß in solchen abgelaufenen Fällen von Hysterie die restierenden Symptome ohnedies spontan vergehen; allein hierauf darf man antworten, daß solche Spontanheilung sehr häufig weder rasch noch vollständig genug abläuft, und daß sie durch das Eingreifen der Therapie außerordentlich gefördert werden kann. Ob man mit der kathartischen Therapie nur das heilt, was der Spontanheilung fähig ist, oder gelegentlich auch anderes, was sich spontan nicht gelöst hätte, das darf man für jetzt gerne ungeschlichtet lassen.

4) Wo man auf eine akute Hysterie gestoßen ist, einen Fall in der Periode lebhaftester Produktion von hysterischen Symptomen und konsekutiver Überwältigung des Ich durch die Krankheitsprodukte (hysterische Psychose), da wird auch die kathartische Methode am Eindrucke und Verlaufe des Krankheitsfalles wenig ändern. Man befindet sich dann wohl in derselben Stellung gegen die Neurose, welche der Arzt gegen eine akute Infektionskrankheit einnimmt. Die ätiologischen Momente haben zu einer verflossenen, jetzt der Beeinflussung entzogenen Zeit ihre Wirkung in genügendem Ausmaße geübt, nun werden dieselben nach Überwindung des Inkubationsintervalls manifest; die Affektion läßt sich nicht abbrechen; man muß ihren Ablauf abwarten und unterdes die günstigsten Bedingungen für den Kranken herstellen. Beseitigt man nun während einer solchen akuten Periode die Krankheitsprodukte, die neu entstandenen hysterischen Symptome, so darf man sich darauf gefaßt machen, daß die beseitigten alsbald durch neue ersetzt werden. Der verstimmende Eindruck einer Danaidenarbeit, einer »Mohrenwäsche« wird dem Arzte nicht erspart bleiben, der riesige Aufwand von Mühe, die Unbefriedigung der Angehörigen, denen die Vorstellung der notwendigen Zeitdauer einer akuten Neurose kaum so vertraut sein wird wie im analogen Falle einer akuten Infektionskrankheit, dies und anderes wird wahrscheinlich die konsequente Anwendung der kathartischen Methode im angenommenen Falle meist unmöglich machen. Doch bleibt es sehr in Erwägung zu ziehen, ob nicht auch bei einer akuten Hysterie die jedesmalige Beseitigung der Krankheitsprodukte einen heilenden Einfluß übt, indem sie das mit der Abwehr beschäftigte normale Ich des Kranken unterstützt und es vor der Überwältigung, vor dem Verfalle in Psychose, vielleicht in endgültige Verworrenheit bewahrt.

Was die kathartische Methode auch bei akuter Hysterie zu leisten vermag, und daß sie selbst die Neuproduktion an krankhaften Symptomen in praktisch bemerkbarer Weise einschränkt, das erhellt wohl unzweifelhaft aus der Geschichte der Anna O. . ., an welcher B r e u e r dies psychotherapeutische Verfahren zuerst ausüben lernte.

5) Wo es sich um chronisch verlaufende Hysterien mit mäßiger, aber unausgesetzter Produktion von hysterischen Symptomen handelt, da lernt man wohl den Mangel einer kausal wirksamen Therapie am stärksten bedauern, aber auch die Bedeutung des kathartischen Verfahrens als symptomatische Therapie am meisten schätzen. Dann hat man es mit der Schädigung durch eine chronisch fortwirkende Ätiologie zu tun; es kommt alles darauf an, das Nervensystem des Kranken in seiner Resistenzfähigkeit zu kräftigen, und man muß sich sagen, die Existenz eines hysterischen Symptoms bedeute für dieses Nervensystem eine Schwächung seiner Resistenz und stelle ein zur Hysterie disponierendes Moment dar. Wie aus dem Mechanismus der monosymptomatischen Hysterie hervorgeht, bildet sich ein neues hysterisches Symptom am leichtesten im Anschlusse und nach Analogie eines bereits vorhandenen; die Stelle, wo es bereits einmal »durchgeschlagen« hat,[2] stellt einen schwachen Punkt dar, an welchem es auch das nächste Mal durchschlagen wird; die einmal abgespaltene psychische Gruppe spielt die Rolle des provozierenden Kristalls, von dem mit großer Leichtigkeit eine sonst unterbliebene Kristallisation ausgeht. Die bereits vorhandenen Symptome beseitigen, die ihnen zugrunde liegenden psychischen Veränderungen aufheben, heißt den Kranken das volle Maß ihrer Resistenzfähigkeit wiedergeben, mit dem sie erfolgreich der Einwirkung der Schädlichkeit widerstehen können. Man kann solchen Kranken durch länger fortgesetzte Überwachung und zeitweiliges »*chimney sweeping*«[3] sehr viel leisten.

6) Ich hätte noch des scheinbaren Widerspruches zu gedenken, der sich zwischen dem Zugeständnisse, daß nicht alle hysterischen Symptome psychogen seien, und der Behauptung, daß man sie alle durch ein psychotherapeutisches Verfahren beseitigen könne, erhebt. Die Lösung liegt darin, daß ein Teil dieser nicht psychogenen Symptome zwar Krankheitszeichen darstellt, aber nicht als Leiden bezeichnet werden darf, so die Stigmata; es macht sich also praktisch nicht bemerkbar, wenn sie die therapeutische Erledigung des Krankheitsfalles überdauern. Für andere solche Symptome scheint zu gelten, daß sie auf irgendeinem Umwege von den psychogenen Symptomen mitgerissen werden, wie sie ja wohl auch auf irgendeinem Umwege doch von psychischer Verursachung abhängen.

Ich habe nun der Schwierigkeiten und Übelstände unseres therapeutischen Verfahrens zu gedenken, soweit diese nicht aus den vorstehenden Krankengeschichten oder aus den folgenden Bemerkungen über die Technik der Methode jedermann einleuchten können. – Ich will mehr aufzählen und andeuten als ausführen: Das Verfahren ist mühselig und zeitraubend für den Arzt, es setzt ein großes Interesse für psychologische Vorkommnisse und doch auch persönliche Teilnahme für den Kranken bei ihm voraus. Ich könnte mir nicht vorstellen, daß ich es zustande brächte, mich in den psychischen Mechanismus einer Hysterie bei einer Person zu vertiefen, die mir gemein und widerwärtig vorkäme, die nicht bei näherer Bekanntschaft imstande wäre, menschliche

2 vgl. S. 149
3 vgl. S. 20

Sympathie zu erwecken, während ich doch die Behandlung eines Tabikers oder Rheumatikers unabhängig von solchem persönlichen Wohlgefallen halten kann. Nicht mindere Bedingungen werden von seiten der Kranken erfordert. Unterhalb eines gewissen Niveaus von Intelligenz ist das Verfahren überhaupt nicht anwendbar, durch jede Beimengung von Schwachsinn wird es außerordentlich erschwert. Man braucht die volle Einwilligung, die volle Aufmerksamkeit der Kranken, vor allem aber ihr Zutrauen, da die Analyse regelmäßig auf die intimsten und geheimst gehaltenen psychischen Vorgänge führt. Ein guter Teil der Kranken, die für solche Behandlung geeignet wären, entzieht sich dem Arzte, sobald ihnen die Ahnung aufdämmert, nach welcher Richtung sich dessen Forschung bewegen wird. Für diese ist der Arzt ein Fremder geblieben. Bei anderen, die sich entschlossen haben, sich dem Arzte zu überliefern und ihm ein Vertrauen einzuräumen, wie es sonst nur freiwillig gewährt, aber nie gefordert wird, bei diesen anderen, sage ich, ist es kaum zu vermeiden, daß nicht die persönliche Beziehung zum Arzte sich wenigstens eine Zeitlang ungebührlich in den Vordergrund drängt; ja, es scheint, als ob eine solche Einwirkung des Arztes die Bedingung sei, unter welcher die Lösung des Problems allein gestattet ist. Ich meine nicht, daß es an diesem Sachverhalt etwas Wesentliches ändert, ob man sich der Hypnose bedienen konnte oder dieselbe umgehen und ersetzen mußte. Nur fordert die Billigkeit, hervorzuheben, daß diese Übelstände, obwohl unzertrennlich von unserem Verfahren, doch nicht diesem zur Last gelegt werden können. Es ist vielmehr recht einsichtlich, daß sie in den Vorbedingungen der Neurosen, die geheilt werden sollen, begründet sind, und daß sie sich an jede ärztliche Tätigkeit heften werden, die mit einer intensiven Bekümmerung um den Kranken einhergeht und eine psychische Veränderung in ihm herbeiführt. Auf die Anwendung der Hypnose konnte ich keinen Schaden und keine Gefahr zurückführen, so ausgiebigen Gebrauch ich auch in einzelnen Fällen von diesem Mittel machte. Wo ich Schaden angestiftet habe, lagen die Gründe anders und tiefer. Überblicke ich die therapeutischen Bemühungen dieser Jahre, seitdem mir die Mitteilungen meines verehrten Lehrers und Freundes J. Breuer die kathartische Methode in die Hand gegeben haben, so meine ich, ich habe, weit mehr und häufiger als geschadet, doch genützt und manches zustande gebracht, wozu sonst kein therapeutisches Mittel gereicht hätte. Es war im ganzen, wie es die »Vorläufige Mitteilung« ausdrückt, »ein bedeutender therapeutischer Gewinn«.

Noch einen Gewinn bei Anwendung dieses Verfahrens muß ich hervorheben. Ich weiß mir einen schweren Fall von komplizierter Neurose mit viel oder wenig Beimengung von Hysterie nicht besser zurechtzulegen, als indem ich ihn einer Analyse mit der Breuerschen Methode unterziehe. Dabei geht zunächst weg, was den hysterischen Mechanismus zeigt; den Rest von Erscheinungen habe ich unterdes bei dieser Analyse deuten und auf seine Ätiologie zurückführen gelernt und habe so die Anhaltspunkte dafür gewonnen, was von dem Rüstzeuge der Neurosentherapie im betreffenden Falle angezeigt ist. Wenn ich an die gewöhnliche Verschiedenheit zwischen meinem Urteile über einen Fall von Neurose vor und nach einer solchen Analyse denke, gerate ich fast in Versuchung, diese Analyse für unentbehrlich zur Kenntnis einer neurotischen Erkrankung zu halten. Ich habe mich ferner daran gewöhnt, die Anwendung der kathartischen Psychotherapie mit einer Liegekur zu verbinden, die nach Bedürfnis zur vollen Weir-Mitchellschen Mastkur ausgestaltet wird. Ich habe dabei den Vorteil, daß ich so einerseits die während einer Psychotherapie sehr störende Einmengung neuer psychischer Eindrücke vermeide, anderseits die Langweile der Mastkur, in der die Kranken nicht selten in ein schädliches Träumen verfallen, ausschließe. Man sollte erwarten, daß die oft sehr erhebliche psychische Arbeit, die man während einer kathartischen Kur den Kranken aufbürdet, die Erregungen infolge der Reproduktion traumatischer Erlebnisse, dem Sinne der Weir-Mitchellschen Ruhekur zuwiderliefe und die Erfolge verhinderte, die man von ihr zu sehen gewohnt ist. Allein das Gegenteil trifft zu; man erreicht durch solche Kombinationen der Breuerschen mit der Weir-Mitchellschen Therapie alle körperliche Aufbesserung, die man von letzterer erwartet, und so weitgehende psychische Beeinflussung, wie sie ohne Psychotherapie bei der Ruhekur niemals zustande kommt.

2

Ich knüpfe nun an meine früheren Bemerkungen an, bei meinen Versuchen, die Breuersche Methode im größeren Umfange anzuwenden, sei ich an die Schwierigkeit geraten, daß eine Anzahl von Kranken nicht in Hypnose zu versetzen war, obwohl die Diagnose auf Hysterie lautete und die Wahrscheinlichkeit für die Geltung des von uns beschriebenen psychischen Mechanismus sprach. Ich bedurfte ja der Hypnose zur Erweiterung des Gedächtnisses, um die im gewöhnlichen Bewußtsein nicht vorhandenen pathogenen Erinnerungen zu finden, mußte also entweder auf solche Kranke verzichten oder diese Erweiterung auf andere Weise zu erreichen suchen.
Woran es liegt, daß der eine hypnotisierbar ist, der andere nicht, das wußte ich mir ebensowenig wie andere zu deuten, konnte also einen kausalen Weg zur Beseitigung der Schwierigkeit

nicht einschlagen. Ich merkte nur, daß bei manchen Patienten das Hindernis noch weiter zurück lag; sie weigerten sich bereits des Versuches zur Hypnose. Ich kam dann einmal auf den Einfall, daß beide Fälle identisch sein mögen und beide ein Nichtwollen bedeuten können. Nicht hypnotisierbar sei derjenige, der ein psychisches Bedenken gegen die Hypnose hat, gleichgültig, ob er es als Nichtwollen äußert oder nicht. Ich bin mir nicht klargeworden, ob ich an dieser Auffassung festhalten darf.

Es galt aber, die Hypnose zu umgehen und doch die pathogenen Erinnerungen zu gewinnen. Dazu gelangte ich auf folgende Weise:

Wenn ich bei der ersten Zusammenkunft meine Patienten fragte, ob sie sich an den ersten Anlaß des betreffenden Symptoms erinnerten, so sagten die einen, sie wüßten nichts, die anderen brachten irgend etwas bei, was sie als eine dunkle Erinnerung bezeichneten und nicht weiterverfolgen konnten. Wenn ich nun nach dem Beispiele von Bernheim bei der Erweckung der angeblich vergessenen Eindrücke aus dem Somnambulismus dringlich wurde, beiden versicherte, sie wüßten es, sie würden sich besinnen usw., so fiel den einen doch etwas ein, und bei anderen griff die Erinnerung um ein Stück weiter. Nun wurde ich noch dringender, hieß die Kranken sich niederlegen und die Augen willkürlich schließen, um sich zu »konzentrieren«, was wenigstens eine gewisse Ähnlichkeit mit der Hypnose ergab, und machte da die Erfahrung, daß ohne alle Hypnose neue und weiter zurückreichende Erinnerungen auftauchten, die wahrscheinlich zu unserem Thema gehörten. Durch solche Erfahrungen gewann ich den Eindruck, es würde in der Tat möglich sein, die doch sicherlich vorhandenen pathogenen Vorstellungsreihen durch bloßes Drängen zum Vorschein zu bringen, und da dieses Drängen mich Anstrengung kostete und mir die Deutung nahelegte, ich hätte einen Widerstand zu überwinden, so setzte sich mir der Sachverhalt ohne weiteres in die Theorie um, daß ich durch meine psychische Arbeit eine psychische Kraft bei dem Patienten zu überwinden habe, die sich dem Bewußtwerden (Erinnern) der pathogenen Vorstellungen widersetze. Ein neues Verständnis schien sich mir nun zu öffnen, als mir einfiel, dies dürfte wohl dieselbe psychische Kraft sein, die bei der Entstehung des hysterischen Symptoms mitgewirkt und damals das Bewußtwerden der pathogenen Vorstellung verhindert habe. Was für Kraft war da wohl als wirksam anzunehmen und welches Motiv konnte sie zur Wirkung gebracht haben? Ich konnte mir leicht eine Meinung hierüber bilden; es standen mir ja bereits einige vollendete Analysen zu Gebote, in denen ich Beispiele von pathogenen, vergessenen und außer Bewußtsein gebrachten Vorstellungen kennengelernt hatte. Aus diesen ersah ich einen allgemeinen Charakter solcher Vorstellungen; sie waren sämtlich peinlicher Natur, geeignet, die Affekte der Scham, des Vorwurfes, des psychischen Schmerzes, die Empfindung der Beeinträchtigung hervorzurufen, sämtlich von der Art, wie man sie gerne nicht erlebt haben möchte, wie man sie am liebsten vergißt. Aus alledem ergab sich wie von selbst der Gedanke der Abwehr. Es wird ja von den Psychologen allgemein zugegeben, daß die Annahme einer neuen Vorstellung (Annahme im Sinne des Glaubens, des Zuerkennens von Realität) von der Art und Richtung der bereits im Ich vereinigten Vorstellungen abhängt, und sie haben für den Vorgang der Zensur, dem die neu anlangende unterliegt, besondere technische Namen geschaffen. An das Ich des Kranken war eine Vorstellung herangetreten, die sich als unverträglich erwies, die eine Kraft der Abstoßung von seiten des Ich wachrief, deren Zweck die Abwehr dieser unverträglichen Vorstellung war. Diese Abwehr gelang tatsächlich, die betreffende Vorstellung war aus dem Bewußtsein und aus der Erinnerung gedrängt, ihre psychische Spur war anscheinend nicht aufzufinden. Doch mußte diese Spur vorhanden sein. Wenn ich mich bemühte, die Aufmerksamkeit auf sie zu lenken, bekam ich dieselbe Kraft als Widerstand zu spüren, die sich bei der Genese des Symptoms als Abstoßung gezeigt hatte. Wenn ich nun wahrscheinlich machen konnte, daß die Vorstellung gerade infolge der Ausstoßung und Verdrängung pathogen geworden war, so schien die Kette geschlossen. Ich habe in mehreren Epikrisen unserer Krankengeschichten und in einer kleinen Arbeit über die Abwehrneuropsychosen (1894) versucht, die psychologischen Hypothesen anzudeuten, mit deren Hilfe man auch diesen Zusammenhang – die Tatsache der Konversion – anschaulich machen kann.

Also eine psychische Kraft, die Abneigung des Ich, hatte ursprünglich die pathogene Vorstellung aus der Assoziation gedrängt und widersetzte sich ihrer Wiederkehr in der Erinnerung. Das Nichtwissen der Hysterischen war also eigentlich ein – mehr oder minder bewußtes Nichtwissenwollen, und die Aufgabe des Therapeuten bestand darin, diesen Assoziationswiderstand durch psychische Arbeit zu überwinden. Solche Leistung erfolgt zuerst durch »Drängen«, Anwendung eines psychischen Zwanges, um die Aufmerksamkeit der Kranken auf die gesuchten Vorstellungsspuren zu lenken. Sie ist aber damit nicht erschöpft, sondern nimmt, wie ich zeigen werde, im Verlaufe einer Analyse andere Formen an und ruft weitere psychische Kräfte zur Hilfe.

Ich verweile zunächst noch beim Drängen. Mit dem einfachen Versichern: Sie wissen es ja, sagen Sie es doch, es wird Ihnen gleich einfallen, kommt man noch nicht sehr weit. Nach wenigen Sätzen reißt auch bei dem in der »Konzentration« befindlichen

Kranken der Faden ab. Man darf aber nicht vergessen, daß es sich hier überall um quantitative Vergleichung, um den Kampf zwischen verschieden starken oder intensiven Motiven handelt. Dem »Assoziationswiderstande« bei einer ernsthaften Hysterie ist das Drängen des fremden und der Sache unkundigen Arztes an Macht nicht gewachsen. Man muß auf kräftigere Mittel sinnen.

Da bediene ich mich denn zunächst eines kleinen technischen Kunstgriffes. Ich teile dem Kranken mit, daß ich im nächsten Momente einen Druck auf seine Stirne ausüben werde, versichere ihm, daß er während dieses ganzen Druckes eine Erinnerung als Bild vor sich sehen oder als Einfall in Gedanken haben werde, und verpflichte ihn dazu, dieses Bild oder diesen Einfall mir mitzuteilen, was immer das sein möge. Er dürfe es nicht für sich behalten, weil er etwa meine, es sei nicht das Gesuchte, das Richtige, oder weil es ihm zu unangenehm sei, es zu sagen. Keine Kritik, keine Zurückhaltung, weder aus Affekt noch aus Geringschätzung! Nur so könnten wir das Gesuchte finden, so fänden wir es aber unfehlbar. Dann drücke ich für ein paar Sekunden auf die Stirne des vor mir liegenden Kranken, lasse sie frei und frage ruhigen Tones, als ob eine Enttäuschung ausgeschlossen wäre: Was haben Sie gesehen? oder: Was ist Ihnen eingefallen?

Dieses Verfahren hat mich viel gelehrt und auch jedesmal zum Ziele geführt; ich kann es heute nicht mehr entbehren. Ich weiß natürlich, daß ich solchen Druck auf die Stirne durch irgendein anderes Signal oder eine andere körperliche Beeinflussung des Kranken ersetzen könnte, aber wie der Kranke vor mir liegt, ergibt sich der Druck auf die Stirne oder das Fassen seines Kopfes zwischen meinen beiden Händen als das Suggestivste und Bequemste, was ich zu diesem Zwecke vornehmen kann. Zur Erklärung der Wirksamkeit dieses Kunstgriffes könnte ich etwa sagen, er entspreche einer »momentan verstärkten Hypnose«, allein der Mechanismus der Hypnose ist mir so rätselhaft, daß ich mich zur Erläuterung nicht auf ihn beziehen möchte. Ich meine eher, der Vorteil des Verfahrens liege darin, daß ich hiedurch die Aufmerksamkeit des Kranken von seinem bewußten Suchen und Nachdenken, kurz von alledem, woran sich sein Wille äußern kann, dissoziiere, ähnlich wie es sich wohl beim Starren in eine kristallene Kugel u. dgl. vollzieht. Die Lehre aber, die ich daraus ziehe, daß sich unter dem Drucke meiner Hand jedesmal das einstellt, was ich suche, die lautet: Die angeblich vergessene pathogene Vorstellung liege jedesmal »in der Nähe« bereit, sei durch leicht zugängliche Assoziationen erreichbar; es handle sich nur darum, irgend ein Hindernis wegzuräumen. Dieses Hindernis scheint wieder der Wille der Person zu sein, und verschiedene Personen lernen es verschieden leicht, sich ihrer Absichtlichkeit zu entäußern und sich vollkommen objektiv beobachtend gegen die psychischen Vorgänge in ihnen zu verhalten.

Es ist nicht immer eine »vergessene« Erinnerung, die unter dem Drucke der Hand auftaucht; in den seltensten Fällen liegen die eigentlich pathogenen Erinnerungen so oberflächlich auffindbar. Weit häufiger taucht eine Vorstellung auf, die ein Mittelglied zwischen der Ausgangsvorstellung und der gesuchten pathogenen in der Assoziationskette ist, oder eine Vorstellung, die den Ausgangspunkt einer neuen Reihe von Gedanken und Erinnerungen bildet, an deren Ende die pathogene Vorstellung steht. Der Druck hat dann zwar nicht die pathogene Vorstellung enthüllt — die übrigens ohne Vorbereitung, aus dem Zusammenhange gerissen, unverständlich wäre —, aber er hat den Weg zu ihr gezeigt, die Richtung angegeben, nach welcher die Forschung fortzuschreiten hat. Die durch den Druck zunächst geweckte Vorstellung kann dabei einer wohlbekannten, niemals verdrängten Erinnerung entsprechen. Wo auf dem Wege zur pathogenen Vorstellung der Zusammenhang wieder abreißt, da bedarf es nur einer Wiederholung der Prozedur, des Druckes, um neue Orientierung und Anknüpfung zu schaffen.

In noch anderen Fällen weckt man durch den Druck der Hand eine Erinnerung, die, an sich dem Kranken wohl bekannt, ihn doch durch ihr Erscheinen in Verwunderung setzt, weil er ihre Beziehung zur Ausgangsvorstellung vergessen hat. Im weiteren Verlaufe der Analyse wird diese Beziehung dann erwiesen. Aus all diesen Ergebnissen des Drückens erhält man den täuschenden Eindruck einer überlegenen Intelligenz außerhalb des Bewußtseins des Kranken, die ein großes psychisches Material zu bestimmten Zwecken geordnet hält und ein sinnvolles Arrangement für dessen Wiederkehr ins Bewußtsein getroffen hat. Wie ich vermute, ist diese unbewußte zweite Intelligenz doch nur ein Anschein.

In jeder komplizierteren Analyse arbeitet man wiederholt, ja eigentlich fortwährend, mit Hilfe dieser Prozedur (des Druckes auf die Stirne), welche bald von dort aus, wo die wachen Zurückführungen des Patienten abbrechen, den weiteren Weg über bekannt gebliebene Erinnerungen anzeigt, bald auf Zusammenhänge aufmerksam macht, die in Vergessenheit geraten sind, dann Erinnerungen hervorruft und anreiht, welche seit vielen Jahren der Assoziation entzogen waren, aber noch als Erinnerungen erkannt werden können, und endlich als höchste Leistung der Reproduktion Gedanken auftauchen läßt, die der Kranke niemals als die seinigen anerkennen will, die er nicht *erinnert*, obwohl er zugesteht, daß sie von dem Zusammenhange unerbittlich gefordert werden, und während er sich überzeugt, daß gerade diese Vorstellungen den Abschluß der Analyse und das Aufhören der Symptome herbeiführen.

Ich will versuchen, einige Beispiele von den ausgezeichneten Leistungen dieses technischen Verfahrens aneinanderzureihen: Ich behandelte ein junges Mädchen mit einer unausstehlichen, seit sechs Jahren fortgeschleppten Tussis nervosa, die offenbar aus jedem gemeinen Katarrh Nahrung zog, aber doch ihre starken psychischen Motive haben mußte. Jede andere Therapie hatte sich längst ohnmächtig gezeigt; ich versuche also das Symptom auf dem Wege der psychischen Analyse aufzuheben. Sie weiß nur, daß ihr nervöser Husten begann, als sie, vierzehn Jahre alt, bei einer Tante in Pension war; von psychischen Erregungen in jener Zeit will sie nichts wissen, sie glaubt nicht an eine Motivierung des Leidens. Unter dem Drucke meiner Hand erinnert sie sich zuerst an einen großen Hund. Sie erkennt dann das Erinnerungsbild, es war ein Hund ihrer Tante, der sich ihr anschloß, sie überallhin begleitete u. dgl. Ja, und jetzt fällt ihr, ohne weitere Nachhilfe, ein, daß dieser Hund gestorben, daß die Kinder ihn feierlich begraben haben und daß auf dem Rückwege von diesem Begräbnisse ihr Husten aufgetreten ist. Ich frage, warum, muß aber wieder durch den Druck nachhelfen; da stellt sich denn der Gedanke ein: Jetzt bin ich ganz allein auf der Welt. Niemand liebt mich hier, dieses Tier war mein einziger Freund, und den habe ich jetzt verloren. — Sie setzt nun die Erzählung fort: Der Husten verschwand, als ich von der Tante wegkam, trat aber eineinhalb Jahre später wieder auf. — Was war da der Grund? — Ich weiß nicht. — Ich drücke wieder; sie erinnert sich an die Nachricht vom Tode ihres Onkels, bei welcher der Husten wieder ausbrach, und an einen ähnlichen Gedankengang. Der Onkel war angeblich der einzige in der Familie gewesen, der ein Herz für sie gehabt, der sie geliebt hatte. Dies war nun die pathogene Vorstellung: Man liebe sie nicht, man ziehe ihr jeden anderen vor, sie verdiene es auch nicht, geliebt zu werden u. dgl. An der Vorstellung der »Liebe« aber haftete etwas, bei dessen Mitteilung sich ein arger Widerstand erhob. Die Analyse brach noch vor der Klärung ab.

Vor einiger Zeit sollte ich eine ältere Dame von ihren Angstanfällen befreien, die nach ihren Charaktereigenschaften kaum für derartige Beeinflussung geeignet war. Sie war seit der Menopause übermäßig fromm geworden und empfing mich jedesmal wie den Gottseibeiuns, mit einem kleinen elfenbeinernen Kruzifix bewaffnet, das sie in der Hand verbarg. Ihre Angstanfälle, die hysterischen Charakter trugen, reichten in frühe Mädchenjahre zurück und rührten angeblich von dem Gebrauch eines Jodpräparates her, mit welchem eine mäßige Schwellung der Thyreoidea rückgängig gemacht werden sollte. Ich verwarf natürlich diese Herleitung und suchte sie durch eine andere zu ersetzen, die mit meinen Anschauungen über die Ätiologie neurotischer Symptome besser in Einklang stand. Auf die erste Frage nach einem Eindrucke aus der Jugend, der mit den Angstanfällen in kausalem Zusammenhange stünde, tauchte unter dem Drucke meiner Hand die Erinnerung an die Lektüre eines sogenannten Erbauungsbuches auf, in dem eine pietistisch genug gehaltene Erwähnung der Sexualvorgänge zu finden war. Die betreffende Stelle machte auf das Mädchen einen der Intention des Autors entgegengesetzten Eindruck; sie brach in Tränen aus und schleuderte das Buch von sich. Dies war vor dem ersten Angstanfalle. Ein zweiter Druck auf die Stirn der Kranken beschwor eine nächste Reminiszenz herauf, die Erinnerung an einen Erzieher der Brüder, der ihr große Ehrfurcht bezeugt und für den sie selbst eine wärmere Empfindung verspürt hatte. Diese Erinnerung gipfelte in der Reproduktion eines Abends im elterlichen Hause, an dem sie alle mit dem jungen Manne um den Tisch herum saßen und sich im anregenden Gespräche so köstlich unterhielten. In der Nacht, die auf diesen Abend folgte, weckte sie der erste Angstanfall, der wohl mehr mit der Auflehnung gegen eine sinnliche Regung als mit dem etwa gleichzeitig gebrauchten Jod zu tun hatte. – Auf welche andere Weise hätte ich wohl Aussicht gehabt, bei dieser widerspenstigen, gegen mich und jede weltliche Therapie eingenommenen Patientin einen solchen Zusammenhang gegen ihre eigene Meinung und Behauptung aufzudecken?

Ein anderes Mal handelte es sich um eine junge, glücklich verheiratete Frau, die schon in den ersten Mädchenjahren eine Zeitlang jeden Morgen in einem Zustande von Betäubung, mit starren Gliedern, offenem Munde und vorgestreckter Zunge gefunden wurde, und die jetzt ähnliche, wenn auch nicht so arge Anfälle beim Aufwachen wiederholte. Eine tiefe Hypnose erwies sich als unerreichbar; ich begann also mit der Ausforschung im Zustande der Konzentration und versicherte ihr beim ersten Drucke, sie werde jetzt etwas sehen, was unmittelbar mit den Ursachen des Zustandes in der Kindheit zusammenhinge. Sie benahm sich ruhig und willig, sah die Wohnung wieder, in der sie die ersten Mädchenjahre verbracht hatte, ihr Zimmer, die Stellung ihres Bettes, die Großmutter, die damals mit ihnen lebte, und eine ihrer Gouvernanten, die sie sehr geliebt hatte. Mehrere kleine Szenen in diesen Räumen und zwischen diesen Personen, eigentlich alle belanglos, folgten einander; den Schluß machte der Abschied der Gouvernante, die vom Hause weg heiratete. Mit diesen Reminiszenzen wußte ich nun gar nichts anzufangen, eine Beziehung derselben zur Ätiologie der Anfälle konnte ich nicht herstellen. Es war allerdings, an verschiedenen Umständen kenntlich, die nämliche Zeit, in welcher die Anfälle zuerst erschienen waren.

Noch ehe ich aber die Analyse fortsetzen konnte, hatte ich Gelegenheit, mit einem Kollegen zu sprechen, der in früheren Jahren Arzt des elterlichen Hauses meiner Patientin gewesen war. Von ihm erhielt ich folgende Aufklärung: Zur Zeit, da er das reifende, körperlich sehr gut entwickelte Mädchen an jenen ersten Anfällen behandelte, fiel ihm die übergroße Zärtlichkeit im Verkehre zwischen ihr und der im Hause befindlichen Gouvernante auf. Er schöpfte Verdacht und veranlaßte die Großmutter, die Überwachung dieses Verkehrs zu übernehmen. Nach kurzer Zeit konnte die alte Dame ihm berichten, daß die Gouvernante dem Kinde nächtliche Besuche im Bette abzustatten pflege, und daß ganz regelmäßig nach solchen Nächten das Kind am Morgen im Anfalle gefunden werde. Sie zögerten nun nicht, die geräuschlose Entfernung dieser Jugendverderberin durchzusetzen. Die Kinder und selbst die Mutter wurden in der Meinung erhalten, daß die Gouvernante das Haus verlasse, um zu heiraten.
Die zunächst erfolgreiche Therapie bestand nun darin, daß ich der jungen Frau die mir gegebene Aufklärung mitteilte.

Gelegentlich erfolgen die Aufschlüsse, die man durch die Prozedur des Drückens erhält, in sehr merkwürdiger Form und unter Umständen, welche die Annahme einer unbewußten Intelligenz noch verlockender erscheinen lassen. So erinnere ich mich einer an Zwangsvorstellungen und Phobien seit vielen Jahren leidenden Dame, die mich in betreff der Entstehung ihres Leidens auf ihre Kinderjahre verwies, aber auch gar nichts zu nennen wußte, was dafür zu beschuldigen gewesen wäre. Sie war aufrichtig und intelligent und leistete nur einen bemerkenswert geringen bewußten Widerstand. (Ich schalte hier ein, daß der psychische Mechanismus der Zwangsvorstellungen mit dem der hysterischen Symptome sehr viel innere Verwandtschaft hat, und daß die Technik der Analyse für beide die nämliche ist.)
Als ich diese Dame fragte, ob sie unter dem Drucke meiner Hand etwas gesehen oder eine Erinnerung bekommen habe, antwortete sie: Keines von beiden, aber mir ist plötzlich ein Wort eingefallen. — Ein einziges Wort? — Ja, aber es klingt zu dumm. — Sagen Sie es immerhin. — »Hausmeister.« — Weiter nichts? — Nein. — Ich drückte zum zweiten Male, und nun kam wieder ein vereinzeltes Wort, das ihr durch den Sinn schoß: »Hemd.« Ich merkte nun, daß hier eine neuartige Weise Antwort zu geben vorliege, und beförderte durch wiederholten Druck eine anscheinend sinnlose Reihe von Worten heraus: Hausmeister — Hemd — Bett — Stadt — Leiterwagen. Was soll das heißen? fragte ich. Sie sann einen Moment nach, dann fiel ihr ein: Das kann nur die eine Geschichte sein, die mir jetzt in den Sinn kommt. Wie ich zehn Jahre alt war und meine nächstältere

Schwester zwölf, da bekam sie einmal in der Nacht einen Tobsuchtsanfall und mußte gebunden und auf einem Leiterwagen in die Stadt geführt werden. Ich weiß es genau, daß es der Hausmeister war, der sie überwältigte und auch dann in die Anstalt begleitete. – Wir setzten nun diese Art der Forschung fort und bekamen von unserem Orakel andere Wortreihen zu hören, die wir zwar nicht sämtlich deuten konnten, die sich aber doch zur Fortsetzung dieser Geschichte und zur Anknüpfung einer zweiten verwerten ließen. Auch die Bedeutung dieser Reminiszenz ergab sich bald. Die Erkrankung der Schwester hatte auf sie darum so tiefen Eindruck gemacht, weil die beiden ein Geheimnis miteinander teilten; sie schliefen in einem Zimmer und hatten in einer bestimmten Nacht beide die sexuellen Angriffe einer gewissen männlichen Person über sich ergehen lassen. Mit der Erwähnung dieses sexuellen Traumas in früher Jugend war aber nicht nur die Herkunft der ersten Zwangsvorstellungen, sondern auch das späterhin pathogen wirkende Trauma aufgedeckt. – Die Sonderbarkeit dieses Falles bestand nur in dem Auftauchen von einzelnen Schlagworten, die von uns zu Sätzen verarbeitet werden mußten, denn der Schein der Beziehungs- und Zusammenhangslosigkeit haftet an den ganzen Einfällen und Szenen, die sich sonst beim Drücken ergeben, geradeso wie an diesen orakelhaft hervorgestoßenen Worten. Bei weiterer Verfolgung stellt sich dann regelmäßig heraus, daß die scheinbar unzusammenhängenden Reminiszenzen durch Gedankenbande eng verknüpft sind, und daß sie ganz direkt zu dem gesuchten pathogenen Moment hinführen.

Gerne erinnere ich mich daher an einen Fall von Analyse, in welchem mein Zutrauen in die Ergebnisse des Drückens zuerst auf eine harte Probe gestellt, dann aber glänzend gerechtfertigt wurde: Eine sehr intelligente und anscheinend sehr glückliche junge Frau hatte mich wegen eines hartnäckigen Schmerzes im Unterleibe konsultiert, welcher der Therapie nicht weichen wollte. Ich erkannte, daß der Schmerz in den Bauchdecken sitze, auf greifbare Muskelschwielen zu beziehen sei und ordnete lokale Behandlung an.

Nach Monaten sah ich die Kranke wieder, die mir sagte: Der Schmerz von damals ist nach der angeratenen Behandlung vergangen und lange weggeblieben, aber jetzt ist er als nervöser wiedergekehrt. Ich erkenne es daran, daß ich ihn nicht mehr bei Bewegungen habe wie früher, sondern nur zu bestimmten Stunden, z. B. morgens beim Erwachen und bei Aufregungen von gewisser Art. – Die Diagnose der Dame war ganz richtig; es galt jetzt, die Ursache dieses Schmerzes aufzufinden, und dazu konnte sie mir im unbeeinflußten Zustande nicht verhelfen. In der Konzentration und unter dem Drucke meiner Hand, als ich sie fragte, ob ihr etwas einfiele oder ob sie etwas sehe, entschied

sie sich fürs Sehen und begann mir ihre Gesichtsbilder zu beschreiben. Sie sah etwas wie eine Sonne mit Strahlen, was ich natürlich für ein Phosphen, hervorgebracht durch Druck auf die Augen, halten mußte. Ich erwartete, daß Brauchbareres nachkommen würde, allein sie setzte fort: Sterne von eigentümlich blaßblauem Lichte wie Mondlicht u. dgl. m., lauter Flimmer, Glanz und leuchtende Punkte vor den Augen, wie ich meinte. Ich war schon bereit, diesen Versuch zu den mißglückten zu zählen, und dachte daran, wie ich mich unauffällig aus der Affäre ziehen könnte, als mich eine der Erscheinungen, die sie beschrieb, aufmerksam machte. Ein großes schwarzes Kreuz, wie sie es sah, das geneigt stand, an seinen Rändern denselben Lichtschimmer wie vom Mondlicht hatte, in dem alle bisherigen Bilder erglänzt hatten, und auf dessen Balken ein Flämmchen flackerte; das war doch offenbar kein Phosphen mehr. Ich horchte nun auf: es kamen massenhafte Bilder in demselben Lichte, eigentümliche Zeichen, die etwa dem Sanskrit ähnlich sahen, ferner Figuren wie Dreiecke, ein großes Dreieck darunter; wiederum das Kreuz ... Diesmal vermute ich eine allegorische Bedeutung und frage, was soll dieses Kreuz? – Es ist wahrscheinlich der Schmerz gemeint, antwortet sie. – Ich wende ein, unter »Kreuz« verstünde man meist eine moralische Last; was versteckt sich hinter dem Schmerze? – Sie weiß es nicht zu sagen und fährt in ihren Gesichten fort: Eine Sonne mit goldenen Strahlen, die sie auch zu deuten weiß – das ist Gott, die Urkraft; dann eine riesengroße Eidechse, die sie fragend, aber nicht schreckhaft anschaut, dann ein Haufen von Schlangen, dann wieder eine Sonne, aber mit milden silbernen Strahlen, und vor ihr, zwischen ihrer Person und dieser Lichtquelle ein Gitter, welches ihr den Mittelpunkt der Sonne verdeckt.
Ich weiß längst, daß ich es mit Allegorien zu tun habe, und frage sofort nach der Bedeutung des letzten Bildes. Sie antwortet, ohne sich zu besinnen: Die Sonne ist die Vollkommenheit, das Ideal, und das Gitter sind meine Schwächen und Fehler, die zwischen mir und dem Ideal stehen. – Ja, machen Sie sich denn Vorwürfe, sind Sie mit sich unzufrieden? – Freilich. – Seit wann denn? – Seitdem ich Mitglied der theosophischen Gesellschaft bin und die von ihr herausgegebenen Schriften lese. Eine geringe Meinung von mir hatte ich immer. – Was hat denn zuletzt den stärksten Eindruck auf Sie gemacht? – Eine Übersetzung aus dem Sanskrit, die jetzt in Lieferungen erscheint. – Eine Minute später bin ich in ihre Seelenkämpfe, in die Vorwürfe, die sie sich macht, eingeweiht und höre von einem kleinen Erlebnis, das zu einem Vorwurfe Anlaß gab, und bei dem der früher organische Schmerz als Erfolg einer Erregungskonversion zuerst auftrat. – Die Bilder, die ich anfangs für Phosphene gehalten hatte, waren Symbole okkultistischer Gedan-

kengänge, vielleicht geradezu Embleme von den Titelblättern okkultistischer Bücher.

Ich habe jetzt die Leistungen der Hilfsprozedur des Drückens so warm gepriesen und den Gesichtspunkt der Abwehr oder des Widerstandes die ganze Zeit über so sehr vernachlässigt, daß ich sicherlich den Eindruck erweckt haben dürfte, man sei nun durch diesen kleinen Kunstgriff in den Stand gesetzt, des psychischen Hindernisses gegen eine kathartische Kur Herr zu werden. Allein dies zu glauben, wäre ein arger Irrtum; es gibt dergleichen Profite nicht in der Therapie, soviel ich sehe; zur großen Veränderung wird hier wie überall große Arbeit erfordert. Die Druckprozedur ist weiter nichts als ein Kniff, das abwehrlustige Ich für eine Weile zu überrumpeln; in allen ernsteren Fällen besinnt es sich wieder auf seine Absichten und setzt seinen Widerstand fort.

Ich habe der verschiedenen Formen zu gedenken, in welchen dieser Widerstand auftritt. Zunächst das erste oder zweite Mal mißlingt der Druckversuch gewöhnlich. Der Kranke äußert dann sehr enttäuscht: »Ich habe geglaubt, es wird mir etwas einfallen, aber ich habe nur gedacht, wie gespannt ich darauf bin; gekommen ist nichts.« Solches Sich-in-Positursetzen des Patienten ist noch nicht zu den Hindernissen zu zählen; man sagt darauf: »Sie waren eben zu neugierig; das zweitemal wird es dafür gehen.« Und es geht dann wirklich. Es ist merkwürdig, wie vollständig oft die Kranken – und die gefügigsten und intelligentesten mit – die Verabredung vergessen können, zu der sie sich doch vorher verstanden haben. Sie haben versprochen, alles zu sagen, was ihnen unter dem Drucke der Hand einfällt, gleichgültig, ob es ihnen beziehungsvoll erscheint oder nicht, und ob es ihnen angenehm zu sagen ist oder nicht, also ohne Auswahl, ohne Beeinflussung durch Kritik oder Affekt. Sie halten sich aber nicht an dieses Versprechen, es geht offenbar über ihre Kräfte. Allemal stockt die Arbeit, immer wieder behaupten sie, diesmal sei ihnen nichts eingefallen. Man darf ihnen dies nicht glauben, man muß dann immer annehmen und auch äußern, sie hielten etwas zurück, weil sie es für unwichtig halten oder peinlich empfinden. Man besteht darauf, man wiederholt den Druck, man stellt sich unfehlbar, bis man wirklich etwas zu hören bekommt. Dann fügt der Kranke hinzu: »Das hätte ich Ihnen schon das erstemal sagen können.« – Warum haben Sie es nicht gesagt? – »Ich hab' mir nicht denken können, daß es d a s sein sollte. Erst als es jedesmal wiedergekommen ist, habe ich mich entschlossen, es zu sagen.« – Oder: »Ich habe gehofft, gerade das wird es nicht sein; das kann ich mir ersparen zu sagen; erst als es sich nicht verdrängen ließ, habe ich gemerkt, es wird mir nichts geschenkt.« – So verrät der Kranke nachträglich die Motive eines Widerstandes, den er anfänglich gar nicht einbekennen wollte. Er kann offenbar gar nicht anders als Widerstand leisten.

Es ist merkwürdig, hinter welchen Ausflüchten sich dieser Widerstand häufig verbirgt. »Ich bin heute zerstreut, mich stört die Uhr oder das Klavierspiel im Nebenzimmer.« Ich habe gelernt, darauf zu antworten: Keineswegs, Sie stoßen jetzt auf etwas, was Sie nicht gerne sagen wollen. Das nützt Ihnen nichts. Verweilen Sie nur dabei. — Je länger die Pause zwischen dem Drucke meiner Hand und der Äußerung des Kranken ausfällt, desto mißtrauischer werde ich, desto eher steht zu befürchten, daß der Kranke sich das zurechtlegt, was ihm eingefallen ist, und es in der Reproduktion verstümmelt. Die wichtigsten Aufklärungen kommen häufig mit der Ankündigung als überflüssiges Beiwerk, wie die als Bettler verkleideten Prinzen der Oper: »Jetzt ist mir etwas eingefallen, das hat aber nichts damit zu schaffen. Ich sage es Ihnen nur, weil Sie alles zu wissen verlangen.« Mit dieser Einbegleitung kommt dann meist die lang ersehnte Lösung; ich horche immer auf, wenn ich den Kranken so geringschätzig von einem Einfalle reden höre. Es ist nämlich ein Zeichen der gelungenen Abwehr, daß die pathogenen Vorstellungen bei ihrem Wiederauftauchen so wenig bedeutsam erscheinen; man kann daraus erschließen, worin der Prozeß der Abwehr bestand; er bestand darin, aus der starken Vorstellung eine schwache zu machen, ihr den Affekt zu entreißen.

Die pathogene Erinnerung erkennt man also unter anderen Merkmalen daran, daß sie vom Kranken als unwesentlich bezeichnet und doch nur mit Widerstand ausgesprochen wird. Es gibt auch Fälle, wo sie der Kranke noch bei ihrer Wiederkehr zu verleugnen sucht: »Jetzt ist mir etwas eingefallen, aber das haben Sie mir offenbar eingeredet«, oder: »Ich weiß, was Sie sich bei dieser Frage erwarten. Sie meinen gewiß, ich habe dies und jenes gedacht.« Eine besonders kluge Weise der Verleugnung liegt darin, zu sagen: »Jetzt ist mir allerdings etwas eingefallen; aber das kommt mir vor, als hätte ich es willkürlich hinzugefügt; es scheint mir kein reproduzierter Gedanke zu sein.« — Ich bleibe in all diesen Fällen unerschütterlich fest, ich gehe auf keine dieser Distinktionen ein, sondern erkläre dem Kranken, das seien nur Formen und Vorwände des Widerstandes gegen die Reproduktion der einen Erinnerung, die wir trotzdem anerkennen müßten.

Bei der Wiederkehr von Bildern hat man im allgemeinen leichteres Spiel als bei der von Gedanken; die Hysterischen, die zumeist Visuelle sind, machen es dem Analytiker nicht so schwer wie die Leute mit Zwangsvorstellungen. Ist einmal ein Bild aus der Erinnerung aufgetaucht, so kann man den Kranken sagen hören, daß es in dem Maße zerbröckle und undeutlich werde, wie er in seiner Schilderung desselben fortschreite. Der Kranke trägt es gleichsam ab, indem er es in Worte umsetzt. Man orientiert sich nun an dem Erinnerungsbilde selbst, um die Richtung zu finden, nach welcher die Arbeit fortzusetzen ist. »Schauen Sie sich das Bild nochmals an. Ist es verschwunden?« — »Im ganzen ja, aber dieses Detail sehe ich noch.« — »Dann hat dies noch etwas zu bedeuten. Sie werden entweder etwas Neues dazu sehen, oder es wird Ihnen bei diesem Rest etwas einfallen.« — Wenn die Arbeit beendigt ist, zeigt sich das Gesichtsfeld wieder frei, man kann ein anderes Bild hervorlocken. Andere Male aber bleibt ein solches Bild hartnäckig vor dem inneren Auge des Kranken stehen, trotz seiner Beschreibung, und das ist für mich ein Zeichen, daß er mir noch etwas Wichtiges über das Thema des Bildes zu sagen hat. Sobald er dies vollzogen hat, schwindet das Bild, wie ein erlöster Geist zur Ruhe eingeht.

Es ist natürlich von hohem Werte für den Fortgang der Analyse, daß man dem Kranken gegenüber jedesmal recht behalte, sonst hängt man ja davon ab, was er mitzuteilen für gut findet. Es ist darum tröstlich zu hören, daß die Prozedur des Drückens eigentlich niemals fehlschlägt, von einem einzigen Falle abgesehen, den ich später zu würdigen habe, den ich aber sogleich durch die Bemerkung kennzeichnen kann, er entspreche einem besonderen Motiv zum Widerstande. Es kann freilich vorkommen, daß man die Prozedur unter Verhältnissen anwendet, in denen sie nichts zutage fördern darf; man fragt z. B. nach der weiteren Ätiologie eines Symptoms, wenn dieselbe bereits abgeschlossen vorliegt, oder man forscht nach der psychischen Genealogie eines Symptoms, etwa eines Schmerzes, der in Wahrheit ein somatischer Schmerz war; in diesen Fällen behauptet der Kranke gleichfalls, es sei ihm nichts eingefallen, und befindet sich im Rechte. Man wird sich davor behüten, ihm Unrecht zu tun, wenn man es sich ganz allgemein zur Regel macht, während der Analyse die Miene des ruhig Daliegenden nicht aus dem Auge zu lassen. Man lernt dann ohne jede Schwierigkeit die seelische Ruhe bei wirklichem Ausbleiben einer Reminiszenz von der Spannung und den Affektanzeichen zu unterscheiden, unter welchen der Kranke im Dienste der Abwehr die auftauchende Reminiszenz zu verleugnen sucht. Auf solchen Erfahrungen ruht übrigens auch die differential-diagnostische Anwendung der Druckprozedur.

Es ist also die Arbeit auch mit Hilfe der Druckprozedur keine mühelose. Man hat nur den einen Vorteil gewonnen, daß man aus den Ergebnissen dieses Verfahrens gelernt hat, nach welcher Richtung man zu forschen und welche Dinge man dem Kranken aufzudrängen hat. Für manche Fälle reicht dies aus; es handelt sich ja wesentlich darum, daß ich das Geheimnis errate und es dem Kranken ins Gesicht zu sage; er muß dann meist seine Ablehnung aufgeben. In anderen Fällen brauche ich mehr; der überdauernde Widerstand des Kranken zeigt sich darin, daß die Zusammenhänge reißen, die Lösungen ausbleiben, die erinnerten Bilder undeutlich und unvollständig kommen. Man erstaunt oft, wenn man aus einer späteren Periode einer Analyse auf die früheren zurückblickt, wie verstümmelt alle die Einfälle und Szenen waren, die man dem Kranken durch die Prozedur des Drückens entrissen hat. Es fehlte gerade das Wesentliche daran, die Beziehung auf die Person oder auf das Thema, und das Bild blieb darum unverständlich. Ich will ein oder zwei Beispiele für das Wirken einer solchen Zensurierung beim ersten Auftauchen der pathogenen Erinnerungen geben. Der Kranke sieht z. B. einen weiblichen Oberkörper, an dessen Hülle wie durch Nachlässigkeit etwas klafft; erst viel später fügt er zu diesem Torso den Kopf, um damit eine Person und eine Beziehung zu verraten. Oder er erzählt eine Reminiszenz aus seiner Kindheit von zwei Buben, deren Gestalt ihm ganz dunkel ist, denen man eine gewisse Unart nachgesagt hätte. Es bedarf vieler Monate und großer Fortschritte im Gange der Analyse, bis er diese Reminiszenz wiedersieht und in dem einen der Kinder sich selbst, im anderen seinen Bruder erkennt. Welche Mittel hat man nun zur Verfügung, um diesen fortgesetzten Widerstand zu überwinden?

Wenige, aber doch fast alle die, durch die sonst ein Mensch eine psychische Einwirkung auf einen anderen übt. Man muß sich zunächst sagen, daß psychischer Widerstand, besonders ein seit langem konstituierter, nur langsam und schrittweise aufgelöst werden kann, und muß in Geduld warten. Sodann darf man auf das intellektuelle Interesse rechnen, das sich nach kurzer Arbeit beim Kranken zu regen beginnt. Indem man ihn aufklärt, ihm von der wundersamen Welt der psychischen Vorgänge Mitteilungen macht, in die man selbst erst durch solche Analysen Einblick gewonnen hat, gewinnt man ihn selbst zum Mitarbeiter, bringt ihn dazu, sich selbst mit dem objektiven Interesse des Forschers zu betrachten, und drängt so den auf affektiver Basis beruhenden Widerstand zurück. Endlich aber – und dies bleibt der stärkste Hebel – muß man versuchen, nachdem man diese Motive seiner Abwehr erraten, die Motive zu entwerten, oder selbst sie durch stärkere zu ersetzen. Hier hört wohl die Möglichkeit auf, die psychotherapeutische Tätigkeit in Formeln zu fassen. Man wirkt, so gut man kann, als Aufklärer, wo die Ignoranz eine Scheu erzeugt hat, als Lehrer, als Vertreter einer freieren oder überlegenen Weltauffassung, als Beichthörer, der durch die Fortdauer seiner Teilnahme und seiner Achtung nach abgelegtem Geständnisse gleichsam Absolution erteilt; man sucht dem Kranken menschlich etwas zu leisten, soweit der Umfang

der eigenen Persönlichkeit und das Maß von Sympathie, das man für den betreffenden Fall aufbringen kann, dies gestatten. Für solche psychische Betätigung ist als unerläßliche Voraussetzung erforderlich, daß man die Natur des Falles und die Motive der hier wirksamen Abwehr ungefähr erraten habe, und zum Glück trägt die Technik des Drängens und der Druckprozedur gerade so weit. Je mehr man dergleichen Rätsel bereits gelöst hat, desto leichter wird man vielleicht ein neues erraten und desto früher wird man die eigentlich heilende psychische Arbeit in Angriff nehmen können. Denn es ist gut, sich dies völlig klarzumachen: Wenn auch der Kranke sich von dem hysterischen Symptome erst befreit, indem er die es verursachenden pathogenen Eindrücke reproduziert und unter Affektäußerung ausspricht, so liegt doch die therapeutische Aufgabe nur darin, ihn dazu zu bewegen, und wenn diese Aufgabe einmal gelöst ist, so bleibt für den Arzt nichts mehr zu korrigieren oder aufzuheben übrig. Alles, was es an Gegensuggestionen dafür braucht, ist bereits während der Bekämpfung des Widerstandes aufgewendet worden. Der Fall ist etwa mit dem Aufschließen einer versperrten Türe zu vergleichen, wonach das Niederdrücken der Klinke, um sie zu öffnen, keine Schwierigkeit mehr hat.
Neben den intellektuellen Motiven, die man zur Überwindung des Widerstandes heranzieht, wird man ein affektives Moment, die persönliche Geltung des Arztes, selten entbehren können, und in einer Anzahl von Fällen wird letzteres allein imstande sein, den Widerstand zu beheben. Das ist hier nicht anders als sonst in der Medizin, und man wird keiner therapeutischen Methode zumuten dürfen, auf die Mitwirkung dieses persönlichen Moments gänzlich zu verzichten.

3

Angesichts der Ausführungen des vorstehenden Abschnittes, der Schwierigkeiten meiner Technik, die ich rückhaltlos aufgedeckt habe — ich habe sie übrigens aus den schwersten Fällen zusammengetragen, es wird oft sehr viel bequemer gehen —, angesichts dieses Sachverhaltes also wird wohl jeder die Frage aufwerfen wollen, ob es nicht zweckmäßiger sei, anstatt all dieser Quälereien sich energischer um die Hypnose zu bemühen oder die Anwendung der kathartischen Methode auf solche Kranke zu beschränken, die in tiefe Hypnose zu versetzen sind. Auf letzteren Vorschlag müßte ich antworten, daß dann die Zahl der brauchbaren Patienten für meine Geschicklichkeit allzusehr einschrumpfen würde; dem ersteren Rate aber werde ich die Mutmaßung entgegensetzen, es dürfte durch Erzwingen der Hypnose nicht viel vom Widerstande zu ersparen sein. Meine

Erfahrungen hierüber sind eigentümlicherweise nur wenig zahlreich, ich kann daher nicht über die Mutmaßung hinauskommen; aber wo ich eine kathartische Kur in der Hypnose anstatt in der Konzentration durchgeführt habe, fand ich die mir zufallende Arbeit dadurch nicht verringert. Ich habe erst unlängst eine solche Behandlung beendigt, in deren Verlauf ich eine hysterische Lähmung der Beine zum Weichen brachte. Die Patientin geriet in einen Zustand, der psychisch vom Wachen sehr verschieden und somatisch dadurch ausgezeichnet war, daß sie die Augen unmöglich öffnen oder sich erheben konnte, ehe ich ihr zugerufen hatte: Jetzt wachen Sie auf, und doch habe ich in keinem Falle größeren Widerstand gefunden als gerade in diesem. Ich legte auf diese körperlichen Zeichen keinen Wert, und gegen Ende der zehn Monate währenden Behandlung waren sie auch unmerklich geworden; der Zustand der Patientin, in dem wir arbeiteten, hatte darum von seinen Eigentümlichkeiten, der Fähigkeit sich an Unbewußtes zu erinnern, der ganz besonderen Beziehung zur Person des Arztes nichts eingebüßt. In der Geschichte der Frau Emmy v. N . . . habe ich allerdings ein Beispiel einer im tiefsten Somnambulismus ausgeführten kathartischen Kur geschildert, in welcher der Widerstand fast keine Rolle spielte. Allein von dieser Frau habe ich auch nichts erfahren, zu dessen Mitteilung es einer besonderen Überwindung bedurft hätte, nichts, was sie mir nicht bei längerer Bekanntschaft und einiger Schätzung auch im Wachen hätte erzählen können. Auf die eigentlichen Ursachen ihrer Erkrankung, sicherlich identisch mit den Ursachen ihrer Rezidiven nach meiner Behandlung, bin ich gar nicht gekommen – es war eben mein erster Versuch in dieser Therapie –, und das einzige Mal, als ich zufällig eine Reminiszenz von ihr forderte, in die sich ein Stück Erotik einmengte, fand ich sie ebenso widerstrebend und unverläßlich in ihren Angaben wie später irgendeine andere meiner nicht somnambulen Patientinnen. Von dem Widerstande dieser Frau auch im Somnambulismus gegen andere Anforderungen und Zumutungen habe ich bereits in ihrer Krankengeschichte gesprochen. Überhaupt ist mir der Wert der Hypnose für die Erleichterung kathartischer Kuren zweifelhaft geworden, seitdem ich Beispiele erlebt habe von absoluter therapeutischer Unfügsamkeit bei ausgezeichnetem andersartigen Gehorsam im tiefen Somnambulismus. Einen Fall dieser Art habe ich schon kurz mitgeteilt; ich könnte noch andere hinzufügen. Ich gestehe übrigens, daß diese Erfahrung meinem Bedürfnis nach quantitativer Relation zwischen Ursache und Wirkung auch auf psychischem Gebiete nicht übel entsprochen hat.

In der bisherigen Darstellung hat sich uns die Idee des W i d e r s t a n d e s in den Vordergrund gedrängt; ich habe gezeigt, wie man bei der therapeutischen Arbeit zu der Auffassung geleitet wird, die Hysterie entstehe durch die Verdrängung einer unverträglichen Vorstellung aus dem Motive der Abwehr, die verdrängte Vorstellung bleibe als eine schwache (wenig intensive) Erinnerungsspur bestehen, der ihr entrissene Affekt werde für eine somatische Innervation verwendet: Konversion der Erregung. Die Vorstellung werde also gerade durch ihre Verdrängung Ursache krankhafter Symptome, also pathogen. Einer Hysterie, die diesen psychischen Mechanismus aufweist, darf man den Namen »Abwehrhysterie« beilegen. Nun haben wir beide, Breuer und ich, zu wiederholten Malen von zwei anderen Arten der Hysterie gesprochen, für welche wir die Namen »Hypnoid- und Retentionshysterie« in Gebrauch zogen. Die Hypnoidhysterie ist diejenige, die überhaupt zuerst in unseren Gesichtskreis getreten ist; ich wüßte ja kein besseres Beispiel für eine solche anzuführen als den ersten Fall Breuers.[4] Für eine solche Hypnoidhysterie hat Breuer einen von dem der Konversionsabwehr wesentlich verschiedenen psychischen Mechanismus angegeben. Hier soll also eine Vorstellung dadurch pathogen werden, daß sie, in einem besonderen psychischen Zustand empfangen, von vornherein außerhalb des Ich verblieben ist. Es hat also keiner psychischen Kraft bedurft, sie von dem Ich abzuhalten, und es darf keinen Widerstand erwecken, wenn man sie mit Hilfe der somnambulen Geistestätigkeit in das Ich einführt. Die Krankengeschichte der Anna O. zeigt auch wirklich nichts von einem solchen Widerstand.

Ich halte diesen Unterschied für so wesentlich, daß ich mich durch ihn gerne bestimmen lasse, an der Aufstellung der Hypnoidhysterie festzuhalten. Meiner eigenen Erfahrung ist merkwürdigerweise keine echte Hypnoidhysterie begegnet; was ich in Angriff nahm, verwandelte sich in Abwehrhysterie. Nicht etwa, daß ich es niemals mit Symptomen zu tun gehabt hätte, die nachweisbar in abgesonderten Bewußtseinszuständen entstanden waren, und darum von der Aufnahme ins Ich ausgeschlossen bleiben mußten. Dies traf auch in meinen Fällen mitunter zu, aber dann konnte ich doch nachweisen, daß der sogenannte hypnoide Zustand seine Absonderung dem Umstande verdankte, daß in ihm eine vorher durch Abwehr abgespaltene psychische Gruppe zur Geltung kam. Kurz, ich kann den Verdacht nicht unterdrücken, daß Hypnoid- und Abwehrhysterie irgendwo an ihrer Wurzel zusammentreffen, und daß dabei die Abwehr das Primäre ist. Ich weiß aber nichts darüber.

Gleich unsicher ist derzeit mein Urteil über die »Retentionshysterie«, bei welcher die therapeutische Arbeit gleichfalls ohne

4 vgl. S. 20

Widerstand erfolgen sollte. Ich habe einen Fall gehabt, den ich für eine typische Retentionshysterie gehalten habe; ich freute mich auf den leichten und sicheren Erfolg, aber dieser Erfolg blieb aus, so leicht auch wirklich die Arbeit war. Ich vermute daher, wiederum mit aller Zurückhaltung, die der Unwissenheit geziemt, daß auch bei der Retentionshysterie auf dem Grunde ein Stück Abwehr zu finden ist, welches den ganzen Vorgang ins Hysterische gedrängt hat. Ob ich mit dieser Tendenz zur Ausdehnung des Abwehrbegriffes auf die gesamte Hysterie Gefahr laufe, der Einseitigkeit und dem Irrtum zu verfallen, werden ja hoffentlich neue Erfahrungen bald entscheiden.

Ich habe bisher von den Schwierigkeiten und der Technik der kathartischen Methode gehandelt und möchte noch einige Andeutungen hinzufügen, wie sich mit dieser Technik eine Analyse gestaltet. Es ist dies ein für mich sehr interessantes Thema, von dem ich aber nicht erwarten kann, es werde ähnliches Interesse bei anderen erregen, die noch keine solche Analyse ausgeführt haben. Es wird eigentlich wiederum von Technik die Rede sein, aber diesmal von den inhaltlichen Schwierigkeiten, für die man den Kranken nicht verantwortlich machen kann, die zum Teil bei einer Hypnoid- und Retentionshysterie dieselben sein müßten wie bei den mir als Muster vorschwebenden Abwehrhysterien. Ich gehe an dieses letzte Stück der Darstellung mit der Erwartung, die hier aufzudeckenden psychischen Eigentümlichkeiten könnten einmal für eine Vorstellungsdynamik einen gewissen Wert als Rohmaterial erlangen.
Der erste und mächtigste Eindruck, den man sich bei einer solchen Analyse holt, ist gewiß der, daß das pathogene psychische Material, das angeblich vergessen ist, dem Ich nicht zur Verfügung steht, in der Assoziation und im Erinnern keine Rolle spielt — doch in irgendeiner Weise bereit liegt, und zwar in richtiger und guter Ordnung. Es handelt sich nur darum, Widerstände zu beseitigen, die den Weg dazu versperren. Sonst aber wird es bewußt, wie wir überhaupt etwas wissen können; die richtigen Verknüpfungen der einzelnen Vorstellungen untereinander und mit nicht pathogenen, häufig erinnerten, sind vorhanden, sind seinerzeit vollzogen und im Gedächtnisse bewahrt worden. Das pathogene psychische Material erscheint als das Eigentum einer Intelligenz, die der des normalen Ich nicht notwendig nachsteht. Der Schein einer zweiten Persönlichkeit wird oft auf das täuschendste hergestellt.
Ob dieser Eindruck berechtigt ist, ob man dabei nicht die Anordnung des psychischen Materials, die nach der Erledigung resultiert, in die Zeit der Krankheit zurückverlegt, dies sind Fragen, die ich noch nicht und nicht an dieser Stelle in Erwägung ziehen möchte. Man kann die bei solchen Analysen gemachten

Erfahrungen jedenfalls nicht bequemer und anschaulicher beschreiben, als wenn man sich auf den Standpunkt stellt, den man nach der Erledigung zur Überschau des Ganzen einnehmen darf.

Die Sachlage ist ja meist keine so einfache, wie man sie für besondere Fälle, z. B. für ein einzelnes, in einem großen Trauma entstandenes Symptom dargestellt hat. Man hat zumeist nicht ein einziges hysterisches Symptom, sondern eine Anzahl von solchen, die teils unabhängig voneinander, teils miteinander verknüpft sind. Man darf nicht eine einzige traumatische Erinnerung und als Kern derselben eine einzige pathogene Vorstellung erwarten, sondern muß auf Reihen von Partialtraumen und Verkettungen von pathogenen Gedankengängen gefaßt sein. Die monosymptomatische traumatische Hysterie ist gleichsam ein Elementarorganismus, ein einzelliges Wesen im Vergleich zum komplizierten Gefüge einer schweren hysterischen Neurose, wie wir ihr gemeinhin begegnen.

Das psychische Material einer solchen Hysterie stellt sich nun dar als ein mehrdimensionales Gebilde von mindestens dreifacher Schichtung. Ich hoffe, ich werde diese bildliche Ausdrucksweise bald rechtfertigen können. Es ist zunächst ein Kern vorhanden von solchen Erinnerungen (an Erlebnisse oder Gedankengänge), in denen das traumatische Moment gegipfelt oder die pathogene Idee ihre reinste Ausbildung gefunden hat. Um diesen Kern herum findet man eine oft unglaublich reichliche Menge von anderem Erinnerungsmaterial, das man bei der Analyse durcharbeiten muß, in, wie erwähnt, dreifacher Anordnung. Erstens ist eine lineare chronologische Anordnung unverkennbar, die innerhalb jedes einzelnen Themas statthat. Als Beispiel für diese zitiere ich bloß die Anordnungen in Breuers Analyse der Anna O.[5] Das Thema sei das des Taubwerdens, des Nichthörens; das differenzierte sich dann nach sieben Bedingungen, und unter jeder Überschrift waren zehn bis über hundert Einzelerinnerungen in chronologischer Reihenfolge gesammelt. Es war, als ob man ein wohl in Ordnung gehaltenes Archiv ausnehmen würde. In der Analyse meiner Patientin Emmy v. N . . . sind ähnliche, wenn auch nicht so vollzählig dargestellte Erinnerungsfaszikel enthalten: sie bilden aber ein ganz allgemeines Vorkommnis in jeder Analyse, treten jedesmal in einer chronologischen Ordnung auf, die so unfehlbar verläßlich ist wie die Reihenfolge der Wochentage oder Monatsnamen beim geistig normalen Menschen, und erschweren die Arbeit der Analyse durch die Eigentümlichkeit, daß sie die Reihenfolge ihrer Entstehung bei der Reproduktion umkehren; das frischeste, jüngste Erlebnis des Faszikels kommt als »Deck-

5 vgl. S. 20

blatt« zuerst, und den Schluß macht jener Eindruck, mit dem in Wirklichkeit die Reihe anfing.

Ich habe die Gruppierung gleichartiger Erinnerungen zu einer linear geschichteten Mehrheit, wie es ein Aktenbündel, ein Paket u. dgl. darstellt, als Bildung eines Themas bezeichnet. Diese Themen nun zeigen eine zweite Art von Anordnung; sie sind, ich kann es nicht anders ausdrücken, konzentrisch um den pathogenen Kern geschichtet. Es ist nicht schwer zu sagen, was diese Schichtung ausmacht, nach welcher ab- oder zunehmenden Größe diese Anordnung erfolgt. Es sind Schichten gleichen, gegen den Kern hin wachsenden Widerstandes und damit Zonen gleicher Bewußtseinsveränderung, in denen sich die einzelnen Themen erstrecken. Die periphersten Schichten enthalten von verschiedenen Themen jene Erinnerungen (oder Faszikel), die leicht erinnert werden und immer klar bewußt waren; je tiefer man geht, desto schwieriger werden die auftauchenden Erinnerungen erkannt, bis man nahe am Kerne auf solche stößt, die der Patient noch bei der Reproduktion verleugnet.

Diese Eigentümlichkeit der konzentrischen Schichtung des pathogenen psychischen Materials ist es, die dem Verlaufe solcher Analysen ihre, wie wir hören werden, charakteristischen Züge verleiht. Jetzt ist noch eine dritte Art von Anordnung zu erwähnen, die wesentlichste, über die am wenigsten leicht eine allgemeine Aussage zu machen ist. Es ist die Anordnung nach dem Gedankeninhalte, die Verknüpfung durch den bis zum Kerne reichenden logischen Faden, der einem in jedem Falle besonderen, unregelmäßigen und vielfach abgeknickten Weg entsprechen mag. Diese Anordnung hat einen dynamischen Charakter, im Gegensatze zum morphologischen der beiden vorerst erwähnten Schichtungen. Während letztere in einem räumlich ausgeführten Schema durch starre, bogenförmige und gerade Linien darzustellen wären, müßte man dem Gange der logischen Verkettung mit einem Stäbchen nachfahren, welches auf den verschlungensten Wegen aus oberflächlichen in tiefe Schichten und zurück, doch im allgemeinen von der Peripherie her zum zentralen Kerne vordringt und dabei alle Stationen berühren muß, also ähnlich wie das Zickzack der Lösung einer Rösselsprungaufgabe über die Felderzeichnung hinweggeht.

Ich halte letzteren Vergleich noch für einen Moment fest, um einen Punkt hervorzuheben, in dem er den Eigenschaften des Verglichenen nicht gerecht wird. Der logische Zusammenhang entspricht nicht nur einer zickzackförmig geknickten Linie, sondern vielmehr einer verzweigten, und ganz besonders einem konvergierenden Liniensysteme. Er hat Knotenpunkte, in denen zwei oder mehrere Fäden zusammentreffen, um von da an vereinigt weiterzuziehen, und in den Kern münden in der Regel mehrere unabhängig voneinander verlaufende oder durch Seitenwege stellenweise verbundene Fäden ein. Es ist sehr bemerkenswert, um es mit anderen Worten zu sagen, wie häufig ein Symptom mehrfach determiniert, überbestimmt ist.

Mein Versuch, die Organisation des pathogenen psychischen Materials zu veranschaulichen, wird abgeschlossen sein, wenn ich noch eine einzige Komplikation einführe. Es kann nämlich der Fall vorliegen, daß es sich um mehr als einen einzigen Kern im pathogenen Materiale handle, so z. B. wenn ein zweiter hysterischer Ausbruch zu analysieren ist, der seine eigene Ätiologie hat, aber doch mit einem, Jahre vorher überwundenen, ersten Ausbruch akuter Hysterie zusammenhängt. Man kann sich dann leicht vorstellen, welche Schichten und Gedankenwege hinzukommen müssen, um zwischen den beiden pathogenen Kernen eine Verbindung herzustellen.

Ich will an das so gewonnene Bild von der Organisation des pathogenen Materials noch die eine oder die andere Bemerkung anknüpfen. Wir haben von diesem Material ausgesagt, es benehme sich wie ein Fremdkörper; die Therapie wirke auch wie die Entfernung eines Fremdkörpers aus dem lebenden Gewebe. Wir sind jetzt in der Lage einzusehen, worin dieser Vergleich fehlt. Ein Fremdkörper geht keinerlei Verbindung mit den ihn umlagernden Gewebsschichten ein, obwohl er dieselben verändert, zur reaktiven Entzündung nötigt. Unsere pathogene psychische Gruppe dagegen läßt sich nicht sauber aus dem Ich herausschälen, ihre äußeren Schichten gehen allseitig in Anteile des normalen Ich über, gehören letzterem eigentlich ebensosehr an wie der pathogenen Organisation. Die Grenze zwischen beiden wird bei der Analyse rein konventionell, bald hier, bald dort gesteckt, ist an einzelnen Stellen wohl gar nicht anzugeben. Die inneren Schichten entfremden sich dem Ich immer mehr und mehr, ohne daß wiederum die Grenze des Pathogenen irgendwo sichtbar begänne. Die pathogene Organisation verhält sich nicht eigentlich wie ein Fremdkörper, sondern weit eher wie ein Infiltrat. Als das Infiltrierende muß in diesem Gleichnisse der Widerstand genommen werden. Die Therapie besteht ja auch nicht darin, etwas zu exstirpieren – das vermag die Psychotherapie heute nicht –, sondern den Widerstand zum Schmelzen zu bringen und so der Zirkulation den Weg in ein bisher abgesperrtes Gebiet zu bahnen.

(Ich bediene mich hier einer Reihe von Gleichnissen, die alle nur eine recht begrenzte Ähnlichkeit mit meinem Thema haben und die sich auch untereinander nicht vertragen. Ich weiß dies, und bin nicht in Gefahr, deren Wert zu überschätzen, aber mich leitet die Absicht, ein höchst kompliziertes und noch niemals dargestelltes Denkobjekt von verschiedenen Seiten her zu veranschaulichen, und darum erbitte ich mir die Freiheit, auch noch auf den folgenden Seiten in solcher nicht einwandfreien Weise mit Vergleichen zu schalten.)

Wenn man nach vollendeter Erledigung das pathogene Material in seiner nun erkannten, komplizierten, mehrdimensionalen Organisation einem Dritten zeigen könnte, würde dieser mit Recht die Frage aufwerfen: Wie kam ein solches Kamel durch das Nadelöhr? Man spricht nämlich nicht mit Unrecht von einer »Enge des Bewußtseins«. Der Terminus gewinnt Sinn und Lebensfrische für den Arzt, der eine solche Analyse durchführt. Es kann immer nur eine einzelne Erinnerung ins Ich-Bewußtsein eintreten; der Kranke, der mit der Durcharbeitung dieser einen beschäftigt ist, sieht nichts von dem, was nachdrängt, und vergißt an das, was bereits durchgedrungen ist. Stößt die Bewältigung dieser einen pathogenen Erinnerung auf Schwierigkeiten, wie z. B. wenn der Kranke mit dem Widerstande gegen sie nicht nachläßt, wenn er sie verdrängen oder verstümmeln will, so ist der Engpaß gleichsam verlegt; die Arbeit stockt, es kann nichts anderes kommen, und die eine im Durchbruche befindliche Erinnerung bleibt vor dem Kranken stehen, bis er sie in die Weite des Ichs aufgenommen hat. Die ganze räumlich ausgedehnte Masse des pathogenen Materials wird so durch eine enge Spalte durchgezogen, langt also, wie in Stücke oder Bänder zerlegt, im Bewußtsein an. Es ist Aufgabe des Psychotherapeuten, daraus die vermutete Organisation wieder zusammenzusetzen. Wen noch nach Vergleichen gelüstet, der mag sich hier an ein Geduldspiel erinnern.

Steht man davor, eine solche Analyse zu beginnen, wo man eine derartige Organisation des pathogenen Materials erwarten darf, kann man sich folgende Ergebnisse der Erfahrung zunutze machen: *Es ist ganz aussichtslos, direkt zum Kerne der pathogenen Organisation vorzudringen.* Könnte man diesen selbst erraten, so würde der Kranke doch mit der ihm geschenkten Aufklärung nichts anzufangen wissen und durch sie psychisch nicht verändert werden.

Es bleibt nichts übrig, als sich zunächst an die Peripherie des pathogenen psychischen Gebildes zu halten. Man beginnt damit, den Kranken erzählen zu lassen, was er weiß und erinnert, wobei man bereits seine Aufmerksamkeit dirigiert und durch Anwendung der Druckprozedur leichtere Widerstände überwindet. Jedesmal, wenn man durch Drücken einen neuen Weg eröffnet hat, darf man erwarten, daß der Kranke ihn ein Stück weit ohne neuen Widerstand fortsetzen wird.

Hat man eine Weile auf solche Weise gearbeitet, so regt sich gewöhnlich eine mitarbeitende Tätigkeit im Kranken. Es fallen ihm jetzt eine Fülle von Reminiszenzen ein, ohne daß man ihm Fragen und Aufgaben zu stellen braucht; man hat sich eben den

Weg in eine innere Schichte gebahnt, innerhalb welcher der Kranke jetzt über das Material von gleichem Widerstande spontan verfügt. Man tut gut daran, ihn eine Weile unbeeinflußt reproduzieren zu lassen; er ist selber zwar nicht imstande, wichtige Zusammenhänge aufzudecken, aber das Abtragen innerhalb derselben Schicht darf man ihm überlassen. Die Dinge, die er so beibringt, scheinen oft zusammenhanglos, geben aber das Material ab, das durch späterhin erkannten Zusammenhang belebt wird.

Man hat sich hier im allgemeinen vor zweierlei zu bewahren. Wenn man den Kranken in der Reproduktion der ihm zuströmenden Einfälle hemmt, so kann man sich manches »verschütten«, was späterhin mit großer Mühe doch frei gemacht werden muß. Anderseits darf man seine unbewußte »Intelligenz« nicht überschätzen und ihr nicht die Leitung der ganzen Arbeit überlassen. Wollte ich den Arbeitsmodus schematisieren, so könnte ich etwa sagen, man übernimmt selbst die Eröffnung innerer Schichten, das Vordringen in radialer Richtung, während der Kranke die peripherische Erweiterung besorgt.

Das Vordringen geschieht ja dadurch, daß man in der vorhin angedeuteten Weise Widerstand überwindet. In der Regel aber hat man vorher noch eine andere Aufgabe zu lösen. Man muß ein Stück des logischen Fadens in die Hand bekommen, unter dessen Leitung man allein in das Innere einzudringen hoffen darf. Man erwarte nicht, daß die freien Mitteilungen des Kranken, das Material der am meisten oberflächlichen Schichten, es dem Analytiker leichtmachen zu erkennen, an welchen Stellen es in die Tiefe geht, an welche Punkte die gesuchten Gedankenzusammenhänge anknüpfen. Im Gegenteil; gerade dies ist sorgfältig verhüllt, die Darstellung des Kranken klingt wie vollständig und in sich gefestigt. Man steht zuerst vor ihr wie vor einer Mauer, die jede Aussicht versperrt und die nicht ahnen läßt, ob etwas und was denn doch dahintersteckt.

Wenn man aber die Darstellung, die man vom Kranken ohne viel Mühe und Widerstand erhalten hat, mit kritischem Auge mustert, wird man ganz unfehlbar Lücken und Schäden in ihr entdecken. Hier ist der Zusammenhang sichtlich unterbrochen und wird vom Kranken durch eine Redensart, eine ungenügende Auskunft notdürftig ergänzt; dort stößt man auf ein Motiv, das bei einem normalen Menschen als ein ohnmächtiges zu bezeichnen wäre. Der Kranke will diese Lücken nicht anerkennen, wenn er auf sie aufmerksam gemacht wird. Der Arzt aber tut recht daran, wenn er hinter diesen schwachen Stellen den Zugang zu dem Material der tieferen Schichten sucht, wenn er gerade hier die Fäden des Zusammenhanges aufzufinden hofft, denen er mit der Druckprozedur nachspürt. Man sagt dem Kranken also: Sie irren sich; das, was Sie angeben, kann mit dem betreffenden

nichts zu tun haben. Hier müssen wir auf etwas anderes stoßen, was Ihnen unter dem Drucke meiner Hand einfallen wird.
Man darf nämlich an einen Gedankengang bei einem Hysterischen, und reichte er auch ins Unbewußte, dieselben Anforderungen von logischer Verknüpfung und ausreichender Motivierung stellen, die man bei einem normalen Individuum erheben würde. Eine Lockerung dieser Beziehungen liegt nicht im Machtbereiche der Neurose. Wenn die Vorstellungsverknüpfungen der Neurotischen und speziell der Hysterischen einen anderen Eindruck machen, wenn hier die Relation der Intensitäten verschiedener Vorstellungen aus psychologischen Bedingungen allein unerklärbar scheint, so haben wir ja gerade für diesen Anschein den Grund kennengelernt und wissen ihn als Existenz verborgener, unbewußter Motive zu nennen. Wir dürfen also solche geheime Motive überall dort vermuten, wo ein solcher Sprung im Zusammenhange, eine Überschreitung des Maßes normal berechtigter Motivierung nachzuweisen ist.
Natürlich muß man sich bei solcher Arbeit von dem theoretischen Vorurteile frei halten, man habe es mit abnormen Gehirnen von *dégénerés* und *déséquilibrés* zu tun, denen die Freiheit, die gemeinen psychologischen Gesetze der Vorstellungsverbindung über den Haufen zu werfen, als Stigma eigen wäre, bei denen eine beliebige Vorstellung ohne Motiv übermäßig intensiv wachsen, eine andere ohne psychologischen Grund unverwüstlich bleiben kann. Die Erfahrung zeigt für die Hysterie das Gegenteil; hat man die verborgenen – oft unbewußt gebliebenen – Motive herausgefunden und bringt sie in Rechnung, so bleibt auch an der hysterischen Gedankenverknüpfung nichts rätselhaft und regelwidrig.
Auf solche Art also, durch Aufspüren von Lücken in der ersten Darstellung des Kranken, die oft durch »falsche Verknüpfungen« gedeckt sind, greift man ein Stück des logischen Fadens an der Peripherie auf und bahnt sich durch die Druckprozedur von da aus den weiteren Weg.
Sehr selten gelingt es dabei, sich an demselben Faden bis ins Innere durchzuarbeiten; meist reißt er unterwegs ab, indem der Druck versagt, gar kein Ergebnis liefert oder eines, das mit aller Mühe nicht zu klären und nicht fortzusetzen ist. Man lernt es bald, sich in diesem Falle vor den naheliegenden Verwechslungen zu schützen. Die Miene des Kranken muß es entscheiden, ob man wirklich an ein Ende gekommen ist, oder einen Fall getroffen hat, welcher eine psychische Aufklärung nicht braucht, oder ob es übergroßer Widerstand ist, der der Arbeit Halt gebietet. Kann man letzteren nicht alsbald besiegen, so darf man annehmen, daß man den Faden bis in eine Schicht hinein verfolgt hat, die für jetzt noch undurchlässig ist. Man läßt ihn fallen, um einen anderen Faden aufzugreifen, den man vielleicht ebensoweit ver-

folgt. Ist man mit allen Fäden in diese Schicht nachgekommen, hat dort die Verknotungen aufgefunden, wegen welcher der einzelne Faden isoliert nicht mehr zu verfolgen war, so kann man daran denken, den bevorstehenden Widerstand von neuem anzugreifen.

Man kann sich leicht vorstellen, wie kompliziert eine solche Arbeit werden kann. Man drängt sich unter beständiger Überwindung von Widerstand in innere Schichten ein, gewinnt Kenntnis von den in dieser Schicht angehäuften Themen und den durchlaufenden Fäden, prüft, bis wie weit man mit seinen gegenwärtigen Mitteln und seiner gewonnenen Kenntnis vordringen kann, verschafft sich erste Kundschaft von dem Inhalte der nächsten Schichten durch die Druckprozedur, läßt die Fäden fallen und nimmt sie wieder auf, verfolgt sie bis zu Knotenpunkten, holt beständig nach und gelangt, indem man einem Erinnerungsfaszikel nachgeht, jedesmal auf einen Nebenweg, der schließlich doch wieder einmündet. Endlich kommt man auf solche Art so weit, daß man das schichtweise Arbeiten verlassen und auf einem Hauptwege direkt zum Kerne der pathogenen Organisation vordringen kann. Damit ist der Kampf gewonnen, aber noch nicht beendet. Man muß die anderen Fäden nachholen, das Material erschöpfen; aber jetzt hilft der Kranke energisch mit, sein Widerstand ist meist schon gebrochen.

Es ist in diesen späteren Stadien der Arbeit von Nutzen, wenn man den Zusammenhang errät und ihn dem Kranken mitteilt, ehe man ihn aufgedeckt hat. Hat man richtig erraten, so beschleunigt man den Verlauf der Analyse, aber auch mit einer unrichtigen Hypothese hilft man sich weiter, indem man den Kranken nötigt, Partei zu nehmen, und ihm energische Ablehnungen entlockt, die ja ein sicheres Besserwissen verraten.

Man überzeugt sich dabei mit Erstaunen, *daß man nicht imstande ist, dem Kranken über die Dinge, die er angeblich nicht weiß, etwas aufzudrängen oder die Ergebnisse der Analyse durch Erregung seiner Erwartung zu beeinflussen.* Es ist mir kein einziges Mal gelungen, die Reproduktion der Erinnerungen oder den Zusammenhang der Ereignisse durch meine Vorhersage zu verändern und zu fälschen, was sich ja endlich durch einen Widerspruch im Gefüge hätte verraten müssen. Traf etwas so ein, wie ich es vorhergesagt, so war stets durch vielfache unverdächtige Reminiszenzen bezeugt, daß ich eben richtig geraten hatte. Man braucht sich also nicht zu fürchten, vor dem Kranken irgendeine Meinung über den nächstkommenden Zusammenhang zu äußern; es schadet nichts.

Eine andere Beobachtung, die man jedesmal zu wiederholen Gelegenheit hat, bezieht sich auf die selbständigen Reproduktionen des Kranken. Man kann behaupten, daß keine einzige Reminiszenz während einer solchen Analyse auftaucht, die nicht ihre Bedeutung hätte. Ein Dareinmengen beziehungsloser Erinnerungsbilder, die mit den wichtigen irgendwie assoziiert sind, kommt eigentlich gar nicht vor. Man darf eine nicht regelwidrige Ausnahme für solche Erinnerungen postulieren, die an sich unwichtig, doch als Schaltstücke unentbehrlich sind, indem die Assoziation zwischen zwei beziehungsvollen Erinnerungen nur über sie geht. — Die Zeitdauer, während welcher eine Erinnerung im Engpasse vor dem Bewußtsein des Patienten verweilt, steht, wie schon angeführt, in direkter Beziehung zu deren Bedeutung. Ein Bild, das nicht verlöschen will, verlangt noch seine Würdigung, ein Gedanke, der sich nicht abtun läßt, will noch weiterverfolgt werden. Es kehrt auch nie eine Reminiszenz zum zweiten Male wieder, wenn sie erledigt worden ist; ein Bild, das abgesprochen wurde, ist nicht wieder zu sehen. Geschieht dies doch, so darf man mit Bestimmtheit erwarten, daß das zweitemal ein neuer Gedankeninhalt sich an das Bild, eine neue Folgerung an den Einfall knüpfen wird, d. h., daß doch keine vollständige Erledigung stattgefunden hat. Eine Wiederkehr in verschiedener Intensität, zuerst als Andeutung, dann in voller Helligkeit kommt hingegen häufig vor, widerspricht aber nicht der eben aufgestellten Behauptung. —

Wenn sich unter den Aufgaben der Analyse die Beseitigung eines Symptoms befindet, welches der Intensitätssteigerung oder der Wiederkehr fähig ist (Schmerzen, Reizsymptome wie Erbrechen, Sensationen, Kontrakturen), so beobachtet man während der Arbeit von seiten dieses Symptoms das interessante und nicht unerwünschte Phänomen des »Mitsprechens«. Das fragliche Symptom erscheint wieder oder erscheint in verstärkter Intensität, sobald man in die Region der pathogenen Organisation geraten ist, welche die Ätiologie dieses Symptoms enthält, und es begleitet nun die Arbeit mit charakteristischen und für den Arzt lehrreichen Schwankungen weiter. Die Intensität desselben (sagen wir: einer Brechneigung) steigt, je tiefer man in eine der hiefür pathogenen Erinnerungen eindringt, erreicht die größte Höhe kurz vor dem Aussprechen der letzteren und sinkt mit vollendeter Aussprache plötzlich ab oder verschwindet auch völlig für eine Weile. Wenn der Kranke aus Widerstand das Aussprechen lange verzögert, wird die Spannung der Sensation, der Brechneigung unerträglich, und kann man das Aussprechen nicht erzwingen, so tritt wirklich Erbrechen ein. Man gewinnt so einen plastischen Eindruck davon, daß das »Erbrechen« an Stelle einer psychischen Aktion (hier des Aussprechens) steht, wie es die Konversionstheorie der Hysterie behauptet.

Diese Intensitätsschwankung von seiten des hysterischen Symptoms wiederholt sich nun jedesmal, so oft man eine neue, hiefür pathogene Erinnerung in Angriff nimmt; das Symptom steht sozusagen die ganze Zeit über auf der Tagesordnung. Ist man genötigt, den Faden, an dem dies Symptom hängt, für eine Weile fallenzulassen, so tritt auch das Symptom in die Dunkelheit zurück, um in einer späteren Periode der Analyse wieder aufzutauchen. Dieses Spiel währt so lange, bis durch das Aufarbeiten des pathogenen Materials für dieses Symptom endgültige Erledigung geschaffen ist.

Strenggenommen verhält sich hiebei das hysterische Symptom gar nicht anders als das Erinnerungsbild oder der reproduzierte Gedanke, den man unter dem Drucke der Hand heraufbeschwört. Hier wie dort dieselbe obsedierende Hartnäckigkeit der Wiederkehr in der Erinnerung des Kranken, die Erledigung erheischt. Der Unterschied liegt nur in dem anscheinend spontanen Auftreten der hysterischen Symptome, während man sich wohl erinnert, die Szenen und Einfälle selbst provoziert zu haben. Es führt aber in der Wirklichkeit eine ununterbrochene Reihe von den unveränderten Erinnerungsresten affektvoller Erlebnisse und Denkakte bis zu den hysterischen Symptomen, ihren Erinnerungssymbolen.

Das Phänomen des Mitsprechens des hysterischen Symptoms während der Analyse bringt einen praktischen Übelstand mit sich, mit welchem man den Kranken sollte aussöhnen können. Es ist ja ganz unmöglich, eine Analyse eines Symptoms in einem Zuge vorzunehmen oder die Pausen in der Arbeit so zu verteilen, daß sie gerade mit Ruhepunkten in der Erledigung zusammentreffen. Vielmehr fällt die Unterbrechung, die durch die Nebenumstände der Behandlung, die vorgerückte Stunde u. dgl. gebieterisch vorgeschrieben wird, oft an die ungeschicktesten Stellen, gerade wo man sich einer Entscheidung nähern könnte, gerade wo ein neues Thema auftaucht. Es sind dieselben Übelstände, die jedem Zeitungsleser die Lektüre des täglichen Fragments seines Zeitungsromans verleiden, wenn unmittelbar nach der entscheidenden Rede der Heldin, nach dem Knallen des Schusses u. dgl. zu lesen steht: (Fortsetzung folgt). In unserem Falle bleibt das aufgerührte, aber nicht abgetane Thema, das zunächst verstärkte und noch nicht erklärte Symptom, im Seelenleben des Kranken bestehen und belästigt ihn vielleicht ärger, als es sonst der Fall war. Damit muß man sich eben abfinden können; es läßt sich nicht anders einrichten. Es gibt überhaupt Kranke, die während einer solchen Analyse das einmal berührte Thema nicht wieder loslassen können, die von ihm auch in der Zwischenzeit zwischen zwei Behandlungen obsediert sind, und da sie doch allein mit der Erledigung nicht weiterkommen, zunächst mehr leiden als vor der Behandlung. Auch solche Patienten lernen es schließlich, auf den Arzt zu warten, alles Interesse, das sie an der Erledigung des pathogenen Materials haben, in die Stunden der Behandlung zu verlegen, und sie beginnen dann, sich in den Zwischenzeiten freier zu fühlen.

Auch das Allgemeinbefinden der Kranken während einer solchen Analyse erscheint der Beachtung wert. Eine Weile noch bleibt es, von der Behandlung unbeeinflußt, Ausdruck der früher wirksamen Faktoren, dann aber kommt ein Moment, in dem der Kranke »gepackt«, sein Interesse gefesselt wird, und von da gerät auch sein Allgemeinzustand immer mehr in Abhängigkeit von dem Stande der Arbeit. Jedesmal, wenn eine neue Aufklärung gewonnen, ein wichtiger Abschnitt in der Gliederung der Analyse erreicht ist, fühlt sich der Kranke auch erleichtert, genießt er wie ein Vorgefühl der nahenden Befreiung; bei jedem Stocken der Arbeit, bei jeder drohenden Verwirrung wächst die psychische Last, die ihn bedrückt, steigert sich seine Unglücksempfindung, seine Leistungsunfähigkeit. Beides allerdings nur für kurze Zeit; denn die Analyse geht weiter, verschmäht es, sich des Moments von Wohlbefinden zu rühmen, und setzt achtlos über die Perioden der Verdüsterung hinweg. Man freut sich im allgemeinen, wenn man die spontanen Schwankungen im Befinden des Kranken durch solche ersetzt hat, die man selbst provoziert und versteht, ebenso wie man gerne an Stelle der spontanen Ablösung der Symptome jene Tagesordnung treten sieht, die dem Stande der Analyse entspricht.
Gewöhnlich wird die Arbeit zunächst um so dunkler und schwieriger, je tiefer man in das vorhin beschriebene, geschichtete psychische Gebilde eindringt. Hat man sich aber einmal bis zum Kerne durchgearbeitet, so wird es Licht, und das Allgemeinbefinden des Kranken hat keine starke Verdüsterung mehr zu befürchten. Den Lohn der Arbeit aber, das Aufhören der Krankheitssymptome darf man erst erwarten, wenn man für jedes einzelne Symptom die volle Analyse geleistet hat; ja, wo die einzelnen Symptome durch mehrfache Knotungen aneinander geknüpft sind, wird man nicht einmal durch Partialerfolge während der Arbeit ermutigt. Kraft der reichlich vorhandenen kausalen Verbindungen wirkt jede noch unerledigte pathogene Vorstellung als Motiv für sämtliche Schöpfungen der Neurose, und erst mit dem letzten Worte der Analyse schwindet das ganze Krankheitsbild, ganz ähnlich, wie sich die einzelne reproduzierte Erinnerung benahm. –
Ist eine pathogene Erinnerung oder ein pathogener Zusammenhang, der dem Ich-Bewußtsein früher entzogen war, durch die Arbeit der Analyse aufgedeckt und in das Ich eingefügt, so beobachtet man an der so bereicherten psychischen Persönlichkeit verschiedene Arten sich über ihren Gewinn zu äußern. Ganz besonders häufig kommt es vor, daß die Kranken, nachdem man sie mühsam zu einer gewissen Kenntnis genötigt hat, dann er-

klären: Das habe ich ja immer gewußt, das hätte ich Ihnen vorher sagen können. Die Einsichtsvolleren erkennen dies dann als eine Selbsttäuschung und klagen sich des Undankes an. Sonst hängt im allgemeinen die Stellungnahme des Ich gegen die neue Erwerbung davon ab, aus welcher Schicht der Analyse letztere stammt. Was den äußersten Schichten angehört, wird ohne Schwierigkeit anerkannt, es war ja im Besitze des Ich geblieben, und nur sein Zusammenhang mit den tieferen Schichten des pathogenen Materials war für das Ich eine Neuigkeit. Was aus diesen tieferen Schichten zutage gefördert wird, findet auch noch Erkennung und Anerkennung, aber doch häufig erst nach längerem Zögern und Bedenken. Visuelle Erinnerungsbilder sind hier natürlich schwieriger zu verleugnen als Erinnerungsspuren von bloßen Gedankengängen. Gar nicht selten sagt der Kranke zuerst: Es ist möglich, daß ich dies gedacht habe, aber ich kann mich nicht erinnern, und erst nach längerer Vertrautheit mit dieser Annahme tritt auch das Erkennen dazu; er erinnert sich und bestätigt es auch durch Nebenverknüpfungen, daß er diesen Gedanken wirklich einmal gehabt hat. Ich mache es aber während der Analyse zum Gebote, die Wertschätzung einer auftauchenden Reminiszenz unabhängig von der Anerkennung des Kranken zu halten. Ich werde nicht müde zu wiederholen, daß wir daran gebunden sind, alles anzunehmen, was wir mit unseren Mitteln zutage fördern. Wäre etwas Unechtes oder Unrichtiges darunter, so würde der Zusammenhang es später ausscheiden lehren. Nebenbei gesagt, ich habe kaum je Anlaß gehabt, einer vorläufig zugelassenen Reminiszenz nachträglich die Anerkennung zu entziehen. Was immer auftauchte, hat sich trotz des täuschendsten Anscheines eines zwingenden Widerspruches doch endlich als das Richtige erwiesen.

Die aus der größten Tiefe stammenden Vorstellungen, die den Kern der pathogenen Organisation bilden, werden von den Kranken auch am schwierigsten als Erinnerungen anerkannt. Selbst wenn alles vorüber ist, wenn die Kranken, durch den logischen Zwang überwältigt und von der Heilwirkung überzeugt, die das Auftauchen gerade dieser Vorstellungen begleitet – wenn die Kranken, sage ich, selbst angenommen haben, sie hätten so und so gedacht, fügen sie oft hinzu: Aber e r i n n e r n, daß ich es gedacht habe, kann ich mich nicht. Man verständigt sich dann leicht mit ihnen: Es waren u n b e w u ß t e Gedanken. Wie soll man aber selbst diesen Sachverhalt in seine psychologischen Anschauungen eintragen? Soll man sich über dies verweigerte Erkennen von seiten der Kranken, das nach getaner Arbeit motivlos ist, hinwegsetzen; soll man annehmen, daß es sich wirklich um Gedanken handelt, die nicht zustande gekommen sind, für welche bloß die Existenzmöglichkeit vorlag, so daß die Therapie in der Vollziehung eines damals unterbliebenen psychischen

Aktes bestünde? Es ist offenbar unmöglich, hierüber, d. h. also über den Zustand des pathogenen Materials vor der Analyse etwas auszusagen, ehe man seine psychologischen Grundansichten, zumal über das Wesen des Bewußtseins, gründlich geklärt hat. Es bleibt wohl eine des Nachdenkens würdige Tatsache, daß man bei solchen Analysen einen Gedankengang aus dem Bewußten ins Unbewußte (d. i. absolut nicht als Erinnerung Erkannte) verfolgen, ihn von dort aus wieder eine Strecke weit durchs Bewußte ziehen und wieder im Unbewußten enden sehen kann, ohne daß dieser Wechsel der »psychischen Beleuchtung« an ihm selbst, an seiner Folgerichtigkeit, dem Zusammenhang seiner einzelnen Teile, etwas ändern würde. Habe ich dann einmal diesen Gedankengang ganz vor mir, so könnte ich nicht erraten, welches Stück vom Kranken als Erinnerung erkannt wurde, welches nicht. Ich sehe nur gewissermaßen die Spitzen des Gedankenganges ins Unbewußte eintauchen, umgekehrt wie man es von unseren normalen psychischen Vorgängen behauptet hat.

Ich habe endlich noch ein Thema zu behandeln, welches bei der Durchführung einer solchen kathartischen Analyse eine unerwünscht große Rolle spielt. Ich habe bereits als möglich zugestanden, daß die Druckprozedur versagt, trotz alles Versicherns und Drängens keine Reminiszenz heraufbefördert. Dann, sagte ich, seien zwei Fälle möglich, entweder, es ist an der Stelle, wo man eben nachforscht, wirklich nichts zu holen; dies erkennt man an der völlig ruhigen Miene des Kranken; oder man ist auf einen erst später überwindbaren Widerstand gestoßen, man steht vor einer neuen Schicht, in die man noch nicht eindringen kann, und das liest man dem Kranken wiederum von seiner gespannten und von geistiger Anstrengung zeugenden Miene ab. Es ist aber noch ein dritter Fall möglich, der gleichfalls ein Hindernis bedeutet, aber kein inhaltliches, sondern ein äußerliches. Dieser Fall tritt ein, wenn das Verhältnis des Kranken zum Arzte gestört ist, und bedeutet das ärgste Hindernis, auf das man stoßen kann. Man kann aber in jeder ernsteren Analyse darauf rechnen.

Ich habe bereits angedeutet, welche wichtige Rolle der Person des Arztes bei der Schöpfung von Motiven zufällt, welche die psychische Kraft des Widerstandes besiegen sollen. In nicht wenigen Fällen, besonders bei Frauen und wo es sich um Klärung erotischer Gedankengänge handelt, wird die Mitarbeiterschaft der Patienten zu einem persönlichen Opfer, das durch irgendwelches Surrogat von Liebe vergolten werden muß. Die Mühewaltung und geduldige Freundlichkeit des Arztes haben als solches Surrogat zu genügen.

Wird nun dieses Verhältnis der Kranken zum Arzte gestört, so versagt auch die Bereitschaft der Kranken; wenn der Arzt sich nach der nächsten pathogenen Idee erkundigen will, tritt der Kranken das Bewußtsein der Beschwerden dazwischen, die sich bei ihr gegen den Arzt angehäuft haben. Soviel ich erfahren habe, tritt dieses Hindernis in drei Hauptfällen ein:

1) Bei persönlicher Entfremdung, wenn die Kranke sich zurückgesetzt, geringgeschätzt, beleidigt glaubt oder Ungünstiges über den Arzt und die Behandlungsmethode gehört hat. Dies ist der am wenigsten ernste Fall; das Hindernis ist durch Aussprechen und Aufklären leicht zu überwinden, wenngleich die Empfindlichkeit und der Argwohn Hysterischer sich gelegentlich in ungeahnten Dimensionen äußern können.

2) Wenn die Kranke von der Furcht ergriffen wird, sie gewöhne sich zu sehr an die Person des Arztes, verliere ihre Selbständigkeit ihm gegenüber, könne gar in sexuelle Abhängigkeit von ihm geraten. Dieser Fall ist bedeutsamer, weil minder individuell bedingt. Der Anlaß zu diesem Hindernisse ist in der Natur der therapeutischen Bekümmerung enthalten. Die Kranke hat nun ein neues Motiv zum Widerstande, welches sich nicht nur bei einer gewissen Reminiszenz, sondern bei jedem Versuche der Behandlung äußert. Ganz gewöhnlich klagt die Kranke über Kopfschmerzen, wenn man die Druckprozedur vornimmt. Ihr neues Motiv zum Widerstande bleibt ihr nämlich meistens unbewußt, und sie äußert es durch ein neu erzeugtes hysterisches Symptom. Der Kopfschmerz bedeutet die Abneigung, sich beeinflussen zu lassen.

3) Wenn die Kranke sich davor erschreckt, daß sie aus dem Inhalte der Analyse auftauchende peinliche Vorstellungen auf die Person des Arztes überträgt. Dies ist häufig, ja in manchen Analysen ein regelmäßiges Vorkommnis. Die Übertragung auf den Arzt geschieht durch f a l s c h e V e r k n ü p f u n g. Ich muß hier wohl ein Beispiel anführen: Ursprung eines gewissen hysterischen Symptoms war bei einer meiner Patientinnen der vor vielen Jahren gehegte und sofort ins Unbewußte verwiesene Wunsch, der Mann, mit dem sie damals ein Gespräch geführt, möchte doch herzhaft zugreifen und ihr einen Kuß aufdrängen. Nun taucht einmal nach Beendigung einer Sitzung ein solcher Wunsch in der Kranken in bezug auf meine Person auf; sie ist entsetzt darüber, verbringt eine schlaflose Nacht und ist das nächste Mal, obwohl sie die Behandlung nicht verweigert, doch ganz unbrauchbar zur Arbeit. Nachdem ich das Hindernis erfahren und behoben habe, geht die Arbeit wieder weiter, und siehe da, der Wunsch, der die Kranke so erschreckt, erscheint als die nächste, als die jetzt vom logischen Zusammenhange geforderte der pathogenen Erinnerungen. Es war also so zugegangen: Es war zuerst der Inhalt des Wunsches im Bewußtsein der Kranken aufgetreten, ohne die Erinnerungen an die Nebenum-

stände, die diesen Wunsch in die Vergangenheit verlegen konnten; der nun vorhandene Wunsch wurde durch den im Bewußtsein herrschenden Assoziationszwang mit meiner Person verknüpft, welche ja die Kranke beschäftigen darf, und bei dieser Mesalliance — die ich falsche Verknüpfung heiße — wacht derselbe Affekt auf, der seinerzeit die Kranke zur Verweisung dieses unerlaubten Wunsches gedrängt hat. Nun ich das einmal erfahren habe, kann ich von jeder ähnlichen Inanspruchnahme meiner Person voraussetzen, es sei wieder eine Übertragung und falsche Verknüpfung vorgefallen. Die Kranke fällt merkwürdigerweise der Täuschung jedes neue Mal zum Opfer.

Man kann keine Analyse zu Ende führen, wenn man dem Widerstande, der sich aus diesen drei Vorfällen ergibt, nicht zu begegnen weiß. Man findet aber auch hiezu den Weg, wenn man sich vorsetzt, dieses nach altem Muster neu produzierte Symptom so zu behandeln wie die alten. Man hat zunächst die Aufgabe, das »Hindernis« der Kranken bewußt zu machen. Bei einer meiner Kranken zum Beispiel, bei der plötzlich die Druckprozedur versagte und ich Grund hatte, eine unbewußte Idee wie die unter 2) erwähnte anzunehmen, traf ich es das erstemal durch Überrumpelung. Ich sagte ihr, es müsse sich ein Hindernis gegen die Fortsetzung der Behandlung ergeben haben, die Druckprozedur habe aber wenigstens die Macht, ihr dieses Hindernis zu zeigen, und drückte auf ihren Kopf. Sie sagte erstaunt: Ich sehe Sie auf dem Sessel hier sitzend, das ist doch ein Unsinn; was soll das bedeuten? — Ich konnte sie nun aufklären.

Bei einer andern pflegte sich das »Hindernis« nicht direkt auf Druck zu zeigen, aber ich konnte es jedesmal nachweisen, wenn ich die Patientin auf den Moment zurückführte, in dem es entstanden war. Diesen Moment wiederzubringen, verweigerte uns die Druckprozedur nie. Mit dem Auffinden und Nachweisen des Hindernisses war die erste Schwierigkeit hinweggeräumt, eine größere blieb noch bestehen. Sie bestand darin, die Kranke zum Mitteilen zu bewegen, wo anscheinend persönliche Beziehungen in Betracht kamen, wo die dritte Person mit der des Arztes zusammenfiel. Ich war anfangs über diese Vermehrung meiner psychischen Arbeit recht ungehalten, bis ich das Gesetzmäßige des ganzen Vorganges einsehen lernte, und dann merkte ich auch, daß durch solche Übertragung keine erhebliche Mehrleistung geschaffen sei. Die Arbeit für die Patientin blieb dieselbe: etwa den peinlichen Affekt zu überwinden, daß sie einen derartigen Wunsch einen Moment lang hegen konnte, und es schien für den Erfolg gleichgültig, ob sie diese psychische Abstoßung im historischen Falle oder im rezenten mit mir zum Thema der Arbeit nahm. Die Kranken lernten auch allmählich einsehen, daß es sich bei solchen Übertragungen auf die Person des Arztes um einen Zwang und um eine Täuschung handle, die mit Beendigung der Analyse zerfließe. Ich meine aber, wenn ich versäumt hätte, ihnen die Natur des »Hindernisses« klarzumachen, hätte ich ihnen einfach ein neues hysterisches Symptom, wenn auch ein milderes, für ein anderes, spontan entwickeltes, substituiert.

Nun, meine ich, ist es genug der Andeutungen über die Ausführung solcher Analysen und die dabei gemachten Erfahrungen. Sie lassen vielleicht manches komplizierter erscheinen, als es ist; vieles ergibt sich ja von selbst, wenn man sich in solch einer Arbeit befindet. Ich habe die Schwierigkeiten der Arbeit nicht aufgezählt, um den Eindruck zu erwecken, es lohne sich bei derartigen Anforderungen an Arzt und Kranke nur in den seltensten Fällen, eine kathartische Analyse zu unternehmen. Ich lasse mein ärztliches Handeln von der gegenteiligen Voraussetzung beeinflussen. – Die bestimmtesten Indikationen für die Anwendung der hier geschilderten therapeutischen Methode kann ich freilich nicht aufstellen, ohne in die Würdigung des bedeutsameren und umfassenderen Themas der Therapie der Neurosen überhaupt einzugehen. Ich habe bei mir häufig die kathartische Psychotherapie mit chirurgischen Eingriffen verglichen, meine Kuren als psychotherapeutische Operationen bezeichnet, die Analogien mit Eröffnung einer eitergefüllten Höhle, der Auskratzung einer kariös erkrankten Stelle u. dgl. verfolgt. Eine solche Analogie findet ihre Berechtigung nicht so sehr in der Entfernung des Krankhaften als in der Herstellung besserer Heilungsbedingungen für den Ablauf des Prozesses.
Ich habe wiederholt von meinen Kranken, wenn ich ihnen Hilfe oder Erleichterung durch eine kathartische Kur versprach, den Einwand hören müssen: Sie sagen ja selbst, daß mein Leiden wahrscheinlich mit meinen Verhältnissen und Schicksalen zusammenhängt: daran können Sie ja nichts ändern; auf welche Weise wollen Sie mir denn helfen? Darauf habe ich antworten können: – Ich zweifle ja nicht, daß es dem Schicksale leichter fallen müßte als mir, Ihr Leiden zu beheben: aber Sie werden sich überzeugen, daß viel damit gewonnen ist, wenn es uns gelingt, Ihr hysterisches Elend in gemeines Unglück zu verwandeln. Gegen das letztere werden Sie sich mit einem wiedergenesenen Seelenleben besser zur Wehre setzen können.

FISCHER
TASCHENBÜCHER

Psychologie.

Alfred Adler
Menschenkenntnis (Bd. 6080)
Über den nervösen Charakter (Bd. 6174)
Sinn des Lebens (Bd. 6179)
Individualpsychologie in der Schule (Bd. 6199)
Heilen und Bilden (Bd. 6220)
Praxis und Theorie der Individualpsychologie (Bd. 6236)
Die Technik der Individualpsychologie
Bd. 1: Die Kunst, eine Lebens- und Krankengeschichte zu lesen (Bd. 6260)
Bd. 2: Die Seele des schwer erziehbaren Schulkindes (Bd. 6261)

August Aichhorn
Psychoanalyse und Erziehungsberatung (Bd. 6233)

C. H. Bachmann (Hrsg.)
Psychoanalyse und Verhaltenstherapie (Bd. 6171)

S. A. Barnett
Instinkt und Intelligenz
Rätsel des tierischen und menschlichen Verhaltens (Bd. 6067)

K.-J. Bruder (Hrsg.)
Kritik der bürgerlichen Psychologie
Zur Theorie des Individuums in der kapitalistischen Gesellschaft (Bd. 6198)

Werner Corell
Lernen und Verhalten
Grundlagen der Optimierung von Lernen und Lehren (Bd. 6146)

Johannes Cremerius (Hrsg.)
Psychoanalyse und Erziehungspraxis (Bd. 6076)

Erik H. Erikson
Einsicht und Verantwortung (Bd. 6089)

Sigmund Freud
(zus. mit Josef Breuer) Studien über Hysterie (Bd. 6001)
Darstellungen der Psychoanalyse (Bd. 6016)
Abriß der Psychoanalyse/
Das Unbehagen in der Kultur (Bd. 6043)
Drei Abhandlungen zur Sexualtheorie (Bd. 6044)
Totem und Tabu (Bd. 6053)
Massenpsychologie und Ich-Analyse/
Die Zukunft einer Illusion (Bd. 6054)
Über Träume und Traumdeutungen (Bd. 6073)
Zur Psychopathologie des Alltagslebens (Bd. 6079)
Der Witz und seine Beziehung zum Unbewußten (Bd. 6083)
»Selbstdarstellung«
Schriften zur Geschichte der Psychoanalyse (Bd. 6096)
Brautbriefe
Briefe an Martha Bernays aus den Jahren 1882–1886 (Bd. 899)
Der Wahn und die Träume in W. Jensens »Gradiva« mit dem Text der Erzählung von Wilhelm Jensen (Bd. 6172)

FISCHER TASCHENBÜCHER

Psychologie.

Funk-Kolleg Pädagogische Psychologie in zwei Bänden
Hrsg.: F. E. Weinert, C. F. Graumann, H. Heckhausen, M. Hofer
(Bd. 6115, 6116)

Reader zum Funk-Kolleg Pädagogische Psychologie
Bd. 1: Entwicklung und Sozialisation
Hrsg.: C. F. Graumann und H. Heckhausen (Bd. 6113)
Bd. 2: Lernen und Instruktion
Hrsg.: M. Hofer und F. E. Weinert
(Bd. 6114)

Eberhard Haas
Selbstheilung durch Drogen?
Zur Psychoanalyse der Drogenabhängigkeit von Jugendlichen (Bd. 6262)

Klaus Holzkamp
Kritische Psychologie (Bd. 6505)

Henry Jacoby
Alfred Adlers Individualpsychologie und dialektische Charakterkunde
(Bd. 6230)

C. G. Jung
Bewußtes und Unbewußtes
(Bd. 6058)

Alfred C. Kinsey
Das sexuelle Verhalten des Mannes
(Bd. 6003)

Marxismus Psychoanalyse Sexpol
Hrsg.: Hans-Peter Gente
(Bd. 6056) / (Bd. 6072)

Fischer Lexikon Psychologie
Neubearbeitung
Hrsg.: Peter R. Hofstätter
(Bd. FL 6)

Tilmann Moser
Jugendkriminalität und Gesellschaftsstruktur (Bd. 6158)

Ola Raknes
Wilhelm Reich und die Orgonomie
(Bd. 6225)

Josef Rattner
Aggression und menschliche Natur
(Bd. 6173)
Der schwierige Mitmensch (Bd. 6186)
Gruppentherapie (Bd. 6223)
Psychotherapie als Menschlichkeit
(Bd. 6253)
Neue Psychoanalyse und intensive Psychotherapie (Bd. 6266)

Wilhelm Reich
Die sexuelle Revolution (Bd. 6093)
Die Entdeckung des Orgons /
Die Funktion des Orgasmus (Bd. 6140)
Charakteranalyse (Bd. 6191)
Die Massenpsychologie des Faschismus (Bd. 6250)

Marthe Robert
Die Revolution der Psychoanalyse
Leben und Werk Sigmund Freuds
(Bd. 6057)

Manès Sperber
Alfred Adler oder
Das Elend der Psychologie (Bd. 6139)

Robert Waelder
Die Grundlagen der Psychoanalyse
(Bd. 6099)

Gunther Wollschläger
Kreativität und Gesellschaft
(Bd. 6177)

Hans Zulliger
Heilende Kräfte im kindlichen Spiel
(Bd. 6006)
Helfen statt strafen – auch bei jugendlichen Dieben (Bd. 6037)
Umgang mit dem kindlichen Gewissen (Bd. 6074)
Die Angst unserer Kinder (Bd. 6098)

Hintergründe. Aufklärung. im Fischer Format

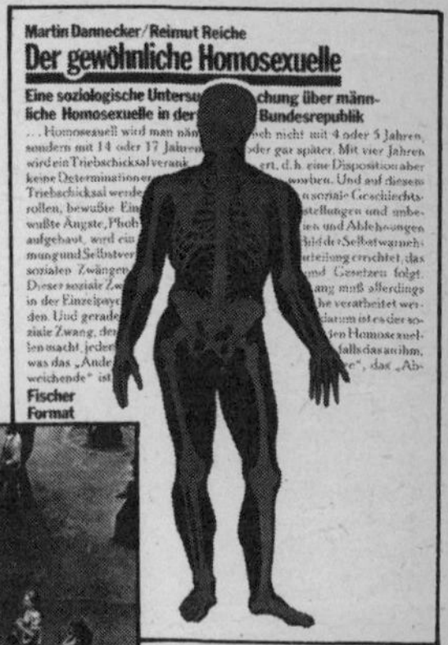

Elisabeth Dessai
Chancengleichheit durch Schulreform
Pläne und Argumente
136 Seiten, broschiert

Martin Dannecker/
Reimut Reiche
Der gewöhnliche Homosexuelle
Eine soziologische Untersuchung über männliche Homosexuelle in der Bundesrepublik.
384 Seiten, broschiert

Gerold Dommermuth
Eltern und Schüler in der Gesamtschule
Bericht aus der Praxis
192 Seiten, broschiert

S.FISCHER

Theorie. Diskussion. im Fischer Format

Loren R. Graham
Dialektischer Materialismus und Naturwissenschaften in der UdSSR
Erster Teil
(Quantenmechanik/Relativitätstheorie/Ursprung und Aufbau des Weltalls)
Deutsch von Wolfgang Hätscher, Christoph Kleeman, Kurt Simon
224 Seiten, broschiert

Max Raphael
Theorie des geistigen Schaffens auf marxistischer Grundlage
Mit einem Nachwort von Joachim Schumacher und einem bio-bibliographischen Abriß von Claude Schaefer.
200 Seiten, broschiert

S.FISCHER

Conditio humana

Conditio humana
Ergebnisse aus den Wissenschaften vom Menschen

Die wissenschaftliche Reihe bei S. Fischer

Herausgegeben von Thure von Uexküll und Ilse Grubrich-Simitis
Berater: Johannes Cremerius, Hans J. Eggers, Thomas Luckmann

Peter L. Berger und Thomas Luckmann
Die gesellschaftliche Konstruktion der Wirklichkeit
Eine Theorie der Wissenssoziologie.
Eingeleitet von Helmuth Plessner.

Joseph Church
Sprache und die Entdeckung der Wirklichkeit
Über den Spracherwerb des Kleinkindes.

Paul R. Ehrlich und Anne H. Ehrlich
Bevölkerungswachstum und Umweltkrise
Die Ökologie des Menschen.

Helmut Gipper
Gibt es ein sprachliches Relativitätsprinzip?
Untersuchungen zur Sapir-Whorf-Hypothese.

Martin Hoffman
Die Welt der Homosexuellen
Beschreibung einer diskriminierten Minderheit.

Helmuth Plessner
Philosophische Anthropologie
Lachen und Weinen / Das Lächeln / Anthropologie der Sinne.
Herausgegeben und mit einem Nachwort von Günter Dux.

Philip E. Slater
Mikrokosmos: Eine Studie über Gruppendynamik

Erwin Stengel
Selbstmord und Selbstmordversuch

Lew Semjonowitsch Wygotski
Denken und Sprechen
Eingeleitet von Thomas Luckmann.

Laurence Wylie
Dorf in der Vaucluse
Der Alltag einer französischen Gemeinde.

S. Fischer

Conditio
humana

Conditio humana
Ergebnisse aus den Wissenschaften vom Menschen

Die wissenschaftliche Reihe bei S. Fischer

Herausgegeben von Thure von Uexküll
und Ilse Grubrich-Simitis
Berater: Johannes Cremerius, Hans J. Eggers,
Thomas Luckmann

Alexander Alland
Evolution und menschliches Verhalten

George und Muriel Beadle
Die Sprache des Lebens
Eine Einführung in die Genetik.

Frank Macfarlane Burnet
Naturgeschichte der Infektionskrankheiten des Menschen

Earl W. Count
Das Biogramm
Anthropologische Studien.

Leslie C. Dunn und Theodosius Dobzhansky
Vererbung, Rasse und Gesellschaft

Morton Fried, Marvin Harris
und Robert Murphy (Hrsg.)
Der Krieg
Zur Anthropologie der Aggression
und des bewaffneten Konflikts.

Paul R. Ehrlich und Anne H. Ehrlich
Bevölkerungswachstum und Umweltkrise
Die Ökologie des Menschen.

Jakob von Uexküll und Georg Kriszat
Streifzüge durch die Umwelten von Tieren und Menschen / Bedeutungslehre
Eingeleitet von Adolf Portmann
und Thure von Uexküll.

S. Fischer

FISCHER
TASCHENBÜCHER

Pädagogik.

Alfred Adler
Heilen und Bilden.
Ein Buch der Erziehungskunst für Ärzte und Pädagogen (Bd. 6220)
Individualpsychologie in der Schule. Vorlesungen für Lehrer und Schüler (Bd. 6199)

August Aichhorn
Psychoanalyse und Erziehungsberatung (Bd. 6233)

Werner Correll
Lernen und Verhalten.
Grundlagen der Optimierung von Lernen und Lehren (Bd. 6146)

Johannes Cremerius (Hrsg.)
Psychoanalyse und Erziehungspraxis (Bd. 6076)

Fischer Lexikon Pädagogik
Neubearbeitung
Hrsg.: Hans-Hermann Groothoff (FL 36)

Funk-Kolleg Erziehungswissenschaft
Eine Einführung in 3 Bänden.
Hrsg.: W. Klafki, G. M. Rückriem, W. Wolf, R. Freudenstein, H.-K. Beckmann, K.-Ch. Lingelbach, G. Iben, J. Diederich.
(Bd. 6106, 6107, 6108)

Reader zum Funk-Kolleg Pädagogische Psychologie
Bd. 1: Entwicklung und Sozialisation.
Hrsg.: C. F. Graumann/ H. Heckhausen (Bd. 6113)
Bd. 2: Lernen und Instruktion.
Hrsg.: M. Hofer/F. E. Weinert (Bd. 6114)

Martin Goldstein/Will McBride
Lexikon der Sexualaufklärung (Bd. 1221)

Reinfried Hörl (Hrsg.)
Kinder in ihrer Welt – Kinder in unserer Welt. Kleines Praktikum für Eltern und Erzieher (Bd. 6085)

Edwin Hoernle
Grundfragen proletarischer Erziehung (Bd. 6247)

Otto F. Kanitz
Das proletarische Kind in der bürgerlichen Gesellschaft (Bd. 6240)

FISCHER TASCHENBÜCHER

Pädagogik.

Gerd Köhler/ Ernst Reuter (Hrsg.)
Was sollen Schüler lernen? Die Kontroverse um die hessischen Rahmenrichtlinien für die Unterrichtsfächer Deutsch und Gesellschaftslehre (Bd. 1460)

Tilmann Moser
Jugendkriminalität und Gesellschaftsstruktur (Bd. 6158)

Jean Piaget
Theorien und Methoden der modernen Erziehung (Bd. 6263)

Sozialistische Projektarbeit im Berliner Schülerladen Rote Freiheit
Autorenkollektiv am Psychologischen Institut der FU Berlin (Bd. 1147)

Karin Storch
Der zweite Bildungsweg. Chance oder Illusion? (Bd. 1372)

Johannes Weber/Jochen Schatte
Lesetraining. Eine Anleitung zum schnelleren Lesen und besseren Lernen (Bd. 1240)

Lutz von Werder
Von der antiautoritären zur proletarischen Erziehung (Bd. 1265)
Sozialistische Erziehung in Deutschland. Geschichte des Klassenkampfes um den Ausbildungssektor 1848–1973 (Bd. 6244)

Gunther Wollschläger
Kreativität und Gesellschaft. Neue pädagogische Methoden am Beispiel der Jugendkunstschule Wuppertal (Bd. 6177)

Hans Zulliger
Heilende Kräfte im kindlichen Spiel (Bd. 6006)
Helfen statt strafen auch bei jugendlichen Dieben (Bd. 6037)
Umgang mit dem kindlichen Gewissen (Bd. 6074)
Die Angst unserer Kinder. Zehn Kapitel über Angstformen, Angstwirkungen, Vermeidung und Bekämpfung der kindlichen Ängste (Bd. 6098)

Neues Abitur-Wissen: Fischer Kolleg.

**Für eine neue Generation.
Und für alle,
die »Wissens-Anschluß« suchen.**

Das ist Abitur-Wissen in systematischer Darstellung: Repetitorium, Übungsbuch, Nachschlagewerk. Das ist brauchbares Wissen im Anschluß an das Informations-Angebot der Schule. Das ist die Möglichkeit, Versäumtes nachzuholen und Nichtverstandenes zu erfassen.

Fischer Kolleg
Das Abitur-Wissen

**12 Bände mit
4.000 Seiten Gesamtumfang,
1.100 Abbildungen, davon
850 farbig
in einer stabilen Klarsicht-Kassette**

In 12 handlichen Bänden:

Das Abitur-Wissen.